BULLETIN

DE LA

SOCIÉTÉ DES SCIENCES

HISTORIQUES & NATURELLES

DE LA CORSE

XIe ANNÉE
JANVIER-FÉVRIER-MARS-AVRIL-MAI 1891.
121e-122e-123e-124e-125e FASCICULES

BASTIA
IMPRIMERIE & LIBRAIRIE OLLAGNIER
—
1891

SOMMAIRE

DES ARTICLES CONTENUS DANS LE PRÉSENT BULLETIN

                             Pages

Pièces et Documents divers pour servir à l'Histoire de la Corse pendant la Révolution Française, recueillis et publiés par M. l'Abbé Letteron, Professeur au Lycée. 1-455

PIÈCES ET DOCUMENTS DIVERS

POUR SERVIR

A L'HISTOIRE DE LA CORSE

PENDANT

LA RÉVOLUTION FRANÇAISE

SOCIÉTÉ DES SCIENCES HISTORIQUES ET NATURELLES
DE LA CORSE

PIÈCES ET DOCUMENTS DIVERS

POUR SERVIR

A L'HISTOIRE DE LA CORSE

PENDANT

LA RÉVOLUTION FRANÇAISE

RECUEILLIS ET PUBLIÉS

PAR

M. l'Abbé LETTERON

PROFESSEUR AU LYCÉE

TOME II.

BASTIA
IMPRIMERIE ET LIBRAIRIE OLLAGNIER
—
1891

INTRODUCTION

Si, comme on nous l'a assuré, le premier volume des documents dont nous continuons aujourd'hui la publication, a été accueilli avec quelque faveur, nous espérons que le second volume ne présentera pas un intérêt moins vif aux lecteurs de notre Bulletin. On suivra ici jour par jour les événements qui préparèrent la rupture de Paoli avec la Convention Nationale, puis les opérations militaires qui firent tomber l'une après l'autre les places de la Corse aux mains des Anglais, malgré l'héroïque résistance de Gentili à Saint-Florent, de Lacombe Saint-Michel à Bastia, et surtout de Raphaël Casabianca à Calvi. Ce sont là de glorieux faits d'armes dont les historiens de la Révolution ont fait à peine une brève mention; mais il faut dire à leur excuse qu'il était difficile de louer dignement tous les courages en retraçant l'histoire d'une époque si riche en exploits glorieux et si féconde en héros.

On remarquera que le rôle joué par Lacombe Saint-Michel dans la défense de la Corse n'est pas tout à fait celui que lui a prêté Renucci. Le commissaire de la Convention n'était ni un peureux ni un incapable. On peut discuter l'opportunité des mesures qu'il crut devoir prendre à l'égard des populations, mais il faut bien avouer que, s'il savait mal l'orthographe (1), il connaissait son métier de soldat et ses devoirs de général, et qu'il a tout risqué, santé, vie, honneur même, pour conserver à la France l'île qu'il était chargé de défendre. En le voyant déployer une énergie indomptable au milieu de difficultés de toute sorte, on songe à ce mot bien connu : *Si Pergama dextrâ defendi possent, etiam hac defensa fuissent. — Si un bras eût pu sauver Pergame, ce bras l'eût sauvée.*

Il serait prématuré de porter un jugement sur la conduite tenue par Paoli pendant ces années. On trouvera pourtant ici quelques éléments nouveaux pour compléter son histoire; mais les lettres de Sir Elliot, dont M. Sébastien de Caraffa prépare actuellement la publication, éclaireront, nous en avons l'assurance, d'un jour plus lumineux les vrais sentiments du général.

Plusieurs familles trouveront dans ce volume le nom de quelqu'un de leurs membres, souvent avec des appréciations plus ou moins favorables émises sur sa conduite par des contemporains. Il est bien entendu qu'en rapportant ces appréciations, nous ne prétendons aucunement les adopter pour notre propre compte; on constatera d'ailleurs qu'il serait souvent bien difficile de les concilier ensemble, puis-

---

(1) Nous avons rapporté avec leur orthographe les lettres écrites de la main de Lacombe Saint-Michel. Celles où l'orthographe est à peu près respectée, sont des copies, ou ont été écrites sous la dictée du Commissaire.

qu'on rencontre à chaque pas sur les mêmes personnages les opinions les plus contradictoires.

Nous avons le devoir de remercier ici M. le Conseiller de Gafforj, auquel nous devons la communication de tous les documents antérieurs au mois de Juin 1793, et que l'on trouvera indiqués à la table dans leur ordre chronologique. Parmi les autres documents qui nous ont été communiqués, les uns nous sont parvenus trop tard pour que nous ayons pu les insérer dans ce volume, les autres ne renferment rien de bien nouveau sur l'époque dont nous nous occupons. Les plus intéressants trouveront place dans un volume supplémentaire dont nous recueillons peu à peu les matériaux.

Nous nous félicitons enfin que la publication de ce volume coïncide avec le retour en Corse du 61e régiment d'infanterie, l'ancien Vermandois. Le 61e est en effet attaché à la Corse par une longue suite de souvenirs, nous dirions presque par une sorte de parenté. On verra en lisant ces pages quelle héroïque bravoure déployèrent ses compagnies de grenadiers aux sièges de Saint-Florent et de Bastia. Ce sont elles qui, il y a tantôt cent ans, tirèrent les derniers coups de fusil sur les Anglais victorieux ; c'est le 61e qui, en 1871, vint rendre le courage et l'espoir à la Corse étourdie par tant de désastres successifs, et aujourd'hui que notre relèvement est achevé, c'est encore le 61e qui vient nous montrer que la France peut désormais ouvrir son cœur à la confiance, peut-être même à la certitude.

L'Abbé LETTERON.

PIÈCES & DOCUMENTS DIVERS

POUR SERVIR A L'HISTOIRE DE LA CORSE

pendant les années 1792-1794

Lettre du citoyen Lachese, consul à Gênes.

Gênes, le 3 juin 1793, l'an 2e de la République.

Je vous ai annoncé ces jours derniers, et le citoyen Tilly vous a également appris la nouvelle de l'apparition de l'escadre espagnole devant Cagliari. Cette nouvelle est confirmée aujourd'hui, d'une manière irrésistible, par celle de la prise de S. Pierre, dont la garnison a capitulé sous la condition d'être portée à Barcelone et de là en France, pour y être échangée contre les prisonniers de guerre espagnols. Une de nos frégates a été prise, l'autre, dit-on, s'est brûlée pour éviter de l'être : tout semble annoncer de la part des Espagnols un dessein d'attaquer la Corse, où il paraît qu'il y a malheureusement des germes de division.

J'espère que nos convois de Livourne, qui viennent de se réunir à ceux de Gênes, vont vous arriver à bon port soit à Nice, soit à Toulon, sous l'escorte du patriote Hamel. Je vous salue, cher concitoyen.

LACHESE, *consul.*

Les représentants du peuple français, députés en Corse par la Convention nationale, au Président de la Convention.

Calvi, le 4 juin 1793, l'an 2e de la République.

Citoyen Président, — Nous vous avons écrit hyer de la rade d'Ajaccio par la voie du brique (1) le *Léopard*. Nous ne vous répétrons pas aujourd'hui les détails que cette lettre contient, immaginant qu'elle vous sera parvenue exactement. Nous vous apprenons que nous sommes instruits du résultat de la Consulte qui a eu lieu à Corte, le vingt-six du mois dernier; les membres très illégaux qui l'ont tenue, ont déclaré le général Paoli généralissime, ont déclaré qu'ils voulaient être Français, ont rappelé trois députés, ont recréé les quatre bataillons de volontaires réformés par la Convention, ont proclamé quelques proscriptions, etc., etc. Ainsi donc des factieux qui osent se constituer eux-mêmes les représentants de la Corse, veulent bien être Français, mais à condition qu'ils auront un généralissime, mais à condition qu'ils ne recevront pas d'assignats, mais à condition qu'ils auront leurs prêtres réfractaires. Ils osent citer le nom de la loi, tandis qu'ils viennent ravager et incandier les propriétés, tandis qu'ils ont volé cinq cent soixante et dix mille livres à la nation en coupons d'assignats, vol qu'on échange en donnant cent sols de coupons pour vingt sols de numéraire; ils osent dire qu'ils sont Français, lorsqu'ils pillent ou laissent piller sous leurs yeux, le magasins de Corte, lorsqu'on a pillé les magasins de l'Ile Rousse et d'Ajaccio.

Si le département de la Corse n'était pas un pays inac-

---

(1) Nous reproduisons dans les lettres suivantes l'orthographe de l'original.

cessible, c'est à Corte même, et à coups de canon que nous aurions répondu à tant d'absurdités ; déjà depuis quelques jours, c'est de cette manière que nous communiquons ensemble.

Hier, environ deux mille hommes, commandés par Leonetti, sont venus attaquer Calvi ; ils s'étaient emparés des hauteurs et de toutes les pierres, à l'abri desquelles le Corse combat avec avantage. Le deux au soir, on envoya au couvent des Capucins une compagnie d'infanterie légère ; elle fut entourée par plus de mille hommes ; elle se défendit avec beaucoup d'opiniâtreté : enfin hier matin, au point du jour, l'on a fait débarquer le premier bataillon de l'Avairon qui était arrivé la veille. On les a attaqués sur trois colonnes ; l'une a été directement pour dégager les Capucins, la seconde a gagné les hauteurs, et la troisième a cherché à leur couper la retraite. Alors s'est engagé un combat opiniâtre, presque d'homme à homme et de pierre à pierre, qui a duré douze heures. Les rebelles ont éprouvé la déroute la plus complette ; deux pièces de canon à la rostingue les ont fort incommodés, et de plus encore l'artillerie de la frégate la *Prosélite*, qui a fait un feu d'enfer sur eux, qui a semé l'épouvante en leur envoyant des boulets à quatre et cinq cents toises dans la plaine.

Les rebelles ont eu à peu près quarante hommes de tués, et un ou deux prisonniers, qui, avec celui que nous avons pris à la tour de Capitello, seront jugés en vertu de la loi du 19 mars de l'année courrante ; nous n'avons eu que quatre blaissés ; de ce nombre est un officier municipal de Calvi, qui était avec une des colonnes. Nos troupes se sont battues avec un courage et une ardeur incalculables ; le bataillon de l'Aveyron, qui voyait le feu pour la première fois, a montré une opiniâtreté d'une bonne augure ; le citoyen Aliez, leur commandant, a reçu une balle morte à la ceinture, dont il n'a pas été incommodé ; il a été obligé de mettre deux fois en joue des jeunes gens de ce bataillon, qui, ne consultant que leur courage, allaient imprudemment tomber dans les pièges des Corses. Le second bataillon des Bouches-du-Rhône, dont le lieutenant-colonel Sinetti ne s'est pas séparé un instant, les soldats et officiers du 26e régiment, les gardes nationaux volontaires, c'était à qui se jetterait avec plus de vivacité sur ces rebelles. Des volontaires ont entendu l'ex-législateur Leonetti, neveu de Paoli, qui dans le combat n'a paru que de loin, crier aux Français : Scélérats, vous payerez cher le sang de votre Roi. Cependant il a eu la prudence de s'en tenir à l'apostrophe et de ne participer en rien au combat ; il paraît que cet événement a un peu rabattu le quacquet des rebelles, car tous les soirs précédents, les montagnes étaient garnies de feu ; on entendait des cris de joie, mais ce soir il règne un calme édifiant.

SALICETI, J. P. LACOMBE S.-MICHEL.

L'ex-législateur Arena a montré à l'attaque de Calvi beaucoup d'activité et de fermeté.

Les représentants de la nation française envoyés en Corse au ministre de la guerre.

Calvi, le 6 juin 1793, l'an 2e de la République.

Le dézir, citoyen ministre, de conserver à la République la place d'Ajaccio, nous a engagés de nous y rendre avec trois cents hommes pour en augmenter la garnison, après y avoir fait réunir tous les détachements des troupes continentales qui devaient la composer. Ayant apris en nuit par la gabarre *l'Aurore*, que le lieutenant-colonel Colonna Lecca y était enfermé, et qu'il avait fait tirer de la citadelle sur des vaisseaux français, ayant apris que le contre-amiral Keon était en quelque sorte prisonnier de la municipalité, que tous les ordres émanés de lui étaient dictés par elle (il osa défendre aux commandants des vaisseaux qui nous portaient d'entrer dans le golfe d'Ajaccio), mais malgré la menace des boulets rouges, nous passâmes sous le canon de la citadelle, nous mouillâmes et prîmes un point de débarquement, afin d'offrir au peu de troupes continentales que cette ville renfermait un point de raliement. Nous espérions que les troupes imiteraient la conduite de la gabarre *la Lamproye,* qui coupa ses câbles et, malgré le feu de la place, vint nous joindre au mouillage la nuit du 31 mai au premier juin. Le premier nous avons été attaqués, non seulement par les Corses, mais aussi par nos propres troupes, et quels qu'ayent été nos efforts, nous n'avons réuni à nous que vingt-trois Suisses du ci-devant Salis Grison, et six soldats du 52e régiment. Nous avons employé alternativement les cris de raliement et les coups de canon, nous avons tué quelques Corses et nous n'avons eu personne tué ni blessé. Cependant environ cent cinquante hommes des nôtres ont mis en fuite plus de mille rebelles. Après avoir bivouaqué toute la nuit du premier au deux à la tour del Capitello, après y avoir resté toute la journée du deux, n'ayant eu que bien peu de monde qui se soit réuni à nous, tandis que des nuées ont été contre nous, nous nous sommes embarqués paisiblement sous la protection du canon. Nous avons encore tué quelques Corses, ils se sont cependant tenus bien cachés pendant le jour, mais dès que nous eûmes quitté notre position, il en parut des nuées.

Les troupes se sont conduites avec beaucoup de valeur, même avec un peu de témérité, mais elle est souvent le présage de la victoire.

Nous allons cesser et faire cesser de payer les troupes rebelles.

Il y a eu quelques dépenses de faites qui sont peu de chose ; quand l'état en sera arrêté, nous l'aprouverons.

La garnison de Calvi se trouvant dans ce moment-ci de mille hommes, et les gardes nationales passées ayant volé presque toutes les fournitures, la plupart des soldats couchent sur la terre et même sans se plaindre, et comme c'est aux dépositaires de la confiance publique à veiller aux citoyens qui se dévouent au service de la patrie, nous avons pris sur nous d'ordonner qu'on achetât toute la toile nécessaire pour faire six cents paillasses, et comme les assignats n'ont aucun cours ici et que ce n'est pas l'affaire d'un instant de leur en donner un, nous avons fait donner la somme en numéraire. Nous sommes persuadés, citoyen Ministre, que ne mettant pas en balance la santé des hommes utiles avec un peu d'argent, vous serez le premier à approuver notre disposition.

Nous nous sommes plaints depuis longtemps que le contre-amiral Truguet avait passé en Corse comme un dévastateur ; il nous a enlevé deux mille lits pour sa modite expédition de Sardaigne, et, l'expédition manquée, il nous a rien fait rendre. Nous en avons mandé le remplacement, mais les bureaux qui ont précédé ceux que vous avez, ils nous ont pas seulement répondu.

Les commissaires Saliceti et Delcher partent pour se rendre à la Convention. Saliceti mettra sous vos yeux les différents besoins de ce département, nous vous prions d'y donner l'attention la plus marquée.

J. P. Lacombe S.-Michel, Saliceti.

Analyse d'une lettre du général de brigade S. Martin au Ministre de la guerre, du 8 Juin 1793.

(La lettre manque).

L'expédition des représentants Lacombe S.-Michel et Saliceti sur Ajaccio n'a pas eu de succès. Les troupes ont marché contre ces représentants. Les rebelles tiennent la citadelle. Le pavillon national y est resté arboré. Le Maire a fait prêter serment à ces rebelles d'être Français libres et de mourir républicains. On ne peut expliquer une telle inconséquence que par une résistance qui s'adresse personnellement aux représentants. 1.500 insurgés conduits par le neveu de Paoli ont ensuite sommé la citadelle de Calvi, ils ont été repoussés. Le général a organisé à Bastia 4 compagnies franches dont il attend de grands services. Du temps des Génois, les habitants de cette ville ont suffi à sa défense ; une escadre de 22 vaisseaux espagnols est arrivée à Charlefort en Sardaigne. A des craintes sur le sort des 700 hommes qui occupent les îles de S. Pierre et d'Antioche. Croit qu'on ne peut rendre la tranquillité à la Corse qu'en désarmant les habitants toujours en guerre les uns contre les autres. Il faudrait se borner à tenir des garnisons dans les places jusqu'à la paix. Ces places sont en bon état de défense ; il demande un bataillon de renfort.

Aux Représentants du peuple français assemblés en Convention Nationale et au pouvoir exécutif provisoire. Aux sociétés populaires de la République Française et à tous les vrais Républicains.

Salut, force et constance.

La Société des amis de la Liberté et de l'Egalité de la ville de Bastia, département de Corse, profondément affligée des troubles qui sont survenus dans cette île après avoir offert longtemps aux amis de l'humanité l'image de l'union, du bonheur et de la tranquillité publique ; mettant en usage le droit que la loi a confié à la surveillance des sociétés populaires, de dévoiler les abus et en exposer l'origine et les effets pour les dénoncer ensuite aux autorités constituées : a délibéré, dans sa séance du 9 du présent mois, d'élire dans son sein, par appel nominal et à la pluralité absolue, l'un de ses membres pour être avoué et constitué député par elle devant les représentants du peuple français et nos chers frères composant les sociétés populaires de la République. La presque unanimité des voix a appelé à cette mission le citoyen Aurèle Varese, ex-président, et immédiatement il a été procédé à la nomination d'un comité de vingt-quatre membres à l'effet de dresser les instructions nécessaires pour remplir l'objet.

Le comité réuni en la salle ordinaire des assemblées a délibéré en conséquence, le lendemain 10 et à l'unanimité, que six commissaires choisis *ad hoc* dans son sein rédigeraient un corps d'instructions d'après les bases suivantes :

1º Sur le tableau de la situation politique et morale du département avant l'arrivée des commissaires représentants du peuple dans cette île.

2º Sur l'exposé des événements qui ont succédé depuis leur séjour dans cette île jusqu'à ce moment.

3º Sur la demande d'une force publique capable d'en imposer aux malveillants et de rétablir, s'il est possible, sans effusion de sang, le règne de la loi et de l'unité ; enfin sur les moyens les plus propres à ramener aux principes tous ceux des citoyens que des insinuations perfides avaient égarés.

Le Comité central des six s'étant ensuite réuni en particulier, a dressé l'instruction ou exposé général sur les bases prescrites et auxquelles l'assemblée générale de la Société a donné son approbation ; dans la séance suivante du jeudi 13 juin elle a également approuvé l'instruction particulière et personnelle au député porteur de la présente, comme en ces termes :

1º Le député nommé sera porteur de l'instruction ou exposé général ci-dessus, et qu'il présentera revêtu des formes nécessaires à la Convention nationale, au Comité du Salut public, au Conseil exécutif et enfin aux Sociétés populaires de notre correspondance.

2º Il se rendra incessamment dans le continent de la République à l'effet de remplir l'objet de la mission dont il est chargé par la Société et de s'y conformer exactement aux instructions dont il est muni, sans aucune diminution ni extension quelconque, sans un aveu exprès et par écrit de la Société.

3º Dans le cours de sa mission, il présentera de la part de la Société honneur à la Convention nationale, amour fraternel aux sociétés populaires, vœu constant pour la liberté et l'égalité, dévouement au maintien de l'unité et de l'indivisibilité de la République, respect pour les lois, les personnes et les propriétés, haine contre les agitateurs qui souvent ont emprunté le langage de la modération pour cacher sous le voile spécieux leur perfidie, et horreur pour l'anarchie.

4º Il est chargé essentiellement de rendre justice à l'attachement du Peuple Corse pour la République, de le présenter seulement comme induit en erreur par les insinuations perfides des malveillants.

5º Il fera connaître en conséquence que la demande d'une force publique imposante est bien plus propre à épargner l'effusion du sang qu'à causer les désastres d'une répression active, et qu'elle favoriserait au contraire la réunion d'un plus grand nombre de citoyens attachés à la République, mais qu'on est retenu dans la crainte par les menaces des chefs des insurgés qu'il est chargé de dénoncer et notamment Pascal Paoli, ci-devant commandant en chef dans cette division, qui doit être regardé comme le principal ressort de l'insurrection ; le Directoire et Conseil général du département qui, au mépris de la destitution prononcée contre lui par les commissaires représentants du peuple, a non seulement continué ses fonctions, mais encore a convoqué une assemblée illégale et liberticide de députés des municipalités, qui a eu lieu à Corte sous le nom de Consulte générale, où on a pris les arrêtés qui prouvent la rébellion et l'excès du délire, comme le député le montrera en faisant connaître l'imprimé qui les constate ; Vincent Colonna-Leca, commandant de la ville d'Ajaccio, qui n'a pas voulu remettre cette place aux représentants du Peuple, ni les reconnaître ; Leonetti, lieutenant-colonel commandant le corps de la gendarmerie, qui a osé attaquer la ville de Calvi ; Panattieri, membre du Directoire du département et commissaire dans le district de l'Ile-Rousse, qui, à la tête d'un attroupement de rebelles et pendant son séjour dans le village de Belgodere a fait fouler aux pieds la cocarde nationale avec défense de la porter ; Orticoni, nommé par Paoli garde magasin de l'artillerie de l'Ile-Rousse, qui a désarmé à la tête des rebelles les troupes de ligne, en tenant en sa main un poignard, prêt à l'enfoncer dans le sein de nos frères d'armes, s'ils eussent opposé la moindre résistance ; c'est pendant qu'on exerçait contre eux un si horrible attentat que les cris de Vive Paoli, Vive l'Angleterre, qu'une flotte anglaise viendrait bientôt à leur secours, retentissaient des bouches des rebelles ; Pascal Negroni, membre du conseil général du département, dont il fera connaître l'incivisme par sa lettre incendiaire écrite à son confrère Panattieri ; Colonna-Cesari, ex-député de l'Assemblée constituante ; Quenza, lieutenant-colonel de la garde nationale et commandant à Bonifacio ; d'Antan, ci-devant capitaine au 26e et aide de camp de Paoli, et Dalkeron, contre-amiral, qui s'est réuni aux rebelles contre la République. Il dénoncera en outre la municipalité de Cervione pour avoir refusé la troupe de ligne envoyée par le général Casabianca, pour avoir permis d'abattre et brûler l'arbre de la liberté, d'arracher les cocardes nationales des chapeaux et d'avoir brûlé en effigie plusieurs citoyens pour avoir hautement manifesté leur civisme et leur attachement à la République, entre autres le citoyen Aurèle Varese, notre député ; la municipalité de Corte qui s'est montrée ouvertement en état de rébellion, qui a laissé fouler aux pieds la cocarde nationale, qui a attenté à la liberté de plusieurs citoyens et particulièrement à celle du citoyen Mastagli pour avoir exprimé librement sa manière de penser en faveur de l'arrêté des commissaires représentants du peuple qui a destitué le département ; la municipalité de la Porta qui a laissé désarmer et renvoyer les soldats de la République, piller les magasins de la nation, ainsi que plusieurs maisons de citoyens distingués par leur civisme, et a permis en outre de mettre à contribution les familles des bons patriotes qui se sont montrés affectionnés à la République ; la municipalité d'Ajaccio, qui a marché ouvertement à la tête des rebelles contre les commissaires représentants du peuple, qui a méconnu leur autorité, qui a attenté à la liberté et à la propriété des citoyens, et qui s'est livrée à tous les excès dignes de la plus sévère justice nationale, et enfin toutes personnes à la tête de la rébellion et tous corps constitués qui, comme les précédents, se seront rendus indignes de soutenir la cause de la liberté ; il observera qu'il serait à désirer que cette force soit suivie d'une instruction des représentants du peuple, qui ne pourra que produire les plus heureux effets, du moment que les moyens de la supprimer seraient ôtés aux malveillants.

6º Notre député se présentera au nom de la Société dans le sein de l'assemblée populaire de nos frères de Toulon et Marseille, pour leur demander particulièrement de voler à notre secours, et pour s'informer de la véracité de l'adresse que l'administration destituée provisoirement prétend avoir reçu de ces sociétés et soi-disant en faveur de son insurrection ; et il instruira immédiatement notre société des renseignements qu'il aura pris à cet égard.

7º Il fera toutes ces dénonciations envers toutes et chacune des autorités constituées qu'il appartiendra et en informera exactement la société, qui n'entend le déléguer pour aucune autre nature de sollicitations, poursuites ou demandes, soit générales, soit particulières, soit personnelles.

8° Il est également chargé de la part de la Société de rendre justice à la popularité, aux principes et aux bonnes intentions des citoyens commissaires de la Convention nationale dans cette île, l'effet seul des circonstances critiques où se trouve le département n'ayant pas permis que leurs vues aient eu tout le succès qu'on en devait espérer.

9° Il exprimera le vœu ardent de la Société pour la parfaite union des représentants du peuple et l'achèvement du sublime ouvrage de la Constitution républicaine qui doit fonder le bonheur du peuple français et la base future de celui du genre humain.

10° Le député sera tenu de correspondre tous les huit jours avec la Société et plus souvent, si cela lui est possible.

11° La Société recommande à son député de rappeler tout le zèle dont il est animé pour hâter l'objet de sa mission.

Et afin que foi entière soit ajoutée au présent, nous l'avons fait signer par le président, les secrétaires et par notre délégué et revêtir du sceau de la Société.

Bastia, le 14 juin 1793, l'an 2e de la République Française une et indivisible.

> Signés : DORFEUIL, président ; BERTRAND, secrétaire ; Charles-Dominique ANTONI, secrétaire ; IIe VIAL, officier au 26e, secrétaire ; Joseph RAMARONI, secrétaire ; Aurèle VARESE, député.

Pour copie conforme à l'original,

> Aurèle VARESE,
> *Député de la Société des Amis de la liberté*
> *et de l'égalité de Bastia.*

Le Général S. Martin au Ministre de la guerre.

15 Juin 1793.

Depuis l'expédition entreprise sur Ajaccio par nos représentants, Lacombe S.-Michel et Saliceti, et immédiatement après l'attaque de Calvi formée et repoussée, l'état des choses dans cette île est resté le même, c'est-à-dire sans événements. On y soutient toujours le système qui sépare l'intérieur de ce département d'avec les représentants du peuple délégués par la Convention nationale. Je m'exprime ainsi pour rendre plus correctement le sens de cette rébellion. Tout ce qui émane de l'intérieur de cette île déclare toujours vouloir être et se maintenir français républicain. Cette scission néanmoins dictera ou une détermination de rigueur ou une mesure de pacification. Déjà sont partis pour se rendre en France les citoyens Delcher et Saliceti ; ce dernier a paru s'y décider par délicatesse. Le citoyen Lacombe S.-Michel demeure et se fixera à Calvi. Je dois dire, citoyen ministre, que mon opinion est que si l'on préférait prendre des mesures de conciliation, elles auraient un entier succès. La pacification des troubles qui se sont manifestés ne tient pas à des points difficiles. Il suffirait seulement d'écarter les sujets de l'injuste et aveugle prévention qui a séparé les habitants de l'intérieur des représentants délégués dans cette île. Je joins ici un exposé que votre sagesse appréciera ; cet écrit suffit pour déterminer le parti que des raisons d'Etat, de politique et de convenance peuvent faire prendre relativement à l'île de Corse.

Le général de brigade commandant la 23e division militaire,
S. Martin.

Le Ministre de la guerre au citoyen Lacombe S.-Michel.

Le 18 Juin 1793.

Je réponds en même temps, citoyen représentant, et à votre lettre du 11 mai et à celle des 13 et 17 du même mois qui vous sont communes avec vos collègues.

Les ordres seront donnés pour faire payer les bois et lumières, remplacer les fonds avancés par le payeur général et assurer à l'avenir ce genre de service.

Le chef de brigade du génie Desroberts a envoyé un certificat de la maladie qui l'empêche de se rendre à son poste.

J'ai confirmé la nomination faite par vous du citoyen Mellini, lieutenant du 16e bataillon d'infanterie légère ; il prendra rang dans le corps du génie de la date de son ancienneté de service.

Il est de toute justice que la troupe, en Corse, soit payée sur le pied de guerre ; les ordres vont être donnés en conséquence ; quant au payement de la solde en numéraire, il serait contraire au décret de la Convention dont le nouveau tarif pour toutes les parties de la République doit vous être parvenu.

Le citoyen Chartogne, chef de brigade du 61e régiment d'infanterie, n'a pas été fait général de brigade ; il a été pris note de vos réclamations en faveur de cet officier pour les faire valoir à l'époque d'une nouvelle promotion.

Les ordres avaient été donnés à 4.000 hommes de l'armée des Alpes de se rendre en Corse ; mais le Comité du Salut public a changé cette destination ; ils vont à Perpignan.

Il serait convenable d'employer des moyens politiques pour éclairer les rebelles et les détacher du parti de Paoli, mais il faut y procéder avec d'autant plus de modération que ce peuple conserve très longtemps le désir de la vengeance.

L'on pourrait adroitement reprendre la citadelle d'Ajaccio, et il est probable que l'on serait aidé dans cette expédition par les habitants, puisqu'ils sont pour la République.

Le chef de bataillon Quenza, commandant à Bonifacio, doit être dénoncé à une cour martiale, s'il est possible de le tenir.

Je vous invite, citoyen représentant, à nommer un autre garde d'artillerie à la place de celui que vous avez destitué.

Vous avez avec vos collègues tous les pouvoirs pour faire revenir la garnison de l'île de la Liberté, et je dois croire qu'en ce moment vous avez exécuté ce changement.

Les ordres vont être donnés pour faire passer des recrues aux bataillons qui ont besoin d'être complétés à Bastia.

Le Ministre de la guerre.

Le général S. Martin au Ministre de la guerre.

Bastia, le 19 Juin 1793.

Citoyen Ministre, — Le citoyen Bertelet, consul de la République, m'écrit de Livourne que la garnison française avait cédé le fort S. Pierre à l'escadre espagnole composée de 22 vaisseaux de guerre. Il ne me parle point des articles de la capitulation, de sorte que j'ignore si nos troupes ont obtenu les honneurs de la guerre, ou si elles ont dû se rendre à discrétion.

Sept compagnies du 52e régiment, en garnison à Bonifacio, ont évacué cette place sur le simple ordre du commandant d'un bataillon de garde nationale corse en garnison dans cette place. J'enjoindrai au capitaine qui les commandait de tenir les arrêts jusqu'à ce que, sur le compte qu'il aura rendu de sa conduite, vous ayez prononcé sur ce qui le concerne. En attendant, j'ai donné ordre à ces sept compagnies, qui avaient été reléguées à S. Julien, de se rendre à Sartene, où je pourrai plus facilement les envoyer prendre par des bâtiments que j'expédierai de S. Florent, dès que je pourrai avoir l'escorte d'un brick ou d'une corvette ; c'est la seule mesure que je puisse employer pour assurer ici le retour de ces sept compagnies, dont le sort serait compromis partout ailleurs dans l'intérieur qu'à Sartene.

Le général de brigade commandant etc.,
S. MARTIN.

Lacombe S.-Michel au Président de la Convention.

Bastia, 22 Juin 1793.

Citoyen président, — J'ai reçu le décret du 6 juin, qui surseoit à l'exécution de celui du 2 avril. Il est arrivé en même temps à la Commission provisoire faisant fonctions de directoire du département, qui lui donnera toute la publicité qu'il sera possible, ainsi qu'à votre adresse ; mais les communications sont interrompues et le département rebelle ne laisse rien passer dans l'intérieur.

Saliceti et Delcher sont partis hier et ont mis à la voile pour le continent ; ils viennent mettre sous les yeux de la Convention l'état actuel du département qui paraît lui être inconnu. Les patriotes désarmés, incendiés et incarcérés par Paoli et ses suppôts ; les magasins de la République pillés ; les effets, dit-on, vendus dans les places révoltées, tel est l'abrégé des excès dont nos frères vous remettront sous les yeux les détails.

Les lettres que nous recevons de l'agent français à Livourne et des lettres prises, venant de Sardaigne, nous annoncent qu'incessamment la Corse sera attaquée ou du moins environnée des flottes anglaise, espagnole, napolitaine, etc. Je me rends à Calvi que je vais faire mettre dans le meilleur état de défense ; j'y apporte des grils à rougir les boulets.

La garnison y est forte et bonne ; et si les ennemis viennent nous attaquer, ils ne nous prendront pas, dussé-je faire sauter la place, et moi avec. Le mauvais air a fortement altéré ma santé, mais je ne suis plus malade quand il faut servir la République.

» J.-P. LACOMBE SAINT-MICHEL. »

Le général S. Martin au Ministre de la guerre.

Bastia, le 26 Juin 1793.

Citoyen Ministre, — Je reçois la lettre que vous m'avez fait l'honneur de m'écrire le 22 du mois dernier pour m'enjoindre de me rendre à Toulon, m'y embarquer et accompagner en Corse les 4,000 hommes détachés de l'armée des Alpes, que le Conseil exécutif a jugé utile d'y faire passer.

Vous savez, citoyen Ministre, par le compte que je vous en ai rendu, que mon arrivée dans ce pays-ci a eu lieu le 23 mai, en conséquence des ordres que j'en avais reçus du général Brunet.

Ce même général m'écrit aujourd'hui que les commissaires représentants du peuple près son armée viennent de contremander l'embarquement de ces quatre mille hommes pour les envoyer à l'armée des Pyrénées. Ce secours, cependant, eût produit les plus heureux effets ; il aurait ranimé les patriotes, et en persuadant à tout le monde que la France, malgré l'immensité de ses armements, avait des moyens d'augmenter ses forces dans cette île, l'égarement du peuple se fût dissipé, il en serait résulté les plus grandes facilités à rétablir l'ordre et la soumission dans ce département. J'ose dire que l'on m'y témoigne de la considération et une grande portion de confiance. Vous avez vu par les différentes pièces que je vous ai adressées que le soulèvement de cette île n'a été dirigé que contre les trois représentants du peuple qui y ont été envoyés. J'ai lieu d'espérer que l'arrivée dans ce pays des citoyens Antiboul et Bo sera plus agréable, car l'universalité des Corses se déclare toujours vouloir être français républicains. Cependant ils tiennent exclusivement les villes maritimes de Bonifacio et d'Ajaccio ; nos troupes n'occupent que Calvi, S. Florent et Bastia. Le peu de forces que ces places renferment nous réduisent à la stricte défensive, et néanmoins par le moyen des bataillons corses de nouvelle levée, quoique très faible, j'ai pu prendre quelques mesures pour la sûreté du Cap-Corse et l'importante communication de S. Florent à Bastia. J'ai lieu de croire que c'est en partie par les effets de quelques égards qui me sont personnels, si l'on n'a pas déjà tenté des efforts contre les différents points de défense extérieure que je tiens occupés.

Mon devoir exige que je dise mon opinion. Si, comme je le présume, il paraît préférable d'employer la voie de la conciliation, je pense et je suis persuadé que, lorsque les commissions et les premières places militaires ne seront déléguées dans ce pays-ci qu'à des Français du continent à l'exclusion de tout Corse, les difficultés disparaîtront et les affaires seront aussitôt terminées au gré des affaires de la République.

Avant-hier 24, à cinq heures du soir, a paru à la vue de cette ville une armée navale espagnole de 26 vaisseaux ; elle a continué sa croisière jusqu'au lendemain à 3 heures de l'après-midi ; sa station a été près de l'île de Capraja ; sur le soir elle avait son arrière-garde sur la pointe du Cap-Corse et son avant-garde à la hauteur du golfe de S. Florent. Cette armée qui faisait mine de s'approcher de Bastia, nous a fait faire, comme vous le sentez bien, citoyen Ministre, toutes les dispositions nécessaires pour la brûler ; mais comme j'ai l'honneur de vous le mander, nos affûts sont excessivement mauvais, il nous faudrait au moins cinquante canonniers de plus et dix pièces de canon de 24.

J'ai, de l'avis des représentants du peuple, fait fournir le traitement de guerre aux troupes composant cette 23e division, et attendu la difficulté de se procurer de la viande fraîche, il y a été suppléé par un sou six deniers par jour, dont le payement se fait à chaque sous-officier et soldat, en numéraire. Je vois par votre lettre du 6 de ce mois au commissaire ordonnateur de cette division, qu'elle vient à l'appui du traitement de guerre qui a été accordé aux troupes dans l'île de Corse.

Nous attendons en vain depuis longtemps l'expédition des bâtiments chargés de comestibles dont nous avons un très grand besoin. Je crois ce convoi retenu à Nice, et je présume que l'escadre espagnole, en croisant sur ces côtes, a pour objet de l'intercepter; mais j'espère qu'elle sera trompée dans son attente.

Par ce même courrier, je reçois une lettre qui interdit tout payement en argent; il est impossible qu'elle ait son exécution en Corse; un assignat de *cent sols* ne passe aujourd'hui que pour vingt-six sols chez le gros marchand seulement; les bouchers, les boulangers, débiteurs de vin et autres denrées, les refusent absolument même à ce taux de presque nullité. Veuillez, citoyen Ministre, prendre cette circonstance en très grande considération et la soumettre à la Convention nationale.

Le général de brigade comm. etc.,
S. MARTIN.

La Commission provisoire composant l'administration générale du département de Corse au Ministre de la guerre.

Bastia, le 26 Juin 1793.

Les Représentants du peuple, citoyen Ministre, députés en Corse par la Convention nationale, ont par leur arrêté du 13 mai dernier destitué l'Administration générale de ce département et, par celui du jour suivant, nous ont provisoirement nommés à le remplacer.

Si nous n'eussions consulté que nos talents, nous n'aurions certainement pas accepté cette charge importante, mais le désir de faire le bien, notre dévouement à la République nous ont encouragés à accepter cette marque de confiance, décidés de faire respecter et exécuter la loi, de persécuter les ennemis de l'égalité et de la liberté, et de combattre même, ou de laisser en mourant à nos successeurs l'exemple de la fermeté, de l'impartialité et du républicanisme le plus pur, C'est depuis le 17 de ce mois que nous sommes en activité ; le commencement de notre administration nous présente des ennemis au dehors, et des ambitieux dans l'intérieur ; nous combattrons les premiers, nous anéantirons les seconds et nous tâcherons d'éclairer le peuple sur ses devoirs, le rappelant à ses antiques vertus et à son amour pour la liberté, qui de tous les temps le distinguèrent si bien parmi les peuples de l'Europe.

  C. G. ORBECCHI-PIETRI, ODIARCHI, LEPIDI,
   Procur. général   MONTI, *Président.*
    syndic.   SALVINI, *secrét. commiss.*

Aurèle Varese, du département de Corse, député de la Société des amis de la Liberté et de l'Egalité de Bastia, aux citoyens composant le Comité de salut public de la Convention nationale.

La nouvelle organisation des corps administratifs en Corse depuis la révolution, ayant appelé aux places des citoyens peu instruits des fonctions qu'ils devaient remplir, l'Administration du département a particulièrement donné lieu par sa conduite à des réclamations fréquentes, soit par rapport aux actes arbitraires et illégaux qui ont été commis, soit par rapport à la diversion des deniers publics dont la véritable destination a presque toujours été changée, soit relativement au peu de faveur accordé aux assignats qui ne peuvent avoir du cours que par le change forcé en numéraire à une perte énorme, soit enfin par l'occultation de plusieurs lois des plus essentielles, telles que celles concernant les droits de patente, les contributions publiques, le tarif général des droits d'entrée et de sortie etc.

L'ancien et le nouveau département ont malheureusement offert cette conduite aussi fâcheuse que propre à éloigner le bonheur que le peuple Corse devait retirer de la Révolution française ; avec cette différence cependant que le premier réunissait et plus de lumières et de patriotisme surtout que le second.

Des demandes réitérées ont été faites pour que la conduite des autorités constituées en Corse fût scrupuleusement examinée, que leurs comptes fussent soumis à une censure également sévère et que l'on ramenât dans cette administration l'ordre, la régularité et l'économie qui doivent présider à toute administration publique et populaire.

On essaya en 1791 d'envoyer en Corse des commissaires civils ; mais ceux-ci, nommés par le pouvoir exécutif, ne furent pas investis d'une autorité assez étendue pour pouvoir découvrir les abus qui régnaient dans le département, ou pour employer efficacement les moyens de les faire cesser.

Ces désordres ont continué d'exister et se sont accrus sous le département renouvelé en décembre 1792. Paoli se servit avec succès de toute son influence pour faire appeler aux places d'administrateurs ses affidés et des ennemis déclarés de la Révolution ; il influença également sur la formation des administrations inférieures, et réussit à les composer presque de même ; ces choix effrayèrent les bons patriotes et commencèrent à démasquer Paoli.

Ces administrations organisées, on a vu avec étonnement

accorder la plus grande faveur à des prêtres réfractaires et non conformistes, des émigrés rentrer et être tolérés dans le chef-lieu, des commissaires de ce nouveau département faire dévaster et incendier sous leurs yeux les biens de quelques citoyens de Tavagna, Casacconi et Ciamannaccie, arrêter et emprisonner arbitrairement les individus et occulter les lois les plus essentielles et particulièrement celles concernant le clergé et les émigrés.

Des réclamations faites à la Convention nationale l'ont sans doute déterminée à envoyer en Corse des Représentants pour y établir le règne de la loi, ramener l'ordre dans l'administration et pourvoir en même temps à la sûreté des places de ce département en cas d'invasion de la part de l'ennemi. Sans les circonstances critiques où s'est trouvé le département, les représentants Delcher, Lacombe Saint-Michel et Saliceti eussent parfaitement rempli les vues sages de la Convention, et la Société populaire de Bastia rend justice à leurs principes, à leur popularité et à leurs bonnes intentions.

Cette mission a porté l'épouvante parmi les promoteurs et les fauteurs de ces prévarications, et dès lors on a cherché à prévenir le peuple contre les représentants commissaires : on n'a pas négligé de les peindre comme des hommes envoyés pour prêcher la discorde et établir l'anarchie.

Tandis que l'on inspirait ces préventions, le département écrivait aux représentants à Toulon et les invitait à venir avec confiance et surtout sans force, prétendant qu'elle était inutile, et qu'elle serait même *dangereuse*.

Les représentants débarquent en Corse, et le département se tient constamment dans l'éloignement, évite d'avoir avec eux aucune relation et surtout de leur offrir les comptes et les renseignements qu'ils devaient recevoir de lui.

Les commissaires représentants sont arrivés en Corse le 6 avril et, le 14, le décret d'arrestation de Paoli et de Pozzo di

Borgo, procureur général syndic, y est parvenu. Le décret lancé surtout contre Paoli a été prématuré et la Convention nationale aurait dû attendre pour le rendre le rapport de ses commissaires ; les choses semblaient disposées à s'arranger ; le citoyen Saliceti, par un dévouement à la chose publique digne d'un représentant du peuple, s'était courageusement rendu à Corte auprès de Paoli et l'avait déterminé à se rendre à Bastia. Dans cet intervalle arrive le décret, et toutes les mesures sages et préparées par les commissaires représentants deviennent inutiles.

Paoli, sous le prétexte de ses infirmités habituelles, n'obéit pas au décret qui lui est signifié le dix-huit ; il proteste dans un imprimé de son innocence ; il y annonce qu'il veut se justifier et ne le fait pas ; en attendant, une grande partie du peuple Corse attaché à sa personne par un certain sentiment de reconnaissance qu'il lui a voué pour les avoir soutenus et aidés dans leurs guerres contre les Génois, leurs anciens tyrans, ajoute foi alors à ce qu'on avait déjà publié, que les commissaires en veulent particulièrement à sa personne, et dès ce moment une inquiétude se manifeste dans presque toutes les contrées de la Corse d'où l'on part pour aller à Corte dans l'intention d'y offrir à Paoli un rempart à la défense de sa personne.

Le département, voyant son procureur général syndic frappé, se sent compromis et obligé de se justifier des imputations qu'on lui a faites ; pour intéresser le peuple en sa faveur, il cherche à associer sa cause à celle de Paoli ; il envoye partout des commissaires pour exciter les citoyens à se méfier des représentants, à s'armer et à résister à l'oppression ; et pour donner du poids à leurs démarches, ils répandent qu'il y a une conspiration contre la liberté des Corses ; ils représentent les citoyens Delcher, Lacombe Saint-Michel et Saliceti, tantôt comme des agents d'une faction qui veut livrer la France à un Roy, tantôt comme chargés de vendre la Corse aux Génois. C'est ainsi qu'on parvient à égarer un peuple simple qui abhorre la tyrannie ; ils savaient, les perfides, que c'était le seul moyen de porter les Corses à toutes les extrémités possibles ; ils l'ont employé.

Le Directoire du département a dit que le 16 avril il avait envoyé ses commissaires dans les différents districts pour y prévenir et atténuer les effets pernicieux qu'y auraient pu faire naître les nouvelles des trahisons de Dumouriez ; mais il est essentiel d'observer qu'elles n'ont été connues en Corse que le 28 et que cette nomination de commissaires n'a été réellement faite que dans la nuit du 19 au 20 avril, c'est-à-dire immédiatement après la notification du décret d'arrestation de Paoli signifié le 18.

Le district de l'Ile-Rousse, où le peuple est plus facile à séduire que dans les autres districts, prend les armes et va pour s'emparer de la place de Calvi sous la conduite de l'administrateur Panatieri ; on désarme à l'Ile-Rousse un détachement de troupe de ligne.

A la Porta se font les mêmes mouvements et la troupe est aussi désarmée ; à Cervione, on fait les mêmes tentatives et l'on est obligé pour sauver la troupe d'ordonner la retraite.

Dans cet état de choses, les représentants destituent le département et Leonetti, chef de la gendarmerie et neveu de Paoli.

C'est alors que le département arbore encore plus ouvertement l'étendard de la rébellion ; il convoque une assemblée générale sous le nom de Consulte, pour laquelle il appelle des députés de chaque commune et tous les individus qui veulent y intervenir.

Cette assemblée illégale se tient à Corte ; Paoli la préside et en fait nommer vice-président un ex-provincial des Cordeliers, son confesseur ; là on arrête des listes de proscription, on y réintègre le gouvernement et le procureur général syndic, on proclame Paoli généralissime, et on fait tous les actes qui constatent la rébellion la plus absolue ; par un contraste des plus frappants, on finit cependant par protester qu'on veut vivre et mourir Français Républicain.

Ensuite on ne s'en tient pas seulement à méconnaître l'autorité des représentants du peuple et à inspirer contre eux, par les écrits les plus incendiaires, la plus grande méfiance, mais encore on y intercepte leurs proclamations et tous les imprimés qui pouvaient tendre à dessiller les yeux du peuple, on pille les magasins de la République, on s'empare du trésor national ; on met à contribution, on pille et on incendie les maisons des vrais républicains ; on maltraite et on emprisonne les personnes de tout sexe ; on détruit les bestiaux et on ravage les campagnes ; que ne fait-on pas enfin pour intimider les plus paisibles et les forcer malgré eux à se mettre en état de rébellion ?

Telles sont les manœuvres employées par Paoli et ses adhérents et qui ont mis l'infortuné peuple Corse dans l'état de rébellion où il se trouve ; il a la bonne foi de croire qu'il sera toujours français, tout en méconnaissant les représentants de la nation.

Telle est la déplorable situation du département de Corse ; les seules villes de Bastia, Calvi et S. Florent sont restées à la République (1). Fortes de leurs canons et encore plus du civisme de leurs habitants et des troupes de la République, ces villes résisteront aux rebelles de l'intérieur du département et aux flottes ennemies ; si elles avaient besoin d'être animées et encouragées, elles le seraient par la présence du citoyen Lacombe S.-Michel dont le zèle patriotique et les talents militaires sont connus. Les rebelles savent combien,

---

(1) C'est beaucoup que les commissaires représentants aient réussi à conserver ces trois villes à la République. A leur arrivée en Corse, elles avaient toutes des commandants militaires choisis par Paoli et entièrement dévoués à sa volonté.

dans plusieurs circonstances, la présence de vos représentants leur a été fatale ; on a vu Lacombe S.-Michel diriger à Ajaccio les batteries contre les rebelles, tandis que son collègue Saliceti les repoussait à coups de fusil à la tête de nos braves frères d'armes.

Déjà la ville de Bastia a eu le bonheur de se montrer digne de faire partie de la République française ; plusieurs vaisseaux espagnols se présentent devant son port, à l'instant elle se lève tout entière et la contenance fière de ses habitants et des troupes de la République la font disparaître.

Les mesures relativement à la Corse, présentées par le Comité du salut public et adoptées par la Convention nationale, ne peuvent que produire les effets les plus satisfaisants ; il ne s'agit que de les mettre à exécution le plus promptement possible, et on inspirera par là à tous les vrais républicains la plus vive reconnaissance ; une force imposante sera seule capable de ramener et encourager les bons citoyens attachés au parti de la République et en ramener un grand nombre que l'erreur ou la crainte de perdre leurs possessions en tenaient éloignés : la présence seule enfin d'une force publique, annonçant l'intérêt que la Convention nationale prend au bonheur et à la tranquillité de ses frères Corses, peut opérer, sans aucune effusion de sang, les heureux effets d'une parfaite union.

Aurèle Varese,
député de la Société des amis de la Liberté
et de l'Egalité de Bastia.

Les Représentants du peuple français députés en Corse
par la Convention Nationale aux Français Corses.

Juin (?)

Envoyés en Corse pour travailler à la félicité publique, nous ne devions pas nous attendre que la première masse des citoyens méconnaîtrait son propre avantage ; nous ne devions pas nous attendre que la première autorité constituée, l'Admininistration du département, méconnaîtrait assez la *Souveraineté* du peuple pour prétendre se soustraire à l'autorité de ses Représentants envoyés par la Convention nationale, pour usurper une autorité que la loi ne lui donne pas, pour convoquer, ou laisser convoquer la force publique en son nom, sans suivre la hiérarchie des pouvoirs et la distinction des autorités.

Voilà cependant, citoyens, ce qu'a fait l'Administration du département de la Corse. A notre arrivée, il nous est parvenu une foule de réclamations contre des abus d'autorité, soit de cette Administration, soit de la précédente, contre des retards de payements de dettes sacrées, telles que le payement des nourrices des enfants trouvés, du clergé etc. Nous pouvons présumer qu'ils en ont diverti ou détourné les fonds, puisqu'ils ont refusé de réintégrer dans les diverses caisses les fonds envoyés par la Trésorerie nationale et dont ils se sont emparés. Il est de fait que l'Administration du département ne nous a rendu compte d'aucune partie de son administration, tandis qu'il était de son devoir de nous les soumettre toutes. Quelle a été notre conduite, Français Corses? Nous avons éclairé les citoyens sur l'objet de notre mission ; nous avons attendu que toutes les autorités constituées se rendissent à leurs devoirs. Accessibles à tout le monde, nous n'avons donné notre confiance exclusive à personne. Ayant été instruits qu'il se formait des rassemblements armés dans la Balagne, nous avons fait ordonner à un détachement de la force armée détachée à S. Florent d'aller tenir garnison à l'Ile-Rousse. Quelle a été notre surprise lorsque le commandant de cette troupe nous a fait passer une lettre rendue commune à la municipalité et au district de l'Ile-Rousse, qui conjure cet officier de se retirer, lui annonçant que la ville a été envahie la veille par « des gardes nationales du département indisciplinées et qu'ils ne pouvaient contenir ! » Nous pouvions sans doute, citoyens, repousser la force par la force, punir les brigands qui troublaient la tranquillité; mais instruits par la voix publique que cette force avait été réunie par l'administration Panatieri, nous préférâmes, pour éviter l'effusion du sang et éclairer encore les citoyens trompés, de faire entrer à Calvi la troupe du continent. Nous fîmes une proclamation en date du vingt-quatre avril dernier, qui fut envoyée dans tout le département, afin que personne n'en prétendît cause d'ignorance. Nous mandâmes près de nous deux membres du département, pour nous rendre compte de tous ces mouvements. Informés depuis que tous ces rassemblements continuaient et commettaient de nouveaux désordres, qu'ils incendiaient les propriétés, que ces brigands avaient désarmé le détachement de la troupe de ligne de l'Ile-Rousse et postérieurement aussi le détachement de la Porta, qu'ils ont pillé les magasins de vivres et de munitions appartenant à la République; après avoir mis inutilement en usage les moyens de douceur et de persuasion, il est temps d'employer les moyens coercitifs.

En conséquence nous déclarons que nous avons destitué l'Administration du département (1); défendons à tout corps administratif, à toute municipalité, à tout citoyen de reconnaître son autorité et d'obéir à aucun de ses ordres.

Nous annonçons que nous avons destitué le citoyen Leonetti, lieutenant-colonel de la gendarmerie nationale ; ordonnons à tout rassemblement, autre que celui qui serait convoqué par nous, de se disperser à l'instant. Nous déclarons que nous allons faire marcher la force armée, et que tout

---

(1) Les commissaires destituèrent l'Administration du département par un arrêté du 13 mai 1793. — Voir le rapport de Barère à la Convention dans le *Moniteur universel* du 3 juillet 1793.

citoyen qui lui résistera sera mis hors la loi et puni par un tribunal militaire, qui sera établi en vertu du décret du 19 mars dernier.

Convoquons tous les bons citoyens de se réunir à la force armée qui partira en conséquence de nos ordres, et de prêter force à la loi, pour qu'enfin son règne succède au désordre qui n'a duré que trop longtemps.

Nous déclarons aux Corses que nous avons demandé une augmentation de force, et que Représentants d'une grande nation, nous leur annonçons qu'elle protègera les bons citoyens contre les incendiaires et les dévastateurs des propriétés.

Signés : DELCHER, J.-P. LACOMBE S.-MICHEL, SALICETI.

Par la Commission,

ATRUX, *secrétaire.*

(A Bastia, de l'imprimerie d'Etienne Battini, imprimeur de la Commission nationale).

Mission du Commissaire Observateur Buonarroti dans le département de Corse (1).

Aux citoyens membres du Comité du Salut public.

A Paris, ce 20 Juin 1793, l'an 2e de la République.

Citoyens, — Il y a quelques jours que le Ministre de l'intérieur m'a chargé des fonctions de Commissaire observateur dans le département de Corse.

---

(1) Voici ce qu'on lit dans le dictionnaire de Dezobry et Bachelet sur Buonarroti : « Buonarroti (Michel) né à Pise en 1761, mort en 1837, fut chassé de la Toscane à cause de son enthousiasme pour la Révolution fran-

En me rendant le passe-port visé par votre Comité, le citoyen Barère me pria de suspendre mon départ jusqu'après le rapport que le Comité de Salut public devait faire à la Convention sur le département.

Comme ce rapport n'est pas encore fait, je vous prie de me dire si vous jugez encore à propos que j'en attende à Paris le résultat.

BUONARROTI. — Hôtel de Marigny.

Nouvelles idées sur des mesures à prendre pour rétablir en Corse la liberté et les loix de la République.

(Sans date et sans signature, mais de l'écriture de Buonarroti).

1º *Former en Corse deux départements.* L'île est naturellement divisée par une longue chaîne de montagnes très escarpées, à travers lesquelles il n'y a presque point de chemin : cette demande a déjà été formée par les habitants de la partie méridionale qui dans toutes les assemblées électorales se sont réservé le droit de recourir à la division ; ils sont

---

çaise, et alla publier en Corse un journal intitulé : *L'Ami de la liberté italienne.* Il vint à Paris en 1792, reçut de la Convention la qualité de citoyen français, et fut envoyé en mission à Nice et en Corse. Arrêté au 9 thermidor, il conspira plus tard avec Babeuf, fut enfermé au fort de Cherbourg, puis relégué dans l'île d'Oléron ; obtint en 1806 de se retirer à Genève, où il enseigna les mathématiques et la musique, en fut chassé à la suite des événements de 1815, et résida en Belgique jusqu'en 1830. Il passa ses dernières années à Paris et figura parmi les défenseurs des accusés d'avril devant la Chambre des Pairs en 1835. On lui doit un livre curieux intitulé : *Conspiration pour l'égalité, dite de Babeuf, suivie du procès auquel elle donna lieu et des pièces justificatives,* Bruxelles, 1828. »

Nous croyons que le titre donné au journal que Buonarroti rédigeait à Bastia est inexact. Il rédigeait le *Giornale patriottico della Corsica.* Dans tous les cas, il faudrait lire, *L'Ami de la liberté,* en italien.

moins nombreux et craignent toujours d'être sacrifiés dans la distribution des emplois publics : c'est par l'influence de Paoli qu'ils se déterminèrent à ne former provisoirement qu'un seul département. Le pouvoir de cet imposteur recevrait par là un coup mortel ; il ne pourrait pas dominer les deux administrations qu'il serait impossible de faire toujours marcher dans le même sens. Cette division n'augmenterait que de 36.000 fr. les dépenses à la charge du trésor public pour l'entretien d'un évêque et de ses vicaires. Les deux départements pourraient prendre le nom de *Golo* et *Liamone*, les deux fleuves les plus remarquables de l'île : il serait politique de faire oublier le nom de Corse : le chef-lieu du département du Golo pourrait être fixé à Bastia, l'évêque à Corte qui est actuellement chef-lieu de l'île. Ajaccio serait le chef-lieu du département du Liamone, aussitôt que cette ville en état de rébellion aurait remis sa citadelle au pouvoir des soldats de la République ; provisoirement on l'établirait à Sartene, où l'on pourrait fixer le siège épiscopal. Il serait bon de partager les autres établissements publics, comme tribunaux criminels, hôpitaux, collèges etc., entre les autres villes de l'île : cette mesure animerait la communication dans tous les points et contenterait des gens qui ont encore la faiblesse de regarder un établissement de ce genre comme une source de richesse.

2° *Payer au moins pendant un an en espèces le clergé.* Les prêtres et les moines ont un grand pouvoir sur l'esprit du peuple Corse, et l'argent a un très grand pouvoir sur eux. Les intrigues de Paoli et de l'Administration du département ont fait tomber les assignats jusqu'à 80 pour cent de perte, et comme tout se paye en numéraire, le clergé est réduit à la mendicité. Cette mesure aurait le plus grand effet. Il faut décréter que les payements se feront à Calvi à ceux des prêtres et des moines dont les communautés auront solennellement abjuré leurs erreurs et reconnu les loix de la République.

3° *Révocation de toutes les concessions, même de celles faites par les Génois.* Il y a en Corse des étendues immenses de terrain qui appartenaient autrefois aux communes ; le gouvernement génois et les Français les ont envahis pour en faire des concessions à leurs favoris. Les habitants réclament toujours leurs droits, et leur rendre ou leur faire espérer justice serait un moyen sûr pour les détourner des projets où ils pourraient avoir été entraînés. L'assemblée constituante révoqua plusieurs de ces concessions, mais se réserva de prononcer sur plusieurs autres. Il faut prononcer la révocation de toutes *sauf aux communes à faire valoir juridiquement leurs droits contre la nation.*

4° La concession de Cargese dans le district de Vico, qui est aussi en révolte, a été exceptée par l'assemblée constituante, attendu que le commissaire Marbeuf, conquérant et commandant de l'île, y avait établi une colonie de Grecs : il est démontré que ce terrain appartenait autrefois à cinq communes voisines qui ne cessent jamais de réclamer : par la révocation de cette concession on rend justice à ces communes, et les Grecs, qui ont toujours été contre la révolution, seront réduits à se mêler avec les naturels du pays, dont ils partageront les droits.

Projet pour l'établissement de la petite poste dans le département de Corse.

Il est universellement reconnu que le défaut d'instruction est la principale cause des maux qui affligent les habitants du département de Corse : c'est l'ignorance qui règne en général dans ce pays qui offre à des chefs ambitieux la facilité de dominer, en rendant les habitants faciles à égarer.

La difficulté des communications contribue infiniment à entretenir l'ignorance publique et retarde les progrès de la fraternité qui doit exister entre tous les Français.

Cette difficulté est si forte en Corse que souvent la communication est interrompue entre les cantons et les chefs-lieux des districts pendant des mois entiers. Ainsi les loix ne sont pas connues dans la plupart des communes de l'intérieur : les écrits civiques n'y pénètrent pas : les événements publics y sont inconnus : les relations commerciales ne peuvent pas s'établir, et toutes les communes de l'intérieur restent dans un isolement presque total.

C'est au défaut de l'établissement si utile de la Petite Poste qu'il faut en grande partie attribuer tous ces maux : les courriers arrivent régulièrement aux bureaux des chefs-lieux des districts où les lettres, les loix et les écrits restent ensevelis tant qu'il ne se présente quelque occasion éventuelle et souvent infidelle pour les faire parvenir à leurs adresses.

C'est de la facilité, de la régularité de la correspondance que dépendent souvent dans le moment actuel les progrès de l'esprit public : il faut que les loix et les lumières inondent dans un instant tous les points de la République, et que tant de milliers de Français, épars sur une si grande surface, se connaissent et s'entretiennent comme s'ils étaient tous assemblés sur une place publique.

Il est donc évident que le salut de la Corse dépend en grande partie du perfectionnement de l'établissement de la poste aux lettres.

Je propose d'établir auprès de chaque bureau des piétons qui, à l'arrivée de chaque courrier, se répandront dans tous les cantons du district, et tout au plus dans un jour feront connaître dans chaque commune tout ce qui sera parvenu à la connaissance des habitants de ce chef-lieu.

Les courriers arrivent régulièrement à chaque bureau deux fois par semaine : un piéton pourrait commodément faire deux fois par semaine le tour de toutes les communes de deux cantons : les communes sont en Corse à une grande distance les unes des autres.

Les cantons de Corse sont environ 60 : ainsi avec 30 piétons on établirait dans ce département la circulation la plus rapide des pensées et des loix. Cet établissement ne coûterait pas au delà de 22.000 fr. par an ; je calcule sur le pied de 60 fr. le mois pour chaque piéton ; ce qui n'est pas excessif, vu la cherté actuelle des denrées.

Comme il est impossible d'établir des bureaux dans chaque commune, il faudra nécessairement charger les greffiers ou les maires de recevoir et d'expédier les lettres moyennant une légère rétribution qu'on pourrait leur accorder sur les lettres qu'ils délivreraient aux particuliers.

Les greffiers ou maires seront responsables aux receveurs des bureaux de poste qui à leur tour répondront à l'administration générale.

Il ne faut pas actuellement se flatter de pouvoir retirer de cet établissement quelque projet pour la trésorerie nationale : ce serait le moyen de le rendre inutile. Il faut que le goût de l'instruction se propage insensiblement, et il faut que la nation qui a reconnu cette instruction comme une dette sacrée qu'elle doit envers tous ses enfants, en fasse au commencement les frais. Je ne doute pas qu'à l'avenir on ne puisse percevoir une surtaxe pour les lettres qui circuleront par ce nouveau canal.

Voilà l'extrait de mon projet :

1º Il sera établi auprès de chaque bureau de poste du département de Corse un nombre de piétons égal à la moitié des cantons qui se trouvent dans le district où il est situé.

2º Les fonctions de ces piétons seront de se transporter régulièrement deux fois la semaine et dans les jours qui seront déterminés, dans chaque commune des deux cantons qui leur seront attribués, et d'y recevoir et remettre au bureau les lettres et paquets qui seront remis par les greffiers ou maires desdites communes.

3º Ces piétons seront payés à raison de 60 fr. le mois.

4° Les maires ou les greffiers des communes seront invités à se charger de l'honorable emploi de recevoir, expédier, et distribuer les lettres et paquets.

5° Les maires ou greffiers qui se chargeront de cette fonction pourront retenir sur chaque lettre taxée un sol à titre d'indemnité.

Le Commissaire observateur en Corse,
BUONARROTI.

Projet pour faire disparaître tout reste de division entre les Corses et les Français.

Pour faire fraterniser les nations, il faut en mêler les habitants : les Romains mettaient souvent ce moyen en exécution et parvenaient à éteindre les animosités que les guerres et les intérêts et même la diversité de nom fait naître.

Cette méthode aurait dû être dès longtemps suivie à l'égard de la Corse ; ses habitants, peu instruits, peuvent conserver encore un reste d'aversion pour les Français dont les tyrans furent autrefois leurs conquérants.

La guerre fournit la facilité de l'adopter : que les Corses deffendent le continent de la République : que les soldats du continent passent en Corse ; il y a dans l'île des bataillons de volontaires qui peuvent être aisément échangés contre autant de bataillons des départements continentaux. Cette opération que les bons patriotes ont demandée à plusieurs reprises, est si sage que Paoli et les esclaves se sont toujours empressés de la décrier et d'en empêcher l'exécution. Des milliers de Corses rapporteraient par ce moyen à la fin de la guerre, dans leurs pays, les mœurs, l'esprit public, le caractère pur et républicain, et même la langue de leurs frères du continent ; l'énergie, la générosité, le courage, et l'ordre social de ce grand peuple seraient bientôt vantés dans tous les coins de l'isle, et chacun s'empresserait de se façonner à la française ; tous les préjugés enfantés par l'ignorance et entretenus par l'ambition, seraient alors que les hommes les plus courageux, couverts de blessures et chargés d'honneur, voudraient être Français ; les fédéralistes, les aristocrates et les fauteurs du pouvoir dictatorial seraient sans doute pulvérisés.

Je propose au Conseil exécutif d'ordonner que quatre bataillons de volontaires nationaux tirés des départements continentaux passeront en Corse pour relever les bataillons du pays qui viendront deffendre la liberté dans le continent.

Le Commissaire observateur en Corse,
BUONARROTI.

Méthode aisée pour désarmer l'imposture et terrasser la superstition en Corse.

Rien de plus vénal que la généralité des prêtres et des moines Corses : donnez-leur de l'argent, ils contredisent aujourd'hui ce qu'ils ont prêché hier ; donnez-leur de l'argent, dans six mois Paoli, dont ils prônent aujourd'hui les vertus, sera par eux dépeint comme un scélérat.

Il y a une vérité qu'on ne doit pas se dissimuler : cette classe fatale ne peut pas vivre avec le traitement que la nation leur accorde : malgré la loi, malgré les efforts des bons citoyens, tout se vend en Corse en numéraire et par les intrigues et les perfidies de Paoli et de ses administrateurs, les assignats perdent aujourd'hui 80 pour 100 ; le curé qui avait 1.200 fr. n'en a plus que 240 ; le vicaire et le moine qui avaient 700 fr. n'en ont plus que 140. Un bon patriote souffre et fait encore des vœux pour la patrie ; mais ces MM. qui n'en ont jamais connu, font des vœux pour le retour de la dîme, des prébendes et des... (1) et excitent le fanatisme contre la République. Faites et décrétez que le clergé de Corse aura un double traitement et sera payé en numéraire jusqu'à ce que les denrées y soient au même prix que dans le continent de la République, et l'armée céleste sera bientôt contre les ennemis de la liberté. La misère et la vénalité de ces MM., la crédulité et la superstition du peuple de Corse paraissent faire un devoir d'adopter ce moyen : il en coûtera peut-être un million ou deux : mais la valeur d'un département et la liberté de ses habitants est au-dessus de cette somme.

Le Commissaire observateur en Corse,
BUONARROTI.

Moyens pour accélérer les progrès de l'industrie et de la communication en Corse.

De vastes terrains, les plus fertiles de la Corse, sont inondés par les marais, qui en rendent le séjour mortel et en diminuent infiniment le produit.

L'intérieur de l'île offre dans plusieurs endroits un sol propre au blé, à la vigne et à l'huile ; mais l'impossibilité ou la difficulté du transport et du débouché en empêchent l'ensemencement et la plantation.

Des bois précieux, dont la valeur est incalculable, couvrent les montagnes de Corse, mais le défaut de chemins empêche de les mettre en valeur.

Le mauvais état des chemins vicinaux, le délabrement des grandes routes, le défaut des ponts détournent les citoyens de voyager, de se communiquer et de fraterniser entre eux.

Le Ministre de l'intérieur, d'après la loi, a mis à la dispo-

---

(1) Mot illisible.

sition de l'Administration du département quelques sommes pour la réparation des ponts et chemins, et celle de 80.000 fr. pour le dessèchement des marais de S. Florent et d'Aleria. Ces fonds ont été détournés de leur destination. L'Administration, qui a négligé le recouvrement des impôts et des sous additionnels, a été forcée à en disposer pour subvenir aux dépenses ordinaires d'administration et de justice. Les chemins et les marais restent en attendant comme ils étaient.

Il faut rendre au peuple la justice qu'il mérite : ce n'est pas lui qui n'a pas voulu payer : il l'a toujours fait lorsqu'on lui a demandé les contributions dans l'intention de les percevoir : c'est la faute des administrateurs, de quelques chefs, et de ceux qui avaient intérêt à tout brouiller : les premiers et les seconds propriétaires eux-mêmes ont infiniment négligé toutes les opérations préliminaires au recouvrement et se sont abstenus de donner les premiers l'exemple du payement. Les derniers, entre lesquels se plaça Paoli, tandis qu'ils faisaient semblant de presser les recouvrements, disaient au peuple qu'on ne savait pas comment les choses iraient et qu'il fallait garder son argent.

On a dit ici que le peuple de Corse n'a pas voulu payer les impôts indirects d'enregistrement et de timbre, eh bien! ces impôts n'ont jamais été ni établis ni demandés : et soit faute d'un directeur négligent, soit mauvaise intention des administrateurs et de quelques riches qui seuls sont sujets au payement de ces droits, on ne sait pas même en Corse en quoi ils consistent et on y voit encore sur le papier l'ancien timbre du *Roy de France et de Navarre.*

Le peuple ne doit pas souffrir de la négligence ou de la mauvaise volonté de ses administrateurs : le Conseil exécutif prendra sans doute des mesures pour faire ouvrir les ateliers nécessaires à la réparation, à la confection des chemins, et au dessèchement des marais, en même temps qu'il adoptera des précautions pour empêcher que l'Administration renouvelle ses abus d'autorité au détriment des habitants de la Corse.

Il faut porter ses regards sur les grands chemins et sur les chemins vicinaux, sur les marais et sur les bois : les travaux qu'ils nécessitent encourageront l'agriculture et l'industrie, faciliteront les communications, donneront du travail à ceux que la stagnation de la navigation interrompue par la guerre plongent dans l'inaction et dans la misère, et fourniront des ressources précieuses à la marine de la république.

Je crois que sous ces deux derniers aspects, ces travaux méritent la plus grande considération : c'est dans ce moment, que la guerre laisse dans les villes de Corse des désœuvrés, qu'on trouvera aisément et à moins de frais des ouvriers, et c'est précisément à une époque que la mer du nord est couverte de vaisseaux ennemis qu'il faut se procurer en Corse des bois de construction que l'on ne peut plus se procurer ailleurs.

Il existe en Corse de ces grands chemins, celui de Bastia à S. Florent, et celui de Bastia à Corte ; le premier a besoin de quelques réparations que le département avait adjugées, mais qui, je crois, n'ont pas été exécutées. Le second est coupé en différents endroits par la chute des ponts et par l'écroulement des montagnes. Ces réparations sont de la plus grande urgence ; ce dernier chemin devait ouvrir la communication entre Bastia et Ajaccio, c'est-à-dire entre le deçà et le delà des Monts sur toute la longueur de l'isle, mais il a été abandonné à trois lieues au-dessus de Corte. L'ouverture de cette route faciliterait la communication sur tous les points de l'isle ; il est urgent de l'exécuter ; soit par rapport aux progrès de l'agriculture, soit sous celui de la propagation de l'esprit public.

Les chemins vicinaux sont en si mauvais état que, même dans les endroits où ils aboutissent au grand chemin de Bastia à Corte, l'usage des charriots est entièrement inconnu. Il est indispensable de réveiller à ce sujet l'attention des districts à imposer des sous additionnels pour l'entretien de ces chemins ; en Corse, où il ne s'agit pas souvent de les entretenir, mais même de les ouvrir, ces administrations, effrayées peut-être de la dépense, n'en ont rien fait et les chemins vicinaux se dégradent tous les jours davantage.

Je pense qu'à ce sujet il conviendrait peut-être de mêler l'invitation et l'imposition de quelques sous additionnels à quelques fonds qu'on pourrait accorder pour aider l'ouverture de ces chemins si utiles au commerce et à la fraternité des habitants.

Des chemins qui ne seraient pas fort étendus suffiraient à exploiter les forêts les plus remarquables de la Corse qui renferment des trésors.

Il reste encore à la trésorerie nationale des fonds affectés à ces travaux qui n'ont pas encore été versés en Corse. Je demande que leur destination soit remplie aussitôt que les circonstances le permettront : mais il est important de faire connaître aux Corses, par un arrêté du Conseil exécutif, que le gouvernement s'occupe d'eux ; il faut en même temps qu'on renverse par l'instruction les préjugés et les erreurs semés par Paoli et par ses satellites, [afin que] les moins clairvoyants soient attirés par la conviction des avantages réels et immédiats que leur aggrégation à la République leur procure.

C'est aux personnes de l'art à tracer le plan de ces travaux ; c'est au Conseil exécutif à demander le supplément de fonds qui peut être nécesssaire.

Je me borne à proposer :

1º Que l'arrêté du Conseil exécutif portant qu'on s'occupera de ces travaux, soit envoyé en Corse au plus tôt.

2º Que les fonds affectés à ces ouvrages ne soient pas mis à la libre disposition de l'Administration. Il faut qu'elle se borne à surveiller les travaux : n'ayant pas les fonds entre les mains, ils seront exécutés par sa surveillance économiquement.

3º Que les travaux soient commencés au plus tôt pour fournir de l'ouvrage aux désoccupés des villes.

Le Commissaire observateur en Corse,
BUONARROTI.

Projet d'encouragement à donner aux rédacteurs de feuilles périodiques dans le département de la Corse.

Il est inutile de répéter que la généralité des Corses languit dans l'ignorance : c'est leur grande maladie : la tâche de la nation est d'y apporter des remèdes. La génération naissante peut s'instruire par des leçons méthodiques, mais celle qui vieillit et est déjà corrompue par l'esclavage ne peut recevoir quelque degré de purification qu'à l'aide des lumières partielles qu'elle peut recueillir par les conversations, par une lecture attrayante, et par le récit des faits qui excitent son faible amour pour la patrie et pour la gloire. Les feuilles périodiques remplissent ce but ; et les Corses, qui ont le plus besoin d'instruction, n'en ont pas.

Il n'en ont pas des françaises parce que pour la plus part ils ne les comprennent pas ; ils n'en ont pas d'italiennes, parce qu'en général ils ne peuvent pas en faire les frais, et qu'il est difficile d'induire un homme pauvre à dépenser pour un objet dont il n'a pas encore goûté les douceurs. La seule ressource qu'il nous reste, c'est de profiter de la curiosité des Corses et de leur penchant mal dirigé à la lecture pour leur arracher le bandeau qui les aveugle. Il faut trouver le moyen de faire circuler en Corse des feuilles périodiques et républicaines dans la langue du pays. Le Conseil exécutif ne peut pas charger un ou plusieurs de ses agents de cette fonction ; ils passeraient bientôt pour ses adulateurs et pour ses instruments ; mais il peut encourager la publication des journaux qui seront reconnus être dans les bons principes. Le moyen que je propose est simple. Il consiste à prendre pour le compte de la nation un certain nombre d'abonnements pour toutes feuilles périodiques italiennes que les commissaires de la Convention auront reconnues être dans l'esprit républicain.

Le but du Conseil exécutif doit être de répandre ces ouvrages gratuitement dans toutes les communes : mille exemplaires suffiront pour en inonder la Corse.

Ainsi, le Conseil exécutif n'a qu'à faire publier en Corse un avis dans lequel il promettra de s'abonner pendant un an à mille exemplaires de chaque feuille périodique italienne qui s'imprimera dans l'isle et sera reconnue par les commissaires de la Convention nationale être écrite dans les bons principes, et il peut être sûr d'y voir bientôt paraître plusieurs ouvrages de ce genre.

Trente ou quarante mille livres par an dépensées de cette manière produiront sans doute plus de bien et plus d'attachement à la République que quarante mille soldats.

Il est bon de remarquer qu'il ne faut encourager que les feuilles italiennes imprimées dans l'isle pour ne pas priver la Corse des imprimeries qui, d'après la mesure sage de faire imprimer à Paris les traductions italiennes de toutes les loix, pourraient être bientôt détruites au grand détriment de l'instruction publique de ce département.

Mon projet se réduit aux articles suivants :

Art. 1er. — Le Conseil exécutif fera publier dans le département de Corse un arrêté dans lequel il promettra de prendre pour le compte de la nation mille abonnements de chaque feuille périodique italienne qui sera imprimée dans l'isle, et aura été reconnue par les Commissaires de la Convention être écrite dans un esprit vraiment républicain.

Art. 2º Le Conseil exécutif fera par le moyen de ses agents avec les rédacteurs le prix de chaque abonnement. Cette précaution est nécessaire parce que chacun connaissant la promesse du Conseil exécutif, il n'y aura presque point d'abonnés particuliers.

Le Commissaire observateur en Corse,
BUONARROTI.

Décret de la Convention nationale du 1er Juillet 1793, l'an 2e de la République Française, relatif aux troubles du département de la Corse.

La Convention nationale, après avoir entendu le rapport du Comité de salut public, considérant que les représentants du peuple envoyés dans le département de Corse, investis de tous les pouvoirs propres à y maintenir les principes de l'unité et de l'invisibilité de la République et à y déjouer les manœuvres des malveillants, ont rempli leur devoir et justifié la confiance de la Convention, en suspendant de leurs fonctions les administrateurs du département, et en s'occupant de la défense des places maritimes de l'île, décrète :

Article premier. Les deux arrêtés rendus le 13 et le 17 mai par Saliceti, Lacombe Saint-Michel et Delcher, représentants du peuple envoyés dans le département de Corse, sont approuvés.

II. Les actes de convocation de l'assemblée ou *consulta*, faits le 26 mai par le Conseil général du département de la Corse, et tout ce qui s'est ensuivi, est déclaré nul et de nul effet, et attentatoire à la souveraineté nationale.

III. Le payement des traitements et indemnités dûs à divers fonctionnaires publics du département de Corse est suspendu. Il ne sera employé de fonds par le trésor national que pour le payement des fonctionnaires publics qui sont demeurés attachés aux intérêts de la République, ainsi que pour les défenses et approvisionnements des villes fidèles, telles que Calvi, Saint-Florent, Bastia, et pour la solde des troupes de la République.

IV. Il sera mis à la disposition du ministre de l'intérieur une somme de cinquante mille livres, pour être distribuée en secours provisoire aux Corses obligés de se réfugier dans le continent ou dans les villes du département de Corse, fidèles à la République.

V. Les bulletins de la Convention, les adresses, les lois et l'acte constitutionnel seront traduits et imprimés en italien, au nombre de six cents exemplaires, pour être envoyés dans le département de la Corse.

VI. Il sera envoyé au payeur général des guerres de ce département une somme de cinq cent mille livres, dont les représentants du peuple auront la surveillance et l'emploi, soit pour la force armée, soit pour les subsistances et ravitaillement des places, conformément aux instructions du 8 mai dernier.

VII. Le ministre de l'intérieur se concertera avec le ministre de la marine, pour faire passer incessamment des approvisionnements dans les places maritimes de Corse, qui sont demeurées fidèles à la République.

VIII. L'île de Corse sera divisée en deux départements, l'un en deçà et l'autre en delà des Monts ; le Comité de division fera sans délai son rapport sur l'emplacement des chefs-lieux, et sur la division en districts et en cantons.

IX. Le comité des domaines est tenu d'examiner les titres et l'état des concessions domaniales faites en Corse, autres que celles sur lesquelles l'assemblée constituante a statué en 1791, ainsi que sur les réclamations faites par les communes de ce département.

X. La Convention nationale assure aux citoyens Corses qui auront souffert des pertes pour la défense de la liberté, ou qui en éprouveraient par la suite, une indemnité proportionnée.

Visé par l'inspecteur.

Signé : J.-C. BATTELLIER.

Collationné à l'original par nous président et secrétaire de la Convention nationale.

A Paris, le 3 juillet 1793, l'an 2e de la République.

Signés : THURIOT, président ; P.-A. LALOY, GOSSUIN et LEVASSEUR, secrétaires.

Au nom de la République, le Conseil exécutif provisoire mande et ordonne à tous les corps administratifs et tribunaux que la présente loi ils fassent consigner dans leurs registres, lire, publier et afficher, et exécuter dans leurs départements et ressorts respectifs ; en foi de quoi nous y avons apposé notre signature et le sceau de la République. A Paris, le troisième jour du mois de juillet mil sept cent quatre-vingt-treize, l'an second de la République Française.

Signés : DALBARADE. Contresigné : GOHIER, et scellé du sceau de la République.

A Paris de l'imprimerie nationale exécutive du Louvre MDCCXCIII.

Le général S. Martin au Ministre de la guerre.

Bastia, le 2 Juillet 1793, l'an 2e de la République.

Citoyen Ministre, — Les incursions fréquentes faites sur le territoire de Calvi ont déterminé le citoyen représentant du peuple Lacombe Saint-Michel, qui, depuis le départ pour France de ses deux collègues, s'est retiré dans cette place, de la déclarer en état de siège. De ce côté-ci, c'est-à-dire les points de Bastia et S. Florent, n'ont point encore été inquiétés.

J'ai fait parvenir au citoyen Paoly, ainsi que j'en avais été chargé par la Commission représentée par le citoyen Lacombe S.-Michel, le décret du 23 mai, relatif aux troubles de l'île de Corse et celui du 5 juin qui sursoit à l'exécution du décret d'arrestation contre le commandant en chef et le procureur général sindic du département de la Corse. Il indique une résistance au décret, en déclarant que l'envoi des nouveaux commissaires Antiboul et Bô, ne saurait être regardé comme une mesure propre à assurer le bien, qu'autant que les premiers soient absolument exclus de toute intervention dans les affaires de ce pays ; que si l'on voulait s'obstiner à leur continuer une autorité dont il prétend qu'ils ont abusé, la jonction des deux autres ne changerait rien aux dispositions du peuple, qui ne pourrait, dit-il, reconnaître pour ses juges des hommes dont il s'est rendu lui-même (le peuple) le dénonciateur. Ces dispositions, citoyen ministre, méritent sans doute d'être connues de la Convention nationale, qui, si elles se réalisaient, comme je le crois, la prépareraient à prendre dans sa sagesse les mesures qu'elles jugerait convenable. J'ose donc espérer que vous voudrez bien lui faire part du compte que j'ai l'honneur de vous rendre dans cette lettre.

Le général de brigade comm. la 23e div. militaire,
S. MARTIN.

L'Adjoint de la 5e division du département de la guerre au général S. Martin.

23 Juillet 1793.

Le ministre en me faisant le renvoi, citoyen, de la lettre que vous lui avez écrite le 19 juin pour l'informer de l'évacuation de Bonifacio par les sept compagnies du 52e régiment qui y étaient en garnison, me charge de vous mander que vous devez faire examiner la conduite de celui qui commandait par une cour martiale, parce que ce n'est que de cette manière qu'on peut constater positivement le délit dont il a pu se rendre coupable, et le tort qu'il a envers la République.

Le Général S. Martin au Ministre de la guerre.

Bastia, le 23 Juillet 1793, l'an 2e etc.

Citoyen Ministre, — L'état des choses dans cette isle continue d'être le même que celui dont j'ai eu l'honneur de vous rendre compte par mes différentes lettres.

Le courrier d'hier nous a apporté une feuille publique, qui fait mention d'un décret du 3 de ce mois qui anéantit le le fol espoir qu'avait conçu une assemblée tenue à Corte sous le nom de Consulte générale, de voir tous les actes émanés d'elle légitimés par la Convention nationale.

Ce décret, conforme aux règles de la justice, ne suffira infailliblement pas pour faire rentrer les réfractaires dans leur devoirs ; j'en juge par la connaissance que j'ai du génie des Corses. Dans leur idées exaltées, la plupart confondent la liberté avec l'indépendance. De là vient que tout ce qui est en opposition avec leur manière de voir les indispose. Ils se croient facilement opprimés et se plaisent à la résistance.

D'après ces données, citoyen Ministre, je regarde dès à présent une grande partie des Corses comme étant dans un mouvement d'insurrection immédiate, et il est probable que la Convention nationale sera obligée de soutenir son décret par la force.

Déjà les réfractaires se sont emparés des magasins de la République, qu'ils avaient sous la main et ils se créent des ressources en vendant les effets.

Le changement de destination des quatre mille hommes qui doivent passer en Corse, a fourni aux agitateurs l'occasion de répandre dans le peuple que la faiblesse de la République est telle qu'elle est sur le point d'être anéantie. C'est par ces perfides insinuations qu'ils parviennent à égarer le peuple.

Le convoi qui était chargé de vivres est arrivé sous l'escorte de la frégate *La Mignonne* et de deux chaloupes canonnières. Ces bâtiments armés, qui ont ordre de croiser, pourront purger nos mers des corsaires qui les infestent et contribueront beaucoup à entretenir une libre communication avec le continent.

J'ai déjà eu l'honneur de vous instruire de la perte énorme que les assignats éprouvent dans ce pays et même de vous faire passer à l'appui de ma lettre du 5 de ce mois des pièces probantes à cet égard. La perte est toujours de 80 pour 100, et ils n'ont absolument aucun cours pour comestibles et autres objets de détail.

De là, citoyen ministre, vous pouvez induire que le prêt ne peut absolument se payer qu'en numéraire. Le même mode de payement est indispensable pour les travaux de l'artillerie et du génie.

Il est très peu de parties prenantes en assignats et elles se font indemniser en proportion de la perte qu'ils éprouvent ; ce qui constitue la trésorerie nationale dans une perte évidente.

Je vous ai demandé ci-devant 400 fusils, dont nous avons un extrême besoin, parce que plusieurs soldats du 61e régiment et partie de ceux du 2e bataillon des Bouches du Rhone ont laissé les leurs en France, de manière que, de retour à leurs drapeaux, ils sont aujourd'hui sans armes.

Le général de brigade commandant etc.,
S. Martin.

Les Représentants du peuple français délégués en Corse par la Convention nationale

Calvi, le 24 Juillet 1793, l'an 2e de la République.

Sur la présentation qui leur a été faite par le général de brigade Raphaël Casabianca d'une lettre du ministre de la guerre, en date du 1er juin 1793, qui le prévient qu'il n'est plus compris dans le nombre des officiers généraux qui composent les états majors des armées de la République et qui lui prescrit, d'après les dispositions de la loi du 12 août 1792, de s'éloigner de vingt lieues de toutes armées ;

Considérant que la bonne foi du ministre de la guerre a été surprise, qu'il est constant que le général de brigade Raphaël Casabianca a, depuis l'arrivée des commissaires en Corse, donné les preuves les plus prononcées de son dévouement entier au service de la République et d'un patriotisme nullement équivoque ;

Considérant qu'il serait décourageant pour tous les bons patriotes de voir leur zèle récompensé de cette manière et les chefs destitués par des ordres surpris au Conseil exécutif, sur des rapports calomnieux dignes des intrigues de Paoli et de ses adhérents ;

Considérant enfin qu'il est du devoir des représentants du peuple en Corse de soutenir le courage des patriotes opprimés, et d'opposer leur estime aux manœuvres de ces âmes basses qui cherchent à égarer les dépositaires de l'autorité ;

Arrêtent :

Que le général Casabianca oncle est provisoirement réintégré dans ses fonctions à Calvi où il continuera de commander sous les ordres du général de brigade S. Martin, commandant provisoirement la 23e division militaire en Corse.

Que ses appointements et traitement continueront à luy être payés.

Arrêtent en outre que copies du présent arrêté signé par nous seront envoyées au Comité de Salut public, au Conseil exécutif, au commandant en chef de l'armée d'Italie et au commandant provisoire de la 23e division.

Calvi, le 24 Juillet 1793, l'an 2e de la République française.

J.-P. LACOMBE S.-MICHEL.

Par la Commission, MICOUD, *secrétaire*.

Lettre écrite au général Brunet le 26 Juillet 1793, l'an 2e de la République, par l'adjoint du Ministre de la guerre pour la 5e division.

Le ministre me charge, citoyen général, de vous faire passer copie d'un arrêté du Comité de Salut public, en date du 20 de ce mois, par lequel vous verrez que 4.000 hommes devront être tirés de l'armée d'Italie et s'embarquer à Nice pour passer en Corse. Le citoyen Saliceti, représentant du peuple est chargé particulièrement de cette opération et je vous prie de vous entendre avec lui lors de son arrivée qui ne peut tarder, pour toutes les opérations à prendre sur ce sujet. Veuillez accuser sur le champ réception de cette lettre et informer le ministre de la suite que vous donnerez aux dispositions désignées dans l'arrêté, dans ce qui vous concerne.

Pour ampliation,

L'Adjoint du Ministre de la guerre,
JOURDEUIL.

Liberté, Egalité. Au nom de la République une et indivisible et d'après les ordres du ministre de la guerre : Quatre mille hommes composés des bataillons ainsi qu'il suit........ (La désignation manque)... s'embarqueront avec armes et bagages sur les bâtiments destinés à les transporter de Nice à Ajaccio, département de l'isle de Corse, vivants en bonne discipline et police, tant pendant le temps de leur traversée que pendant celui de leur séjour dans le département de l'isle de Corse. Mande et ordonne le Conseil exécutif aux commandants des services de terre et de mer à Nice, de tenir la main à l'exécution du présent ordre.

Fait à Paris, le 26 Juillet 1793, l'an 2e de la République.

L'Adjoint du ministre de la guerre pour la 5e division.

Le Ministre de la guerre à Saliceti, représentant du peuple.

26 Juillet 1793.

Je vous préviens, citoyen représentant, que d'après les dispositions de l'arrêté du Comité de Salut public en date du 23 de ce mois, il vient d'être écrit au général Brunet, commandant de l'armée d'Italie, pour lui prescrire de tirer de cette armée 4.000 hommes qui seront destinés pour la Corse et dont l'embarquement doit se faire à Nice. Je joins ici copie de la lettre qui lui a été adressée à cet égard avec l'ordre de l'embarquement. Le ministre de la marine est également prévenu de cette expédition, et doit pourvoir aux objets qui concernent son département. J'ai tout lieu de présumer que cette opération n'éprouvera pas le plus léger obstacle, et je vous prie d'informer le ministre, lorsque vous serez sur les lieux, de son résultat.

Le Représentant du peuple Lacombe S.-Michel, délégué en Corse par la Convention Nationale au Ministre de la guerre.

A Calvi, ce 30 Juillet 1793, l'an 2e etc.

J'ai reçu, citoyen ministre, une lettre du bureau de la guerre signée Bouchotte en datte du 18 juin.

Malgré l'instruction de la trésorerie nationalle pour le payement des troupes et qui a été aprouvé par la Convention nationalle, j'ai été contraint par la nécessité et pour le salut public de faire continuer partie des payements en numéraire, parce qu'il y avait impossibilité de vivre avec du papier, parce que les assignats n'y ont aucun cours et que le moment où les sept huitièmes de la Corse sont en révolte ouverte, que cette révolte a presque un caractère légal, puisqu'elle est conduite par les autorités constituées, qui dans leur rébélion trouvent des appuis dans leurs députés au corps législatif, ce moment, dis-je, n'est pas celui où sans force continentale, on puisse donner au papier monoyé un cours forcé, surtout lorsque nous ne pouvons faire entrer aucun comestible qu'en les protégeant à coups de fusils.

Le ministre Bouchotte m'invitait à nommer un garde d'artillerie à Bonifacio, mais il a dû vous être rendu compte que cette place est occupée par les rebelles, qu'on en a chassé le 2e bataillon du 52e régiment qui a été obligé de se réfugier à Sarténe, et j'ai l'honneur de vous rendre compte que j'ai nollisé des gondolles pour le conduire à S. Florent, d'où il a été à Bastia.

Le général de brigade Raphaël Cazabianca a reçu du ministre Bouchotte une lettre ministérielle qui lui annonçe qu'il n'est plus employé : comme cet officier général a nombre d'époques de services distingués que je prouverai publiquement quand il le faudra, que depuis notre séjour en Corse, où nous l'avons fait, à la destitution de Paoli, commandant provisoire de l'isle, il a résisté à toutes les propositions et insinuations de ce rusé et machiavéliste roi de Corte : comme malgré le pillage de ses biens, n'en il est pas moins resté fidelle à la République et imperturbable dans son devoir, j'ai cru que pour le salut de ce département et en vertu des pouvoirs illimités de la Commission et notament en vertu du décret du 2 avril dernier, elle devait le réintégrer : me trouvant seul de la Comission, je n'ay pas hézité de le faire ; j'en ai rendu compte au Conseil exécutif et au Comité de Salut public. Je vous en rends compte. Je ne sais qui dans ce moment est ministre de la guerre, mais le républicain, quel qu'il soit, me saura gré d'avoir empêché le découragement des patriotes et d'avoir soutenu l'homme respectable qui a bien mérité de la patrie contre les intrigues des Ferandy, Constantini, soutenus par Chiappe, Bozi et Andrei (je nomme les masques) ; il m'a été même assuré que Ferandy dans ses intrigues ne s'est pas oublié, qu'il a surpris la bonne foi du ministre Bouchotte, et en desservant Cazabianca s'est fait faire général de brigade. Si cela est vrai, je promets d'attaquer cette nomination, j'ai des matériaux et du courage ; j'ai toujours eu celui de soutenir l'homme de bien timide contre l'intrigant astucieux. Quand un législateur est arrivé à la législature un des premiers factionnaires et qu'il s'en retire seulement avec le grade de lieutenant-colonel qu'il a eu à son ancienneté ; lorsqu'il y est venu pauvre et qu'il s'en retire avec une fortune un peu moindre, qu'il est sans ambition, il a le droit de parler bien haut, si on l'attaque.

J.-P. LACOMBE S.-MICHEL.

Lacombe S.-Michel au Ministre de la guerre.

A Calvi, le 1ᵉʳ Août 1793, l'an etc.

Citoyen ministre, — La Convention nationale a décrété la création de huit nouvelles compagnies d'artillerie à cheval ;

'ai écrit au chef du bureau de l'artillerie pour que le citoyen Taviel, capitaine commandant au 4e régiment d'artillerie, en eût une. Je n'ai reçu aucune réponse. Je n'avais pas cru qu'une demande si peu importante dût vous déranger un instant des grandes occupations qui vous environnent ; cependant comme je tiens beaucoup à l'obtention de cette place, je vous la demande directement pour un officier qui joint à des talents des sentiments civiques bien prononcés, une activité infatigable et le plus grand ascendant sur la troupe qu'il commande. Je vous demande aussi pour lui l'armée du nord, comme une de celles où il jouira de plus d'activité. Permettez, citoyen ministre, que j'apuye cette demande avec tout l'intérêt que doit m'inspirer un de mes camarades que j'ai vu sous mes yeux servir de la manière la plus distinguée ; il ne serait pas juste qu'on nous oubliât parce que nous sommes à trois cent lieues de Paris. J'ai l'honneur de vous assurer que les services que nous rendons à la République sont bien aussi pénibles et aussi périlleux qu'ailleurs.

J. P. Lacombe S.-Michel.

Réponse du Ministre (en marge de la lettre).

Répondez-lui que Casabianca oncle a été compris comme non employé sur la liste du salut public, et que le neveu a été conservé par la même liste.

Que Ferrandi n'est pas général de brigade et que je n'ai pas pensé à le proposer. — Il y a un décret pour continuer le paiement en numéraire en Corse.

Je prendrai en considération la demande pour Taviel. Je ne proposerai rien pour Casabianca au Conseil exécutif ; cela n'empêche pas qu'il ne serve en vertu de l'arrêté qu'il a pris ; quand les troubles seront apaisés et qu'il sera notoire qu'il y a contribué, alors le Conseil pourra lui envoyer une nouvelle commission.

*Lettre du payeur général en Corse du 8 Août
écrite au citoyen Saliceti.*

Je dois vous prévenir, citoyen, que le service de la guerre est à la veille de manquer ici ; il ne me reste en caisse aujourd'hui que 120.000 en espèces, et environ 200.000 en assignats. Tous ces fonds avec ceux entre les mains de tous préposés, il y en a pour tout le mois prochain ; il est urgent que vous parliez au commissaire de la trésorerie de nous envoyer du numéraire ; sans cela il est impossible de faire vivre le soldat dans un pays isolé et où les assignats sont pour rien ; pour 20 fr. on a 100 fr. en assignats. N'oubliez pas cet objet, car on est ici sans ressource de tout genre.

Lacombe S.-Michel au Ministre de la guerre.

A Calvi, ce 10 Août 1793, l'an 2e de la République.

Citoyen Ministre : Resté seul commissaire en Corse, exédé de travail, je ne puis faire une lettre pour chaque objet, permetez donc que j'en réunisse plusieurs dans la même lettre.

Nous avons ici plus de six cent malades et l'hôpital se trouvait manquant de tout. A force de demander à Bastia, il vient de nous arriver quelques effets, mais nous n'avons ici que neuf officiers de santé quoique il y en ait plus de soixante inutiles à Bastia.

Les malheureux soldats, accablés par une épidémie très mauvaise, étaient abandonnés, ils mouraient faute de soins, malgré mes ordres ; j'ai fait remplacer l'administrateur par un autre que le comissaire ordonateur m'a envoyé ; j'ai nommé le citoyen Giubega médecin adjoint à l'hôpital de Calvi avec les apointements de deux mille livres, et déjà je vois avec satisfaction que les malades sont mieux servis. Il y a quelques jours que l'on fuyait l'hôpital comme la peste, une terreur panique s'était emparée de tous les infirmiers. La femme et la fille du médecin Jubega, la femme et les filles du général de brigade Raphael Cazabianca qui commande ici, ont été elles-même servir les malades. Cet exemple a été imité des dames de la ville et maintenant les deffenseurs de la patrie ne meurent plus faute de soins.

Je vous prie, citoyen ministre, de vouloir bien confirmer la nomination que j'ai faite du médecin Jubega ; indépendament de son état cet homme a la plus grande influence dans Calvi et y est d'une utilité marquée à la république dans les circonstances critiques où se trouve la Corse. Ici l'esprit public ne ressemble en rien à celui de la France ; le chef de parti est tout, la masse du peuple ne voit que par les yeux des autres.

Comme l'hopital n'a point assez de fournitures pour le nombre de malades que nous avons, je vous préviens que je viens de faire nolliser 3 tartanes pour faire évacuer trois cent malades sur Toulon. Je ferai acquitter par le payeur général la dépense extraordinaire que ce transport occasionera.

Vous avez accordé la paye de guerre, mais les fonds ne sont pas faits ; cependant tous les jours on vient à moi pour me demander de l'argent.

Le service de la marine était au moment de manquer faute de fonds. J'ai ordonné à la caisse de la guerre de prêter à celle de la marine trente-six mille livres en assignats à la charge par celle-ci de les faire réintégrer dans le plus court délay. Il est naturel que les différentes administrations viennent au secours l'une de l'autre.

La crainte de diminuer nos forces me fait prendre le parti d'évacuer nos malades sur Bastia au lieu de Toulon.

Depuis le 8 juillet, mes lettres sont arrêtées à Aix. J'ai un procès-verbal qui le constatte et j'en porte mes plaintes à la Convention et je vous prie de dénoncer au Conseil exécutif cette violation du droit des gens que j'éprouve comme particulier, et le crime ou délit public que j'éprouve comme représentant du peuple.

J. P. LACOMBE S.-MICHEL.

Le Ministre de la guerre aux représentants du peuple, composant le Comité de Salut public.

Paris, 13 Août 1793.

Je vous envoye, citoyens représentants, copie de la lettre que je reçois du général S. Martin, commandant la 23e division militaire à Bastia.

La situation des affaires en Corse exigerait que l'on joignît à la force les négociations et les instructions. Le génie de ces insulaires est fier, il est fait pour la liberté, il faut les détromper sur l'oppression à laquelle ils se croyent en butte, quand notre conduite n'est qu'une conséquence des principes républicains et du respect dû aux actes des autorités légitimes.

L'entrée des Espagnols dans la Méditerranée rendra nos communications difficiles et le transport dangereux pour les forces et les commissaires, à moins qu'ils ne soient protégés par une forte escorte.

Le Ministre de la guerre,
BOUCHOTTE.

S.-Martin au Ministre de la guerre.

Bastia, 14 Août 1793, l'an etc.

Citoyen Ministre, — Vous serez sans doute instruit que l'on arrête à Aix les paquets importants et les papiers publics destinés pour la Corse. Il a été dressé des procès-verbaux de cette infraction aux lois par le directeur des postes de la ditte ville, qui les a fait passer au Directoire.

Quoique la communication avec le continent soit interceptée en partie par cette manœuvre, il est parvenu ici une feuille qui fait mention d'un décret rendu le 17 juillet par lequel Paoli est mis hors de la loi et les membres du directoire et du Conseil général du département destitué décrétés d'accusation.

Ce décret qui ferme toutes les voyes à une conciliation donne lieu à des mouvements sourds dans l'intérieur. On a tiré des magasins de Bonifacio une grande quantité de munitions de guerre, qui ont été transportées à Corte, où les rebelles semblent vouloir se fortiffier.

On lève par ordre du département destitué des contributions et l'on n'épargne pas surtout les cantons et les individus que l'on suspecte d'attachement à la République. Une force armée, dirigée par des émissaires, soutient cette opération. A la moindre résistance, on menace d'emprisonner ou de brûler, car on ne connaît que cette alternative.

Quand on réfléchit sur le caractère du Corse qui le porte naturellement à l'indépendance, on est tout surpris de voir ce peuple si fier courber la tête sous le joug d'une poignée d'hommes qui le séduisent et l'égarent par des artifices grossiers, dont il ne serait sans doute pas dupe, si l'on était à même de l'éclairer ; mais le premier ressort que les rebelles mettent en œuvre est d'intercepter avec soin toute communication.

La politique machiavélisque de ces rebelles leur a suggéré d'autres ruses. Ce n'était pas assez d'avoir pris des mesures pour empêcher les villes restées fidèles à la République de tirer des subsistances de l'intérieur, ils ont cru encore devoir augmenter le nombre des consommateurs dans les places en prenant le parti d'y envoyer les femmes, les enfants et même des parentes plus éloignées des citoyens qui ont accepté des emplois dans les bataillons, après avoir eu la précaution d'envahir leurs récoltes, de manière que l'on sera dans la nécessité de leur fournir quelques secours en subsistances, en attendant que l'on fasse passer les fonds décrétés en faveur de ceux qui ont tout sacrifié à la République.

Il serait à désirer que les forces qui ont été mises à la disposition du Conseil exécutif vinssent au plus tôt pour faire cesser cet état d'insurrection.

La dilapidation des magasins continue ; celui du Régiment de Salis licencié, qui contenait un fond considérable en draps, toiles et autres articles, a été évacué et les marchandises vendues à vil prix à Corte. Les effets de l'hôpital de la même ville ont été pillés. Ces choses en sont au point que l'on ne doit plus compter sur les approvisionnements en tout genre qui étaient dans les places de Corte, Ajaccio et Bonifacio.

J'attends toujours avec impatience, citoyen ministre, les bas, souliers et chemises que vous m'avez annoncés par votre lettre du 30 juin et dont les troupes ont un extrême besoin.

Il y a des bataillons qui manquent aussi de quantité d'articles nécessaires pour l'habillement.

La perte sur les assignats est toujours la même, c'est-à-dire qu'ils perdent 80 pour 100. Le discrédit où ils sont m'a déjà mis plusieurs fois dans la nécessité de vous présenter comme une mesure indispensable de faire payer le prêt en numéraire et de donner 50 fr. aussi en numéraire aux officiers ; autrement le soldat et l'officier seraient dans l'impossibilité de vivre, car le payement qui leur serait fait en assignats serait nul et illusoire.

Depuis le 24 juin que l'escadre espagnole parut dans nos mers, nous n'avons vu aucun bâtiment ennemi à l'exception de quelques corsaires : nous avons cependant appris qu'une escadre anglaise croisait aux environs de Toulon.

Notre position est toujours la même. J'ai fait toutes les dispositions nécessaires pour nous mettre à l'abri de toute insulte de la part des rebelles et entretenir la communication libre entre cette ville et S. Florent. J'ai fait reconstruire une redoute sur le Tytime (Teghime), fait faire des retranchements à Furiani et Barbaggio et fait occuper Nonza.

Vous avez sans doute donné, citoyen ministre, des ordres pour faire parvenir dans la caisse du payeur général de ce département les fonds nécessaires pour payer les gratiffications de campagne aux régiments qui étaient en Corse, lorsqu'elles ont été décrétées, et qui les réclament vivement.

S.-Martin.

Le Ministre de la guerre au Comité de Salut public.

Août.

Je vous envoie, citoyens, copie de la lettre que je reçois du général Brunet de l'armée d'Italie, qui, dans la situation où elle se trouve, lui paraît hors d'état de détacher les 4.000 hommes qu'il a eu l'ordre d'envoyer en Corse. Il assure qu'indépendamment de ce que ce serait exposer les départements du midi à une invasion, l'expédition devient impossible par le défaut de bâtiments de transport et d'escorte, dans un moment où près de 100 voiles ennemies croisent sur nos côtes.

Je dois vous observer, citoyens, que la Corse est dans un état de souffrance qui réclame les plus pressants secours. Je vous prie de prendre cet objet en considération. Il paraît malheureusement bien difficile que ces secours arrivent aussi promptement qu'il serait nécessaire.

Le Ministre de la guerre,
J. Bouchotte.

En note : Je donne l'ordre d'y faire passer 2.000 recrues pour le complément au pied de guerre des deux régiments qui y sont, et un bataillon de ceux qui ont été levés dans les départements sans destination fixe ; mais ils ne pourront traverser que par petite portion.

Saliceti au Comité de Salut public.

(Commencement de Septembre).

Le général Merbhion (Dumerbion) vient de nous apprendre qu'il a fait arrêter plusieurs lettres de Paoli, adressées à l'amiral anglais, dont était porteur un petit bateau que le mauvais temps a poussé à Nice. Il nous marque qu'il nous les fera passer aussitôt que nos communications seront rétablies.

Point de faiblesse désormais. La trahison est découverte. Nous allons chasser les Anglais ou périr sur les murs de Toulon ; mais, de grâce, que le Comité se débarrasse des traîtres.

SALICETI.

Lacombe S.-Michel au Ministre de la guerre.

Calvi, 10 Septembre 1793.

Citoyen Ministre, — La confiance que vous paraissez avoir en moy me fait un devoir de metre sous vos yeux le résultat de quelques réflections, que mon séjour en Corse m'a mis dans le cas de faire, sur le moral des habitants. Il faut avoir habité cette isle pour être bien convaincu qu'un Corse ne peut être employé utilement dans son païs.

La Corse, quoique faisant partie de la France, ne lui ressemble en aucune manière. Qu'on se figure une contrée où l'esprit public est inconnu, dont les habitants sont partagés en une foule de petits partis, ennemis les uns des autres, dont les chefs ont tous le même but, celui de se procurer de l'argent, quels que soyent les moyens ; dont la première attention est de s'environner de créatures entièrement à leur disposition et de leur donner exclusivement toutes les places ; ces chefs encensent et trompent tour à tour le peuple, pour mieux le conduire ; celui-ci ne conçoit pas l'idée abstraite d'un principe, il faut qu'il l'applique à l'idée d'un être existant, et alors il l'idolâtre sans faire usage de sa raison ; il se dit par exemple : Paoli a soutenu la liberté, et dès cet instant il confond Paoli avec la liberté, soit qu'il la combate ou la deffende.

On n'est pas Corse sans être d'une famille et par conséquent attaché à un parti. Celui qui n'en voudrait servir aucun serait détesté de tous. Encore si l'on ne lui fesait pas un plus mauvais parti ou celui-là n'aurait aucune influence dans aucuns et serait suspect à tous (sic).

Depuis six mois que j'habite cette isle, j'ai éprouvé tant de contradictions que j'ay vu toutes leurs passions se développer et je suis convaincu qu'il n'est presque pas possible à un Corse d'être juste dans son païs, ni comme administrateur, ni comme juge, ni comme militaire. Le voulût-il ? il ne le peut pas.

D'après ces réflections, citoyen ministre, qui ne sont dictées ni par l'humeur, ni par l'esprit épigramatique, mais par la vérité la plus impartiale, je vous laisse le soin d'en faire l'aplication au général de brigade Cazabianca. Je dois à l'impartialité dont je me pique, de dire que c'est un homme de bien et sans exeption le plus honnête homme que je connaisse en Corse ; il est brave et en a donné des preuves singulières à l'armée du nord et à l'armée des Alpes ; mais il est homme, il est né en Corse, et je persiste auprès de vous pour vous demander une commission nouvelle qui l'employe dans une des armées du continent.

*Extrait du procès-verbal des séances
de l'Administration provisoire du département de Corse.*

15 Septembre 1793.

Cejourd'hui 15 septembre 1793, l'an 2e de la République française une et indivisible, à onze heures du matin.

Le Directoire provisoire du département de Corse, composé des citoyens Mastagli, Cesari, Odiardi, Lepidi et Monti, président, assisté du citoyen Salvini, faisant fonctions de secrétaire général, et en présence du citoyen Orbecchi-Pietri, procureur général syndic, réuni en permanence en la salle de l'administration provisoire du département avec les citoyens Sisco, Bozio et Fabrizj président, membres du directoire du district de Bastia, et le citoyen Stefanini procureur syndic, et les citoyens Ricetti, Luiggi, Gentile, Campodonico, Denegri, Raoul, Moneglia, Pellegrini faisant fonctions de procureur de la commune, et Galeazzini maire, officiers municipaux de la ville de Bastia, un membre a observé qu'une frégate anglaise était vis-à-vis du port de Bastia avec pavillon parlementaire, et qu'une chaloupe approchait du port avec le même pavillon. Il a proposé en conséquence de nommer une députation auprès du général Saint-Martin qui est malade, afin de prendre avec lui toutes les mesures nécessaires pour qu'aucun des matelots ou autres personnes de la dite chaloupe ne puisse débarquer ni communiquer avec qui que ce soit. La matière mise en délibération, les trois corps réunis ont arrêté que les citoyens Monti et Orbecchi se transporteraient chez le citoyen S.-Martin pour qu'il ait à prendre toutes les mesures qu'il croira nécesssaires conformément à la motion qui en a été faite.

Les citoyens Monti et Orbecchi, s'étant rendus chez le citoyen général, ont rapporté aux trois corps réunis qu'il avait ordonné qu'un détachement de grenadiers du 61e bataillon se serait transporté à l'instant aux ordres de l'adjudant général sur le môle pour empêcher toute communication avec ceux de la chaloupe anglaise, et a protesté qu'il n'aurait reçu aucun paquet ni lettre de la part des Anglais, s'il n'eût été préalablement présenté et ouvert par les trois corps réunis.

Après quoi l'assemblée a nommé les citoyens Galeazzini, Mastagli et Giovanni, lieutenant-colonel du 1er bataillon des volontaires nationaux et faisant fonctions d'adjudant général, pour entendre et recevoir les paquets que pourrait remettre le parlementaire de la chaloupe anglaise. Lesquels s'étant transportés au môle, un officier anglais leur a remis un paquet et une lettre à l'adresse du commandant de la forteresse de Bastia, leur ayant dit seulement qu'ils avaient ordre d'attendre pendant vingt-quatre heures la réponse.

Les citoyens susdits ayant rapporté à l'assemblée la dite lettre et paquet, elle a arrêté qu'un membre de chaque corps se transporterait chez le citoyen général pour en faire l'ouverture, et en donner ensuite connaissance à l'assemblée.

Les citoyens Monti, Orbecchi, Fabrizj, Stefanini, Galeazzini et Pellegrini ont été nommés commissaires, lesquels, après avoir rempli leur mission, ont référé à l'assemblée qu'ils ont remis la lettre et le paquet au général S.-Martin, lequel avant d'en faire l'ouverture a fait appeler un citoyen de chaque grade de la troupe de ligne, des volontaires des troupes légères, de l'artillerie, des compagnies franches et de la gendarmerie. Après que tous les dits citoyens ont été réunis, on a ouvert la lettre qui était écrite en anglais dont la teneur ayant été traduite en français par le citoyen général et le citoyen Coti est ainsi qu'il suit :

« Escadre : Pour la Corse, le 14 Septembre 1793.

» Monsieur : En exécution de la mission du très honorable Lord Hood vice-amiral de l'escadre rouge et commandant en chef la flotte de S. Majesté Britannique dans ces mers, j'ai à vous informer que le port et navires de Toulon, aussi bien que les forts voisins de cette place sont entièrement et complettement possédés par sa seigneurie au nom et pour Louis XVII jusqu'au retour de la paix. La bienveillance et la générosité qui ont dirigé la conduite de l'amiral anglais sont si fortement empreintes dans la proclamation que je vous adresse, que je suis dans la confiance que vous ne perdrez pas un moment à adopter de semblables mesures en les répandant ainsi que vous le jugerez plus efficace pour l'instruction des habitants de Bastia aussi bien que pour celle des militaires en garnison dans cette forteresse.

» Puissent les différents corps être disposés à suivre le loyal exemple de la flotte et de la ville de Toulon et se déclarer en faveur de la monarchie et prêter le serment de fidélité à Louis XVII, et céder les différentes forteresses dont les troupes sont en possession. Je suis autorisé par sa seigneurie de les informer qu'il enverra une suffisante quantité de vaisseaux pour les transporter en France aussitôt qu'il aura pu être informé qu'ils auront accepté l'amnistie proposée.

» Je vous informe que l'officier qui est chargé de ces dépêches a ordre de moi de rester vingt-quatre heures pour attendre votre détermination finale.

» J'ai l'honneur d'être, Monsieur, votre très humble et très obéissant serviteur,

» Signé : Robert SINZES, *commodore et command. en chef des divisions des escadres de Sa Majesté Britannique.* »

Plus bas :

« Aux officiers supérieurs des garnisons à Bastia :
On a procédé ensuite à l'ouverture du paquet et on a re-

connu qu'il contenait plusieurs exemplaires imprimés d'une proclamation en français dont suit la teneur :

Proclamation. Par le très honorable Samuel Lord Hood, vice-amiral et commandant en chef l'escadre de Sa Majesté Britannique dans la Méditerranée etc.

Et Son Excellence Don Juan de Langara, vice-amiral et commandant en chef l'escadre de Sa Majesté Catholique etc.

Aux officiers, sous-officiers, soldats et autres de l'armée de Carteaux, de celle d'Italie, et notamment aux troupes de ligne actuellement en garnison à Nice, à Villefranche et dans toute l'étendue des provinces méridionales de la France.

« Vous avez été entraînés depuis quatre ans dans une révolution qui vous a rendus la proie d'hommes factieux, vous a plongés dans toutes les horreurs d'une guerre civile et étrangère et a fini par vous conduire jusqu'au bord de l'abyme.

» Vous connaissez par une cruelle expérience l'horrible état où les factieux vous ont réduits depuis l'assassinat de votre souverain légitime. Les maux sont à leur comble, et nous venons vous en délivrer non avec un esprit de conquête, ni de vues d'agrandissement, comme vous l'ont dit les chefs qui vous trompent sans cesse, mais pour établir l'ordre, vous rappeler au bonheur et élever Louis XVII sur le trône des Français.

» Le bon peuple de Toulon a reçu avec reconnaissance le secours que nous lui apportons. Il sait que le pavillon aux couleurs nationales flotte partout ; que le pouvoir que nous exerçons n'est qu'un dépôt dans nos mains ; que nous admettons avec nos troupes tous les soldats français qui sont soumis à la bonne cause, et que tout sera rendu dans son intégrité à Louis XVII, dès que l'ordre et la paix seront rétablis sans retour.

» Vous en croirez sans doute deux nations aussi renommées par la loyauté de leurs principes et leur ardent amonr pour la liberté que par la justice et l'honneur dont elles font profession.

» Vos subsistances sont incertaines, celles que nous vous offrons sont assurées et abondantes. Vous courez tous les risques, nous vous garantissons tous les moyens de salut. Cessez donc d'être les instruments de l'intrigue de quelques factieux et servez votre Roi, de qui seul dépendent désormais votre repos et votre bonheur.

» Nous accordons amnistie et rémission aux officiers, sous-officiers, soldats et autres des armées de Carteaux et d'Italie et du midi de la France, ainsi qu'aux troupes employées à Nice, à Villefranche, qui abandonneront sur le champ les drapeaux de l'anarchie et viendront se réunir à tous les Français fidèles pour soutenir la cause et les droits de Louis XVII, laquelle amnistie n'aura cependant lieu que pour les Français égarés qui ont porté les armes contre leur légitime souverain en croyant suivre la bonne cause, et ne pourra s'appliquer à ceux qui se sont souillés des crimes d'assassinats et de contributions forcées, ni aux instigateurs de pareils crimes.

» Donné à Toulon, le 4 Septembre 1793, l'an 1er du règne de Louis XVII.

» Signés : HOOD, LANGARA. »

Les dits commissaires ont ajouté qu'à chaque mot de la dite lettre et proclamation, des mouvements d'indignation se manifestaient parmi tous les citoyens présents, surtout lorsqu'ils entendirent la lâche et infâme proposition d'imiter la trahison des vils Toulonnais, et qu'après la lecture tous se sont écriés : La République ou la Mort ; que le citoyen général s'est aussitôt occupé à rédiger la réponse, qui, ayant été lue aux citoyens présents, l'ont tous applaudie et ont manifesté au général qu'elle exprime le vœu et les sentiments des braves habitants de Bastia et de toute la garnison. Cette lettre à cachet volant a été présentée par le citoyen Giovanni aux trois corps réunis, qui, après en avoir pris connaissance, l'ont cachetée et l'ont remise au dit citoyen Giovanni pour qu'il ait à la consigner à l'officier anglais qui l'attendait sur sa chaloupe au môle.

Le citoyen susdit s'étant acquitté de la commission a référé à l'assemblée qu'au moment où il remettait la lettre à l'officier anglais, il s'est écrié : Vive la République ! que le détachement des grenadiers, une multitude d'habitants de la ville, gendarmes et soldats qui étaient à ses côtés ont fait aussitôt retentir l'air des cris plusieurs fois répétés : Vive la République ! La liberté, l'égalité ou la mort ! que la chaloupe parlementaire s'est aussitôt rendue au bord de la frégate qui est à l'instant disparue de la vue de notre port.

La réponse du citoyen S. Martin est ainsi conçue :

« Bastia, le 15 Septembre 1793, l'an 2e de la République française une et indivisible. — Le général de brigade commandant la 23e division militaire de la République en Corse, au commandant de la frégate anglaise, en vue de Bastia.

» Monsieur, — J'ai reçu la proposition corruptrice que vous m'avez adressée avec un paquet contenant une proclamation du même genre. Je l'ai ouverte et lue devant les corps administratifs, la municipalité et la garnison. Un mouvement d'indignation a saisi à la fois tous les esprits lorsqu'ils ont entendu la proposition d'imiter la trahison à jamais horrible et détestable de la ville de Toulon. Les citoyens et les soldats, tous se sont écriés avec transport : Vive la République, et ensevelissons-nous mille fois sous les ruines de la ville plutôt que de trahir la cause de la souveraineté du peuple, celle de la liberté et de l'égalité, et enfin de la République française une et indivisible !

» Quant à moi, uni de cœur et d'âme à mes braves frères d'armes, je leur donnerai l'exemple de périr plutôt que de souffrir qu'il soit porté la moindre atteinte à l'intégrité de la République.

» Signé : S. Martin. »

Après cette lettre, sur la proposition d'un membre, les trois corps réunis ont déclaré à l'unanimité que la réponse du général Saint-Martin est analogue aux sentiments républicains que nourrissent tous les habitants de cette ville et sa brave garnison. Ils ont arrêté ensuite qu'expédition du présent arrêté sera adressée au citoyen Lacombe S.-Michel, représentant du peuple à Calvi, aux représentants du peuple dans les départements méridionaux, à Marseille, au comité de salut public, au pouvoir exécutif et au général S.-Martin.

La séance a été levée à une heure de relevée.

Fait en la salle publique des séances de l'administration provisoire du département de Corse, les portes étant ouvertes, les jours, mois et an que dessus.

Signés : ORBECCHI-PIETRI, procureur général syndic, LEPIDI, CESARI, MASTAGLI, ODIARDI, MONTI, président, SISCO, BOZIO, FABRIZJ, vice-président, P.-L. STEFANINI, RICETTI, DENEGRI, RAOUL, GENTILE, MONEGLIA, CAMPODONICO, LUIGGI, PELLEGRINI, GALEAZZINI, maire, et SALVINI, faisant fonctions de secrétaire général.

Pour expédition conforme à l'original,

MONTI, prés., SALVINI, ff. de secr. gén.

S.-Martin au Ministre de la guerre

Bastia, le 16 Septembre 1793.

L'informe qu'un parlementaire anglais a apporté une lettre et une proclamation aux officiers supérieurs de Bastia et de S. Florent. Si cet événement est le précurseur d'une attaque, les dispositions sont prises pour repousser l'ennemi. Le général S. Martin a 800 hommes à l'hôpital, c'est la moitié de ses forces.

(Cette lettre ne fait que résumer ce qui est raconté dans la pièce précédente).

Analyse d'une lettre de Lacombe S.-Michel au Comité de Salut public.

Calvi, le 17 Septembre 1793.

Les Anglais sont venus le 15 de ce mois avec un vaisseau parlementaire, apportant une lettre au gouverneur. Lacombe S.-Michel, député, les a renvoyés sans leur permettre d'approcher ; les Anglais nous bloquent, mais s'ils attaquent, ils trouveront un morceau de dure digestion. Envoyez-nous des secours quand vous pourrez : Les troupes s'électrisant nous suivraient en enfer.

Le général S.-Martin au Ministre de la guerre.

Bastia, 21 Septembre 1793.

Citoyen Ministre, — J'ai l'honneur de vous informer que le 19 du courant une frégate anglaise ayant attaqué la tour de la Mortella située à l'entrée du golphe de S. Florent, elle a été lâchement abandonnée après la deuxième bordée par un détachement du 16e bataillon d'infanterie légère Corse qui la gardait.

Quoique la perte de cette tour ne soit pas importante par elle-même ni pour la sûreté de la place de S. Florent, elle l'est en ce que l'ennemi pouvant tenir un mouillage dans cette partie du golphe, il lui est facile d'interrompre notre communication avec Calvi où le citoyen Lacombe S.-Michel, représentant du peuple s'est retiré avec le payeur-général. Nous n'avons ici que très peu de numéraire et points d'assignats. Cette pénurie rend notre position très critique. J'espère, citoyen ministre, que d'après la demande que je vous ai si souvent répétée à cet égard, vous vous occuperez essentiellement des moyens de nous faire parvenir des secours soit directement, soit par la voye de l'armée d'Italie.

Les lâches qui occupaient la tour de la Mortella n'ont plus reparu ; ils auraient subi le juste châtiment qu'ils ont encouru.

Je vous réitère encore qu'il faut penser à nous approvisionner, nous n'avons de vivres que jusqu'au 15 novembre.

Le général de brigade etc.,
S.-MARTIN.

(*Pièce non signée*).

Bastia, 22 Septembre 1793.

Le 13, l'amiral Hood a fait sommer Bastia de se rendre à Sa Majesté Britannique à l'exemple de Toulon. — Réponse républicaine.

Le même jour la ville de Calvi a aussi été sommée. — Réponse aussi énergique.

La ville de S. Florent a imité un si bel exemple.

Deux jours après une frégate anglaise ayant canonné la tour de la Mortella, elle s'est lâchement rendue. — Trois frégates anglaises sont entrées dans le golfe de Saint-Florent, et semblent vouloir attaquer la ville ; nos batteries les attendent à leur portée.

L'intérieur de l'isle est très agité.

Paoli a déclaré Corte et le reste de la Corse indépendants, excepté Bastia, Calvi et S. Florent qu'il menace.

La maladie écrase notre garnison.

La communication de l'isle avec le continent est d'une difficulté dont les suites peuvent être fâcheuses.

*Le général S.-Martin à Dumerbion
commandant en chef l'armée d'Italie.*

Bastia, 24 Septembre 1793.

Je ne puis, citoyen général, que me plaindre amèrement de l'état d'abandon où nous laisse l'armée d'Italie, dont cette division fait partie. Au lieu de nous envoyer les secours que nous avions lieu d'en attendre, elle a rendu notre situation pire, soit en retenant une partie des vivres, qui nous étaient destinés spécialement, soit en me transmettant des ordres de faire payer des sommes arriérées, malgré l'extrême pénurie de fonds où nous sommes à la connaissance des chefs de cette armée, auxquels j'ai régulièrement rendu compte de notre situation.

Je leur ai fréquemment exposé nos besoins urgents dans toutes les guerres ; j'ai demandé des paillasses, des chemises, des couvertures, des souliers etc. Je n'ai cessé de solliciter des fonds en numéraire et en assignats. Je n'ai rien reçu. Qu'en est-il arrivé ? Le soldat, forcé à coucher sur le pavé, a contracté des maladies, des bataillons ont été moissonnés presqu'entiers et nos hôpitaux se trouvent encore remplis de 8 à 900 malades dans cette place seule. Cette consommation d'hommes n'étant pas remplacée par le recrutement, auquel nous n'avons eu aucune part, nos forces s'affaiblissent progressivement et se réduiront à la fin à zéro. Cependant nous nous trouvons dans les circonstances les plus critiques. La place de S. Florent est attaquée depuis plusieurs jours par mer et par terre.

Le 19 de ce mois, une frégate anglaise attaqua la tour de la Mortella située à l'entrée du golphe. Après la deuxième bordée, cette tour fut lâchement abandonnée par un détachement du 16ᵉ bataillon d'infanterie légère Corse, qui l'occupait. Je donnai ordre que les lâches fussent arrêtés et de suite traduits à la cour martiale, ils ont échappé jusqu'aujourd'hui à toutes les recherches.

Quoique la perte de cette tour soit peu importante par elle-même, elle donne à l'ennemi la facilité de tenir un mouillage et d'intercepter la communication de S. Florent à Calvi. Elle offre aussi un point de débarquement, d'où l'on peut transporter de l'artillerie pour battre la tour de Fornali qui couvre la place.

Le 20, cette frégate fut renforcée par deux autres et un vaisseau de ligne. Le 21, cette flottille commença à battre la tour où le commandant avait eu la sage précaution de placer un fort détachement de troupes de ligne.

On aperçut dans le même temps un gros de paysans qui s'avançaient vers une hauteur qui domine la tour. Le commandant sortit avec un détachement qui mit les paysans en fuite. Ce poste fut occupé par nos troupes et on y a fait un retranchement.

Informé de ces mouvements, je renforçai le poste de Teghime, où il y avait une redoute qui protège la communication de Bastia à S. Florent. J'y fis placer une pièce de 4 ; je fis les mêmes dispositions dans plusieurs postes placés sur différents points de la ligne qui couvre S. Florent, Bastia et le Cap-Corse. Mêmes dispositions dans les forts qui dominent Bastia. Le 22, la flottille continua ses canonnades, mais sans aucun succès. Il y eut une sortie contre les paysans dans laquelle le commandant de la place eut le talon percé d'outre en outre par une balle. Hier les frégates avaient discontinué leur feu et recommencèrent vers le soir. Aujourd'hui elles sont mouillées près de la tour de la Mortella.

Depuis que S. Florent est attaqué, j'y ai successivement envoyé plusieurs renforts, parce que la conservation de cette place est de la plus haute importance. Si les Anglais et les Corses s'en rendaient les maîtres, tous les efforts partiraient de ce point pour tomber sur ce côté-ci, tandis que le point principal de communication avec le continent serait intercepté.

Je suis forcé d'envoyer aussi des détachements pour garder les gorges qui dominent S. Florent et qui font partie de la communication.

Ces mouvements partiels épuisent la garnison de cette place au point qu'il me reste tout au plus 500 hommes de troupes continentales de disponibles. J'ai la citadelle et les forts à garder.

On est quelquefois embarrassé pour relever la garde. Si la communication était attaquée en force, je n'aurais aucun moyen suffisant pour garantir à la fois ce côté-ci et celui de la communication. Cet état de crise est pénible et c'est l'énorme quantité de malades qui le produit en grande partie. Je le répète, ce sont 8 à 900 hommes hors de service, lorsque j'ai à garantir et la ville et la communication de S. Florent.

J'apprends que celle de cette dernière place et par conséquent la nôtre avec Calvi est interceptée. Une gondole portant les lettres et un commissaire de guerre est tombé entre les mains des Anglais.

Le golphe n'est pas praticable pour nos bateaux ou nos gondoles. Cet incident vient agraver le malheur de notre situation. Le citoyen Lacombe S.-Michel, représentant du peuple, s'est retiré depuis longtemps dans cette place avec le payeur-général qui retient là le peu de fonds qui nous restent. Je n'ai donc que des charges sans aucun moyen : des troupes de ligne, quatre bataillons d'infanterie légère Corse, quatre compagnies franches de la ville et de la gendarmerie à payer, des transports fréquents et coûteux, de nouvelles réparations à faire, enfin des hôpitaux regorgeants de malades sont un poids immense. Il nous reste pour faire face à tout avec très peu de numéraire, point d'assignats et des vivres jusqu'au 15 novembre seulement.

Pour combler la mesure, je ne sais par quelle fatalité un esprit de vertige s'est emparé de nos soldats. Depuis l'apparition du parlementaire anglais, tout leur fait ombrage. Les citoyens leur sont suspects, ils cherchent à aliéner les esprits dans un temps où ils ont le plus besoin de se réunir ; enfin leur méfiance s'étend jusqu'à moi, quoiqu'ils soient journellement témoins de la loyauté et de la franchise que je mets dans tous mes procédés. On est dans l'impossibilité actuelle de solder tout à fait l'arriéré, on les vole ; on ne se plie pas à tous leurs caprices, on les trahit ; cette méfiance universelle porte avec soi un caractère si désolant que l'on ne sait comment se promettre quelque espoir de succès.

Enfin, citoyen général, si vous ne nous envoyez pas des hommes, des assignats, du numéraire, des fournitures telles que souliers, chemises, paillasses et couvertures, enfin des subsistances de toute espèce, je n'ai rien de mieux à faire que de vous demander mon remplacement parce que je n'ai pas le don des miracles.

Au reste, pour ne pas voir ma responsabilité plus longtemps compromise, je suis forcé d'adresser de pareilles réclamations au ministre de la guerre et au Comité de salut public.

Réfléchissez bien, citoyen général, que l'infâme trahison de la ville de Toulon nous ayant ôté tout espoir de ressources de ce côté, notre salut dépend de vous seul et que votre qualité de général en chef vous impose l'obligation d'épuiser tous les moyens qui peuvent sauver d'une ruine certaine une portion de l'armée qui vous est confiée.

Je vous expédie un bateau exprès avec ordre de braver tous les dangers. Rien ne peut mieux vous prouver notre état de détresse et l'urgence de nos besoins. La crainte que ce bateau n'essuie des contretemps ou ne soit pris me porte à vous adresser le duplicata de ma lettre par la voie de Livourne.

Le général de brigade etc.,
S.-Martin.

Saliceti au Comité de salut public.

Hollioules, le 26 Septembre 1793, l'an 2e de la République.

Je viens de recevoir une lettre de Corse de l'ami Arena que vous trouverez ci-jointe. Lisez-la et communiquez-la au Comité de salut public, afin qu'il puisse voir dans quel état se trouve cette isle malheureuse. Notre collègue Gasparin et moi, nous écrivons tous les deux au dit Comité, pour lui faire sentir qu'il importe beaucoup qu'on fasse passer en Corse cent mille livres en numéraire chaque mois, pour le payement des troupes, et de faire accorder quelques secours aux patriotes réfugiés de l'intérieur qui se trouvent dans les places qui sont en notre pouvoir. Afin de remplir un objet si intéressant pour nos braves républicains et amis, nous avons convenu que notre collègue Pomme fera passer en Corse trois cent mille livres pour être à la disposition de S.-Michel, pour les distribuer aux patriotes ruinés et nous demandons au Comité de salut public afin qu'il donne les ordres pour le remplacement de cette somme. C'est avec ces moyens qu'ils pourront aller en avant jusque au moment que nous pourrons être en état de leur porter des secours plus efficaces. Ne négligez rien ici de tout ce qui intéresse notre brave pays, et les braves républicains qui le défendent. Nous fesons sentir au dit comité qu'il est surprenant que les agents de Paoli qui sont à Paris (qui sont les mêmes de Pitt, et en conséquence les ennemis de la République) se promennent en long et en large, et que le comité de sûreté générale ne le fasse pas arrêter. Buonarroti vous communique une lettre que Masseria lui a écrite. Ce fanatique se trouve dans ce moment à Toulon auprès de l'amiral anglais. Nous sommes ici dans le même état que nous nous trouvions, lorsque je vous avais écrit avant-hier.

Votre ami, SALICETI.

Les représentants du peuple près l'armée dirigée contre les rebelles du midi aux citoyens représentants du peuple, composant le Comité de Salut public.

Au quartier général d'Hollioules, ce 26 Septembre de l'an 2. (1793) de la République.

Nous venons de recevoir, citoyens collègues, des lettres de Corse qui nous annoncent que des vaisseaux anglais se sont présentés devant les ports de cette isle. Le 15 du courant, une frégate s'approcha de Calvi et ayant arboré le pavillon de parlementaire, dépêcha son canot avec trois officiers. Notre collègue S.-Michel empêcha le canot d'entrer dans le port, et fit débarquer les trois officiers sur les rochers et leur demanda ce qu'ils voulaient. Ils répondirent qu'ils avaient des paquets pour le gouverneur de la place. Saint-Michel leur dit que des républicains français ne traitaient pas avec ses ennemis jusqu'à ce qu'ils ne fussent éloignés du territoire de la République, et que soldats et citoyens, ils étaient tous décidés de s'ensevelir sous les ruines de la place plutôt que de la rendre. Toute la garnison cria à cette phrase : Vive la République ! et S.-Michel dit aux officiers qu'ils pouvaient rapporter à leur maître ce qu'ils avaient vu et entendu. Ceux-ci se retirèrent. Deux bâtiments anglais se sont aussi approchés de l'Isle-Rousse et ont communiqué avec le district rebelle, auquel ils ont remis des paquets adressés à Paoli. Ils ont dit ouvertement qu'ils ne venaient pas pour soutenir aucun parti, mais qu'ils soutiendraient ceux qui adopteraient un roi.

Nous sommes persuadés que les troupes qui se trouvent en Corse se défendront si les ennemis attaquent les places qu'elles gardent, et qu'elles seront secondées par les bons patriotes qui s'y sont réfugiés et qui sont en grand nombre.

Mais il est de la plus grande importance que le Comité de salut public leur fasse passer tous les secours indispensables à leur subsistance et à leur entretien. Il faut cent mille livres en espèces par mois pour la solde de la troupe qui est en Corse. Elle n'a aucune communication avec le continent, et si elle manquait de secours, nous la verrions dans la triste nécessité de se livrer aux Espagnols et aux Anglais. Si on était embarrassé pour trouver cette somme en numéraire, on pourrait trouver les moyens d'y suppléer chez les riches négociants de Marseille. Nous ne négligerons rien pour soulager des braves républicains qui, par la situation où ils se trouvent, sont vraiment à plaindre et qui ne méritent pas d'être abandonnés.

Un autre objet doit aussi intéresser le Comité de salut public. C'est la situation où se trouvent les patriotes de l'intérieur qui, pour se soustraire à l'oppression que Paoli exerçait sur eux, se sont retirés dans les places qu'occupent nos troupes. Ces bons républicains ont tout perdu, ils sont dans le besoin, manquant de tout. La Convention nationale par son décret du 11 juillet leur a accordé une somme de six cents mille livres pour secours provisoire. Pour soulager ces vertueuses familles, nous avons pris le parti, de concert avec le citoyen Pomme de faire passer en Corse trois cent mille livres à la disposition de notre collègue S.-Michel qui les distribuerait à celles qui sont dans le cas de la loi ; et nous vous prions de donner vos ordres pour que les trois cent mille livres soient remplacées.

Un nommé Masseria, homme de confiance de Paoli, se trouve maintenant à Toulon auprès de l'amiral anglais. Il est bien extraordinaire que le Comité de sûreté générale ne fasse pas arrêter les hommes qui à Paris ont encore l'impudeur de se dire les défenseurs officieux de Paoli. Ils ne sont dans le fait que les agents de Pitt, et les ennemis de la République. — Salut et fraternité.

Saliceti, de Gasparin.

*Récit de ce qui s'est passé à Calvi
entre le représentant du peuple et le parlementaire anglais.*

Septembre 1793.

« Le 13 septembre, on apprit à Calvi la reddition de la ville de Toulon, par l'effet d'une lâche trahison. Cette nouvelle a été reçue avec calme par la garnison et les citoyens de cette ville, auxquels on l'annonça dans l'assemblée du club; puis, par un mouvement spontané, l'on a entendu ce cri de rage : *Vengeance ou la mort !* L'équipage de la frégate *La Mignonne* a députe son commandant, le capitaine Liaudant, vers le représentant du peuple Lacombe S.-Michel ; il lui a fait dire que, repoussant avec horreur le crime de ses compatriotes, il voulait le réparer autant qu'il était en lui, et qu'il offrait les pièces de canon qui sont sur son bord et les hommes pour le service, afin de renforcer la défense du point important de Calvi. Le représentant du peuple a embrassé le capitaine, et lui a dit: « J'accepte la proposition de vos braves gens, nous mourrons ensemble. »

» Le 14, on a signalé plusieurs vaisseaux et plusieurs frégates anglaises. Le 15, toute la garnison et l'équipage de la frégate étaient occupés à l'armement extraordinaire de la place, lorsque s'est présenté le canot parlementaire d'une frégate anglaise. Le représentant du peuple, qui était occupé de l'armement de la place, s'est porté au bastion Colombrini ; il était entouré d'une partie de la garnison et des citoyens de cette ville. Il a ordonné au capitaine Georges Rossi de sortir, pour empêcher le canot parlementaire de venir porter le venin jusque dans le port. Il a hélé le parlementaire en lui disant de débarquer sur les rochers, à la pointe de Colombrini.

» Deux officiers portant l'uniforme bleu, revers blancs et chapeau brodé d'or, sont débarqués sur ce rocher, accompagnés d'un interprète. Lorsqu'ils ont été au pied du rempart, le représentant du peuple, placé sur le parapet de la batterie, leur a demandé : Que voulez-vous? L'interprète lui a répondu : Nous voulons remettre une lettre à M. le gouverneur. Le représentant du peuple lui a dit : La République française ne reconnaît plus de gouverneurs ; elle n'a dans ses places que des commandants militaires. Il y a de plus ici un représentant du peuple qui a l'autorité supérieure. Qui êtes-vous ? — L'interprète a répondu : Nous sommes des officiers anglais. — Lacombe S. Michel leur a dit : L'article 121 de la constitution française défend de traiter avec les ennemis, tant qu'ils occupent le territoire de la République ; les Anglais sont entrés par l'effet de la plus noire trahison à Toulon ; je refuse de recevoir votre lettre, retirez-vous, et mes braves camarades qui m'entourent sont résolus de vaincre ou de mourir. A ces mots est parti un cri universel : *La République ou la mort!*

» L'interprète et les officiers ont salué, et, comme ils allaient se retirer, Lacombe S.-Michel leur a dit à haute voix : Vous venez, Messieurs, d'entendre notre vœu unanime ; allez en rendre compte à votre maître. Anglais ! vous que la philosophie aimait à mettre au rang des amis de l'humanité, vous venez de vous déshonorer par une lâche trahison. Pourquoi ne nous avez-vous pas combattus face à face ? Nous vous aurions au moins conservé notre estime. Je vous déclare que la république française ne compte plus sur la bonne foi des rois. Quand vous serez dignes de la république universelle, venez à nous, et nous vous embrasserons en frères. Jusque là nos courriers respectifs seront des boulets et des bombes. Vous pouvez vous retirer ; nous savons respecter le droit des gens, même avec ceux qui l'oublient. — L'interprète a répondu d'une voix émue : Moi aussi, j'ai dans le cœur la liberté.

» Ils se sont embarqués sans qu'on leur ait permis d'approcher de la ville, et leur retour a été accompagné par le chant de l'hymne de la liberté.

» Si dans Toulon, quatre citoyens, avec l'esprit conciliateur, eussent montré autant d'énergie, ce port serait encore au pouvoir de la République.

» Les défenseurs de Calvi, admirateurs des grands mouvements qui s'opèrent dans ce moment-ci en France, sont résolus de périr, s'il le faut, plutôt que de rendre la portion du territoire qui leur est confiée ; ils sont résolus de combattre jusqu'à la mort les ennemis extérieurs et intérieurs.

» Pour copie conforme,
» Signé : LALONDE. »

Lacombe S.-Michel au Président de la Convention.

Calvi, le 1er Octobre 1793.

Citoyen Président, — Ma lettre du 16 septembre a dû vous informer de la réponse que j'ai faite à un parlementaire anglais que j'ai refusé de recevoir. Après m'avoir coupé toute communication par mer avec S. Florent et Bastia, des vaisseaux anglais ont été porter la même sommation à ces deux villes. J'ignore quelle a été la réponse des officiers qui y commandent, mais j'aime à croire qu'elle a été républicaine. Les Anglais, après avoir examiné Calvy et Saint-Florent, ayant jugé cette dernière place d'un plus facile accès que la première, se sont déterminés à l'attaquer. L'attaque était concertée avec Paoli qui était descendu de Corte à Murato, où prudemment et à son ordinaire, il s'était tenu loin du feu. Pendant deux jours, deux vaisseaux ont canonné la batterie de Fornali dans le golfe de S. Florent. Leonetti, ex-législateur, commandait les forces de terre, et avait avec lui quatre pièces de campagne que les Anglais avaient à bord.

Le feu a été vif, nous n'avons pas, à ce que je crois, perdu un seul Français; les Anglais avouent avoir perdu 17 hommes et ont nombre de blessés, au nombre desquels se trouvent un capitaine de vaisseau et Masseria, ami de Paoli, et en grade chez les Anglais. Un fort orage étant venu pendant le combat, les Anglais se sont rembarqués ; ils avaient laissé les 4 pièces de campagne aux Corses. Pendant la nuit, les Français ont fait une sortie de Fornali, ils ont attaqué et chassé les Corses et leur ont pris les quatre pièces de canon. Dans la même journée les Corses ont attaqué Saint Florent, Patrimonio, Barbaggio et Furiani ; ils ont été repoussés de partout avec perte.

Je tiens ces détails par la voie de l'intérieur et des hommes affidés que j'ai envoyés dans le Nebbio. Voilà, citoyen Président, ces hommes qui ont envoyé à la barre de la Convention un Ferrandi, un Constantini déclamer contre moi et mes confrères et protester que l'Administration et Paoli voulaient être Français. J'envoie au Comité de salut public un imprimé très curieux. J'attends avec impatience que les Anglais et les sujets fidèles de Pascal Ier viennent à Calvi. Les ennemis savent sans doute que toute l'artillerie de cette place est malade : mais j'y suis, j'y exerce tous les jours 210 canonniers qui leur feront plus de mal qu'ils ne pensent.

Signé : LACOMBE S.-MICHEL.

Lacombe S.-Michel à Saliceti.

A Calvi, ce 1er Octobre 1793.

Aucune lettre de vous, mon cher Saliceti. Je vous ai cependant dépêché une gondole ; j'attends avec impatience des nouvelles intéressantes. Elles ne peuvent être que bonnes. Les Français n'ont des revers que lorsqu'ils sont trahis ; apprenez-moi vite la réponse de Toulon.

J'ai su de plusieurs personnes de la Balagne que Paoli était parti de Corte avec quelques cents hommes qui ont augmenté en route. Pascal premier s'est prudemment tenu à Murato. Les Corses ont attaqué le même jour Furiani, Barbaggio, Patrimonio, S. Florent et Fornelli ; ils ont été repoussés avec perte. Les Anglais avec deux vaisseaux de guerre ont canonné deux jours Fornali ; ils ont été battus ; ils ont perdu 17 hommes de leur aveu. Un capitaine de vaisseau a été grièvement blessé, ainsi que Masseria. Mais ce qui est honteux pour les rebelles Corses, c'est que les Anglais leur ayant confié 4 pièces de campagne, une sortie de Fornali les leur a enlevées.

Je les attends ; j'instruis tous les jours 210 grenadiers ou fusiliers au canon, et ils vont à merveille ; tous mes artilleurs sont sur le grabat.

J'ai beaucoup de choses à vous dire, et il faut absolument qu'avant l'expédition de Corse je m'abouche avec vous. Que d'abus j'ai à vous dévoiler, ou pour mieux dire, ici tout est abus.

Avez-vous reçu ma lettre du 16 septembre ? Il faut que Gasparin vienne en Corse. Je ne puis pas vous dire tout ce qu'il faut que je vous dise. Il faut que je vous parle ; on me fait faire ici l'expérience de bien des vertus que je ne croyais pas avoir ; il ne me serait pas difficile de prouver qu'aucune commission n'a été aussi difficile que la mienne. Adieu, à revoir. — Je vous embrasse ainsi que Gasparin et nos collègues.

J.-P. LACOMBE S.-MICHEL.

P. S. — Je t'enverrai par la première occasion un imprimé du Conseil général où toi et moi sommes traités de voleurs. Il n'y a ni l'an 2 de la République, ni l'an 1er du règne de Louis XVII ; c'est une exhortation aux Corses de se jeter entre les bras des Anglais et une préparation au règne de Pascal premier.

Coti m'a dit que tu avais des pistolets à ta disposition ; apporte-m'en une bonne paire d'arçon et deux fusils, si tu veux que je fasse la guerre ici. Adieu, je suis ton ami etc.

Je t'envoie des papiers intéressants de l'autre côté des monts.

Zampaglino m'a dit avoir sauvé deux troupeaux à Bonaparte.

Le Général S. Martin au Ministre de la guerre.

Bastia, le 2 Octobre 1793, l'an 2e etc.

Citoyen ministre, — Je m'empresse de vous rendre compte de la journée d'hier. Elle est remarquable par la résistance courageuse que nos troupes ont opposée aux efforts combinés des Anglais et des rebelles.

Vers les trois heures et demie après minuit une frégate anglaise s'approcha à la faveur des ténèbres de la tour de Fornali. Elle lâcha plusieurs bordées en dirigeant ses coups sur le camp qui protège cette tour contre les attaques des rebelles. La batterie de la tour y répondit, mais sans pouvoir l'atteindre, parce qu'elle s'était mise à l'abri d'une pointe.

Une demi-heure après, elle fut renforcée par trois vaisseaux qui se mirent en ligne et canonnèrent en même temps la tour, le camp, la batterie qui est placée au-dessus et la place.

La batterie de Fornali et celle de la place firent un feu croisé et continu dont les vaisseaux furent très incommodés. On lança plusieurs bombes dont quelques-unes éclatèrent entre les cordages. Plusieurs boulets les frappèrent en flanc ; l'un des vaisseaux fut percé d'outre en entre par un boulet rouge. On vit aussitôt les matelots occupés à couper les bordages (cordages ?) avec des haches. Comme ils chassaient sur leurs ancres, ils furent bientôt dans la nécessité de couper aussi les câbles pour se soustraire au feu du canon qui les foudroyait. On vit des boulets tomber sur des chaloupes qui parurent couler à fond. Après leur retraite, on en a retiré une, ainsi qu'une des ancres. On a recueilli aussi une partie du pavillon amiral qui était tombé à la mer, des matelas, des chapeaux et un mât. Quelques instants après on pompait à force l'eau de la frégate.

Les rebelles qui avaient attaqué en même temps le camp de Fornali ont été vigoureusement repoussés par un détachement du 61e.

Le feu de l'ennemi ne nous a fait aucun mal. Nos batteries ont néanmoins souffert et nous avons éprouvé quelques accidents. Deux pièces de canon ont crevé à la batterie de la ville. La première a tué un soldat; la seconde a brisé un faisceau d'armes. Un autre canonnier a eu la jambe cassée en amorçant une pièce chargée à boulet rouge.

Un canonnier a été tué à Fornali en amorçant pour la seconde fois. Un autre a été légèrement blessé. Un canonnier et huit ou dix soldats ont eu quelques parties atteintes de brûlures par des gargousses qui ont pris feu et que l'on avait imprudemment laissé près de la pièce.

Le commandant Gentile, blessé dans une précédente affaire et travaillé par la fièvre, n'a pas quitté la batterie. Son sang-froid et son intrépidité sont au-dessus de tout éloge.

Le citoyen Villantroy, capitaine d'artillerie, aussi attaqué d'une fièvre tierce, a donné les preuves les plus signalées de son courage et de son activité. Les citoyens Delmas et Charvin, ses collègues, ne se sont pas moins distingués.

Les citoyens Franceschi, adjudant de la place, et Graziani, adjudant-major du 16e bataillon d'infanterie légère, se sont comportés d'une manière digne d'éloges.

Le canonnier blessé à la batterie, le brave Clément, a donné dans ce moment des preuves du plus ardent civisme. Lorsque ses camarades ont volé à son secours: Ce n'est rien, mes frères, a-t-il, c'est pour ma patrie.

Enfin, citoyen ministre, soldats, citoyens, tous ont fait leur devoir. Mais pour soutenir leur courage, ils ont besoin que l'on vienne à leur secours. Des vivres, du numéraire, des fournitures de toutes les espèces, des tentes et des effets de campement, et la République aura des deffenseurs invincibles. Il serait bien à désirer aussi que l'on nous envoyât des secours en hommes. Mille malades affaiblissent tellement nos forces que le soldat est épuisé de fatigue parce qu'il est dans une activité continuelle. Je ne puis trop vous recommander, citoyen ministre, de porter toute votre attention sur nos besoins.

Le général de brigade comm. la 23e div. militaire,
S.-MARTIN.

Lacombe S.-Michel au Comité de salut public.

Calvi, 3 Octobre 1793.

« J'envoie au Comité de salut public le journal de l'attaque faite par quatre vaisseaux anglais contre les différents points de défense du golfe de S. Florent. Enfin, ces fiers Anglais qui devaient prendre S. Florent dans quatre jours, Bastia dans six, et Calvi dans huit, après avoir été battus complètement devant Dunkerque, enfermés à Toulon, viennent d'être étrillés en Corse. Voici le précis de ce qui s'est passé et que je reçois officiellement.

» Le 18 septembre, une division de l'escadre anglaise, composée de trois vaisseaux de ligne et d'une frégate, s'est présentée devant la place de S. Florent. Cette flottille s'est emparée d'une tour appelée la Mortella qui est à l'embouchure du golfe, et qui fut abandonnée aux premières bordées de la frégate. La garnison était de six hommes. Ce premier succès persuada les Anglais qu'ils feraient avec autant de facilité la conquête de Fornali. Ils débarquèrent cent hommes qui, réunis aux Corses rebelles que Paoli avait fait marcher sur ce point, s'emparèrent d'une colline qui domine notre batterie de Fornali. Mais le citoyen Gentili, commandant de Saint-Florent et qui s'était rendu au point attaqué, fit une sortie si vigoureuse qu'il débusqua et mit en fuite les Anglais et les rebelles. Il s'empara de cette position où il établit une batterie que les Anglais cherchèrent à plusieurs reprises de reprendre, mais en vain, car ils ont toujours été repoussés avec des pertes d'hommes considérables. Pendant que les Anglais faisaient d'inutiles efforts, Paoli qui avait quitté sa bastille de Corte et qui s'était rendu à Murato, village du district d'Oletta, fit attaquer en même temps les villages de Patrimonio et de Barbaggio gardés par le 16e bataillon d'infanterie légère, afin d'intercepter la communication de Bastia à S. Florent. Les rebelles s'étaient introduits dans quelques maisons de Patrimonio ; ils avaient été favorisés par quelques partisans de Paoli ; mais les garnisons de S. Florent, Barbaggio et Patrimonio les attaquèrent et les repoussèrent avec tant de force, que la perte qu'ont faite les rebelles les a dégoûtés de faire de nouvelles tentatives.

» Le 1er octobre, trois vaisseaux s'embossèrent pendant la nuit devant la tour de Fornali ; à quatre heures du matin, ils commencèrent à tirer contre ce poste, mais les batteries de Fornali et S. Florent répondirent à la vivacité de leur feu d'une manière plus forte encore, et les boulets rouges mirent à plusieurs reprises le feu aux vaisseaux ; sans l'activité de leurs pompes, ils auraient donné le spectacle d'un superbe incendie.

» A 9 heures du matin, ils coupèrent leurs câbles et se mirent sous la tour de Mortella, après avoir perdu beaucoup de monde et avoir été très endommagés. Ils ont employé deux jours à réparer leurs dommages. Satisfaits de notre réception, ils sont partis le 14, laissant le golfe couvert de débris de voiles, cordages, matelas, couvertures, bois et embarcations qui étaient coulés bas. Les vaisseaux eussent subi le même sort s'ils avaient voulu lutter plus longtemps contre les défenseurs de la liberté. Ils paraissent faire voile vers le golfe de la Spezia ; Paoli qui les a attirés dans cette île, sous la promesse de leur livrer le port de S. Florent, est resté constamment enfermé dans le couvent de Murato, à trois grandes lieues du point d'attaque.

» On nous a assuré que le mauvais succès de cette attaque l'a rendu malade ; ce serait dommage que le chagrin qui le dévore l'enlevât au juste châtiment qu'il a tant et tant mérité. Dans toutes les actions qui ont eu lieu pendant les quinze jours que les Anglais ont resté sur les parages de Corse, nous n'avons perdu que deux hommes et huit légèrement blessés. Les deux hommes qui sont morts n'ont péri que parce que deux pièces ont crevé. Notre artillerie a donné des preuves éclatantes de talent et de patriotisme. Le citoyen Clément, canonnier au 4e régiment d'artillerie, ayant la jambe cassée d'un éclat de pièce, dit à ses camarades : « Ce n'est rien, c'est pour la patrie. » Toutes les troupes ont fait des prodiges de valeur.

» Notre satisfaction serait complète si je n'avais à vous apprendre la mort du brave capitaine Oletta, commandant la felouque *La Vigilante*, qui a été tué au Cap-Corse d'un coup de canon dans la poitrine. Il venait de faire une prise, il a été poursuivi par une frégate anglaise qui l'a forcé de se retirer dans le mouillage de Sainte Marie de la Chapelle ; il avait débarqué deux canons de 4, qu'il avait placés auprès de la tour devant laquelle s'était embossée la frégate. Il s'est battu pendant quatre heures et jusqu'à sa mort, sans jamais vouloir se rendre, quoique la tour croulât de tous côtés par les coups de canon. Un boulet fit tomber le pavillon national; Oletta alla le ramasser et en l'assurant, il fut tué. Oletta est le même qui montra tant d'énergie le 28 mai à

Ajaccio, tandis que le contre-amiral Dalkon montrait tant de lâcheté. C'est le même qui, à Toulon, en dernier lieu, a préféré d'être immolé que de reconnaître Paoli pour autre qu'un scélérat et qui par son audace s'est échappé de Toulon avec sa felouque, malgré les sections et les flottes combinées anglo-hispanes.

« Je suis si accablé d'affaires que je n'ai pas le temps de faire recopier ma lettre. La gondole va partir et les Anglais nous environnent.

Signé : LACOMBE S.-MICHEL.

Lacombe S.-Michel au président de la Convention.

Calvi, 9 Octobre 1793, l'an II.

Citoyen Président, — La Société populaire de Bastia m'accuse de faits graves, ou plutôt quelques Paolistes qui singent les patriotes ont voulu me faire perdre la confiance des troupes. Je n'ai point avili la représentation nationale jusqu'à me justifier auprès d'une petite section du peuple, qui veut usurper le pouvoir souverain, mais il ne m'en a pas coûté de mettre ma conduite au grand jour ; j'ai convoqué une assemblée des différents grades de la garnison et, en présence des députés du club de Bastia, je leur ai remis mes registres de correspondance et d'arrêtés, les priant de les compulser. J'ai répondu en leur présence à tous les griefs qui me sont imputés ; j'ai demandé qu'il en fût dressé un procès-verbal, et je l'envoie au Comité de salut public. Il paraît que quelques meneurs tramaient à Bastia la même manœuvre qu'à Toulon. Une partie des hommes qui conduisent le club sont des Français de l'administration de la guerre, nommés par les ministres contre-révolutionnaires qui se sont succédé, ou des agents de l'ancien régime qui le regrettent et qui craignent mes yeux clairvoyants. J'appelle la plus grande sévérité sur ma conduite ; si je suis coupable, il faut que ma tête tombe ; si mes calomniateurs, dont aucun n'a osé signer sa dénonciation, ont voulu perdre la chose publique, ils doivent le payer de leur tête ; s'ils n'ont voulu que ma perte particulière, je les condamne à devenir meilleurs que moi.

LACOMBE S.-MICHEL.

Lacombe S.-Michel au Ministre de la guerre.

Calvi, 27 Octobre 1793.

Citoyen ministre, — Je vous ai rendu compte et au Comité de Salut public que j'avais reçu une lettre insultante de quelques officiers du 1er bataillon de l'Aveyron qui ont quêté quelques signatures de soldats : en adoptant les formes républicaines, les subordonnés n'ont pas le droit de dire des grossièretés aux autorités supérieures. Si je n'étais pas personellement insulté, j'aurais puni dans la personne du lieutenant-colonel en second, Calvet, et des officiers signataires l'oubli total de toute discipline militaire. J'ai cru de ma dellicatesse de m'abstenir de prononcer. Je l'attends du Conseil exécutif. Si l'on ne sévit pas rigoureusement contre les officiers qui émeutent leurs soldats, qui, sous prétexte d'employer les formes républicaines, cherchent à faire perdre toute force d'opinion à la représentation nationalle, il faut abandonner la partie et personne n'osera plus commander.

La voix publique semble désigner comme l'auteur principal de cette lettre le capitaine Martin. Étant venu sans permission de l'officier supérieur qui y commande à Bastia, le commandant en chef Raphael Cazabianca l'avait fait metre aux arêts ; les ayant forcés, il l'a fait metre en prison ; il n'en sortira que par vos ordres. J'ai écrit au lieutenant-colonel Calvet de manière à lui faire voir que le stile insolent ne m'en impose pas.

Par ma lettre du 16 de ce mois, j'ai eu l'honneur de vous rendre compte que les généraux de brigade S.-Martin et Chartogne étaient partis pour France et que le général Raphael Casabianca, commandait provisoirement dans la 23e division. Le colonel d'artillerie Catelan commande à Bastia et en second dans l'isle.

J'ai l'honneur de vous rendre compte que j'ai fait dellivrer deux cartouches aux nommés Aorff et Bachelet, soldats au 26e régiment, compagnie... Ces hommes, revenus de Sardaigne, renvoyés comme prisoniers, tandis qu'on n'a pu prendre que des hommes ayant dezerté, puisqu'on ne s'y est pas battu et que les prisonniers faits à S. Pierre ont été conduits à Barcelone, ces hommes, dis-je, sont venus ici tenir des propos séditieux et je les soupçonne fort d'avoir été guidés sourdement par quelques paolistes de Bastia. Je vous envoie coppie de l'arêté que j'ai pris à cet égard.

Le général S.-Martin avait, de son autorité, fait incorporer 140 prisonniers renvoyés de Caillari, la pluspart déserteurs des différents corps qui s'étaient mis dans la phalange marseillaise, qui s'est comportée si lâchement en Sardaigne. Je vous envoye copie d'un arêté par lequel je déclare cette incorporation comme non avenue. J'ay cru agir dans l'esprit du décret rendu il y a quelques mois, qui défend de rechercher les déserteurs qui se sont engagés dans d'autres corps. J'ai ordonné qu'on les fit passer en France pour que chacun rejoignit son dernier corps.

La place de Calvi manquant de vivres, j'ai fait acheter à un pingue génois mille soixante-quatorze quintaux de blé froment faisant la somme de vingt-un mille quatre cent quatre-vingt livres, et comme nous sommes sans fonds, j'ai fait tirer une lettre de change de cette somme sur le citoyen Tilli, chargé des affaires de la République française à Gênes. J'en ai prévenu le représentant du peuple Sallicetti. Je vous prie de la faire rembourser au chargé d'affaires en numéraire ; telle est la convention.

L'on me laisse sans fonds, sans vivres et sans aucune ressource dans un païs où il n'existe aucune vertu, où l'immoralité la plus proffonde a gagné le cœur de la plus grande quantité des habitants des présides. Ici il existe une foule de partis divisés entr'eux, mais se réunissant sur un seul point, celui de pressurer la France par tous les moyens possibles. Ne croyez pas que l'humeur me fasse parler, je vais vous citer des faits incontestables. A Bastia, où il y a 7 à 800 mille livres d'argent comptant sur la place, on ne peut pas trouver 40 mille livres pour le prêt de la troupe. On n'y veut pas mettre à exécution la loi sur les accapareurs, on y donne publiquement 9, dix sous d'un assignat de cinq livres. Icy j'ai fait metre à exécution la loy contre les accapareurs ; on s'est soumis, parce qu'on sait que je ne badine pas et que je fais respecter la loy. Qu'est-il arrivé ? c'est qu'en huit jours on a expolié toutes les boutiques, il n'y reste plus rien. J'ai voulu parer à cet inconvénient en faisant tenir registre aux marchands ; mais les vendeurs, les acheteurs, la municipalité, tout s'est entendu. Que voulez-vous attendre de la société composée d'hommes aussi corrompus ? Si je n'étais pas resté ici, je ne doute nullement que la place n'eût été emportée de surprise ou autrement ; mais ils savent que je ferais sauter la tête au premier traître et ma résolution leur en a imposé.

Je tiendrai ici tant que je pourray, mais nous sommes perdus si vous nous laissez sans argent et sans vivres. Faites part de ma lettre, je vous prie, au Comité de salut public. Je ne m'attendais pas qu'on m'envoyât ici pour me sacrifier ; tout le monde s'adresse à moy. Je suis ici le bouc d'Israël.

J.-P. Lacombe S.-Michel.

chets du fanatisme et de l'erreur que les ministres viennent abjurer en foule. On ne voit que calices, croix et (illisible) ; si cela continue nous aurons plus de numéraire que d'assignats.

Tu auras sans doute oublié de joindre à cette lettre celle que tu m'annonces pour le président de la Convention au sujet de l'atrocité commise par les Anglais. Cette nouvelle était déjà connue ici et les bons patriotes ne l'ont pas apprise sans frémir d'orreur.

Je n'ai pas vu l'adjoint général Coutand ; j'ignore ce qui a pu causer son retard.

Je vois avec plaisir la réception que tu fais aux Anglais. Ils croyaient peut-être trouver à Calvi de nouveaux habitants de Toulon, mais tu leur as montré le contraire. Force boulets rouges, s'ils reparaissent, et cela les dégoûtera de pareille visite.

Lacombe S.-Michel au président de la Convention nationale.

Au quartier général de Farinole, le sixième jour de la 3ᵉ décade du second mois de l'an 2ᵉ (16 Novembre 1793).

L'insolence des rebelles, les fanfaronnades de Paoli, l'excessive prudence du général S.-Martin, qui n'a pas voulu attaquer Farinole lorsque je lui en ai donné l'ordre, la nécessité de réunir en France toutes les forces pour écraser les rebelles de Toulon, tant de circonstances réunies m'ont fait un devoir de ne compter pour le moment que sur mes propres forces.

Je me suis mis à la tête d'une petite armée, et j'ai marché contre les rebelles.

Je les ai déjà battus ; je leur ai pris un fort avec deux pièces de canon et trois villages. J'ai pris un de leurs chefs (Orsoni), le bras droit de Paoli : il a été fusillé légalement,

dans ces parages, mais l'état de nos subsistances qui vont être épuisées et qu'on ne remplace point, ne nous permettra pas de les entretenir longtemps, si l'on ne nous envoie pas sous peu des secours en tout genre.

CATELLAN.

Le Ministre de la guerre à Lacombe S.-Michel.

Paris, 15 Novembre 1793.

J'ai reçu, citoyen, ta lettre du 16 octobre, par laquelle tu me mandes que tu as autorisé le général S.-Martin à venir en France pour se rétablir. Le Conseil a jugé utile de le suspendre et de le remplacer par Laborde qui a reçu l'ordre, le 17 du courant, d'aller prendre le commandement de la 23e division militaire en Corse. J'espère que tu auras lieu d'être satisfait de ce général sans-culotte qui réunit le patriotisme et les talents nécessaires pour une mission aussi délicate.

Je doute que le général Chartogne, qui n'a pu mériter l'amitié de ses camarades en Corse, puisse l'obtenir en France. Je ne puis qu'approuver les mesures que tu as prises tant à son égard qu'au sujet de Cazabianca, ce qui ajoute à la bonne réputation qu'il s'était acquise par sa soumission à l'arrêté que les circonstances t'ont engagé à prendre contre ses intérêts.

La Révolution a fait de grands progrès depuis quelques mois. 20 et quelques députés conspirateurs et plusieurs généraux ont déjà payé de leur tête leur perfidie et leur trahison.

La terreur force l'aristocrate au silence et je ne doute pas qu'en conservant l'avantage marqué que nous avons sur les malveillants, nous ne parvenions bientôt à consolider la paix dans l'intérieur. Partout la Raison l'emporte sur le préjugé. La moitié de chaque séance est occupée à recevoir les ho-

auraient pu nous accabler par le nombre ; ce qui me détermina à faire battre en retraite.

Les rebelles de leur côté ont perdu beaucoup de monde et souffert dans leurs maisons. On leur a enlevé des bestiaux et fait cinq prisonniers. Plusieurs des nôtres sont aussi tombés en leur pouvoir. Ils ont proposé de les échanger, mais pensant qu'il n'était pas de l'honneur des républicains de traiter avec des rebelles de puissance à puissance, j'ai rejeté cette proposition.

Catellan.

Le colonel d'artillerie etc. au Ministre de la guerre.

Bastia, le 30 Octobre 1793, l'an etc.

Citoyen ministre, — Le 28 de ce mois, quatre bâtiments de guerre parurent à la hauteur de Bastia dirigeant leur marche vers ce port. Les croyant ennemis, je fis les dispositions convenables pour les recevoir en bon républicain. Dès qu'ils furent à deux portées de canon, ils assurèrent pavillon national et détachèrent un canot, qui m'apporta la lettre dont j'ai l'honneur de joindre ici copie écrite à bord par le citoyen Maïstral, commandant la frégate *La Fortunée*.

D'après les instructions que je lui ai données sur les dangers qui les menaçaient, soit qu'ils voulussent se retirer à Livourne, au golphe de la Spezia, à Gênes et peut-être à Villefranche, trois frégates firent route pour S. Florent et sont entrées aujourd'hui dans le golphe où elles vont faire leur quarantaine.

La corvette *La Flèche* est entrée dans le port de Bastia le 29. Elle est également en contumace. J'ai informé de cet événement le citoyen représentant du peuple Lacombe S.-Michel.

Ces frégates, citoyen ministre, pourraient être très utiles

*Le Colonel d'artillerie commandant en 2ᵈ provisoire de la 23ᵉ
division militaire au Ministre de la guerre.*

Bastia, le 29 Octobre 1793, l'an 2ᵉ etc.

Citoyen ministre, — Les rebelles qui occupent le village
de Biguglia situé à deux lieues de cette place s'opposant par
des voyes de fait à ce qu'il nous parvienne de l'intérieur aucuns bestiaux, ni commestibles, les corps administratifs et
la municipalité m'ont proposé de marcher contre eux. J'ai
cru devoir adhérer à cette proposition : quoique la faiblesse
de la garnison, résultant principalement du grand nombre
des malades, ne nous permette pas de faire de fréquentes et
nombreuses excursions.

Le 27, vers trois heures du matin, je partis avec 500 hommes environ composés partie de troupe de ligne, partie du
1ᵉʳ bataillon des volontaires nationaux, de la gendarmerie et
des 4 compagnies franches de la ville, avec deux pièces de
4, une de 8 et deux pièces d'une livre de balles. La canonnade commença au point du jour et fut très vive ; mais peu
de temps après, le soldat brûlant d'ardeur et d'impatience fut
sourd à ma voix et se porta précipitament au village ; ce qui
nuisit beaucoup par la crainte de tirer contre les maisons
occupées par la troupe.

Tout le village fut pris à l'exception d'une tour et d'une
maison voisine qui dominent le village. L'impossibilité de
faire monter l'artillerie ne laissait d'autre parti que de les
emporter d'un coup de main ; mais les Corses qui avaient
l'avantage de combattre à couvert fesaient pleuvoir une grêle
de coups sur nos soldats. Trois officiers du 1ᵉʳ bataillon des
volontaires nationaux furent tués ; douze soldats blessés et
douze tués des différents corps. Les communes voisines, ayant
formé des rassemblements, marchaient sur les hauteurs et

en vertu d'un jugement du tribunal militaire. Les trois villages ont reçu une leçon dont ils ne se relèveront point de trente ans. La terreur nous précède.

Les soldats de Paoli ont voulu secourir les villages que nous avons attaqués ; mais ils ont été repoussés dans la plaine de Patrimonio par un petit camp que j'y avais établi. L'épouvante est déjà dans le Cap Corse. Déjà plusieurs cantons m'ont député leurs municipalités pour implorer la clémence de la Convention nationale. J'ai déjà envoyé des détachements à Nonza et à Olmeta, avec ordre de faire un désarmement.

Fidèle aux principes d'humanité et de justice de la Convention, je saurai distinguer les chefs de parti du malheureux peuple qu'on égare, et qui, en se rebellant contre la mère-patrie, croit encore combattre pour la liberté ; je vais poursuivre dans le Cap-Corse, et les villages qui feront résistance, je les écrase avec du canon et les livre au pillage.

Après vous avoir parlé du succès de mon entreprise, il est juste que je vous parle de la brave conduite de mes compagnons d'armes.

J'ai composé ma petite armée de gardes nationales, d'infanterie légère, de gendarmerie nationale, des matelots et des garnisons des quatre frégates *La Mignonne* que j'avais déjà en Corse, et des trois frégates *La Melpomène, La Minerve* et *La Fortunée,* qui ont échappé de Tunis au scélérat Varne, capitaine de vaisseau, commandant *Le Duquesne,* ami de Louis XVII, et qui voulait les livrer aux Anglais. Ces braves marins se sont joints avec ardeur à nos troupes de ligne ; notre artillerie a tiré avec sa supériorité ordinaire, malgré un pays de montagnes inaccessibles ; ils ont eu la constance d'y monter deux pièces d'artillerie de 4, les portant à bras, sans chemins, et grimpant comme des chevreuils ; je les ai établis à la portée du fusil du couvent de Farinole et sous une grêle de balles. Chaque coup de canon faisait un dégât épouvantable à ce couvent, qui était crénelé et retranché.

Je ne puis pas encore vous faire connaître tous les traits de bravoure des soldats républicains ; je ne puis vous parler que de la colonne que je commandais ; je sais seulement que le général de brigade Gentili, qui commandait la colonne la plus éloignée, a été blessé et mis hors de combat par deux coups de feu.

Je puis vous assurer que les troupes françaises ont soutenu la réputation de valeur qui leur est si justement due.

La 2e compagnie de grenadiers du 61e, la 2e compagnie de grenadiers du 26e, et la gendarmerie, ont montré un courage au-dessus de tout éloge. Ils ont chargé à la baïonnette, au milieu d'une pluie de balles, le couvent de Farinole, qui était défendu par deux pièces de canon, quatre-vingt trois hommes de choix et trois capitaines, les meilleurs de Paoli, et quoique cette attaque n'ait pas eu dans le moment tout le succès qu'on pouvait en attendre, ces braves républicains ne se sont pas découragés. Le cinquième jour de la troisième décade de brumaire (15 novembre), après un feu soutenu depuis le point du jour jusqu'à la nuit, j'ai donné pour mot de ralliement : *Persévérance*. Nous couchâmes au bivouac, et le lendemain nous emportâmes le poste. Nous avons fait trente-deux prisonniers qui ont été conduits à bord des frégates, en attendant leur jugement.

Les lauriers que nous avons acquis ont malheureusement été teints de sang. Nous avons perdu huit braves soldats, et nous en avons eu vingt-cinq de blessés ; mais il y a peu de blessures mortelles.

Les officiers de l'état-major ont partagé le sang-froid de cette journée ; les officiers de santé ont donné leurs soins avec tout l'empressement que l'on doit à l'humanité souffrante.

Je dois de justes éloges au citoyen Juge, payeur-général de la Corrèze, et commissaire de la trésorerie nationale en Corse. Il a fait ce jour-là l'office de commissaire des guerres, celui de canonnier et celui d'infirmier, et j'ai cru travailler pour la chose publique, en le nommant commissaire ordonnateur en Corse. Son intégrité, sa fermeté et son imperturbable attachement à ses devoirs le rendent précieux en cette division.

Je ferai connaître au Comité de salut public les conséquences et les avantages de cette opération, qu'il serait trop long de vous détailler.

L'ex-législateur Arena a bien voulu me suivre dans mon expédition. Je lui ai donné une commission momentanée de commissaire de la représentation nationale ; ses talents et son influence le rendent précieux.

Je vais continuer mon opération, et à mon arrivée à Bastia je vous en rendrai compte.

J.-P. LACOMBE S.-MICHEL.

P. S. — J'oubliais de vous dire une chose pourtant très intéressante, que nous avons trouvé une jolie quantité de blé et de vins que je fais transporter dans nos garnisons pour nourrir la troupe, et nous avons envoyé des bestiaux pour nourrir nos pauvres malades.

Les frégates *La Fortunée* et *La Minerve*, le cinquième jour de la troisième décade, ont, tout le temps de l'attaque, canonné la tour de Farinole.

J'ai reçu un éclat de pierre au genou, qui me fait beaucoup souffrir. Cependant je continuerai l'attaque de la province du Cap-Corse, qui forme le district de Bastia.

Le lieutenant Delorme, du 91e régiment, qui sert à bord de la frégate *La Melpomène,* a eu, à l'attaque de Farinole, deux coups de fusil à travers le corps ; il n'en mourra pas. Je le ferai capitaine ; je crois qu'il a bien gagné ce grade.

SAINT-MICHEL.

Lacombe S.-Michel au Comité de Salut public.

A Nonza, le 10e jour de la 3e décade du 2e mois de l'an 2 de la République française, (30 brumaire an 2, 20 Novembre 1793).

Il y a deux jours, citoyens et chers collègues, que j'ai écrit au Président de la Convention nationale une lettre que je vous prie de faire lire à la Tribune ; je vais maintenant vous parler plus en détail de l'objet qu'elle contient.

Les dernières lettres que j'ai reçues des représentants du peuple de l'armée qui est devant Toulon, ne me laissant espérer une augmentation de forces qu'après la rédission de cette place, j'ai pensé que les rebelles feraient trop de progrès d'ici à ce temps et j'ai voulu essayer contre eux mes propres forces. Instruit qu'une attaque sur Biguglia n'avait point réussi, je suis parti de Calvi pour prendre ma revanche. Quelque expérience que je dois avoir sur la profession militaire que j'exerce depuis 30 ans, ne voulant point d'ailleurs compromettre la réputation de personne, j'ai pris franchement le commandement de la petite armée que j'ai assemblé, et déjà le succès le plus complet couronne mon expédition.

Dans la nuit du cinquième jour de la présente décade, je suis parti de S. Florent avec 400 hommes pour attaquer le couvent ou plutôt la forteresse de Farinole. Le général Gentili s'embarqua cette même nuit avec 200 hommes pour attaquer le village de Farinole, appelé Bracolacci, et qui est le plus près du village de Nonza. Et pour couper la communication aux secours qui pourraient venir du côté du Cap-Corse, je fis partir de Bastia une troisième colonne, qui devait être de 300 hommes avec une pièce de canon dite à la Rostaing aux ordres du lieutenant-colonel Arrighi qui devait prendre par le haut de la montagne le village de Farinole le plus élevé. Enfin une quatrième colonne d'environ 150 hommes, commandée par le lieutenant-colonel Collé passa le long de la mer pour faire une fausse attaque sur le couvent. Ce poste était deffendu par 80 tireurs corses, hommes de choix, commandés par les trois meilleurs capitaines de Paoli qui sont Buttafoco, Zannettini et Orsoni Tavera ; il était environné d'une double enceinte, crénelé, et avait deux pièces de canon. De la rédition du poste du couvent dépendait celle des trois villages composants la piève de Farinole, et je dirai même celle de la rédition de la province du Cap-Corse.

Malgré les montagnes presque inaccessibles qui séparent Farinole de S. Florent, je fis transporter à bras deux pièces de 4 de campagne montées sur des affûts à traîneaux ; je les plaçai sur une crête de montagne sans épaulement et à la portée du fusil. Je fis occuper toutes les hauteurs qui environnent le couvent par des fusiliers, des gendarmes et des grenadiers ; je les avais placés derrière des murailles pour tirer sur les fenêtres du couvent. Alors commença de part et d'autre un feu roulant et meurtrier, qui dura depuis le lever du soleil jusqu'à la nuit.

J'avais placé un camp de 150 hommes et deux pièces de campagne pour couper la communication aux secours qui pourraient arriver de la province du Nebbio, autrement dit du district d'Oletta.

Quelle qu'ait été ma vigilance pour les dispositions que j'avais faites, je fus contrarié par les événements. La colonne du général Gentili, à la première décharge, vit son chef mis hors de combat par deux coups de feux, de sorte que le commandement ayant passé à un jeune officier en garnison à bord de la frégate *La Minerve,* le plan que nous avions concerté avec le général ne put être exécuté que très imparfaitement. La colonne venue de Bastia aux ordres du lieutenant-colonel Arrighi, qui devait être de 300 hommes, éprouva la deffection la plus honteuse de la part de 200 hommes venus des compagnies franches de Bastia et de la composition du général S.-Martin ; elles abandonnèrent leur canon de sorte qu'au moment de l'attaque, le lieutenant-colonel Arrighi n'avait avec lui que 50 hommes du bataillon d'infanterie légère, une 20 d'hommes de Bastia aux ordres du capitaine Grive et 15 canonniers commandés par le sergent-major Charles, homme d'un grand sanfrois et très intelligeant. Dans le cours de la journée, un tambour, sans avoir mon ordre, ayant par erreur battu la charge, les compagnies des grenadiers du 61e et 26e régiments et la gendarmerie nationale sortirent de leurs retranchements comme des Lyons ; ils attaquèrent à la bayonnette le couvent, enfoncèrent la porte de l'église avec le fusil. L'attaque étant prématurée se trouva sans succès. Déjà les assiégés criaient *Vittoria*. Il est certain que l'affaire était manquée si j'avais marqué le moindre découragement, je voyais une partie des soldats rebutés, je changais de place une pièce de canon, je l'approchais du couvent à demie portée de fusil, puis au milieu des soldats qui se reposaient, j'encourageais les uns, j'animais les autres, je les rendis tous supérieurs aux événements, je leur annonçais qu'à la seconde attaque, je chargerais moi-même à la tête de la colonne. Je me fis apporter des raffraîchissements, je couchais au bivac au milieu d'eux, je donnais pour mot d'ordre *Percévérence*; pendant la nuit je plaçais des batteries à l'apportée du pistolet, bien résolu à la pointe du jour de leur livrer un second asséaut, mais à la faveur de l'obscurité les soldats de Paoli s'enfuirent à travers les précipices, de sorte que le sixième jour de la décade courante nous avons pris le couvent et les deux pièces de canon qui le deffendait ; à midi tous les villages furent pris.

Le 6e jour de la décade courante, Paoli ordonna une marche pour venir secourir Farinole. Quoiqu'au couvent de Murato, à trois lieues du poste où nous étions, il n'a pas eu le courage de la commander. Quatre à cinq cents paysans se sont présentés, mais la garnison de Patrimonio et le petit camp que j'avais établi à la chapelle de S. Bernardino avec deux pièces de 4 leur fit prendre la fuite de la manière la plus honteuse.

Voilà, citoyens, ce que j'ai fait. J'ai crû devoir répondre de cette manière à la mauvaise volontée qu'a mis en usage le général S.-Martin. Lorsque je lui ai ordonné plusieurs fois de châtier des rebelles, je ne lui proposais donc pas une chose impossible, puisque je l'ai exécutée moi-même et avec les mêmes moyens qu'il avait. Je vais actuellement vous en dire les conséquences.

Notre victoire a jetté l'abattement dans le Cap-Corse, la terreur nous précède : j'espère dans huit jours avoir soumis et désarmé le district de Bastia. La Terreur est si forte, vu la preuve de faiblesse qu'a donnée Paoli à ne pouvoir les secourir, que si j'avais trois mille hommes de trouppes continentales de plus, dans six semaines j'aurais soumis toute la Corse ; mais sans moyens, avec peu de vivres et point d'argent, je suis obligé d'être d'une circonspection excessive, car un revers aurait les plus funestes conséquences.

J'ai nommé une commission militaire qui a condamné à mort Orsoni Tavera, l'un des chefs que nous avons pris blessé ; 32 blessés ont été conduits à bord des frégates. Déjà les communautés environnantes m'ont envoyé des autages et des officiers municipaux pour implorer la clémence de la Convention nationale. Hier j'établit mon quartier général à Nonza ; aujourd'hui je suis à Canneri. J'ai envoyé des détachements à Pino, Centuri, Barrettali ; demain je vais établir le quartier général à Luri, après demain à Rogliano, où vraisemblablement sera ma dernière expédition. La communauté de Tomino est la seule qui paraisse vouloir résister. Si elle résiste, je la prends, je la livre au pillage, et l'exemple de Farinole est une terrible leçon.

Je me sert des grands mots de *Quartier général, d'Armée;*

tout cela doit être vu à mignature, car à peine ai-je 500 hommes de trouppes réglées, mais l'entreprise n'en est que plus hardie.

Trompé par tout le monde, j'ai été obligé de faire quelques nominations ; j'ai nommé le citoyen Le Juge, cidevant payeur de la Corrèze, et maintenant commissaire de la trésorerie nationale en Corse, je l'ai nommé, dis-je, commissaire ordonnateur des guerres dans la 23e division ; sa fermetée, son intégritée le rendent précieux dans cette division où tout est abus et il les connaît bien. J'ai dus faire cette nomination en vertu des pouvoirs illimités, et quand bien même je ne les aurais pas, j'espère que le Comité de salut public voudrait bien la confirmer, car j'en suis sûr, il me rend la justice de croire qu'inaccessible à tout intérêt particulier, l'avantage de la République est le seul objet qui m'occupe.

J.-P. Lacombe S.-Michel.

Lacombe S.-Michel au Ministre de la guerre.

Rogliano, 22 Novembre 1793.

Réunissant en ce moment, citoyen ministre, les fonctions de représentant du peuple et de général d'armée, je vais vous rendre compte de l'expédition que je viens de faire. Dans l'espace de 12 jours j'ai pris 37 villages, et j'ai ramené à la France toute la province du Cap-Corse formant le district de Bastia ; nous en éprouvons un très grand avantage, celui d'avoir à Bastia, et à Calvi, du vin, de l'huile, du bois, tandis que la séparation du Cap-Corse, nous faisait manquer de tous ces objets.

Vous saurez par le Comité de Salut public, l'action vive que j'ai eue avec les rebelles le 15 de novembre à l'attaque de Farinole. J'y ai fait 32 prisonniers, j'ai pris deux pièces de canon et environ pour 30.000 francs de vin ou de blez au profit de la République.

J'ai cru devoir prendre le commandement de cette petite armée qui était d'environ 1,000 hommes le premier jour, et ensuite dans ma poursuite du Cap-Corse d'environ 500 hommes. J'avais pour motif le mauvais succès d'une attaque qui avait été faite de Bastia sur Biguglia quelques jours auparavant, et qui avait donné beaucoup d'insolence aux Paolistes, ce qui me détermina à quitter Calvi pour venir prendre la revange de la malheureuse expédition qu'on avait faite sur Biguglia. J'avais d'ailleurs donné au commencement d'octobre ordre au général S.-Martin d'attaquer Farinole pour les punir de leur trahison ; mais il m'a présenté tant d'obstacles que j'ai crus devoir faire la chose moi-même pour prouver qu'elle n'était pas impossible et pour ne compromettre la gloire de personne. L'opération était bien moins difficile quand je le lui ordonnais, car alors il n'y avait personne au couvent, tandis que quand je l'ais attaqué, Paoli y avait envoyé 80 hommes de choix, et par une lettre que nous avons trouvée au capitaine Orsoni Tavera que le conseil de guerre a fait fusiller, Paoli regardait ce poste comme imprenable. Il l'est effectivement contre des fusils ; mais il ne s'attendait pas que j'y ferais conduire à bras des pièces de canon d'un plus fort calibre que celles qu'ils avaient pour se défendre.

Le 19 novembre, nous sommes partis de Farinole pour aller à Nonza, où j'ai laissé dans le château une garnison de 60 hommes. Le 20, le quartier général a été à Canneri ; les différentes communes m'ayant envoyé des autages et leurs municipalités pour implorer la clémence de la Convention nationale, j'ai envoyé une partie de ma troupe sur Pino, Morsiglia et Centuri, et le 21 j'ai porté le quartier général à Luri. Aujourd'hui j'ai réuni ma trouppe à Rogliano, chef-lieux où avait été établi le Commité de salut public paoliste. J'ai envoyé des détachements sur Ersa, sur Tomino et sur le

Maginaggio ; demain j'envoye une partie de la trouppe pour se porter sur Sisco et sur Brando d'où elle se rendra à Bastia et de là dans ses quartiers respectifs. Je laisserais à Rogliano une garnison de 100 hommes et renverais le reste de la troupe par mer à S. Florent d'où je l'ais tirée.

Je ferais enlever de Maginaggio deux pièces de 24, puisqu'ils en font un si mauvais usage, je vais en renforcer les batteries de S. Florent.

Je vous ferais part à mon arrivée à Bastia des mesures que j'aurais prises pour empêcher que le Cap-Corse ne recommence sa révolte. Il ne serait pas commode de recommencer souvent cette opération, d'autant que s'ils savaient se deffendre, mille hommes en arrêteraient 50 mille. Ce sont des pays inaccessibles, et je suis encore tout étonné de ce que j'ai fait ; mais ma première journée avait répandu la terreur ; elle est si forte que si j'avais seulement 4,000 hommes de trouppes, dans un mois toute la Corse serait soumise et désarmée, comme j'ai désarmé le Cap-Corse.

N'ayant en Corse que le citoyen Jadart, commissaire ordonnateur des guerres supprimé par la dernière formation et dont l'âge et les longs services ont mérité une retraite, sachant d'ailleurs que le commissaire ordonnateur Du Breton, commissaire ordonnateur dans la 23e division, avait été retenu à l'armée des Pirénées Occidentales, j'ai l'honneur de vous prévenir que j'ai nommé commissaire ordonnateur dans la 23e division le citoyen Juge, payeur-général de la guerre au département de la Haute-Vienne et de la Corrèze et dans ce moment commissaire de la trésorerie nationale pour monter la comptabilité en Corse. La fermetée et l'intégritée qu'il a montré le rendent très précieux dans cette isle. Avec un commissaire des guerres comme il y en a tant, mon expédition dans la province du Cap-Corse aurait coûté à la République au moins cinquante mille livres, et avec lui qui m'a suivi, elle ne lui coûtera pas cinquante mille sous. Je vous prie de lui faire expédier sa commission le plus tôt possible ; je le ferais recevoir en sa nouvelle qualitée à mon arrivée à Bastia.

Je vous préviens que j'ai destitué le capitaine Martin au premier bataillon de l'Aveyron et que je suis dans l'intention de destituer le 2ᵉ lieutenant-colonel Calvet, pour avoir permis à la force armée de délibérer et avoir insulté la représentation nationnale de la manière la plus atroce.

J.-P. Lacombe S.-Michel.

*Le Ministre de la guerre
au général en chef de l'armée d'Italie au Port de la Montagne.*

Paris, 25 nivose (14 Janvier) 1794.

Je t'envoie, G., copie d'un arrêté du Comité de Salut public du 24 pour que des 7,000 h. qui ont dû rester au Port de la Montagne pour y tenir garnison, 2,000 soyent envoyés en Corse sans aucun délai, ce qui porte à 6,000 ce que l'armée victorieuse fournit dans cette isle. J'en préviens le Ministre de la Marine et le commissaire ordonnateur de l'armée. Tu voudras bien donner les ordres les plus prompts pour l'exécution de ce nouvel arrêté et m'en rendre compte aussitôt en m'envoyant le nom des corps, précaution essentielle, toutes les fois que tu ordonneras un mouvement dans ton commandement.

Signé : Bouchotte.

Lacombe S.-Michel au Comité de Salut public.

Bastia, le 28 nivose (17 Janvier) 1794.

Ce n'est point, citoyens et chers collègues, sans la plus vive sensation que nous avons appris en Corse la prise glorieuse de Toulon par les troupes républicaines ; cette nouvelle change notre position du tout au tout, nous avions déjà fait le sacrifice de notre vie, et nous étions résolus de nous défendre jusqu'à la dernière extrémité, et ce ne peut être avec indifférence que nous voyons l'espoir de servir plus longtemps la République.

Ma position est bien pénible, mais elle l'est moins qu'elle l'a été, au moins dans ce moment-ci je ne manque que d'argent, de vivres, habillements et fournitures ; au temps passé il fallait ajouter à cette pénurie les dégoûts dont on cherchait à abreuver ma carrière politique, les calomnies que l'on vomissait contre moi et la défiance que l'on cherchait à semer parmi des hommes qui m'étaient subordonnés ; actuellement j'ai l'entière confiance de la troupe, et je puis répondre à la Convention de la valeur et du patriotisme des troupes qui sont ici ; quant aux calomniateurs, ils sont rentrés dans la poussière, je les fais tous trembler, et la société populaire revenue aux vrais sentiments républicains, a fait un scrutin épuratoire pour vomir de son sein les Paolistes qu'elle renfermait. J'ai conformément à la loi établi un Comité de surveillance pris dans la société populaire, j'ai fait choix de ces hommes à caractère qui n'ont pas varié depuis le commencement de la Révolution, et qui, je l'avoue, sont très rares dans la ville de Bastia.

J'ai fait partir les deux corvettes, *La Melpomène* de 44 pièces de canon de 18, superbe frégate, et *La Melpomène* de 40 pièces de canon de 8 ; elles ont profité d'un coup de vent qui a dispersé une petite flotte anglaise qui était à l'entrée du golfe de S. Florent, pour se rendre en France ; j'ai sçu cependant qu'elles avaient essuyé un combat d'environ une heure par un vaisseau de guerre et deux frégates anglaises qui leur ont donné chasse ; mais je présume qu'à la faveur d'un brouillard qui s'est élevé, elles auront continué leur voyage pour France où elles arriveront saines et sauves et augmenteront ainsi nos ressources maritimes dans la Méditerranée. Il me tarde bien que la sortie d'une division de notre escadre vienne nous défaire de ces écumeurs anglais qui, forts de leurs trahisons, n'oseront jamais nous combattre à force égale ; il est bien malheureux, tandis que dans la guerre de 1778, une seule voile anglaise n'a pas osé approcher des parages de la Corse, de n'avoir vu depuis que je suis ici pas une voile française, et d'avoir vu exclusivement les Anglais venir nous insulter, de loin cependant, car de près, ils ne s'en sont pas bien trouvés quand ils y sont venus.

Le lâche Paoli, renfermé dans le couvent de Murato, a reçu la visite de deux officiers anglais, et il répand la nouvelle aux imbécilles qui ont la bonté de le croire que ce sont deux plénipotentiaires et qu'incessamment une escadre viendra dans le golfe de S. Florent sur la cote de Farinole, débarquer 6,000 hommes de troupe qui viendront par terre faire le siège de S. Florent. La chose paraît impossible à des êtres raisonnables ; mais il est possible que la rage anglaise ne calculant pas, vienne faire une folie pareille à celle-là. Eh bien ! j'irai en personne au-devant d'eux pour les recevoir, et j'espère que les bouches de Patrimonio deviendront pour eux le passage des Thermopyles ; heureux d'y avoir le sort de Léonidas ; quoique j'aye bien peu de forces ici, j'ai déjà pris mes mesures de manière à faire beaucoup de mal aux Anglais. Quant à toutes les forces de Paoli il ne me faut qu'une compagnie de grenadiers pour les mettre en fuite.

Incertain si mes différentes lettres vous sont parvenues, j'ai besoin de répéter quelques articles. Je vous ai rendu compte que du consentement de Saliceti et Gasparin, j'ai nommé généraux de brigade les citoyens Gentile, Catellan et Rochon, que j'avais nommé lieutenants-colonels Montera et Arena, que j'avais nommé le Juge et Savi, commissaire des guerres, le premier ordonnateur ; que j'avais nommé un lieutenant de grenadiers hors de rang à la place de capitaine, que j'avais fait capitaine dans le 91e le lieutenant Delorme, qui avait reçu un coup de fusil à travers le corps ; j'ai fait le nommé Boutier, sergent, lieutenant d'un des régiments de marine de Toulon. J'ai nommé le maître entretenu Lieutheaud, à bord de *La Mignone*, à la place d'officier entretenu ; j'ai ordonné encore quelques remplacements successifs et hors de rang, et je n'ai pris que des hommes que j'avais vu moi-même aux coups de fusils, et qui presque tous ont été blessés. J'ai accordé une gratification de 50 fr. à chaque soldat blessé d'un coup de feu. J'espère que le Comité de Salut Public approuvera les dispositions que j'ai faites, l'assurant que je n'ai eu en vue que le bien public et l'encouragement à donner aux défenseurs de la patrie.

Pour obvier à la pénurie de vivres dans laquelle nous nous trouvons, j'ai tordu bien des cordes, et pris des moyens de m'en procurer en attendant que les grands approvisionnements nous arrivent de France. Vous en serez instruits par d'autres que par moi ; il n'est pas prudent que je vous le dise, ma lettre pouvant tomber dans les mains de nos ennemis ; mais soyez certains que ma sollicitude ne s'endort pas ; je n'ai point seulement à nourrir la troupe, mais la classe pauvre de Bastia n'a pas de vivres ; et cette classe vile et méprisable qui a de l'or et pas une vertu, qui les années précédentes approvisionnait non seulement Bastia, mais une partie de l'intérieur, cette année, sans doute de complot avec nos ennemis, n'a pas osé faire aucun approvisionnement ou elle les cache. Des pêcheurs n'avaient pas de honte de vendre le poisson 2 sous la livre aux rebelles, et de le vendre 16 sous en numéraire aux sans-culottes de la ville de Bastia, et parce que je l'ai fait taxer, ils n'ont plus voulu aller pêcher, tandis que le poisson faisait la majeure nourriture du pauvre ; je les y ai contraint par la force. Je ne doute pas que quelques *Chiappe,* que quelques Andrei viennent m'accuser de despotisme, mais je vous déclare que je suis prêt à tout instant devant vous, et que ma conduite est telle que je puis rendre compte de toutes mes pensées depuis que je suis ici. J'attends avec impatience mes collègues et j'espère que le jour de la justice pour les riches de Corse arrivera aussi. Je connais peu l'intérieur, mais quant aux présides, je vous prédit que jusqu'à ce qu'ils soient régénérés, vous ne les conduirez que par la force.

Je ne pense pas que, si l'escadre de 15 vaisseaux est en croisière, et qu'il nous vienne 6,000 hommes de troupe nous éprouvions de la résistance; déjà je crois voir que Paoli prépare sa fuite, et lui parti, tout le reste vient à genoux implorer la clémence nationale. Le parti patriote est opprimé, mais il est nombreux et malgré tous les embarras et la position pénible où je me suis trouvé, je n'ai négligé aucun moyen pour entretenir la correspondance, et je rendrai compte à mes collègues à leur arrivée de tous les moyens que j'ai mis en usage et des succès que je me promets; mais, citoyens et chers collègues, une fois la conquête faite, je crois indispensablement nécessaire que je vienne vous rendre compte de la situation morale de la Corse, que l'on connaît peu en France, et que les circonstances critiques dans lesquelles je me suis trouvé, et le jeu des passions qu'elles ont fait naître, m'ont mis à même de faire des réflexions que je crois utiles à la France et à la Corse, et qu'il est nécessaire que le Comité de Salut Public connaisse dans tout leur développement.

Les corsaires de cette ville font un assez grand nombre de prises sur les ennemis; il est arrivé hier une prise riche venant des Echelles du Levant et chargée pour le compte de Livourne; je l'ai empêché d'entrer dans le port, et je suis de la dernière sévérité pour les lois de la quarantaine. Enfin portant mes yeux sur tous les objets d'utilité publique, je ferai tout ce qui dépendra de moi pour supporter avec courage le fardeau immense dont je suis chargé, jusqu'à l'instant où vous voudrez bien me faire remplacer, et le moment n'arrivera jamais assez tôt pour ma tranquillité et même pour ma santé. Je crois avoir sauvé la Corse à la France, je n'ai plus que quelques jours à aller pour attendre les secours qui nous viennent. Comptez sur ma constance, si je suis attaqué par des forces supérieures ; je sais mourir, mais avant je sais me défendre.

J.-P. LACOMBE S.-MICHEL.

Lacombe S.-Michel au président de la Convention.

Bastia, le 2 pluviose (21 Janvier 1794).

Je te rends compte, citoyen président, que depuis que les forces combinées ont été chassées de Toulon, une escadre anglaise menace nos côtes. Hier trois gros vaisseaux se sont approchés de la côte de Nonza, dans le golfe de S. Florent ; ils ont tenté de faire un débarquement pour aller brûler les moulins qui nous servent à réduire en farine la subsistance de la troupe. Il est parti de S. Florent une felouque armée et une chaloupe portant des grenadiers. J'ai fait partir sur le champ de Bastia une compagnie de grenadiers pour garder les hauteurs. Il était beau de voir les compagnies de grenadiers se disputer à qui marcherait ; toutes voulaient marcher ; nous avons contraint les Anglais à prendre la fuite.

J'envoie au Comité de salut public la lettre d'un ancien capitaine des grenadiers du 26e régiment, actuellement aide-de-camp de Paoli, qui a écrit à sa compagnie pour l'engager à me livrer comme régicide. Depuis longtems il entretenait une correspondance en ville, qui a été découverte par la fuite de l'aumônier. J'ai ordonné l'arrestation de plusieurs personnes suspectes, et le même jour un capitaine du même régiment a été joindre Paoli. Il existe peut-être autour de moi d'autres traîtres ; mais qu'ils ne s'y jouent pas : je leur ferai casser la tête sans beaucoup de formalités, et j'aurai pour surveillants tous les soldats.

Je te préviens que la frégate *La Melpomène,* portant du 18, allant en France, étant restée en calme à deux lieues de Calvi, a été attaquée par deux frégates anglaises au moins de même force, et qu'après un combat de trois heures, pendant lequel le brave capitaine Gay et son équipage se sont battus avec intrépidité, les deux frégates anglaises ont fait signe de détresse et ont quitté la partie. On a envoyé de Calvi, à la vue de qui se passait ce combat, des chaloupes pour remorquer *La Melpomène,* qui est entrée dans ce port, de même que *La Mignonne.*

Il paraît que le but principal des Anglais en ce moment est de chercher à affamer les villes fidèles de Corse ; le hasard ne les sert pas en cela, car il nous arrive, par les mesures que j'ai prises, des grains de beaucoup d'endroits ; et, malgré les traîtres, il nous arrive des nouvelles de France.

J.-P. Lacombe S.-Michel.

Lacombe S.-Michel au président de la Convention.

Bastia, 4 pluviose, l'an 2, (23 Janvier 1797).

Je te rends compte qu'une escadre anglaise a voulu tenter le 2 pluviose, un petit débarquement dans le golfe de Saint Florent. Il faut que les vaisseaux anglais soient bien dépourvus de subsistances, car ils ont fait de grands préparatifs de forces pour attaquer un vieux moulin situé au milieu du chemin de Farinole à Nonza, où ils espéraient sans doute trouver du grain. Un vaisseau et trois frégates, après avoir fait faire un débarquement de cent cinquante hommes, se sont mis à canonner le vieux moulin, tandis que les hommes débarqués le fusillaient.

Je ne fais tenir habituellement à ce moulin qu'une garde de six hommes pour le préserver des bandits.

Les préparatifs des Anglais se sont faits pendant la nuit.

Au premier coup de canon qui a été tiré par eux, le général de brigade Gentili, à la Mortella, a pris une garde de cent grenadiers du 61e régiment, qui protège les travaux de cette tour contre les brigands ; il s'est embarqué avec eux. Il avait encore avec lui le capitaine Pourquier, de *La Minerve*, et Franceschi, son aide-de-camp. La grosse chaloupe de *La Minerve*, armée d'un canon, et la felouque garde-côte *La Liberté* ont mis à la voile vers Nero, et le commandant Mistrat, de *La Fortunée*, a envoyé aussi sa chaloupe armée et son canot. Un détachement de cinquante hommes est allé par terre à Nero pour prendre les Anglais entre deux feux. Les six hommes de garde à qui l'on faisait tant d'honneur que de les canonner avec trois vaisseaux de guerre ont fait une défense opiniâtre ; ils attendaient vaillamment l'arrivée des secours qui leur venaient ; mais, à la vue des Français qui couraient sur les ennemis au pas de charge, et des chaloupes armées qui n'avaient pas l'air de s'apercevoir des coups de canon que les vaisseaux et frégates tiraient sur elles, l'épouvante s'est mise parmi les Anglais débarqués ; ils se se sont rembarqués précipitamment. On leur a tué quatre hommes qui ont resté sur la place, et on leur a vu porter à bord sept à huit blessés. Ils étaient conduits dans cette expédition brillante par des bandits du village de Farinole, que j'ai pris et brûlé le 15 novembre ; ils étaient dirigés par deux officiers, qu'on dit être deux ingénieurs anglais, qui sont depuis quelque temps à Murato, auprès de Paoli.

Ainsi donc cette fière nation qui jouit longtemps de l'estime générale de l'Europe, qui se proposait de conquérir la France entière, ou du moins de renouveler les conquêtes du prince Noir, est avilie aujourd'hui au point de venir, après avoir été chassée de Toulon, faire cause commune avec des bandits, et chercher à nous arracher le seul morceau de pain qu'ils croient qu'il nous reste : exemple frappant du mépris dans lequel peut tomber une nation qui se laisse conduire par un ministre immoral, qui emploie également le poison et le fer assassin, qui sont les armes des lâches.

Il est touchant sans doute de voir d'un côté ces forbans de la Méditerranée débarquer la nuit pour aller nous voler quelques sacs de grains, et de l'autre des Français, malades ou moribonds, sans souliers, sans culottes, courir sur les ennemis à la baïonnette, sans s'embarrasser des coups de canon et de fusil qu'on tire sur eux. Président, on reconnaît sans peine dans ces derniers des troupes républicaines, qui combattent pour leur liberté, mais dans la fuite précipitée des premiers, qui reconnaîtra les Anglais? Nation anglaise, qu'es-tu devenue?

Nous manquions absolument de subsistances ; nous étions réduits à une livre de pain par jour, et nous n'avions des vivres que jusqu'au 10 pluviose. Les Anglais espéraient nous réduire par la famine ; mais, par tous les moyens que j'ai tentés, nous avons dans ce moment sept mille quintaux de grains dans Bastia.

J'ai envoyé, au risque de toutes les escadres, jusque sur les côtes d'Italie ; j'avais tenté d'engager les négociants de la ville d'armer de petits corsaires en course ; ne pouvant tenter leur avarice, j'ai donné moi-même l'exemple. J'ai fait armer une gondole, à qui j'ai donné le nom de *La Montagne*. J'ai sollicité des actionnaires ; nous avons fait une ou deux prises. Alors la cupidité s'est éveillée ; chacun a voulu armer pour courir sur l'ennemi et depuis un mois il entre toujours des prises. Il en a coûté déjà à Livourne près de deux millions.

Nous manquions de blé, de charbon pour rougir les boulets, et de bestiaux ; oh bien! depuis que le corsaire *La Montagne* a donné l'exemple, nous nous ravitaillons aux dépens des Napolitains et des Livournais. On espérait nous prendre par la famine, et voilà encore un moyen manqué. S'ils veulent venir à la baïonnette, c'est là que nous les attendons, et, d'après l'ardeur de nos troupes, je réponds que nous irons au-devant d'eux. Paoli répand que la famine nous assiège, que la ville va se rendre d'elle-même, je lui ai fait dire de venir lui-même, et que je me chargeais de lui en apporter les clefs.

LACOMBE S.-MICHEL.

Rapport des citoyens Abbatucci, général, et Coti, capitaine, au représentant du peuple français Lacombe S.-Michel, fait à Argia-Pietrosa, territoire de Taravo, le 4 pluviose l'an 2 de la République (23 Janvier 1794).

Etant assemblés au nombre de 250 hommes dans le canton de Zevaco, nous fûmes informés que tout le canton rebelle d'Ornano, renforcé par l'arrivée des traîtres Panattieri, Mario Peraldi, Giuseppe Colonna et Bozi avec une nombreuse suite de séditieux, suivie de deux canons et pourvue de vivres et de munitions était soulevé pour nous attaquer. Nous prîmes les mesures de défense que nous permettaient nos forces. La nuit du 1er au 2 pluviose, un détachement de 100 hommes attaqua un de nos postes commandé par le citoyen Leonardi, curé d'Olivese, et composé de ses paroissiens, chargés de défendre le poste de la Trinité ; mais les attaquants furent repoussés avec l'aide d'un détachement du village de Corrano, venu sous la conduite du citoyen Peraldi, curé, et les ennemis eurent un homme de tué et plusieurs blessés. Cette même nuit au point du jour, une troupe de rebelles de Talavo attaquèrent une de nos gardes à la fosse dell'era (?) et furent vigoureusement repoussés.

Dans ce jour, tout le canton rebelle d'Ornano faisant retentir le canon, les tambours et les cornets, finit par une attaque générale composée de 1.500 rebelles. L'action dura jusqu'au soir; nous perdîmes deux hommes et un blessé. Les rebelles ont eu douze hommes tués et plusieurs blessés, et en se retirant dévastèrent et mirent le feu à plusieurs maisons des patriotes.

Lacombe S.-Michel au Comité de salut public.

Bastia, 10 pluviose, l'an 2 etc , (29 Janvier 1794).

Il y a quatre jours, citoyens et chers collègues, que 40 bâtiments anglais, tant de guerre que de transport, ròdaient du golfe de S. Florent au Cap-Corse dans le dessein apparent de chercher un point de débarquement ; mais un vent du nord-ouest des plus violents a dispersé la flotte, de sorte que de quelques jours elle ne pourra pas se réunir encore ; ce délai nous donne le temps de perfectionner nos moyens de défense, Calvi étant par la nature de sa position, par la mer sauvage qui l'environne et par l'état de défense dans lequel je l'ai mise, à l'abri de toute inquiétude. J'ai réuni toutes mes forces sur les points de S. Florent et Bastia ; c'est là que j'attendrai l'ennemi. J'ai en face de moi et à une lieue et demie de distance toutes les forces que Paoli peut réunir : elles sont tantôt de mille, tantôt de deux mille, en raison des vivres qu'il a à leur donner à consommer ; de l'autre côté l'escadre anglaise qui, comme le vaisseau d'Ulysse, ne savent de quel côté tourner. Je ne vous dissimule pas qu'il me tarde beaucoup que les forces navales de Toulon viennent à notre secours, car la position où je me trouve n'est tenable que par le courage audacieux des troupes que je commande ; envoyez-nous vite des forces ; soyez sûrs que nous nous défendrons jusqu'à la dernière extrémité, ou plutôt que nous écraserons les Anglais s'ils débarquent. J'ai fait toutes les dispositions pour m'en assurer la victoire ; les troupes qui sont ici et notamment les deux compagnies des grenadiers du 61e, ainsi que leur premier bataillon, ci-devant Vermandois, dont les frères du 2e bataillon ont tourné les armes contre la patrie, vous assurent du succès. Jamais on ne vit un régiment ayant un patriotisme mieux prononcé et une bravoure plus audacieuse et plus intrépide.

Les prises considérables que la ville de Bastia fait par le moyen de ses corsaires sur la ville de Livourne, ne manqueront pas d'aiguiser contre moi les traits de la calomnie relativement aux prises qui viennent des échelles du Levant. Il est donc de mon devoir de vous faire connaître les précautions que j'ai prises à cet égard. Avant mon arrivée ici, les quarantaines se faisaient dans le port; mais moi j'ai fait choisir un lieu dont je vous envoie le plan; il est parfaitement clos de murs, au bord de la mer, dans un lieu isolé à 1.800 toises de la ville. J'y ai fait débarquer par les matelots qui doivent faire quarantaine les marchandises, et je fais tenir dans le vieux port, sous le canon de la place, les bâtiments en quarantaine. J'ai fait placer une garde de quarante hommes qui sont payés à 4 fr. par jour par les actionnaires du corsaire pour garder le lazaret, et j'ai fait mettre deux pièces de canon pour en défendre l'abordage à qui que ce soit. Je fais surveiller ces postes par des officiers supérieurs; enfin j'ai poussé les précautions jusqu'à l'excès, et malgré cela, je ne me flatte pas d'avoir évité les traits de la calomnie, mais j'espère que vous aurez confiance à l'assertion que je vous donne.

Je vous ai rendu compte et à la Convention nationale qu'un bateau de poste apportant 30.000 livres de numéraire avait laissé prendre son bateau par les Anglais et avait volé lui-même cette somme. Un sergent du 61ᵉ, qui venait à Bastia embarqué sur ce bâtiment, a été obligé de fuir pour gagner la tour de la Mortella. Les Corses paolistes, le voyant désarmé, lui ont tiré dessus et, l'ayant blessé, ont achevé de le tuer à coups de couteaux, malgré les cris d'une malheureuse femme qui avait débarqué avec lui et qui cherchait à approcher les batteries de la côte de S. Florent. Cette malheureuse femme a été dépouillée et conduite à Morato à ce scélérat de Paoli qui a paru jouir de ce spectacle. Enfin, citoyens, le jour de la vengeance ou plutôt de la justice arrivera. Je vous préviens qu'il faut qu'elle soit terrible, ou bien il faudra tous les ans recommencer.

J.-P. LACOMBE S.-MICHEL.

P. S. — Paoli, par les dispositions que j'ai faites, désespérant de nous vaincre, tente depuis quelques jours de faire mettre le feu au magasin à poudre. Voilà trois jours de suite qu'on met le feu dans les environs. Le nommé Bousing, capitaine au 26e, a émigré au moment où je l'envoyais arrêter ; il a été joindre Paoli, et l'aumônier de ce même régiment l'avait devancé depuis quelques jours. J'ai promis 25 louis à quiconque me fera connaître les incendiaires que je soupçonne de correspondre avec ces deux émigrés. Si je découvre les traîtres, ma tête dût-elle sauter, je vous promets de les faire fusiller une demi-heure après sans aucune forme de procès.

J'ai fait acheter au nom de la République le corsaire *La Montagne* armé de 4 pièces de canon ; les matelots ne voulaient pas marcher pour la République, préférant les armateurs. J'ai mis à leur bord le capitaine Poulain du *chebeck* qui a échoué à Galeria. J'ai menacé les matelots de les couler à fond, s'ils ne partaient pas ; comme ils me connaissaient homme à leur tenir parole, ils sont partis tout de suite.

Lacombe S.-Michel au président de la Convention.

Bastia, le 13 pluviose (1er Février 1794).

Je te rends compte, citoyen président, que les Corses paolistes signalent leurs derniers instants par les plus grandes cruautés. Un bateau venant de Calvi, pour fuir les Anglais ayant abordé dans la partie de la Corse qu'on appelle les Agriades, dans le voisinage de Saint-Florent, un malheureux sergent du 61ᵉ régiment a été mis en pièces par les Corses, après avoir été blessé d'un coup de fusil ; une femme a été mutilée, dépouillée en entier et conduite en cet état sous les yeux de Paoli, dont l'âme de sang a paru jouir de ce spectacle.

De l'autre côté des monts, dans la partie d'Ajaccio, les Paolistes ont attaqué les républicains. J'y avais envoyé l'adjoint aux adjudants-généraux Graziani pour former la compagnie Cotti, et deux autres compagnies qui pussent donner des secours aux patriotes, en attendant que les troupes de la république puissent y ramener le drapeau tricolore. Les républicains n'ont perdu que deux hommes ; les Paolistes en ont perdu douze, sans compter les blessés qu'ils ont emportés. Les Paolistes étaient au nombre décuple, et, selon leur usage, ont été brûler et dévaster les possessions des patriotes. Il faut espérer que leur temps ne sera pas de longue durée.

Je t'annonce que la nouvelle des victoires des armées de la République a électrisé les défenseurs qui sont dans ce point éloigné. J'avais fait une disposition que les troupes ont adoptée avec transport. J'ai formé des compagnies d'officiers et de sous-officiers des régiments qui sont en Corse. Ces officiers se trouvent excédants dans les différents corps qui sont extrêmement réduits par les maladies et le défaut de recrutement. Ces compagnies d'officiers et de sous-officiers sont destinées à marcher aux grenadiers ; elles porteront le nom de la Montagne, de Sans-culottes, etc., et j'assure la Convention nationale que la république en tirera le plus grand service. Si les Anglais débarquent, nous les chargerons à la baïonnette, et j'espère qu'ici comme dans le continent, la Montagne foulera aux pieds ses ennemis. Il se forme aussi des compagnies volontaires de la garde civique qui veulent marcher aux grenadiers. Enfin, président, c'est à qui de nous imitera le mieux nos frères de l'armée de Toulon et ceux de l'armée du Rhin. Il y a six jours que quarante bâtiments anglais étaient sur nos côtes ; un coup de vent les a dispersés, et nous craignons qu'ils ne reviennent plus.

LACOMBE S.-MICHEL.

Les commissaires nationaux envoyés en Corse par le Conseil exécutif, approuvés par le Comité de Salut public, au Conseil de la marine du Port de la Montagne.

Au Port de la Montagne, le 17 pluviose de l'an 2 (5 Février 1794).

Les représentants du peuple dans ce port nous ont expressément chargés de vous mettre sous les yeux la situation critique du département de l'isle de Corse.

Les patriotes opprimés réclament à grands cris les secours de la République, et la volonté bien décidée du peuple français est d'assister de tout son pouvoir ses frères malheureux de cette isle. Cette volonté a été souvent exprimée par les décrets de la Convention nationale et par les ordres du Comité de Salut public et les ministres de la marine, qui doivent vous être connus. Nous sommes assurés que des vaisseaux et plusieurs frégates anglaises croisent continuellement entre Calvi, S. Florent et Bastia, et interceptent la communication entre le continent et la Corse. D'un autre côté, les derniers renseignements nous apprennent que nos frères de Sicile sont menacés d'une descente des Anglais ; si cela arrivait, les difficultés augmenteraient de beaucoup. Il est donc essentiel de les prévenir, et il faut, à quelque prix que ce soit, jeter en Corse des secours au plus tôt; la liberté de la Méditerranée, le salut de la Corse et les intérêts de la République en font le devoir le plus strict.

Ces secours, citoyens, ne peuvent pas avoir lieu sans une escorte un peu considérable et prompte, et cette escorte dépend entièrement des armements de ce port.

Honorés de la confiance de la nation et chargés particulièrement par les représentants du peuple de cette affaire, nous vous prions de donner aux travaux de l'arsenal le mouvement le plus actif et le plus extraordinaire, et nous dire, en réponse, sur quel nombre de vaisseaux et de frégates la République peut compter dans un court délai que vous fixerez. Salut et fraternité.

Buonarroti. — Bonaparte (Joseph).

Le représentant du peuple Lacombe S.-Michel écrit de Bastia, le 20 pluviose (8 Février 1794) qu'à la nouvelle du blocus du golfe de Saint-Florent par vingt vaisseaux de ligne ou frégates anglais, il s'y est rendu pour visiter toutes les parties de la défense. A la voix de la patrie menacée, les matelots et soldats ont redoublé d'efforts et l'on est maintenant très en état de recevoir l'ennemi.

Le camp de la Colline de la Convention, poste le plus important, est très bien défendu, et le représentant du peuple y a bivouaqué pendant une nuit à la tête de ses troupes, dans l'attente qu'il devait être attaqué, mais ce fut en vain.

« Les Anglais avaient seulement débarqué une pièce de petit calibre avec laquelle ils ont tiré sur la tour de la Mortella, qui n'a pas seulement daigné leur répondre. Cette tour est bien défendue, bien approvisionnée en vivres, charbons et munitions de guerre, et ne sera pas rendue facilement. A mon départ j'ai vu deux vaisseaux à trois ponts se préparant à la canonner ; je ne crois pas que le résultat soit à l'avantage des Anglais, car le soldat français est plein d'ardeur.

« L'on m'a dit que le nombre des débarqués était de trois mille Anglais ou Napolitains. Etonné de ne leur avoir vu faire aucun mouvement pendant la nuit, j'ai présumé que l'attaque de la Mortella n'était qu'une fausse attaque, et qu'il serait possible que les troupes débarquées eussent marché sur Murato, à travers des montagnes escarpées, d'où elles auraient pu combiner des opérations pour tourner S. Florent et l'attaquer du côté de la terre, ou pour couper la communication de Bastia à S. Florent. Après avoir assuré la défense de cette dernière place et donné de justes éloges à l'ardeur des troupes françaises, j'ai augmenté le camp de Saint-Bernardino, où j'ai fait construire la redoute de la Montagne. J'ai renforcé le poste du Tighime, qui assure la communication de S. Florent à Bastia, et je me suis rendu à Bastia pour y prendre les derniers moyens de défense et faire arrêter les personnes suspectes.

» A mon retour à Bastia, j'ai trouvé une garde civique de deux cents hommes qui allait au camp en chantant la Carmagnole. Les compagnies d'officiers et de sous-officiers que j'ai formées rivalisent d'exactitude avec les compagnies de grenadiers, dont elles font le service. Il est touchant de voir le soldat et le matelot, n'ayant ni souliers, ni culottes, supporter toutes ces privations avec plaisir. Cette nuit je voyais un matelot de *La Fortunée* n'ayant qu'une culotte de toile toute déchirée ; je lui dis : « Comment fais-tu pour te garer du froid avec une si mauvaise culotte ? — Je gèle, mais cela ne fait rien. Vive la République ! » Cette réponse arrache des larmes.

» Le 61e régiment, ci-devant Vermandois, montre un courage et un patriotisme au-dessus de tout éloge. Aujourd'hui en venant de Saint-Florent, j'ai trouvé des soldats de ce corps sortant moribonds de l'hôpital de Bastia, et pleurant de crainte de ne pas se trouver à la bataille.

» Avant-hier, une frégate anglaise et un cutter ont attaqué, à une lieue de Bastia, une polacre qui nous apportait des vivres de France ; elle a été canonnée pendant toute la nuit. Des matelots voulaient la rendre ; un particulier les a menacés du coup de fusil pour les en empêcher : je compte lui donner une gratification. J'envoyai un détachement de troupes pour protéger la polacre échouée. Ils ont sauvé la cargaison, et les ennemis ont eu cinq à six hommes tués par les coups de fusil. Nous n'avons pas perdu un seul homme. »

Le 20, à huit heures du soir.

« J'apprends à l'instant que deux gros vaisseaux ont attaqué la Mortella, et ont été obligés de se faire remorquer par des chaloupes pour éteindre le feu des boulets rouges. Je vous ferai part de la suite de cette opération.

» J'ignore quel est le sort que les destinées me préparent; mais j'espère battre les Anglais. »

» *Le 21.* J'envoie par le même courrier, au Comité de Salut public, des nouveaux détails importants sur un avantage remporté par nous. »

(*Extrait du Moniteur universel*).

Lacombe S.-Michel à Saliceti.

26 pluviose, 2e de la République (14 Février 1794).

Voilà deux fois que je t'écris, mon cher Salicetti, depuis l'attaque de Saint-Florent ; je fais encore partir ce soir un courrier pour te dire d'arriver vite avec des troupes, non que je les craigne, mais parce que si j'avais 3.000 hommes de plus, il ne s'en rembarquerait pas un seul. Par un rapport que je t'envoie, il paraît que l'amiral anglais craint l'arrivée de l'escadre française, hâte-toi de réaliser leur crainte; depuis deux mois que Toulon est pris les forces devraient être ici.

Je crois le poste de la Coline de la Convention auprès de Fornali inexpugnable ; il est gardé par des troupes bien résolues et je viens d'y mettre pour commandant le lieutenant-colonel d'artillerie Taviel qui à coup sûr le deffendra bien.

J'ai fait Villantrois lieutenant-colonel, il commande l'artillerie à Saint Florent et au camp de S. Bernardino.

J'ai établi un petit camp et une redoute aux approches de

Bastia, j'en ai donné le commandement au lieutenant-colonel Dalour, qui j'espère m'en rendra un bon compte si les troupes ennemies approchent.

J'ai fait commander le poste important de Tichimé par l'adjudant général Couthand ; je t'annonce que le Cap-Corse s'est encore révolté une fois ; ils ont envoyé plusieurs députés à Paoli pour rester sous sa domination ; ils répondent bien par là à l'attention que j'avais eu d'assurer les habitants du Cap-Corse que la République les indemniserait des pertes que pourraient leur occasionner les Anglais ; c'est de la canaille comme les autres habitants de l'intérieur ; à la bonne heure le jour de la justice arrivera, et dans ma façon de penser Bastia n'est pas meilleur que le reste, et si je ne les contenais pas, ils lèveraient l'étendart de la rebellion ; mais ils tremblent devant moi, et grâce à quelques arrestations que j'ai fait faire, je les contiendrai : quand tu arriveras avec la force, tu les verras tous crier : Vive la République ! c'est-à-dire qu'ils n'ont pas pu faire autrement, mais j'espère que le gouvernement révolutionnaire durera longtemps en Corse ; ton pays n'est pas encore mûr pour la liberté.

Le général de brigade Gentili
au général divisionnaire Casabianca.

S. Florent, le 27 pluviose an 2 (15 Février 1794)

Citoyen général, — L'amiral Hood, chassé ignominieusement de Toulon, est venu faire une descente en Corse pour favoriser les projets ambitieux du tyran. Son escadre composée de vingt-six voiles, dont six vaisseaux, plusieurs frégates et dix à douze bâtiments de transport, est mouillée dans la plage de Saleccia, le 5 février (vieux style). Le lendemain un vaisseau et une frégate ont attaqué par mer la tour de la Mortella, et des troupes de débarquement l'ont en même temps attaquée par terre avec une pièce de six. La tour résista avec succès à cette double attaque et les vaisseaux après trois heures de combat furent obligés de se retirer très maltraités par nos boulets rouges ; nous leur ramassâmes deux chaloupes coulées bas.

Le lendemain la tour éprouva une seconde attaque par terre avec deux pièces de dix-huit ; l'ennemi détruisit bientôt le parapet du côté de terre, de manière que les républicains ne purent plus se tenir sur la plate-forme. La canonnade continua toute la nuit, et le lendemain il parvint à faire une brèche à la tour du côté le plus faible, où il y a la poudrière ; il allait donner l'assaut, mais il paraît que nos troupes ont capitulé. C'est ainsi qu'il est parvenu à s'en rendre maître ; cette perte n'est nullement conséquente pour nous, et malgré la prise de la tour, les Anglais n'ont pas osé venir mouiller dans la rade de la Mortella. Nous l'avons fortifiée par une artillerie formidable : deux pièces de 24, trois de 18, trois de 12, deux de 6, quatre de 4, deux mortiers à la gomère, et quatre obusiers de 36. Le camp de Fornali sera toujours fourni à boulets rouges et nous avons huit cent hommes décidés à périr plutôt que de permettre que l'Anglais s'en empare. Il y a trois redoutes inexpugnables. L'ennemi a débarqué une partie de ses troupes au-delà de Ceppo, et il paraît vouloir établir une batterie sur une colline intermédiaire entre Fornali et la Mortella, mais les travaux vont fort lentement, et quand même ils réussiraient à monter des pièces, elles n'inquièteraient point la sûreté de notre camp. S'il veut faire un siège, nous avons une artillerie suffisante pour les repousser ; s'il veut nous prendre à l'assaut, nous saurons faire valoir nos sabres et nos bayonnettes.

Paoli est au camp des Anglais avec quelques malheureux Corses ; il leur a dit que s'ils ne se battaient pas cette fois, il voulait s'en aller pour toujours. L'on voit aisément que son projet est celui de s'en aller et de laisser les Corses dans le malheur où il les a réduits. L'Anglais lui-même ne désire que le prétexte du mauvais temps pour s'en aller. Quant à nous, nous désirons très fort qu'il nous attaque, et je t'assure qu'ils seront rossés aussi bien qu'à Dunkerque. Nous ne les craignons pas et je t'engage à être dans la plus grande sûreté à notre égard.

Vos bateaux de poste ne doivent pas cesser de continuer à venir ici ; il suffit qu'arrivés à la Cavallata, ils dirigent leur cap vers Nonza ou vers Canari, en se tenant au large sans voiles, et de là s'en venir terre à terre. C'est la route qu'ont faite sans danger Jarvel et Couthand. Avant-hier nous avons attaqué les Corses qui étaient au nombre de trois cent près de Fornali ; nous les avons chassés et leur avons tués une cinquantaine d'hommes et fait des prisonniers.

Nous n'avons perdu que deux hommes ; cela les a rendus très sages, et ils n'osent plus paraître. Les compagnies Bonelli et Coti sont au camp et se conduisent avec bravoure. Les troupes leur accordent une estime particulière et elles le méritent. Je te prie de m'envoyer ici les trente hommes qui te sont arrivés avec Costa et Abbatucci. Ils nous seront d'une grande utilité ; c'est l'intention du représentant. Il n'y a rien à craindre pour leur traversée ; il faut que tu sois à cet égard très ferme vis à vis des patrons des bateaux de poste. — Mille amitiés de ma part à Abbatucci et Arena. — Salut, courage et fraternité.

GENTILI.

Casabianca et Arena à leur ami Saliceti.

Calvi, 30 pluviose an 2 (18 Février 1794).

Par la copie de la lettre de Gentili que nous t'adressons, tu verras quelle est la position de S. Florent. Un officier municipal de Calvi qui vient d'arriver dans ce moment ajoute un détail à la lettre, et il nous assure que le 28 et le 29 les Anglais ont fait feu des deux batteries qu'ils ont établie sur la montagne de Fornali. Cette nuit à onze heures, il a vu une grande fusillade sur la montagne, ce qui nous fait présumer que les nôtres ont fait une sortie pour attaquer les ennemis dans leurs retranchements.

Il est sorti de Bastia plus de quinze cents hommes à la suite de Lacombe S.-Michel qui se trouve à S. Florent pour défendre la place.

Nous ne savons pas combien de troupes les ennemis ont débarqué. Les Corses marchent en foule contre les républicains, mais ils ne sont pas bien à craindre. Nous ne pouvons former aucune conjecture sur la résistance qu'on peut opposer aux ennemis. Nous t'expédions une gondole afin que tu n'ignores rien de ce qui se passe ici. Hâte ton départ et dirige ta route sur Calvi.

C'est le seul point qui n'est pas menacé et qui est en état de repousser l'escadre anglaise tout entière. Les vaisseaux de ligne, les frégates, le convoi peuvent mouiller dans le port sans aucune inquiétude. Lorsque tu paraîtras, nous ferons partir la felouque pour te donner des nouvelles.

Les deux frégates qui sont à S. Florent ont débarqué leurs batteries pour défendre le poste de Fornali. Les deux qui sont ici ne peuvent partir, car il y a trois frégates anglaises qui sont en croisière pour les attendre. Les Anglais ont pris le dernier bateau de poste qui venait de France. Les scélérats Capicorsins ont enlevé le paquet et ont envoyé les lettres à Paoli.

Nous te prévenons que le fort de Girolata est toujours à nous; il est armé de deux pièces de huit, et d'une garnison de vingt hommes. Si quelque bâtiment était forcé par le temps, il peut y entrer en toute sûreté.

En t'instruisant de notre position, tu sauras bien ce qu'il faudra faire pour venir à notre secours. Nous avons dans cette place tout ce qui est nécessaire pour la défense et tu peux compter qu'elle ne sera pas prise.

Salut et fraternité.

CASABIANCA.

La gondole attend les réponses à Antibes ; dirige ton paquet au commandant de cette place à qui nous adressons le nôtre. Si tu expédies quelque bateau en Corse, donne-lui la direction de Calvi ou Girolata, car Bastia est bloquée par les Anglais, et le Cap-Corse est aux ennemis.

ARENA.

Lacombe S.-Michel à Saliceti.

1er ventose, an 2 etc. (19 Février 1794).

Je suis entouré de traîtres, mon cher Salicetti, et ajoutes-y quelques j. f. Aujourd'hui j'ai voulu organiser trois compagnies soldées des citoyens, je leur ai fait distribuer trois mille cartouches ; il y a eu un débarquement ce soir par les Anglais à une lieue de Bastia, et ces j. f. de citoyens ont tirés sur nous, ils ont tués deux hommes.

J'ai donné ordre d'évacuer S.-Florent ; je vais réunir toutes les troupes sur le Tichimé et sur Bastia, nous serons en masse et prêts à tomber en forces sur les traîtres et sur les ennemis. Ah ! dans quel bois je suis placé ! Mais j'en imposerai à tous ces stileteurs et à une grande partie des Français qui ne valent pas mieux. Heureusement j'ai de braves gens à la tête desquels je mourrai s'il le faut. Je suis très pressé, adieu.

Lacombe S.-Michel à Saliceti.

De Bastia, le 1er ventose (19 Février 1794).

Je t'annonce, mon cher Salicety, que Fornaly et la Mortella sont pris. Avant-hier au soir le camp de la Coline de

Fornaly a été pris d'assaut. C'était pendant la nuit où nos troupes excédées de fatigue ne se couchaient pas depuis quatre jours, et pendant ce temps on les avait canonnées et bombardées. Le matin du jour de l'attaque, trois grenadiers du 52e régiment, sortant de Salis-Grisons, et je crois même mariés à Corte, avaient déserté étant en faction, et donné le mot de ralliement aux ennemis : nos patrouilles furent trompées ; cependant l'une d'elles fit feu sur l'ennemi, dès qu'elle distingua l'habit rouge. Aussitôt le camp prit les armes, mais il n'était presque plus temps. L'ennemi avait fait deux fausses attaques, et entra presque aussitôt dans les batteries. Malheureusement quelques scélérats crièrent : *Nous sommes repoussés partout, sauve qui peut.* La fatigue, l'épouvante firent prendre la fuite à la majorité de nos troupes. En vain, le général Gentili et Taviel étaient dans la mêlée, se battaient corps à corps, et cherchaient à les rallier ; il ne fut plus temps ; ils crièrent *Ralliement à la tour de Fornaly*, les troupes s'y rendirent. Eux quittèrent les derniers le camp de la Convention, et après que les ennemis furent maîtres de toute l'artillerie. Arrivés à Fornaly, il y avait un tel découragement dans la troupe qu'ils crurent devoir faire enlever les pièces des différentes batteries et se déterminèrent à faire leur retraite sur S.-Florent où elles sont jusqu'à présent. Dans cette déroute, il s'est fait des actions héroïques. La compagnie des sans-culottes, composée d'officiers et sous-officiers du 26e régiment s'est parfaitement battue, aussi a-t-elle perdu un 15me d'officiers. Les grenadiers du 61e se sont parfaitement battus ; tous nos canonniers de même, aussi ont-ils presque tous succombés. Villantroix, chef de bataillon de l'artillerie, a été tué. Charavin, celui qui avait si bien défendu Fornaly, de même ; Délage, capitaine de grenadiers au 52e et Jean Rumedon de même, et c'est un miracle que Gentili et Taviel ne l'ayent pas été ; ils se sont trouvés au milieu de 12 ou 15 Anglais : Taviel en a tué quatre, et s'est échappé.

Actuellement nos troupes sont à S.-Florent. L'ennemi cherchera à les tourner ; la place de S.-Florent n'est pas susceptible de soutenir un siège. Le soldat revenu de sa terreur panique a demandé d'assembler le conseil de guerre, et a juré de se défendre jusqu'à la mort et de ne jamais abandonner son poste. Tu sens que je dirigerai ce beau mouvement. Ce n'est pas S. Florent, ni toute autre ville qu'il faut sauver, c'est la Corse entière ; aussi veux-je défendre le terrain pied à pied, en attendant les puissants secours que tu nous annonces, mais qui devraient être icy depuis 61 jours que Toulon est repris. Je ne t'en fais pas de reproches, bien persuadé que ce n'est pas ta faute ; mais si tu étais arrivé il y a 15 jours, que de millions tu aurais épargnés à la France, que d'embarras tu nous aurais évités, que de braves gens morts qui serviraient encore la patrie !

Il ne faut donc plus songer qu'à tirer parti de ce qui reste. Je t'envoye Dégola qui passera malgré tous les dangers. Il ne faut donc plus songer à venir dans le golphe de S. Florent ; il faut que ton débarquement se fasse sur Calvi, et t'empares sur le champ de la Balagne ; envoyes l'escadre ici devant Bastia pour nous donner du secours, et de là nous concerterons nos opérations ; mais dépêches-toy, il n'y a pas un moment à perdre. Nous sommes environnés d'ennemis et presque toute la Corse est contre nous. Dégola te dira le reste de notre position.

Bonelli, fils de Zampaglino, s'est conduit en héros.

Lacombe S.-Michel au Comité de Salut public.

5 ventose à Bastia (23 Février 1794).

Avoir, citoyens collègues, à vous annoncer des revers, ils sont au nombre des chances de la guerre, et une belle retraite fait quelquefois autant d'honneur aux troupes qui la font qu'une victoire, suite souvent du hazard heureux ; mais avoir à vous raconter une lâche désertion, suite d'une trahison évidente, quoique tous les échecs que les Français ont eu dans cette guerre aient été les suites des trahisons, c'est un moment bien pénible pour moy que de vous retracer ces détails. Il y a dix-sept jours que les Anglais ont attaqué le golphe de S.-Florent ; j'ignore à combien se monte leur nombre, parce qu'ils ont toujours été campés derrière les plus hautes montagnes, gardées par une nuée de Corses. Le Nebbio ayant presque toujours été révolté depuis mon séjour à Bastia, je n'ai pu les visiter moi-même, mais tout le monde m'avait assuré qu'elles n'étaient pas accessibles au canon, et dans le cas contraire je n'y pouvais rien. S.-Florent ne pouvait à la hâte être défendu que contre la mer ; attaqué par terre, je ne pouvais pas opposer une grande résistance ; cependant au moyen des frégates *La Minerve* et *La Fortunée* j'étais parvenu à défendre les postes de Fornaly et du camp de la Convention.

Les Anglais, à force de bras et de secours de la part des Corses, étaient parvenus à placer de gros canons sur les plus hautes montagnes qui nous prenaient de front et de revers : j'y fus le jour de la grande canonnade ; nous les voyions à peine tandis qu'ils nous voyaient de tous côtés ; une batterie surtout nous incommodait fort, je fis faire des traverses avec des sacs à terre pour garantir les troupes, néanmoins nous perdions beaucoup de monde, malgré toute l'activité du général de brigade Gentili, et du chef de bataillon d'artillerie Taviel et leur surveillance ; s'étant absentés de la colline pour aller visiter une nouvelle batterie, au bout d'une heure qu'ils y restèrent, ils s'aperçurent à leur retour qu'on avait travaillé la troupe. Le 29 pluviôze au matin, trois grenadiers avaient déserté étant en faction. Le soir à 9 heures, les batteries redoublèrent leur feu et à neuf heures et demi, l'assaut fut donné. On entendit crier *nous sommes repoussés de partout*, *sauve qui peut*. En vain Taviel criait : *Ce n'est rien, courage, nous sommes les plus forts* ; ce fut en vain, le grand nombre s'en fut en fuyant. Quelques officiers, le commandant Taviel, le général Gentili, tous nos braves canonniers, les braves grenadiers du 61e régiment, ont sabré, aussi ont-ils été presque tous tués ; Gentili et Taviel se sont tirés de la mêlée à coups de sabre, et seulement lorsque toute l'artillerie a été au pouvoir de l'ennemi. Ils cherchèrent à rallier les troupes sur la montagne de Fornaly ; ils tirèrent à mitraille sur les Anglais ; mais la terreur continuant, le général ordonna la retraite après avoir encloué les canons. Arrivé à S.-Florent, le général Gentili s'occupa des moyens de défendre la ville par terre ; mais connaissant son peu de défense de ce côté, je fis des dispositions pour, au besoin, faire évacuer la place. Je cherchai à calmer la terreur panique des troupes, en leur donnant une bonne opinion de leurs propres forces ; elles parurent se rassurer. Pendant la nuit du 30 pluviose au 1er ventose, les ennemis ayant fait plusieurs batteries qui enfilaient la ville de Saint Florent, le conseil de guerre résolut d'évacuer la place. J'avais ordonné de l'évacuer en deux nuits ; mais le soldat encore effrayé, ou travaillé, sur la sommation des Anglais de rendre la place, évacua à la hâte, et l'on n'a sauvé aucune munition de guerre ni de bouche ; l'on se retira sur le camp de Saint Bernardino ; mais la terreur panique continuant et se communiquant aux garnisons corses de Patrimonio et Barbaggio, l'on évacua encore en désordre le camp de Saint Bernardino, et presque toutes les pièces furent abandonnées. Je fis tenir bon au camp du Tikimé où j'avais fait commander l'adjudant-général Couthand, et où il a battu deux fois les ennemis ; mais le 3 ventose un bataillon corse ayant évacué Furiani, autrement que je ne l'avais ordonné, et malgré mes ordres positifs ayant abandonné deux pièces de canon, le chef rejettant cette faute sur la faiblesse de sa troupe, causée par la désertion, il résultait de cette faute grave que notre camp du Tikimé pouvait être coupé. Je pris le parti d'ordonner la retraite, après avoir fait autant que je l'ai pu, couper les chemins. J'ai fait retirer aussi deux camps que j'avais établis pour protéger la communication : ne pouvant plus remplir cet objet, j'ai cru devoir resserrer ma ligne de défense, afin d'avoir des forces pour reprendre les hauteurs qui étaient déjà gagnées par l'ennemi. Je les ai fait attaquer à la bayonnette ; elles ont été emportées. Je suis maintenant sur la défensive. Les Anglais nous ont déjà attaqué trois fois par mer ; tout cela se réduit à quelques hommes tués ou blessés. Tous les jours nous fesons le coup de fusil et le coup de canon ; il serait bien temps qu'on vint à notre secours. Il y a 72 jours que Toulon est repris. Saliceti m'a annoncé le 5 nivose que dans 25 ou 30 jours l'escadre serait prête. Quelle peut donc être la raison de l'abandon où nous sommes ? La communication avec Calvi, où sont tous nos fonds, est coupée. Je ne laisse pas que d'être embarrassé, jamais personne ne s'est trouvé dans une position aussi critique que la mienne. Si le découragement ne se remet pas encore dans la troupe, nous pouvons tenir encore quelque temps. Nous avons ici tout contre nous. Bastia se montre bien en paroles ; mais si la France nous envoie des secours, tout sera vite réparé. Mais que l'on se dépêche.

Je n'ai négligé aucun moyen depuis vingt-un jours que les Anglais sont en Corse, d'instruire Salicety de ma position. J'ay fait partir plusieurs courriers, et rien ne revient ; c'est comme l'antre du Lyon.

Saliceti au Comité de Salut public.

5 ventôse an 2 (23 Février 1794).

Citoyens mes collègues,

Il est démontré aujourd'hui que les Anglais après leur défaite de Toulon, ont tourné toute leur attention sur la Corse. Vous verrez par la note ci-jointe du consul de la République à Rome, en date de Florence, que l'amiral Hood avec son escadre, des bâtiments de convoi, et des troupes de débarquement, a mis à la voile de Portoferrajo pour se rendre en Corse. Il a dû d'après toutes les probabilités y arriver le 20 du mois passé. Il aura dirigé conjointement avec le traître Paoli tous ses efforts contre Saint-Florent; ce port lui est nécessaire pour le mouillage de son escadre et pour nous intercepter les ressources en vivres que nous pouvons tirer de l'Italie. Je suis persuadé que les Républicains qui occupent cette place la défendront courageusement; ils sont heureusement pourvus de vivres, mais le nombre en est trop faible. Ils doivent être dans une très fâcheuse position, et malgré mon extrême impatience et la brûlante envie que j'ai de voler à leur secours avec les forces que la Convention nationale a destinées, je vois qu'il n'est pas possible de partir d'ici que vers la fin de ce mois. Soyez convaincus, citoyens collègues, que j'emploie tous les moyens possibles pour accélérer l'armement des vaisseaux et que tous mes instants, tous mes soins sont consacrés à cet important objet qui doit faire flotter le pavillon tricolore sur la Méditerranée et ramener l'abondance dans le midi de la République.

Les attérages de la Corse, depuis la fuite de Toulon, ont été toujours couverts de vaisseaux ennemis, tellement que de 5 bâtiments chargés de vivres qu'on y a fait passer d'ici, trois ont été pris ou brûlés. Je ne négligerai aucune précaution pour ne pas compromettre la division de l'escadre qui partira d'ici, et avant de nous engager dans les parages de Corse, j'aurai soin d'en connaître la situation, car je sens combien il serait fatal à la République, si les Anglais qui ont ont dans la Méditerranée pour le moment une supériorité décidée, pouvaient parvenir à s'emparer des vaisseaux qui mettront à la voile du Port de la Montagne. — Salut et fraternité.

SALICETI.

P. S. — Après vous avoir écrit la présente lettre, je reçois par le moyen d'une gondole une dépêche de Calvi qui confirme l'arrivée de l'amiral Hood en Corse. La lettre du général de brigade Gentili est très rassurante, néanmoins je ne me dissimule pas que les ennemis feront les derniers efforts pour emporter Saint-Florent. S'ils réussissent dans leur entreprise, Bastia ne pourra pas tenir ; le sort de cette place dépend entièrement du succès qu'auront le peu de troupes que nous avons à Saint-Florent. Je me trouve ici au désespoir, hors d'état pour le moment de voler à leur secours. La place de Calvi est presque inexpugnable, et quelques efforts que les Anglais fassent, ils ne pourront jamais l'emporter. Je vous prie, citoyens mes collègues, au cas que Saint-Florent soit pris par les ennemis, de me tracer la conduite que je dois tenir. Faut-il que nous partions d'ici aussitôt que les vaisseaux seront armés pour entrer dans Calvi avec les 6,000 hommes, ou plutôt ne conviendrait-il pas mieux de se borner à leur envoyer des secours pour ravitailler cette place ? Pour moi, je pencherais assez pour ce dernier parti ; il est à mon avis le plus sage et le plus sûr.

SALICETI.

Le général Mouret au Comité de Salut public.

9 ventose (27 Février 1794).

Citoyens, — Les représentants du peuple viennent de me communiquer les nouvelles de Corse ; elles sont désastreuses. Les Anglais ont débarqué dans cette isle. Le camp pour Fornali a été forcé, Saint-Florent évacué, Bastia est menacé du côté de mer, et comme cette place est dominée du côté de terre, elle ne peut pas présenter une longue résistance. Calvi est la seule place en état de soutenir un siège ; elle est approvisionnée pour trois mois, et si la gabarre *La Mozelle,* qui est partie hier, peut y arriver, elle lui porte un renfort de 150 hommes et des vivres pour trois autres mois.

Après la prise de la ville infâme, toute l'attention des représentants du peuple, tous mes soins se sont tournés vers la Corse. L'objet des subsistances assuré, des bons bataillons bien disposés m'assureront le triomphe sur les rebelles insulaires : mais il fallait y arriver et les ennemis maîtres de la mer étaient en mesure pour intercepter nos envois.

Le troisième bataillon de l'Isère, et celui des Landes ont eu ordre de partir. Le premier s'est embarqué deux fois : contrarié par les vents, menacé par l'escadre ennemie, et, d'après les lettres de Corse, il y a dû débarquer. On annonçait que les ennemis tenaient une croisière si serrée qu'il était difficile d'y arriver sans tomber sous leurs canons.

En attendant qu'une convenable escorte fût prête, on a dû se contenter d'y envoyer quelques bâtiments chargés de vivres et des fonds ; quelques-uns ont été pris, un chebeck a dû se faire sauter. Cependant les fonds ont toujours été sauvés et nos pertes n'ont pas été considérables.

Aujourd'hui il n'y a pas encore un vaisseau en état de partir, quoique l'on ait mis la plus grande activité dans les armements. Dans quelques décades nous pourrons avoir trois ou quatre vaisseaux à mettre en mer. Sera-t-il convenable de se présenter dans la Méditerranée avec une si faible escadre ? Devons-nous partir pour Calvi ? Quelle est ma destination ? J'attends vos ordres ; je suis prêt à marcher où m'appellera la voix de la patrie, bien décidé partout à vaincre ou à mourir — Salut et fraternité.

Le général divisionnaire,
MOURET.

Lacombe S.-Michel à Saliceti.

Bastia, 10 ventose (28 Février 1794).

Voilà 21 jours, mon cher Salicetti, que les Anglais nous attaquent par terre et par mer ; je t'en ai prévenu déjà cinq fois, je n'ai négligé aucun moyen de t'écrire ; il y a 72 jours que Toulon est repris, et tu ne viens pas à notre secours, arrive donc vite.

S.-Florent est pris ; une terreur panique s'était mise dans nos soldats à Fornali ; il y a eu de la trahison de la part de quelques individus privés, on a évacué S.-Florent et le camp Saint Bernardino ; celui du Tikimé a tenu 5 jours de plus, et a batu deux fois les ennemis ; mais Giovanni, fils du lieutenant colonel de Casalta, ayant jugé à propos d'abandonner deux pièces de canon à Furiani et le camp du Tikimé pouvant être coupé, je l'ai fait replier sur Bastia, après avoir fait dégrader le chemin de S.-Florent autant que je l'ai pu ; la retraite s'est faite en ordre. J'ai resserré ma ligne de défense sur celle des forts. Les ennemis avaient déjà gagné les hauteurs de Montemaggiore et de Castelluccio, je les ai fait attaquer à la bayonnette, ces montagnes ont été emportées et le village de Cardo a été brûlé. Les Anglais nous ont attaqué trois fois par mer ; cela s'est réduit à quelques tués ou blessés ; nous faisons tous les jours le coup de fusil et le coup de canon. Bonelli Zampaglino nous est de la plus grande utilité ; il est la terreur des Corses ; je l'ai fait lieutenant-colonel. Je suis parvenu à rassurer un peu la troupe. Adieu.

Le Comité de Salut public à Saliceti.

Le 13 ventose an 2ᵉ (3 Mars 1794).

(Brouillon écrit de la main de Carnot avec de nombreuses ratures).

Nous ne pouvons douter, citoyen collègue, que les Anglais humiliés ne cherchent à se venger des disgrâces qu'ils ont essuyées au Port de la Montagne, et qu'ils n'aient le dessin de vomir sur les rivages de la Corse les infâmes et furieux Toulonnais qu'ils ont associés à leur opprobre ; mais il faut encore que les uns et les autres en aient le démenti. C'est à toi, citoyen collègue, à prendre conseil de ta sagesse. Nous sommes trop loin du théâtre de cette guerre, pour prononcer sur le parti qu'il convient de prendre en chaque occasion, et les événements sont trop mobiles pour nous hazarder à donner des ordres basés sur eux ; les circonstances seules doivent donc vous déterminer. La proposition néanmoins que tu nous fais de ne point faire passer tout à la fois à Calvi les six mille hommes de secours, mais successivement et suivant les besoins, nous paraît prudente. Fais cependant de nouvelles et mûres réflexions sur cet objet.

La lettre de Gentily et celle de notre brave collègue Lacombe sont très rassurantes. Il paraît certain que si l'on vient à bout de résister aux premiers efforts des Anglais et de Paoli, ils se rebuteront tous et prendront leur parti. La mollesse seule pourrait nous perdre. Fais donc usage de ton énergie et réussis ; notre confiance n'a point d'autre condition à t'imposer; le mode est à ton choix; use de tous les moyens qui sont en tes mains.

Entretiens avec nous la correspondance la plus active, instruis-nous de tous les détails. Il faut que nous soyons parfaitement au fait de tout ce qui concerne votre position; elle fixe toute notre sollicitude, et dès que nous connaîtrons au juste vos ressources et vos rapports, nous pourrons asseoir sur vos renseignements et vos avis un plan de campagne raisonné. Salut et fraternité.

CARNOT.

Journal de l'attaque des Anglais en Corse, du 17 pluviose au 15 ventose an 2 (du 5 Février au 5 Mars 1794) certifié véritable par l'agent militaire Laviel.

Depuis la fuite des puissances coalisées de Toulon, un nombre de vaisseaux et frégates plus ou moins forts environnaient les parages de la Corse.

Le 17 pluviose (5 Février) deux vaisseaux et une frégate ont attaqué le port de Centuri où le représentant avait envoyé le lieutenant de la gendarmerie Falconeti et 21 gendarmes. Les Anglais réclamèrent un bateau génois qu'ils avaient pris et qui s'était enfui dans le port de Centuri. Falconeti répondit qu'il n'y avait point de bateau génois, que celui qu'ils réclamaient était à Saint-Florent, que c'était là, à Calvi ou à Bastia que l'on devait aller faire des demandes menaçantes; que quant à lui, il avait peu de monde, mais que si on voulait lui envoyer deux chaloupes pleines d'Anglais, il se chargerait de leur montrer le chemin. Alors les Anglais ont fait faire un débarquement de 200 hommes et ont canonné à mitraille Falconeti avec ses 21 gendarmes, secondés par les deux frères Pietri, Agostini et le maire de Centuri. Ils ont été attaquer les 200 Anglais qui se sont enfuis lâchement, en laissant un homme de mort et plusieurs blessés.

Le 20 (8 février) le Macinaggio a été attaqué par trois vaisseaux. Le commandant anglais a fait sommer le commandant du Cap-Corse de rendre à Paoli le pays que les Républicains lui avaient pris. Le commandant Deltel, adjudant-major du 1er bataillon de l'Aveiron, lui a fait répondre que les Républicains ne se rendaient pas, et que l'Anglais prenait mal son temps de faire le fanfaron avec 4 vaisseaux de ligne vis à vis d'un village qui n'avait ni canon, ni fusil, qu'après l'avoir manqué belle à Toulon, c'était à Calvi, Saint Florent ou Bastia qu'il fallait aller, que si les Anglais voulaient faire un débarquement et s'engager hors de la protection des canons, ils les attendaient. Les Anglais ayant fait un débarquement d'environ 80 hommes, Deltel embusqua 30 hommes, mais le commandant d'un vaisseau de 74 fit un signal de retraite et les troupes débarquées obéirent avec la plus grande promptitude. Les Anglais, selon leur louable coutume, ont tout volé, enfoncé les caves et jeté le vin ; ils ont pris onze bâtiments marchands qui étaient au Macinaggio ; ils en ont brûlé 8 à la vue du port ; les trois autres chargés de grains, ils les ont emmenés.

A Centuri, ils ont aussi détruit tout ce qu'il y avait dans le port. Ces prises d'ailleurs sont de peu de valeur pour eux et causent cependant la ruine des malheureux pêcheurs du pays. Les Anglais font le mal pour le plaisir de le faire.

Le 19, une frégate anglaise et un cutter, qui croisaient depuis quelques jours, s'approchèrent de la ville de Bastia dans le dessein d'intercepter une polaque chargée de grain qui arrivait de Nice. La frégate manqua d'être coulée bas par une bombe qui lui fut jetée de la citadelle dont le mortier était pointé par le représentant du peuple Lacombe S.-Michel, qui s'y était rendu au premier coup de canon que les canonniers tirèrent ; l'on peut dire que c'était un jour de fête pour la garnison. Le cutter de son côté fut chauffé par la batterie du Père-Duchesne, commandée par le capitaine du génie Mellini, qui endommagea un de ses mâts.

Dans la nuit du 19 au 20, le général de brigade Gentili, qui commande à S.-Florent, rendit compte au représentant du peuple Lacombe S.-Michel, qu'une escadre composée de 20 voiles, tant vaisseaux que frégates et autres bâtiments de guerre, était à l'entrée du golfe de S.-Florent et paraissait vouloir y mouiller. Le représentant du peuple partit à la pointe du jour avec le général de brigade Rochon, pour aller visiter les postes de S.-Florent et observer les mouvements des Anglais. Il trouva sur son passage la redoute la Flèche et celle de la Montagne dans les meilleures dispositions, et le sans-culotte républicain brûlant de rage de combattre les Anglais ; il se porta successivement à Saint-Florent, à la batterie de la Minerve et celle de Fornali la Montagne, et enfin au côté le plus avancé du camp de la Colline de la Convention. D'après les comptes approximatifs qui lui furent rendus, il parut certain que les Anglais avaient débarqué des troupes dans le golfe, derrière la Mortella, et vu l'inconstance du temps qui ne permet pas à des vaisseaux de rester longtemps à la position dans laquelle se trouvaient les Anglais, il présuma que ceux-ci marcheraient dans la nuit par un mouvement combiné avec les Corses de l'intérieur, attaqueraient à la pointe du jour le camp de la Colline de la Convention, qui était sans contredit le plus fort. En conséquence le représentant du peuple et le général de brigade Rochon passèrent la nuit à la Colline ; 30 sentinelles furent placées sur différents points, et différentes patrouilles, sans s'éloigner, surveillèrent les approches de la Colline. Une heure avant le jour, les troupes prirent les armes, les canonniers furent en batteries ; des tireurs de choix étaient divisés le long des parapets et deux colonnes pleines composées, l'une des grenadiers du 61e régiment, l'autre de la compagnie des sans-culottes du 26ᵉ composée d'officiers et de sous-officiers, devaient charger à la bayonnette et achever ce que le canon avait commencé.

A la pointe du jour, il ne parut rien ; les Anglais seulement avaient monté une pièce de canon de petit calibre sur la hauteur derrière la tour Fortunée, ci-devant Mortella, et tiraient contre le parapet. Une aussi faible manœuvre fit présumer au représentant du peuple que l'attaque de la tour Fortunée n'était qu'une fausse attaque, et vu les communications qu'il y avait eu entre une frégate anglaise et l'intérieur du côté de Bastia par l'étang de Biguglia, et d'après d'autres avis qui lui étaient venus par le voye de Gênes, il pensa que les Anglais se porteraient en forces du côté de Murato, soit pour attaquer le camp San Bernardino, forcer les bouches de Patrimonio et procéder au siège de S.-Florent par terre, soit pour se porter sur Biguglia, se réunir avec un corps d'émigrés qu'on sait être depuis longtemps à Portovecchio (Portoferraio), à l'Ile d'Elbe, et marcher directement sur Bastia. Le représentant du peuple crut donc nécessaire d'en défendre au loin les approches. Après avoir augmenté les feux de la colline de la Convention, après s'être assuré de l'ardente disposition de nos soldats républicains, Lacombe S.-Michel songea à assurer la communication entre Bastia et S. Florent ; il renforça de deux compagnies le camp San Bernardino, il destina 2 pièces de 18 de la frégate *La Minerve*, à augmenter les feux du poste de Tikimé qui domine également S.-Florent et Bastia, poste qu'il avait renforcé de 200 hommes.

Il établit à la croisée de la route de Corte et S.-Florent un camp appelé *il fulminatore dei ribelli*, qui protège également une redoute de quatre pièces de 18, établie sur une hauteur qui domine toute la plaine de Biguglia, protège la chaussée de Saint-Florent, et qu'on appelle la redoute du mont Lacombe S.-Michel. Le commandement de ces deux postes importants qui doivent être la terreur et le tombeau des rebelles a été confié au lieutenant-colonel Dalous, attaché à l'état-major de l'armée.

Le 21, à une heure trois quarts après-midi, une frégate et un vaisseau de 74 se sont approchés de la tour Fortunée et l'ont canonnée pendant 4 heures. La tour n'a répondu que par 22 coups de canon à boulets rouges et un paquet de mitraille par dessus. Il est à présumer que le vaisseau et la frégate anglaise ont eu bien du mal, car on les a vu remorquer par dix chaloupes ; et les Anglais ont été forcés de nous abandonner deux canots qui ont été conduits à S. Florent.

La nuit du 21 au 22, les Anglais augmentèrent leur feu du côté de la terre, et il y a eu jusqu'à trois batteries qui battaient le parapet de la tour Fortunée par trois côtés différents, et assurément les Anglais n'ont pas une grande gloire, car la tour ne leur répondait que par un coup de canon de demi-heure en demi-heure.

Cependant la tour a démonté une pièce aux Anglais dans la soirée du 21. Le général de brigade Gentile fut observer une colline intermédiaire entre la tour de la Mortella et la colline de la Convention. Il y eut deux de ceux qui l'accompagnèrent blessés par les Corses qui s'étaient postés derrière des rochers. Quelques personnes auraient désiré placer sur cette colline deux pièces de canon pour battre la base de la Fortunée et empêcher que l'ennemi ne s'en emparât dans le cas où cette tour serait prise. Le représentant Lacombe S.-Michel ne le voulut pas, parce qu'il crut imprudent de disséminer les forces françaises et d'exposer une batterie à être fusillée et harcelée par les Corses, tandis qu'il ne pouvait pas la faire protéger. Il para une partie des inconvénients en adoptant le projet que lui proposa l'aide de camp Franceschi du général de brigade Gentile, qui était de faire transporter 2 mortiers dits à la Gomer ; par ce moyen des bombes qu'on peut tirer de 16 à 17 cent toises devaient empêcher aux Anglais de prendre le mouillage de la baie Fortunée, dans le cas où la tour de la Fortunée serait prise. D'ailleurs, dans tous les cas, les ennemis ne pouvant établir sur la crête intermédiaire qu'une batterie de deux pièces de canon, ils ne pouvaient s'établir qu'avec beaucoup de désavantage dans un lieu que nous pouvions battre avec six pièces de canon et deux mortiers.

Le 22, le représentant du peuple, accompagné du général de brigade Rochon, partit de Bastia pour aller visiter les camps et les batteries de S.-Florent. Il fit établir à la colline de la Convention la batterie de deux mortiers à la gomère ; il fit construire des traverses pour se mettre à l'abri du feu des rebelles qui s'étaient un peu trop approchés ; mais quelques coups de canon qu'il leur fit tirer à mitraille les éloignèrent entièrement. Pendant qu'il était à la colline de la Convention, les Anglais environnèrent la tour Fortunée. On craignit qu'elle ne fût prise ; cependant quelques moments après, on les vit tirer encore de nouveau sur elle.

La nuit du 22 au 23 s'est passée sans aucun mouvement. On a travaillé sans relâche aux plates-formes des mortiers qu'il fallait établir sur le roc ; officiers et soldats, c'était à qui travaillerait le plus.

Le 23, beaucoup de lenteur dans l'attaque des Anglais : attaques particulières des Corses, et toujours repoussées avec du canon et de la mitraille.

La nuit du 23 au 24, le général Gentili a passé la nuit au camp de la Convention : tiraillement continuel de la part des Corses toujours mis en fuite par des coups de canon.

Le 24, le représentant du peuple a fait monter 4 pièces de 18 du bord de *La Minerve* pour les placer dans une redoute qui domine les approches de Bastia et assurer la communication avec S. Florent. Mouvements hostiles des rebelles à Biguglia pour se porter sur Furiani, mais le général Catelan, qui commande à Bastia, avait donné ordre la nuit précédente à une compagnie de grenadiers du 26ᵉ régiment de s'y porter de renfort : l'attitude ferme des troupes françaises empêcha les rebelles d'attaquer.

La nuit du 24 au 25, le général Gentili, étonné de l'inaction des troupes ennemies, voyant tous les jours les crêtes des montagnes opposées au camp de la Convention bordées de Corses, voulut savoir par lui-même si elles étaient accessibles au canon. Il partit à une heure du matin avec 200 hommes qui, animés du courage républicain, gravirent une montagne presque inaccessible et dépostèrent les Corses. Le combat ne fut pas long, mais il fut vif.

Nous avons perdu un grenadier du 60ᵉ, un chasseur du 18ᵉ bataillon d'infanterie légère et quatre blessés légèrement. Le général Gentili, à peine guéri des blessures graves qu'il avait reçues à la tête et à la cuisse à l'attaque de Farinole, a reçu encore une balle qui lui a traversé son chapeau sans lui faire aucun mal ; nos ennemis ont eu quinze morts et huit blessés et un de pris. Mais le général a rempli le but qu'il se proposait, celui de s'assurer s'il était possible de monter du canon sur la crête de cette montagne ; cela lui a paru impossible.

Le 25, le représentant du peuple, ayant été informé qu'au village de Pietra-Corbara au Cap-Corse, le nommé Lazarini avait ameuté 50 personnes qui s'étaient déclarées pour les Anglais et avait fait feu contre des gendarmes nationaux qu'il avait envoyés à la communauté de Luri pour observer le mouvement des Anglais au Cap-Corse, a ordonné à une compagnie de grenadiers du 26ᵉ, à 50 gendarmes commandés par le brave Falconetti, de se rendre à Pietracorbara dans la nuit, de tâcher de s'emparer de Lazarini et des officiers municipaux qui ne savent pas maintenir la tranquillité dans la communauté et de faire main basse sur tous ceux qui seraient trouvés en armes, parce que le village ayant été désarmé, ceux qui ont eu des armes malgré la défense sont rebelles à la loi.

Le poste du Tikimé étant un poste important, puisque, dominant sur les deux mers, il protège la communication de S.-Florent à Bastia, le représentant du peuple a cru nécessaire d'y mettre un commandant particulier et permanent, et en a confié la garde à l'adjudant général Couthand.

Le poste de Fornali, la montagne et le poste du camp de la Convention, voisins l'un de l'autre, devant se protéger réciproquement, ayant près de 500 hommes de troupe, il était nécessaire d'établir un ensemble pour les dispositions de défense. Le représentant Lacombe S.-Michel, le jugeant le poste le plus important, en a donné le commandement au lieutenant-colonel d'artillerie Taviel, homme de courage et qui les défendra avec intrépidité.

Le 26; cette journée s'est passée dans une inaction de la part des Anglais, de même que la nuit précédente. Un prisonnier fait par le général Gentili a dit que les Anglais faisaient travailler nuit et jour 500 Corses pour faire un chemin, au moyen duquel on puisse charroyer des pièces de canon au Monte Capello, afin de pouvoir prendre de revers les batteries du camp de la colline de la Convention.

Le 27, un grand silence de la part des Anglais ; cependant l'on voyait le mouvement des chaloupes et des hommes qu'on y transportait. Le général Gentili pour parer à tous les événements, fit renforcer son camp de 200 hommes, et quoiqu'il ne crût pas possible le transport de canons sur le Monte Capello, il fit au moyen de sacs à terre quelques épaulements à différentes pièces de canon du côté de la montagne. Ayant vu le soir quelques hommes travailler entre deux rochers sur la droite de la colonne au-dessus de Monte-Ravinco, il fit tirer deux coups de canon et nos canonniers y envoyèrent plusieurs bombes.

Le 27 du même jour, le représentant du peuple donna ordre au capitaine Poulain, commandant le corsaire *La Montagne,* de partir avec quelques mariniers pour aller chercher à Erbalunga, à 3 lieues lieues de Bastia, une pièce abandonnée depuis longtemps sans affût dans la tour de ce village. Il avait ordonné que ce corsaire et un autre petit corsaire y fussent pour se protéger réciproquement. Le capitaine du port de Bastia qui allait avec eux, les assura qu'il n'était pas nécessaire de prendre des corsaires, qu'en prenant deux chaloupes, ils feraient plus facilement l'opération. Ils s'écartèrent des ordres du représentant, ils s'en trouvèrent mal, car au milieu de leur opération, les habitants d'Erbalunga, par la plus infâme trahison, tirèrent sur eux de toutes les fenêtres, en tuèrent un et firent prisonniers presque tous ceux qui y étaient. Le capitaine Poulain lui-même a eu la main fracassée d'une balle et a été conduit dans le Cap-Corse, qui presque tout est en révolte.

Le 28, à la pointe du jour, commença une canonnade fort vive dans le golfe de S.-Florent. Au premier coup de canon, le représentant du peuple partit pour s'y rendre. Arrivé à la hauteur du Tikimé, il aperçut deux batteries que les ennemis avaient démasquées, l'une au Monte Capello et l'autre au Monte Ravinco. Il continua tout de suite sa route et amena à Saint-Florent cent hommes de renfort. Il se rendit de suite à la colline de la Convention qu'il trouva battue et enfilée par une batterie de 2 pièces de canon du Monte Capello ; il y avait eu, avant son arrivée 2 hommes de tués et quelques blessés. Il y resta environ une heure et fut reconnu et insulté par les rebelles, et l'on aperçut un feu beaucoup plus vif tout le temps qu'il y resta ; nombre de boulets et de bombes vinrent tomber dans le camp, mais cependant ne blessèrent personne tant qu'il y fût, quoique le lieu fut extrêmement resserré. Le même soir, il envoya à la colline trois mille sacs à terre pour former un épaulement à 2 pièces de 12 que les ennemis avaient canonnées toute la journée. La batterie de Monte Ravinco, quoique composée de deux grosses pièces et d'un mortier, ne faisait pas, à beaucoup près, autant de mal que celle di Monte Capello, qui prenait tout le camp d'enfilade, et battait en rouage une batterie de 4 pièces de canon qui défendait contre la mer. Heureusement que, placé à une hauteur de plus de 150 toises perpendiculaires, le ricochet n'avait aucun effet; tous les coups étaient plongeans.

Le soir, à son arrivée, le représentant du peuple fit placer deux grosses pièces de canon au fort Straforello, et deux à la tour du Fango, dite Galeazzini ; ces feux sont destinés à défendre les approches du Cap-Corse. Il faut rendre justice aux habitants de Bastia ; ils se sont portés avec le plus grand zèle à ce transport qui a été fait très vite.

Le 29, à neuf heures du soir, les postes de Fornali ont été successivement emportés d'assaut et nos troupes se sont repliées sur Saint-Florent ; mais nous avons perdu toutes les pièces qui étaient au camp de la montagne Fornali.

Le 30, envoyé sur le champ la compagnie de grenadiers du 26e renforcer le camp de San Bernardino. Les ennemis ont cherché d'établir une batterie pour battre S.-Florent, mais ils en ont été chassés par des coups de canon qu'on leur tirait des frégates *La Minerve* et *La Fortunée*, échouées, et de la ville.

Le 1er ventose, les ennemis ont tenté un débarquement à la tour de Miomo près de Bastia. Le représentant du peuple y a envoyé sur le champ une pièce de canon avec cent hommes pour la protéger.

Tandis que le 30 pluviose les troupes qui avaient fait la retraite précipitée de Fornali paraissaient revenues de leurs terreurs, elles demandèrent un conseil de guerre et prirent la résolution de défendre Saint-Florent où elles s'étaient retirées. L'expédition du procès-verbal fut envoyée au représentant du peuple. Celui-ci, qui avait écrit à la garnison pour relever son courage abattu après la retraite de Fornali, écrivit de nouveau pour lui observer que ce n'était pas Saint-

Florent seul qu'il fallait conserver, mais toutes les possessions de la République en Corse, qu'il méritait leur confiance et qu'aidé du conseil des officiers généraux employés en Corse, c'était à lui à prendre toutes les mesures qu'il croirait nécessaires pour la défense de l'isle, qu'il se croirait assuré de leur obéissance, lorsqu'il donnerait des ordres positifs.

Le 1er ventose, les Anglais étant venus faire un débarquement à quelque distance du Cap-Corse, le représentant du peuple jugea indispensable d'ordonner l'évacuation à Saint-Florent pour resserrer ses forces, mais il ordonna que le repliement se fît en deux nuits, pendant lesquels on sauverait vivres et munitions. Mais la première, les Anglais ayant sommé la garnison de Saint-Florent de se rendre, et le moment de l'enthousiasme qui leur avait fait jurer de vivre ou mourir à Saint-Florent étant passé, et la place n'étant pas tenable contre un siège de terre, le conseil de guerre, avant de recevoir la lettre du représentant du peuple, décida l'évacuation. La retraite se fit sur le camp de San Bernardino, mais la terreur panique de la veille existant encore, elle se fit à la hâte, malgré les ordres du commandant. On n'a sauvé que quelques pièces de bataille ; munitions, vivres, tout a été abandonné, et ce qu'il y a de plus fâcheux, nous y avons perdu les deux frégates, *La Minerve* et *La Fortunée* ; une a été brûlée, l'autre coulée à fond.

Le 2, le représentant du peuple ordonna que l'évacuation se fît sur Tikimé ; une suite de cette terreur que quelques mauvais esprits se plaisaient d'entretenir, fit faire encore cette retraite avec désordre ; la terreur réelle ou feinte se répandit aussitôt parmi les Corses, les bataillons d'infanterie légère qui étaient à Patrimonio et Barbaggio se retirèrent en désordre, pillèrent les magasins, et huit pièces d'artillerie, qu'avec des soins l'on pouvait monter au Tikimé, furent abandonnées à San Bernardino.

Le représentant du peuple chercha à rassurer la troupe et à relever son courage ; elle parut se rassurer.

Quelle qu'ait été la déroute de Fornali, toutes les troupes ne l'ont pas partagée, et si tout le monde avait fait son devoir, comme l'artillerie et la compagnie des grenadiers du 61e régiment, nous aurions eu la victoire, et les Anglais se seraient rembarqués ; aussi la plupart de ces canonniers ou grenadiers sont-ils tous tués ou blessés dans les batteries. Le général Gentili, le lieutenant-colonel d'artillerie Taviel, le capitaine du 2e bataillon des Bouches du Rhône, Bérard, sont partis les derniers, ils ont été un demi-quart d'heure à faire le coup de sabre au milieu de la mêlée, et ce n'est que lorsqu'ils ont vu l'impossibilité de rallier les fuyards qu'ils se sont rendus à la tour de Fornali pour les y retenir. Un grenadier du 61e a tué cinq Anglais, et un grenadier du 52e qui déserta le matin pour passer chez l'ennemi, le conduisait le soir. Le grenadier du 61e lui dit : *Lâche ! tu ne trahiras plus personne !* et le tua. Un canonnier en a assommé trois à coups de leviers dans la batterie. Il fallait que les ennemis fussent bien sûrs d'une trahison, puisqu'ils sont venus donner l'assaut avec des forces moindres de celles qui y étaient, et l'on soupçonne fortement quelques officiers qui se sont laissés prendre et qui ne sont pas blessés ; c'est ce qui s'éclaircira avec le temps.

Le 3 ventose, le bataillon d'infanterie légère qui était à à Furiani, fit observer au représentant que des forces plus considérables le menaçaient et qu'il serait plus avantageux pour eux de se poster dans des maisons qui sont en deçà, immédiatement après le ruisseau de S. Pancrazio. Le représentant du peuple voyant le découragement qui se mettait parmi les Corses et peut-être les trahisons individuelles, donna ordre de se retirer sur cette position, mais donna l'ordre exprès qu'on ramenât à Bastia les pièces d'artillerie qui étaient à la tour de Furiani. Le lieutenant-colonel Giovanni, qui y commandait dans le moment de la retraite, n'exécuta aucun de ses ordres. Il se retira sous le canon de la batterie S. Michel, abandonna les pièces et toutes les hauteurs qui dominent le chemin de S. Florent.

Cette faute grave commise, le camp du Tikimé restait à découvert et pouvait être coupé. Une partie du bataillon de Casalta avait déserté à l'ennemi. Tous les habitants de Furiani avaient quitté leur village et s'étaient joints à eux ; du côté du Cap-Corse, aucun village n'était resté fidèle : les villages de Cardo, de Ville et Lota avaient proposé de former trois compagnies. Le représentant du peuple les avait fait organiser le matin, et le soir, ils tirèrent sur les Français.

Lacombe S.-Michel, voyant qu'il ne pouvait compter exactement que sur les troupes continentales, les bataillons corses étant réduits à 100 ou 120 hommes au plus, il sentit la nécessité de resserrer le cercle de sa défense. Il consulta les anciens officiers corses qui avaient été témoins de la guerre des Génois, et voulant rassurer ces troupes et leur donner plus de confiance dans les secours mutuels, il ordonna que le camp du Tikimé se retirerait après que les chemins seraient rompus, pour empêcher au moins pendant quelque temps l'ennemi de pouvoir gagner la hauteur.

Le 4, le camp de Tikimé fut attaqué par une grande quantité de Corses qui voulaient empêcher les coupures des chemins. Le combat dura près de 3 heures : nous y perdîmes deux hommes et deux blessés ; les ennemis eurent 28 tués ou blessés, dont plus de la moitié de morts. La nuit du 4 au 5, le camp de Tikimé se replia sur Bastia, en laissant au camp de Ponteprato et au camp S. Michel des forces pour soutenir les pièces de canon.

Le 5 au matin, deux vaisseaux anglais, deux frégates et un cutter qui croisaient depuis longtemps devant Bastia, s'approchèrent du Ponteprato pour le canonner. Le général Maurice Rochon s'y porta sur le champ avec deux compagnies de grenadiers pour protéger ces batteries contre une nuée de Corses qui venait de Biguglia et Furiani pour les attaquer ; sa fermeté et sa présence contint chacun à son poste, et le lieutenant-colonel Dalous qui commandait ces deux corps, dominant toute la plaine, en renversa quelques-uns. L'escadre anglaise prit sa bordée et vint canonner Bastia. La terreur était dans la ville ; le représentant du peuple se porta tout de suite aux batteries : on ne s'attendait pas que les Anglais vinssent faire la fanfaronnade de tirer sur la ville ; les fourneaux n'étaient pas allumés, et ce n'est qu'à la fin de leur bordée que nos canonniers ont pu leur envoyer deux boulets rouges dont un a donné dans la frégate qui a été forcée de quitter le combat et gagner un port de la Corse pour se radouber. Les Anglais nous ont tiré 500 coups de canon, et n'ont tué qu'un homme à la batterie où était le représentant. Une femme a été blessée aussi d'un coup de canon ; presque tous leurs coups ont été trop haut ou trop bas. Pendant que le représentant du peuple et le général Catelan s'occupaient des batteries de la citadelle, que le général Rochon repoussait les ennemis du côté de Furiani, le général Gentili avait gagné les forts et repoussait les fusillades du côté de Cardo. Des patrouilles étaient répandues dans les rues pour y maintenir le bon ordre, et calmer la peur excessive des femmes et de beaucoup d'hommes. Le représentant du peuple a déployé toute sa fermeté, a contenu chacun à son poste et a contenu ceux qui auraient été tentés de faire un mouvement.

Le 6 ventose, le représentant du peuple a ordonné de retirer les pièces du camp S.-Michel et celles de Ponteprato dont la position avait été d'assurer la communication de Bastia avec S.-Florent ; depuis la prise de S.-Florent, ce camp n'offrant plus le même but d'utilité, le représentant du peuple a cru ne devoir laisser que des postes extérieurs pour leur faire prendre de nouvelles positions dans la ligne de défense adoptée dans tous les temps par les Génois. Ce nouvel emplacement offrait un avantage de plus, celui de resserrer nos forces et de pouvoir avec les troupes de réserve tomber en masse de part et d'autre dans tous les points attaqués.

Le 7 ; depuis quelques jours, les ennemis s'étaient emparés de différentes hauteurs au-dessus de Bastia La nécessité de replier les postes avancés n'avait pas permis au représentant du peuple de les faire attaquer ; il voulait d'ailleurs donner le temps à la terreur panique de se calmer. Cependant on paraissait travailler sur des hauteurs qui dominaient nos forts ; on y avait vu des Anglais, et il fallait enfin donner à nos troupes une opinion de nos propres forces. Le 6 au soir, le représentant donna l'ordre que 100 hommes de l'escadron volant du lieutenant-colonel Bonelli, et 100 gendarmes de l'escadron volant de Falconetti, partiraient aux ordres du général Gentili, à 3 heures du matin, le 7, en passant à côté du fort Monserrato pour aller attaquer un poste qui le dominait, et prendre de front tout le haut de la montagne et chasser l'ennemi du côté de Cardo ; qu'une autre colonne de 150 hommes, aux ordres du capitaine Emanuelli et Ricard du 52e, gagnerait aussi les hauteurs intermédiaires au-dessus de Castelluccio, tandis que deux colonnes, l'une commandée par le lieutenant-colonel Langlave et composée de la compagnie de grenadiers du 52e régiment, d'une compagnie de chasseurs formée par les ordres du représentant du peuple et de la compagnie de la Montagne composée d'officiers et de sous-officiers, l'autre commandée par le capitaine Bérard au 2e bataillon des Bouches-du-Rhône, et composée de la 2e compagnie de grenadiers du 26e régiment, de la compagnie de chasseurs de ce même régiment, et de la compagnie de chasseurs des Bouches-du-Rhône, attaqueraient et débusqueraient à la baïonnette le poste important de Castelluccio.

A 5 heures et demie du matin, un coup de canon parti du fort Straforello, dit Varese, donna le signal de l'attaque, et en moins de trois quarts d'heure, toutes ces hauteurs furent balayées et possédées par les Français ; 2 pièces de canon de 4 furent envoyées à la portée de Cardo, et l'attaque de ce village commença immédiatement après ; le feu fut vif et meurtrier particulièrement pour nos ennemis ; ils furent mis dans la déroute la plus complète. Le village fut emporté à la bayonnette et livré au pillage et au feu. Nous n'avons eu que deux hommes tués et quelques blessés.

Après la prise de Cardo, nous vîmes faire une manœuvre à 10 bâtiments de guerre anglais qui étaient sur les parages. Un vaisseau de 74 s'approcha pour venir canonner les batteries de la ville. Le représentant du peuple était aux batteries et présentait aux Anglais le panache tricolore ; les batteries étaient parées, les fourneaux allumés. Le vaisseau de 74 commença le feu ; mais une bombe, qui lui fut envoyée de la batterie où était le représentant, ne l'ayant manqué que de deux toises, il revira de bord, et reçut seulement quelques boulets à froid des batteries de la citadelle, car les boulets rouges étaient réservés pour les tirer à bonne portée.

Le même jour, 7 ventose, les avant-postes du camp Saint-Michel et le fort Monserrato furent attaqués par les rebelles ; mais trois ou quatre d'eux furent brisés à coups de canon et leur ôtèrent l'envie de continuer. Le soir une partie des troupes qui firent l'attaque rentrèrent, mais on en laissa pour garder les hauteurs de manière à n'être pas inquiet que l'ennemi s'en emparât.

Le 8, neuf à dix bâtiments, dont deux vaisseaux de guerre, se réunirent en manœuvre, comme pour canonner la ville. Les troupes françaises occupèrent leurs postes, et les batteries de la place furent parées, les fourneaux allumés, et l'on attendit tranquillement le moment de l'attaque.

Le 9, le bois manquant pour le service de la troupe, le représentant du peuple ordonna de couper les oliviers qui avoisinent la ville de Bastia, à la barrière S.-Nicolas. Cette opération avait le double avantage de découvrir les approches de la ville et de nous procurer du bois. Les travailleurs étaient soutenus par un piquet de 50 hommes ; les rebelles attaquèrent le piquet, et il s'entama une fusillade assez vive. Mais l'escadron volant du lieutenant-colonel Bonelli ayant été au secours, les ennemis furent repoussés, et quoique se cachant derrière les arbres, on leur tua six hommes, on leur brûla quatre maisons. Nous avons eu deux hommes tués et deux blessés. La flotte ennemie se rangea en bataille et se disposa à nous attaquer ; mais à 10 heures du matin, le vent du nord-ouest, qui avait commencé à souffler depuis minuit, devint si fort qu'il les obligea de s'éloigner.

Le 10, le capitaine Veru, que le représentant avait envoyé à la découverte soit sur Calvi, soit sur le golfe de S.-Florent, rentra sans avoir pu remplir sa mission ; le vent du nord-ouest qu'il fit le 9 l'empêcha de doubler le Cap-Corse. Il se cacha pendant la journée aux îles Sainte-Marie, et est rentré dans la nuit du 9 au 10, à la faveur des vents dans la partie du nord. Pendant son séjour aux isles Sainte-Marie, il a vu un vaisseau débarquer des troupes anglaises à la tour Sainte-Marie. Il paraît que le projet des Anglais est de cerner Bastia de tous les côtés, et la chose leur est facile, puisque tous les Corses sont contre la France, et que les seules forces que la République ait en Corse sont réunies à Bastia, où elles sont travaillées dans tous les sens, et dont la ville fourmille de malveillants.

La compagnie de grenadiers était depuis quelques jours dans une espèce de désordre ; quelques sujets mutins avaient voulu se livrer au pillage à Cardo ; ils tenaient des propos insubordonnés, et le 9 au soir étant au camp, ils désobéirent au commandant du camp. Compte rendu au représentant du peuple et les éclaircissements pris par lui, il fit arracher les épaulettes et les grenades à deux grenadiers, Vacheret et Baseau, qui furent sur le champ traduits à bord de *La Flèche* et mis aux fers.

Le 11 ventose. Dans la journée d'hier, six hommes de l'intérieur vinrent de Furiani ; ils furent arrêtés et interrogés. D'après leurs dépositions, il paraît que les Anglais qui s'étaient emparés du camp de Tikimé, après que le représentant eut donné l'ordre de l'évacuer, l'ont quitté le 9, et l'on soupçonne que la raison de l'abandon de ce camp vient de l'impossibilité où ils ont été de placer des canons sur les hauteurs dominant Bastia et où deux camps ont été placés. Nos ennemis d'ailleurs espéraient que la terreur panique que quelques malveillants avaient répandue dans nos troupes, continuerait ; mais depuis la réunion de nos forces dans un cercle plus étroit, nos soldats ont pris une meilleure opinion de leurs forces. On les a fait charger une fois à la bayonnette ; ils ont été témoins du succès de quelques fusillades et canonnades qui ont fait perdre une cinquantaine d'hommes aux rebelles, ce qui a fortement découragé ceux-ci. Les différents rapports qui viennent de l'intérieur annoncent que les ennemis veulent faire un débarquement sous Furiani, et l'autre sous la tour de Toga, afin de donner un assaut général par terre et par mer. Le représentant du peuple a donné ordre de former une nouvelle batterie au-dessus de S.-François ; les différentes troupes connaissent leurs postes et on attend l'événement.

Le 12, le représentant du peuple a fait faire une nouvelle batterie sur la place du gouvernement, et une autre embusquée. Les Anglais se sont réunis sur mer, mais ont resté en calme ; on les attend avec sécurité.

Le 13, aucun mouvement extraordinaire de la part des ennemis. Quelques coups de canon tirés à Castelluccio, et quelques coups de fusil à des postes avancés. Dix bâtiments de guerre qui étaient à une lieue ou deux de Bastia, après avoir tenu un conseil, après avoir faits quelques signaux auxquels on a répondu de la terre, ont mis le cap sur Capraia et se sont éloignés.

Le 14, nous avons appris l'arrivée à Calvi de la gabarre *La Morelle* et la nouvelle de l'arrivée prochaine de l'escadre française. Deux déserteurs venus du bord du vaisseau anglais *Le Belfort*, de la rade de S.-Florent, nous ont instruit qu'il y avait beaucoup de malades.

Rien de nouveau dans les différents pays qui avoisinent Bastia. Aucun mouvement de la part des ennemis. L'ordre revient parfaitement dans les troupes. Il a été donné par le représentant des ordres pour mettre le fort de Monserrato dans le meilleur état de défense. Des hommes venus de l'intérieur et renvoyés sur le champ, ont annoncé au représentant la réunion de Paoli et de toute sa cour à Furiani. Sur mer aucun mouvement : un vaisseau et deux frégates en observation.

Le 15. Dans la nuit du 14 au 15, un bateau génois arrivé du port de la Montagne, a apporté au représentant du peuple des nouvelles satisfaisantes du représentant Saliceti, et l'espérance de l'arrivée prochaine de la flotte. Continuation des batteries de défense aux approches de la ville. Croisées de quelques vaisseaux anglais, et signalement de 26 voiles. Envoyé pour la sixième fois des dépêches sur notre situation à Saliceti par le représentant du peuple.

Certifié véritable jusqu'à ce jour quinze ventose, deuxième républicain.

L'agent militaire Taviel.

Lacombe S.-Michel à Saliceti.

Bastia, le 15 ventose (5 Mars 1794).

J'ai reçu cette nuit ta lettre du 3 ventose datée par erreur du 3 pluviose. Je pense que depuis que tu l'as écrite tu as reçu quatre ou cinq lettres de moi, et j'espère que d'après elles tu n'as pas perdu un moment pour mettre à la voile ;

aussi l'attends-je de jour en jour, et les puissants secours que tu m'annonces débarquant par les Acriates ou par la Balagne, il ne doit pas se rembarquer un seul ennemi. Notre position ici a été bien pénible ; depuis 10 mois nous faisons la guerre à tous les besoins ; parmi les troupes que nous avons ici, réduites presque à rien par les maladies et par le défaut de recrutement, un seul corps a vu la révolution, c'est le 61e régiment, aussi tranche-t-il d'une manière bien évidente, et dans son patriotisme et dans sa bravoure ; ce ne sont pas des mercenaires qui sont conduits par leurs officiers, ce sont des républicains qui combattent pour la liberté ; le reste ne connaît la révolution que de nom, et nous avons éprouvé ici ce qu'on éprouve dans le commencement de la guerre: des terreurs paniques, des *sauve qui peut,* et tout ce que la malveillance, la cabale sous main peut produire. Je n'ai vu d'autre moyen de les remettre que de réunir les forces dans un seul point, de fortifier les approches de Bastia qui ne l'étaient pas, de s'emparer des hauteurs qui étaient déjà prises, et actuellement nous tenons une position imposante, et si tu arrives vite, tout sera bientôt réparé. Je crois bien que sans ma présence à Bastia, ils ne seraient plus Français ; j'ai intimidé, j'ai encouragé, j'ai puni, j'ai récompensé, et tout est rentré dans l'ordre. Je suis assez content dans ce moment-ci, et les ennemis se tiennent à une distance respectueuse ; ils vont, ils viennent sur mer. S'ils veulent en tâter, ils en sont les maîtres ; ce sera pour la 3e fois ; nos batteries sont parées, et les boulets rouges les attendent.

J'ai fait quelques promotions que j'ai cru justes et peut-être en ferai-je encore.

Tu me dis de dépenser et de ne rien ménager pour t'instruire, je l'ai fait. Quant aux dépenses, il serait difficile que je les fisse, car je n'ai pas même d'argent pour faire le prêt. Tu en parles bien à ton aise ; tu ne songes pas que je suis sur un roc, éloigné de toutes ressources. Tu me citeras peut-être les marchands. Ces messieurs n'ont pas d'argent pour la République. Ils ont caché jusqu'à leurs marchandises, et pour un écu de bénéfice ils seraient Anglais plutôt que Français. Patience ! le jour de la justice viendra.

J'ai fait Franceschi adjudant-général, il l'avait bien gagné à Fornali ; lui, le général Gentili, Taviel, les canonniers et les grenadiers du 61e régiment ont tenu une conduite bien distinguée. Il y a d'autres individus que je te ferai connaître qui se sont parfaitement conduits. Boëte, adjudant sous-officier du 26e, a sabré avec une vigueur remarquable ; je ne saurais assez faire l'éloge de l'activité et du zèle que mettent dans leur service les généraux Gentili et Rochon. Sans eux, j'aurais été bien embarrassé. Si tu pouvais débarquer mille hommes dans le Cap-Corse pour nous joindre ici, ce renfort nous mettrait à même de sortir tout de suite : nous n'avons pas tant besoin de force que de républicains qui connaissent la révolution et qui encouragent. Tous les citoyens travaillent aux batteries, mais un peu par peur.

Lacombe S.-Michel à Saliceti.

Le 16 ventose (6 Mars 1794).

Les vaisseaux des Anglais paraissent bien dispersés et si ce beau temps dure, je serais d'avis que tu te présentasses avec l'escadre devant Bastia. C'est le lieu où nous avons le plus d'établissement, et d'où nous pourrions plus vite reprendre le golfe de S.-Florent ; amène des forces et ce sera bientôt fait. Il est bien indécent que quelques vaisseaux anglais viennent nous narguer à deux pas du continent et n'avoir pas un vaisseau pour les repousser. Il semble que le pavillon tricolore n'ose pas paraître sur la Méditerranée ; qu'importe qu'il y ait dix mille... environ à Toulon, si on nous laisse périr à 4 pas de France ?

J'ai fait partir hier une gondole montée par des marins français. Aujourd'hui je te renvoy le Génois que tu m'as expédié ; je désire fort être à même de ne plus t'en envoyer ; je pense que tu arriveras avant la réception de ma lettre, ta présence est nécessaire ici pour prouver que la France ne nous abandonne pas. Paoli fait répandre le bruit qu'il n'est arrivé qu'une gabarre, que ce secours après un si long intervalle depuis la prise de Toulon, prouve que la France est dans l'impossibilité de secourir la Corse et qu'il engage ses compatriotes à se donner aux Anglais qui seuls peuvent les protéger. Tu sens donc la nécessité de te hâter de confondre cet imposteur ; ton arrivée seule avec de faibles secours et des vaisseaux triplent nos forces ici ; car je ne te dissimule pas que Bastia est aussi découragé qu'il peut l'être ; ma présence seule contient les malveillants.

Lacombe S.-Michel à Ricord et Robespierre.

De Bastia, le 23 ventose (13 Mars 1794).

J'ai reçu, chers collègues, votre lettre du 15 ventose. J'avais bien besoin de l'espérance que vous me donnez d'un prompt secours ; il y a 10 mois que je l'attends inutilement, il y a 85 jours (époque de la prise de Toulon) qu'il m'est annoncé au bout de 30 jours, il y a 33 jours que je suis attaqué par les troupes anglaises ; j'ai envoyé six courriers pour avoir des secours, la flotte française armée à Toulon est plus forte que la flotte anglaise, quelle raison peut donc causer le délaissement dans lequel on laisse cette partie de la France, tandis que, 2,000 hommes de troupes républicaines jetées dans cette isle, d'attaqués que nous sommes nous mettraient dans l'offensive ? Pourquoi, quand un petit secours arriverait, tout le monde....., attend-on de pouvoir venir avec des troupes imposantes ? Il serait bien temps de nous secourir quand nous serons morts, car je vous ai déjà annoncé que je ne capitulerais pas. On ne se fait pas d'idée de ma position ! Depuis 10 mois tout le monde me demande ce qui lui manque, et la France nous laisse manquer de tout. Qu'on fasse le relevé des envois de vivres qu'on nous a faits et de nos consommations, et l'on verra que depuis 3 mois nous ne devons plus en avoir. Si nous en avons, on ne le doit qu'à mon industrie : qu'on vérifie qu'à Bastia il faut 160 mille livres par mois en numéraire et qu'on fasse le relevé des sommes qu'on y a envoyées ; qu'on songe que nous avons eu jusqu'à 800 malades, et que les régisseurs des hôpitaux n'ont envoyé aucuns fonds depuis un an. Les bateaux de correspondance, la marine, les vivres, les administrations, les enfants trouvés, le clergé et autres fonctionnaires publics, tout a fondu sur moi ; j'ai eu à combattre la Janfou.....ie d'une partie de nos troupes, les ennemis extérieurs et intérieurs, la famine, les calomnies ; j'ai été attaqué par mer et par terre, devant, derrière, par le flanc, par l'universalité des Corses, et si malheureusement j'avais été tué au milieu des hasards où je me suis trouvé, après avoir tout fait par moi-même, l'ingratitude et la calomnie auraient déshonoré ma mémoire. Voilà, chers collègues, le tableau de ma position. En France, sur le Rhin, sur l'Escarpe et aux Pirennées, nous avons eu des revers, mais des millions d'hommes venaient au secours des troupes qui éprouvaient un échec ; ici au contraire, ce qui était paisible spectateur s'est tourné contre nous ; en France, les vivres, les munitions, l'argent abondaient dans nos armées ; ici où il n'existe aucun esprit public, toutes les bourses se resserraient, l'on cherchait à piller les magasins, et ce n'est que ma fermeté qui a contenu les pillards. Ne croyez pas cependant que j'aye jamais désespéré du salut public ; n'avais-je pas pour dernière ressource de faire sauter le magasin à poudre et d'entraîner tous nos ennemis dans ma perte ? Mais non, j'ai eu quelques amis de la chose publique qui ne m'ont pas abandonné, et les généraux Rochon, Gentili, les officiers Laviel, Couthand, Dalous, Franceschi, Montera, Cauro, Mellini, et quelques autres que je ferai connaître ; les deux compagnies de grenadiers du 61e, tous nos canonniers, quelques gendarmes et quelques marins méritent bien d'être distingués, et n'ont point partagé la terreur panique.

Les Anglais n'ont en tout que 5 vaisseaux de ligne, dont un à trois ponts, *La Princesse Royale,* autant de frégates et une dizaine de cutters, bricks et autres petites embarcations ou bâtiments de transport ; il n'y a que des Anglais. Tous les rapports des déserteurs anglais s'accordent avec ce que nos marins ont vu ; ils ont beaucoup de malades, ils ne sont pas assez forts et n'osent pas nous attaquer par terre, ainsi sortez sans crainte.

P. S. — La position que j'occupe en ce moment est vraiment militaire, je tiens toutes les hauteurs qui dominent Bastia ; j'occupe les forts par de bonnes garnisons, j'ai établi différentes batteries aux approches de Bastia, et je crois être en état, si les soldats veulent se battre, de résister à douze mille hommes. J'ai été attaqué 3 fois par terre, 3 fois j'ai repoussé l'ennemi avec perte ; j'ai été attaqué 3 fois par mer et un seul de nos boulets qui a pris un vaisseau au moment qu'il virait de bord, a mis 50 hommes hors de combat, suivant le rapport qui nous a été fait par plusieurs déserteurs. Il se passe peu de jours où nous ne fassions le coup de canon et le coup de fusil ; cependant il paraît que les ennemis cherchent à tourner leur attaque en blocus ; ils espèrent, dit-on, nous prendre par la famine ; un des 5 vaisseaux qui étaient à Saint-Florent, une frégate, une corvette et quelques cutters croisent devant Bastia pour nous intercepter toutes communications. Quand viendrez-vous donc nous débarrasser de tous ces insolents ?

J.-P. Lacombe S.-Michel.

Lacombe S.-Michel à Saliceti.

De Bastia, 24 ventose (14 Mars 1794).

J'ai reçu, mon cher ami, ta lettre du 5 pluviose. Je ne sais si j'ai donné lieu à de justes réclamations de la part de la gendarmerie nationale, et si le citoyen Citadella a particulièrement à se plaindre de moi ; il avait, dis-tu, *droit à la préférence sur bien d'autres, et pour ses services et pour son patriotisme et pour les sacrifices qu'il a faits.*

J'ai nommé deux officiers, Cauro et Falconetti, capitaines avant lui. Commençons par Cauro. Il a certainement autant de patriotisme que Citadella, j'en juge par sa contenance au coup de fusil qui vaut bien le patriotisme qui se manifeste en paroles ; quant aux services rendus, je demande si celui qui a 25 ans de services effectifs dans le grade laborieux de soldat en a rendu autant que le jeune homme de 25 ans d'âge et qui n'a servi que comme officier. Quant aux sacrifices qu'a faits Citadella, une malheureuse expérience m'a appris qu'en Corse l'on fait des sacrifices aux passions particulières, mais aucun à la chose publique ; celle-ci n'est rien ; on n'y connaît que l'esprit de parti, et en ce moment toutes les caisses nationales dilapidées, tous les fonds et les marchandises cachées, tous les Corses ou bien ouvertement avec nos plus mortels ennemis ou jouissant de notre embarras, sont des preuves assez éclatantes de ce que j'avance. Je n'ai point à me plaindre de Citadella, mais je n'ai point à m'en louer non plus ; je l'ai chargé de faire le désarmement de Sisco et de Pietra-Corbara, et ces deux villages ont été les premiers à arborer le pavillon de la révolte et tous les habitants ont paru en armes.

J'ai rendu compte au Comité de Salut public de l'action de guerre qui m'a déterminé à nommer Falconetti capitaine ;

le Conseil exécutif a sans doute bien été le maître d'accorder une commission de capitaine au citoyen Citadella, quoique dans la gendarmerie cela soit hors d'usage, et que j'eusse pensé que je méritais plus qu'une demi-confiance ; je ne suis animé par aucun esprit de parti, je défie toute la Corse de m'en accuser. J'y suis étranger, je n'y ai ni parens ni amis, et je provoque le jugement sévère de l'homme juste, quel qu'il soit. En rentrant dans ma propre confiance, j'en sors toujours satisfait.

Quoique investi de pouvoirs illimités, je suis dans tous les instants prêt à rendre compte de ma conduite au Comité de Salut public, à toi et au Conseil exécutif ; j'espère que mes nominations tiendront, je n'ai été dirigé que par la justice et l'amour du bien. Le moment où le Comité de Salut public voudra me faire rappeler de la mission pénible que l'on m'a confiée, sera un bienfait pour ma santé et pour mon repos. Au reste, tu le sais toi-même, c'est pour toi que je suis resté en Corse, je n'avais pas alors la prétention d'y sauver la chose publique, et quels que soient les événements que le sort me destine, je n'aurai jamais à me plaindre d'avoir resté en butte aux outrages qu'on préparait à mon ami.

J.-P. LACOMBE S.-MICHEL.

Lacombe S.-Michel au Comité de Salut public.

A Bastia, le 24 ventose (14 Mars 1794) an second.

Je vous envoye, citoyens collègues, avec les copies des différentes lettres que j'ai écrites à Salicetti et à vous, une lettre au président de la Convention ; comme ma position est devenue meilleure, il est bon qu'elle soit connue.

Il serait bien tems qu'on vînt à notre secours ; songez que nous faisons la guerre à tous les besoins et que ce n'est qu'à mon industrie qu'on doit si nous avons encore des vivres pour quelque tems. Sur les assurances les plus positives qui m'ont été données par Saliceti, j'ai annoncé des secours pour les dix premiers jours du mois pluviose ; je suis bien sûr que ce n'est pas la faute de Saliceti, il est mon ami, il est plus, il est ami de la chose publique, et il sait bien que la Corse fait partie de la République française ; mais qu'arrive-t-il ? c'est qu'étant à la fin du mois ventose et rien n'arrivant, malgré qu'on sache au Port de la Montagne, depuis plus de 20 jours, que nous sommes attaqués, il en résulte que Paoli qui est plein d'astuce répend avec avantage que la France est hors d'état de secourir la Corse, qu'il faut se soumettre aux Anglais. Il employe tous les moyens de corruption pour faire un mouvement à Bastia, on saoule le soldat, on falsifie le vin au point qu'un verre le rend furieux ou mort-ivre ; il s'est fait un sistême d'acaparement bien meurtrier ; le riche pour conserver ses vivres porte à 40 sous en numéraire un pain de munition qui pèse 3 kil., de sorte qu'on produit le double mal d'exténuer le soldat en lui faisant vendre son pain pour boire, et de metre le pauvre dans l'impossibilité de se procurer à prix d'argent l'exédent du pain du soldat.

Des particuliers, contre les deffences faites de metre de la paille et du foin à la citadelle, y ont fait des magazins en cachette, et l'on y met le feu successivement, et pas un Corse n'y va pour l'éteindre ; on en a éteint un aujourd'hui, et *c'est toujours par hazard que le feu s'y met*. J'ai fait confisquer tous les magazins cachés que j'ay découverts.

Je n'ai pas voulu dire à la Convention tous les embarras qu'on m'a suscité ici ; mais je les dirai au Comité de Salut public.

Pendant que Saint-Florent était attaqué par terre et par mer, Bastia était aussi attaqué sur le côté de l'intérieur où se trouvent les gros villages de Furiani, Biguglia, Borgo et les pièves du Nebio.

De l'autre part, la réunion entière des rebelles du Cap-

Corse qui après la dézertion de leurs otages, s'étaient réunis aux troupes Anglaises qui étaient descendues à Erbalonga, et à Pietranera, tant pour attaquer la ville de Bastia par cette partie, que pour la faire soulever et la faire déclarer pour le parti royaliste en faisant flotter sur toutes les hauteurs le pavillon blanc, ce qui m'obligeait de diviser nos forces et à me porter de ma personne alternativement dans ces deux villes de Bastia et S.-Florent.

Il est important que je vous fasse connaître le degré d'atrocité et de dégradation où est porté le caractère du peuple Corse en ce moment, et surtout de celui qui, malheureusement pour ce peuple infortuné, le conduit à présent ; puisque non contens d'une révolte ouverte et d'avoir apellés dans cette isle tous les ennemis de la république et de nous faire combatre à leur ordinaire par la trahison, la corruption et tous les moyens infâmes que l'homme le plus rusé et le plus scélérat peut imaginer, il tente encore tous les jours de me faire assassiner, et plusieurs officiers qui me devançaient pour affaires de service ont été tués dans les lieux où je devais passer.

Voilà, citoyens collègues, dans quel bois, je suis depuis un an ; je resterai volontiers jusqu'après la conquette de la Corse ; elle ne sera pas longue, les secours arrivés. J'attends de votre justice que la conquette finie, vous me fassiez accorder mon rapel, ma santé l'exige absolument, je ne me plains pas de ma mission, puisqu'elle a été utile ; mais elle a été bien pénible pour moi.

Lacombe Saint-Michel.

P. S. — J'espère malgré les riches de Bastia ; je sauverai le pauvre, je leur ferai distribuer de l'orge, des fèves de marais et du stocfich que j'ai fait acheter pour la nouriture du soldat ; car il ne vient plus de viande de l'intérieur.

15 germinal an 2 (4 Avril 1794).

Les lettres de Bastia annoncent que les Anglais après s'être emparés de quelques éminences, ont débarqué une artillerie nombreuse dont ils ont garni les hauteurs. Ils ont fait occuper les gorges des montagnes pour que la ville ne reçoive aucun secours ; mais jusqu'à présent des neiges abondantes les ont empêchés de former une attaque que les assiégés étaient disposés à soutenir avec vigueur. (*Sans signature*).

Lacombe S.-Michel au Président de la Convention.

23 germinal, an 2 (12 avril 1794).

Quoiqu'il y ait quatre mois que Toulon est repris et que Saliceti m'ait promis de la manière la plus positive de me secourir un mois après cette époque, il y a trois mois que j'attends en vain quelques secours de France.

Quoiqu'il y ait deux mois et six jours que je suis attaqué en Corse par les forces anglaises combinées avec la force de Paoli, et que j'aie demandé à Saliceti les secours les plus prompts, je n'en suis pas moins abandonné ainsi que tous les Français qui se trouvent en Corse. Accoutumés à voir détruire tous les jours nos espérances, les républicains, mes compagnons d'armes, et moi, avons pris le seul parti qui nous restait, celui de ne compter que sur notre propre force et notre courage, et je vous annonce avec satisfaction qu'assiégé par terre et par mer par les Anglais, nous les avons battus hier et brûlé une frégate. A neuf heures du matin, l'on m'avertit qu'un parlementaire anglais portant de l'avant le pavillon national français et à l'arrière le pavillon yac anglais, se présentait devant le port de Bastia. Je donnai l'ordre qu'il se tînt au large et ne parlât à personne. Je descendis au môle précédé d'une compagnie de grenadiers, suivi de la gendarmerie nationale, et accompagné de la municipalité, des officiers généraux, des principaux officiers de l'état major et d'une foule de militaires et de citoyens. Je fis approcher le parlementaire sur lequel étaient deux officiers de marine Anglais, et je dis à un d'eux : Venez-vous, monsieur, réclamer les secours que les nations policées, quoique ennemies, ne refusent pas à l'humanité? Et dans ce cas, je dois vous dire que la nation française est trop généreuse pour rendre victime une nation de l'atrocité du ministre de son roi. Il me répondit : Non, Monsieur. Je lui dis : Que voulez-vous donc? Il me répondit : Je veux remettre à monsieur le gouverneur une lettre de l'amiral Hood. Je lui dis : Le peuple français souverain n'a pas de gouverneur, il a ici un représentant du peuple qui commande dans l'isle. L'Anglais répondit : C'est au représentant du peuple qu'est adressée la lettre de l'amiral. Je lui dis : Je vous ferai la même réponse que je vous ai faite le 14 septembre à Calvi. Je refuse de recevoir votre lettre. Nos batteries sont parées, les fourneaux sont allumés, et depuis huit jours que vous nous assiégez, nous vous attendons à la bayonnette, et je vous déclare que si vous ne venez pas, nous irons vous chercher. Ne comptez pas sur des trahisons ; le républicain de Bastia sera fidèle à la liberté. Quant aux royalistes, je me charge de les contenir. J'ai déjà fait arrêter trente personnes suspectes, et leurs têtes tomberont au moindre mouvement Adieu, messieurs ; vous apprendrez, j'espère, ici à connaître les républicains français. Et m'adressant à tous ceux qui m'entouraient, je leur dis : Citoyens, à notre poste. Le canot parlementaire s'éloigna. A dix heures du matin, les Anglais démasquèrent plusieurs batteries composées de dix canons de gros calibre, de trois mortiers et de plusieurs obusiers. Une frégate portant du 18 et de quarante canons, vint s'embosser devant la batterie Le Pelletier, ci-devant place du gouvernement. Alors s'engagea le feu le plus terrible qui dure encore ; nos canonniers, tant de la marine que de l'artillerie, ont tiré avec leur supériorité accoutumée, et à quatre heures après-midi la frégate anglaise a hissé le pavillon de détresse, le feu y a pris, et elle a brûlé à la vue de Bastia. Nous leur avons tué beaucoup de monde et par la précaution que j'ai prise de mettre nos soldats à couvert, nous n'avons que trois à quatre blessés ; ils attendent avec impatience le moment de se mesurer avec la bayonnette. Je tempère autant que je le peux ce mouvement qui, s'il n'était pas suivi d'un plein succès, causerait peut-être notre ruine totale. Quoique les Anglais n'ayent pas des forces considérables, ils ont sur nous l'avantage de les réunir partout où ils veulent, au lieu que moi, étant sur la défensive, je suis obligé de distribuer mes forces de 1.200 hommes sur une circonférence de trois lieues.

Voilà, citoyen président, ma position. L'on a trompé l'Assemblée Nationale et le Comité de Salut public, quand on lui a dit que pour conquérir la Corse, il fallait de grandes forces. Cela n'est pas vrai. Deux ou trois mille hommes de débarquement, six vaisseaux de ligne, des vivres et de l'argent mettraient cette portion de la République à l'abri de toute inquiétude, au lieu que je ne puis vous répondre que de mon courage et de celui des troupes que je commande, dont je suis actuellement très content. Citoyen Président, je n'accuse pas Saliceti sans l'entendre, mais s'il ne m'eût pas trompé sur les secours qu'on me destinait, la République aurait encore deux belles frégates de plus, car ne comptant que sur mes forces, j'aurais fait des dispositions en conséquence ; on n'aurait pas abandonné à Saint-Florent toute l'artillerie et des vivres bien précieux, car vous saurez que depuis le 1er novembre dernier (vieux style), nous ne vivons que par mon industrie. Depuis cette époque, les vivres de France sont consommés, l'argent n'existe plus, toutes les branches de l'administration n'ont été que par les secours que je leur ai donnés et que je n'ai obtenus des riches qui m'entourent que par la plus grande fermeté. Président, j'ai fait mon devoir ; pourquoi ceux qui ont la confiance de la Convention et du Comité de Salut public n'ont-ils pas fait le leur ? Nous sommes abandonnés, et si on ne pouvait pas nous secourir, il fallait nous dire la vérité ; nous étions peut-être dignes de l'entendre. Mais il est encore plus cruel pour la chose publique que pour nous que l'on nous laisse périr avec indifférence, pour avoir la gloire de reprendre avec de gros moyens une possession que les plus faibles secours donnés à temps auraient sauvée sans aucune difficulté. Je vis encore et Bastia appartient à la République, mais je suis à la fin de mes vivres et depuis quelque temps nous n'existons que par artifice.

Lacombe S.-Michel.

Lacombe S.-Michel au Comité de Salut public.

Bastia, 24 germinal, an 2 (13 Avril 1794).

Il y a, citoyens collègues, 116 jours que Toulon est repris ; il y a 109 jours que Saliceti m'a promis positivement de me secourir au bout de 30 jours au plus tard ; voilà 72 jours que ce terme est passé, et les promesses que d'après son assertion j'ai faites à mes compagnons d'armes sont illusoires.

Il y a 67 jours que nous sommes attaqués par les Anglais ; il y a 51 jours qu'on le sait en France ; je demande avec instance des secours et l'on se contente de me donner des raisons dilatoires ; encore m'écrit-on très brièvement et sans me donner aucune consolation sur le sort des personnes que je commande.

Saliceti a formellement pris l'engagement de venir en Corse au premier danger. Je lui ai mandé qu'il n'y avait pas un instant à perdre, je l'attendais de jour en jour, lorsque j'ai appris le 22 ventose qu'au lieu de venir, il était parti pour Paris ; et il ne m'écrit pas, et il me laisse dans cette cruelle incertitude, manquant de tout ; que dois-je penser ?

Aurait-on voulu me sacrifier et me livrer aux Anglais ? Il me peinerait trop de le croire ; d'ailleurs un homme sacrifié est bien peu de chose ; ou bien, ivre de gloire, se serait-on endormi dans les délices de Capoue, et aurait-on voulu sacrifier l'intérêt général à l'ambition particulière et mettre l'avantage de la République en seconde ligne ? C'est ce que je ne souffrirai pas, et tant que j'existerai et que je ne serai pas privé de ma liberté, il est de mon devoir d'éclairer le Comité de Salut public sur la véritable situation de la Corse. Depuis longtemps je ne communique avec lui que par intermédiaire ; il est temps que je communique directement avec le Comité de Salut public. Dans différentes lettres que je lui ai adressées directement, mes réflexions méritaient peut-être toute son attention ; il serait possible que des parties intéressées eussent taxé d'exagération des tableaux qui étaient peut-être adoucis. Du moins j'en juge par deux lettres du Comité de Salut public très laconiques et n'entrant dans aucun détail.

L'on vous a peut-être dit qu'il fallait de grands moyens pour conquérir la Corse ; la chose est vraie, si l'on donne à nos ennemis le temps de prendre toutes les places et si une indifférence coupable porte le découragement dans le cœur des patriotes ; mais si seulement 3.000 hommes débarquent à Bastia, et si cinq ou six vaisseaux de ligne et autant de frégates sortent du Port de la Montagne, je vous déclare que vous n'avez plus rien à craindre pour la Corse.

Vous ne vous faites pas d'idée de la position dans laquelle nous sommes. L'on vous a sûrement laissé ignorer que les troupes de ligne qui sont ici sont réduites de 4.600 hommes à 1.200 dont plus de la moitié sont convalescents ; je ne vous parle pas des quatre bataillons corses ; je ne sais pas combien on en a payé sur les revues, mais à coup sûr ils ne forment pas en tout 400 soldats.

L'on vous a laissé ignorer que j'ai eu à Bastia seulement jusqu'à 900 malades et que les régisseurs des hôpitaux en France n'ont fait passer aucun fonds depuis plus d'un an. J'avais la douleur de voir ces malheureux malades n'avoir qu'un drap pour deux hommes, tant il est vrai que les soins combinés de Paoli et de Truguet ont dépourvu nos hôpitaux de tout. Nous manquions de drogues que j'ai été obligé d'envoyer chercher à Gênes ; quelques herbes amères composaient seules les remèdes qu'on leur donnait, et les malheureux défenseurs de la patrie auraient manqué d'aliments, si je n'eusse fourni à cette administration des secours pris sur la caisse militaire ; car, je le répète, on a laissé entièrement manquer cette partie du service.

L'on vous a laissé ignorer que la marine n'a fait passer des fonds en Corse longtemps avant la trahison de Toulon ; il m'a fallu encore y fournir (pour son service courant) aux dépens de la caisse militaire.

L'on vous a sans doute laissé ignorer qu'il fallait presque 200.000 livres de numéraire par mois, cependant depuis un an nous n'avons pas reçu..... (le chiffre manque). Comment ai-je pu faire ? J'ai mis tout le monde en contribution ; sans cela, j'aurais éprouvé une dissolution totale des troupes en Corse par le manque de prêt et par les bons offices des travailleurs contre-révolutionnaires dont j'ai si souvent senti les effets. Je vous affirme que dans l'opération d'emprunt, j'ai éprouvé toute la mauvaise volonté et toutes les difficultés imaginables.

L'on vous a laissé ignorer que l'on nous a laissés manquer de subsistances ; qu'on fasse le relevé des envois qui ont été faits en Corse, et nos consommations, et l'on verra que depuis 163 jours, nous devons être pris faute de vivres ou morts de faim, et si nous en avons encore, on ne le doit qu'à mon industrie et à la bonne administration du directeur général Dumesnil, homme consommé dans son administration, aux talents et à la probité duquel il est de ma justice de rendre hommage.

Citoyens collègues, tant que Toulon a été entre les mains de nos ennemis, j'ai senti l'impossibilité de m'envoyer des secours suffisants ; mais quand je songe qu'il y a 116 jours que Toulon est repris, qu'il y en a 67 que je suis attaqué et que toutes les promesses qu'on m'a faites sont illusoires, quelque peu défiant que je sois sur le compte de mes amis ou de ceux qui m'ont paru tels, je me perds entièrement dans mes réflexions. Pourquoi me donner des espérances vaines ? Pourquoi me tromper sur nos moyens ? Attend-on pour venir à notre secours d'avoir une flotte aussi forte que la flotte invincible de Philippe II ? Attend-on d'avoir des forces de terre immenses, qui non seulement seront inutiles en Corse, mais y consommeront des sommes immenses, parce qu'il n'y a rien et qu'il y faut tout apporter ? Voudrait-on avoir la gloire de reprendre seul avec ostentation et sans peine un pays que le moindre secours nous ferait conserver avec facilité ? Hé ! mon Dieu, je n'envie la gloire de personne ; être utile et ignoré, voilà mon seul désir. Quand viendra donc le temps où les hommes ne seront rien et la République sera tout ? Citoyens, on ne vous dit pas la vérité sur la Corse ; si l'on a laissé parvenir jusqu'à vous les différentes lettres que je vous ai écrites, vous trouverez que je vous l'ai déjà dite en partie et je vous promets aujourd'huy de vous la dire tout entière.

Depuis le commencement du mois de ventose et l'évacuation de Saint-Florent, les Anglais avaient établi devant Bastia une croisière plus ou moins rigoureuse qui a fini par nous couper toute communication. Il est successivement venu jusqu'à cinq vaisseaux de ligne qui, malgré l'opinion accréditée des marins français que la côte n'était pas tenable, y ont mouillé par les plus gros temps. Nous étions canonnés presque toutes les nuits, lorsqu'il y a quinze jours, les Anglais se sont déterminés à faire un débarquement à un endroit presque inaccessible du côté du Cap-Corse, au-delà de la tour de Toga. Protégés par une nuée de Corses, ils ont fait leur opération dans un lieu que je ne pouvais pas inquiéter tant par l'éloignement que par l'aspérité du site, et pendant 7 à 8 jours quelques coups de canon tirés par un poste avancé que j'ai établi du côté du Cap-Corse, écartaient les rebelles et les tirailleurs quand ils voulaient s'en approcher.

Le 22, à neuf heures du matin, on vint m'avertir qu'un parlementaire anglais se présentait devant le port de Bastia. La lettre que j'écris au président de la Convention nationale vous apprendra la réponse que je lui ai faite; elle est conforme à ma précédente du 14 septembre dernier. J'ignore quelle est la situation des affaires publiques en France; depuis deux mois, je ne connais en nouvelles que celles que les Anglais veulent me laisser transpirer; on a répandu celle que la flotte russe et la flotte espagnole bloquaient la nôtre devant Toulon, et que notre position en Corse était désespérée. J'ai cru que comme représentant du peuple, je devais être supérieur à tous les événements, et que c'était dans l'adversité que je devais retrouver toute la fierté que ce caractère m'impose.

Je suis à la fin de mes vivres depuis le 1er novembre (vieux style); ceux venus de France sont consommés et nous ne vivons plus que par mon industrie; nous ne mangeons plus de pain de froment. Après avoir consommé l'orge, les fèves, j'ai fait acheter une graine qu'on appelle *lupini,* dont je compose en partie le pain que nous mangeons. J'ai fait acheter dans le temps une grande quantité de morue qui nous rend le plus grand service. J'ai fait tout ce que j'ai pu pour conserver à la Corse le point que j'occupe, qui, par les établissements qu'il a, est le seul intéressant de l'isle; mais sans vivres, sans argent, si je ne suis pas secouru au plus vite, je ne puis vous répondre de rien ; nous sommes canonnés et bombardés depuis 56 heures ; ils ne nous ont tué que trois hommes et cinq blessés, les Anglais ont eu trente-huit hommes de tués, dont, dit-on, un officier général, un officier de marine et deux ingénieurs.

J'espère contraindre sous peu de jours les Anglais à se rembarquer ; dans ce cas, la flotte française arrivée, il n'y aura pas grand' chose à faire en Corse et toutes les communautés vont venir demander pardon à genoux. J'espère que vous ne trouverez pas mauvais que je me rembarque et revienne à la Convention sans attendre un décret qui me l'accorde. Treize mois de séjour dans cette isle, au milieu des événements qui m'y ont entouré, est un laps de temps bien considérable ; ma santé a besoin de repos ; satisfait d'avoir fait mon devoir, j'aurai cueilli toutes les épines et je laisse les roses à mes successeurs.

Lacombe S.-Michel.

Lacombe S.-Michel au Comité de Salut public.

Bastia, le 1ᵉʳ floréal, an 2. (20 Avril 1794).

Je vous ai rendu compte, citoyens, de l'attaque des Anglais jusqu'au 24 germinal ; les 25, 26, 27 et 28 se sont passés en canonnades et en bombardements continuels de la part des Anglais et en une grande surveillance de la nôtre. Nos canonniers et nos bombardiers ont tiré avec une supériorité marquée sur eux ; nous leur avons par des coups d'embrasures démonté plusieurs pièces ; une batterie appelée la batterie du peuple, de la place Lepelletier, leur a fait le plus grand mal, tandis que leur bombardement n'a presque fait aucun effet. Chacun a vaqué à ses affaires ; les enfants mêmes jouent avec les boulets.

Le 29 à dix heures et demie du soir, les ennemis parmi

lesquels on disait qu'il y avait cinq à six mille Corses, nous ont attaqué sur tous les points, et leur attaque a été faite avec une finesse et une intelligence que ne connaissent pas les Corses, et sont venus nous tuer un canonnier à vingt pas de sa pièce en s'embusquant. La fusillade dura près de deux heures et demie ; grâce à nos retranchements, nous n'avons eu qu'un mort et quatorze blessés, mais les ennemis ont fait une grande perte, si l'on en juge par des makis remplis de sang, et par des nez, des oreilles et des cervelles trouvées dans la campagne. Nos troupes se sont battues, tant les Corses que les Français, avec une intrépidité vraiment républicaine. On les entendit par un mouvement spontané crier : A la bayonnette ! et y aller, et ce mouvement seul dissipa les ennemis qui ne voulurent jamais l'attendre. Une colonne anglaise était prête pour attaquer le camp des oliviers, mais la vigueur avec laquelle les postes de la montagne repoussèrent les assaillants leur coupa les jambes, et cela fut bien malheureux, car quatre compagnies de grenadiers au nombre desquels étaient les braves du 61e régiment qui ne voulurent point répondre un seul coup de fusil à deux cents Corses qui les tiraillaient à la portée du pistolet, attendaient l'ennemi à la bayonnette. Depuis ce temps, ils paraissent désespérer de nous vaincre, d'autant que depuis dix jours qu'ils ont ouvert leurs batteries, ils n'ont pas gagné un pouce de terrain. Ils comptaient sur deux grands moyens : le premier, sur des trahisons dans Bastia ; mais je dois rendre à cette ville la justice que la majorité s'est bien prononcée, et pour contenir la minorité factieuse, j'ai fait arrêter 30 ou 35 chefs, qui me répondent des moindres mouvements. Quant au second, je sais que Paoli n'a des succès que par des assassinats, mais je l'empêcherai de continuer sur moi ses expériences ; au surplus, je m'en occupe fort peu.

LACOMBE S.-MICHEL.

Lacombe S.-Michel au Comité de Salut public.

Le 4 floréal an II (23 Avril 1794).

Voilà treize jours, citoyens collègues, que les Anglais nous canonnent et nous bombardent ; ils ne laissent pas de tuer et de blesser du monde, surtout depuis une nouvelle batterie qu'ils ont démasquée avant-hier, que nous avons démontée trois fois. Nous leur faisons beaucoup de mal, mais ils en font au côté de la ville qu'ils attaquent ; une partie est en cendres. Une chose m'inquiète, c'est que nous manquons de poudre. Ce département a tellement été négligé depuis longtemps que tout y manquait. J'envoie ce soir deux felouques et six gondoles à Gênes pour tâcher de m'en procurer. Nos vivres suivent à peu près la même proportion, parce que, quoique nous ayons une ressource à l'isle de Capraja, nous n'en pouvons avoir qu'au moyen de petites gondoles à rames et qui sont obligées de passer à travers la flotte anglaise. Nous sommes donc à bout de nos munitions et de nos vivres, je dirai aussi de nos soldats. Ces défenseurs de la patrie servent avec un courage remarquable ; ils descendent la garde pour aller au bivouac et ils descendent le bivouac pour monter la garde ; ils sont attaqués toutes les nuits et les passent sous les armes. Ils voudraient foncer à la bayonnette, mais je suis obligé de calmer leur ardeur, à peine de tout perdre. Les ennemis sont retranchés et je ne puis les attaquer qu'avec désavantage. J'ai à combattre l'universalité des Corses, car il n'en marche que contre nous ; personne ne vient nous secourir. J'ai à combattre toute la flotte anglaise, et le général Elliot et les émigrés qui se sont échappés de Toulon. Ils déployent contre nous toute leur rage, car ils tirent à boulets rouges ; mais nos braves et habiles canonniers les écrasent ; nos soldats servent avec la plus grande distinction et réparent, quels que soient les événements, d'une manière bien éclatante l'échec qu'ils ont reçu à Fornali.

Je tiendrai jusqu'au dernier morceau de pain et la dernière livre de poudre. J'aurais pu à la dernière extrémité faire une marche forcée sur Calvi en traversant la Corse, mais malheureusement, il n'y a guère plus de vivres qu'ici. Il est donc indispensable qu'on nous envoye de prompts secours. Il faut que je défende avec 1.100 hommes cinq camps, trois forts extérieurs, sans compter le service ordinaire de la place ; aussi sommes-nous excédés de fatigue, et nous attendons avec impatience l'escadre qui, d'après la dernière lettre de Saliceti, a du sortir de Toulon le 20 germinal. Notre position n'est pas brillante. Environnés de tous nos ennemis, en proie à tous les besoins, nous n'avons pas même un point pour faire une retraite. Cependant nous battons nos ennemis ; ils sont repoussés tous les soirs et l'ont été dans une attaque générale.

Lacombe S.-Michel.

P. S. La ville se montre bien. Il est vrai que j'ay eu la précaution de faire arrêter 40 personnes et leur ai annoncé le jour du parlementaire qu'au moindre mouvement je les ferais fusiller.

Lacombe S.-Michel aux représentants du peuple à l'armée d'Italie.

A Capraya, le 8 floréal an 2 (27 Avril 1794).

Il y avait 24 heures, citoyens collègues, que j'avais donné l'ordre au général Rochon, dont la santé est entièrement détruite, et qui a mérité la confiance des habitants et des troupes pendant le temps qu'il a commandé à Bastia, de passer sur le champ à Gênes solliciter un secours de poudre dont la ville de Bastia a le plus pressant besoin, et lui avais enjoint de se rendre ensuite auprès de vous exposer la position où se trouvait cette ville, bombardée, battue depuis 15 jours à boulets rouges, mais dont le courage des habitants et de la garnison méritent toute votre sollicitude et exigeait un secours prochain en munitions de guerre et en vivres, pour sauver cette capitale de la Corse de toute la rage des Anglais et de toutes les vengeances des Paolistes, lorsque j'ai reçu la lettre du 15 germinal, de Saliceti, par laquelle il me marque que vous alliez tout risquer pour faire arriver l'escadre française au secours de cette place.

Mais comme le lendemain de la lettre du 15 germinal, j'appris par la voye du consul de France à Gênes qu'une escadre espagnole forte de 7 vaisseaux de 74, deux de 64, huit frégates, venait d'arriver à Livourne et que la plus grande partie des forces anglaises sont parties de Bastia, j'ai craint qu'elles ne se réunissent aux forces espagnoles. J'ai pensé alors qu'il fallait tout sacrifier pour sauver un échec à la flotte de la République, l'espoir de la France dans la Méditerranée, et à la conservation de laquelle est peut-être attachée des brillantes et immortelles destinées.

En conséquence, citoyens collègues, en donnant une profonde et juste reconnaissance aux sentiments généreux qui vous faisaient tout sacrifier pour venir à mon secours, je n'ai pas hésité un instant à remplir le rigoureux devoir dont j'étais chargé dans cette occasion, celui de quitter un instant mes braves frères d'armes et une ville qui se couvre de gloire, pour aller moi-même arrêter le départ de la flotte française et m'occuper avec vous des moyens partiels, mais célérés, qu'il faut employer et que je suis venu chercher au milieu de mille dangers et peut-être des plus infâmes calomnies. Mais le courage d'un représentant du plus grand peuple de l'univers ne connaît pas les basses passions, et la gloire de sa patrie est le seul objet qui l'occupe.

Lacombe S.-Michel.

Le général divisionnaire Gentili à Lacombe S.-Michel.

Bastia, le 9 floréal an 2 (28 Avril 1794).

Citoyen représentant, — La nouvelle de votre départ a été apprise le lendemain avec calme. J'ai assemblé la garnison et les habitants, je leur ai lu vos lettres et la proclamation. Quoique de mauvais esprits aient cherché à égarer le soldat et les habitants, j'ai néanmoins eu la satisfaction de trouver l'un et l'autre fort rassurés sur l'objet de votre départ. Tous ont crié : Vive le représentant ! Vive la République ! La ville surtout est plus que jamais animée, et je vous assure que si les Anglais où les rebelles avaient osé se présenter, nous les aurions battus complètement.

Un gendarme déserté alla rapporter à l'ennemi que vous aviez pris la fuite. Vous jugez combien cette fausse nouvelle les a égayés. Quelques heures après on a fait croire aux Corses que vous étiez prisonnier à bord du vaisseau-amiral ; cette ruse n'a pas produit un grand effet, puisqu'elle a été bientôt connue. Ainsi le mouvement de l'intérieur ne se manifeste pas aussi fortement que je l'aurais cru ; j'espère que dans deux ou trois jours, nous serons plus tranquilles à cet égard.

L'ennemi cherche à nous bloquer par mer jusqu'aux dents : un vaisseau, deux frégates et des cutters ont mouillé devant le port à une portée et demie du canon. Je crains qu'il ne nous gêne beaucoup pour nos envois de farines de Caprara à Bastia. Je fais partir ce soir le corsaire *La Légère* et une felouque génoise pour aller chercher des farines à Caprara. Il a l'ordre d'escorter les corailleurs que nous attendons de Gênes avec autant de besoin que d'impatience.

J'espère que la présente accélérera l'arrivée des grands moyens qui doivent nous délivrer. Il y va de ton honneur et de ta gloire ; je te ferais injure, si je te sollicitais davantage à cet égard.

Je suis très content des amis que tu m'as donnés ; je vis avec eux, et je leur accorde volontiers ma confiance, parce qu'ils la méritent tout entière.

Franceschi se rappelle à ton souvenir et te présente ses amitiés.

Salut, fraternité et amitié sincère.

GENTILI.

Saliceti au Comité de Salut public.

Au Port de la Montagne, le 11 floréal an 2 (30 Avril 1794).

Citoyens Collègues,

Pendant l'expédition d'Oneille, nous avons mes collègues Ricord, Robespierre le jeune et moi, donné par trois fois l'ordre au contre-amiral Martin de faire voile du Port de la Montagne avec tous les vaisseaux qui se seraient trouvés prêts, et trois fois il a refusé de sortir, sous le prétexte que les ennemis croisaient sur les parages de la République en forces supérieures.

Mes collègues ont pris le parti de m'envoyer d'Ormea pour accélérer la sortie de l'escadre. Je suis arrivé hier, et lorsque tout était prêt pour sortir avec six vaisseaux, quatre frégates et trois corvettes, nous avons reçu par la voye du commissaire de la marine votre arrêté du 2 de ce mois, qui fait défense au contre-amiral Martin de sortir jusqu'à nouvel ordre.

En prenant, citoyens collègues, l'arrêté dont je viens de vous parler, vous avez supposé sans doute que la disproportion des forces était telle à ne pas nous laisser l'espoir de mettre à la mer avec apparence de succès. On vous a induits en erreur sur la véritable situation des choses, et ceux qui ont provoqué la mesure que vous avez cru indispensable de prendre pour l'intérêt de la République, sont comptables à la nation du retard qu'éprouvent les convois de blé et de la perte inévitable de la Corse, si on la laisse encore quelque temps sans secours.

Voici quelle est la situation des ennemis dans la Méditerranée. Ils ont tout au plus en croisières sous le Port de la Montagne cinq vaisseaux, et six à sept entre frégates, bricks corvettes ; quatre vaisseaux et autant de frégates ou corvettes en Corse, deux vaisseaux à Livourne et un à Naples. Quant à l'escadre espagnole, la moitié est à la rade de Livourne, et l'autre moitié à fait voile pour Naples.

Si nous mettons à la voile maintenant avec les forces que nous avons, nous trouvons celles de l'ennemi dispersées, et nous avons par là une très grande probabilité de le battre ou de protéger l'arrivage des subsistances, et de secourir la Corse sans nous exposer à un combat. Il faut que l'escadre du Port de la Montagne sorte maintenant ou se déterminer à lui faire garder le port pendant toute la campagne, car aussitôt que les Anglais auront réuni leurs moyens et que leur jonction avec les Espagnols sera effectuée, ils nous présenteront toujours une force triple de celle que nous pourrions mettre à la mer, quelle que soit l'activité que l'on apporte à l'armement.

Vous devez être aussi bien que moi pénétrés du besoin qu'a la République de faire paraître sa marine dans la Méditerranée. Il faut de l'audace et si vous voulez avoir confiance en nous, je vous assure que nous n'exposerons nos forces maritimes qu'avec une très grande probabilité de succès. Les capitaines de vaisseau ne sont pas fâchés de manger leurs appointements dans le port, et de voir des dangers où véritablement il n'en existe pas.

Quelque envie que j'aye de porter des secours au pays où je suis malheureusement né, elle ne me fera jamais hazarder les forces maritimes de la République, sans avoir au moins la moitié des probabilités pour nous.

Le citoyen Dalous qui vient d'arriver de Corse, envoyé par mon collègue Lacombe S.-Michel, vous remettra la présente. Il vous exposera en détail la situation de la Corse, et tous les moyens qu'on pourra employer pour soutenir les intérêts de la République dans ce pays-là. Je vous prie de l'entendre, et de me faire part le plus tôt possible des ordres que vous aurez à donner relativement à l'escadre qui, conformément à votre arrêté du 2 de ce mois, ne peut plus mettre à la voile que d'après les nouvelles dispositions que vous pourrez faire.

Notre collègue Lacombe S.-Michel défend Bastia avec un courage fait pour étonner les esclaves de Pitt. Il a déjà le 22 brûlé une frégate de 40 pièces de canon portant du 18, embossée devant la ville pour seconder le feu des batteries de terre qu'ils y ont établies.

Un coup de vent d'est qui a soufflé, il y a quelques jours, a jeté à la côte, sur les rochers de S. Tropez, le vaisseau anglais *L'Ardent* de 64 ; il a été entièrement brisé et englouti par les vagues.

L'armée d'Italie a dû attaquer le 9 les hauteurs de Saorgio, et j'ai lieu de croire qu'elle les aura emportées.

Salut et fraternité.

SALICETI.

Saliceti et Moltedo au Ministre de la guerre.

Port de la Montagne, le 12 floréal an 2 (1er Mai 1794).

La Convention nationale aura appris la nouvelle de la prise de Saorgio par l'armée de la République. Cette nouvelle produit dans toute l'Italie le meilleur effet. Il faut que l'armée navale qui se trouve dans les meilleures dispositions relève la marine de la République dans la Méditerranée. Le Comité de Salut public a pris le deux de ce mois un arrêté par lequel il défend au contre-amiral Martin de sortir jusqu'à nouvel ordre. Il nous est arrivé ici lorsque Saliceti arrivait d'Ormea pour accélérer le départ des vaisseaux. Ce contre-temps a déconcerté toutes les mesures qu'il avait prises avec ses collègues. Ce matin il a écrit au Comité pour demander qu'il nous laisse la faculté de faire sortir l'escadre. On vous a adressé copie de la dépêche qui vous arrivera après celle-ci. Le moment est trop favorable pour délivrer la Corse, les forces des ennemis sont dispersées; ils ont sur nos parages tout au plus six vaisseaux et autant de frégates ou corvettes, quatre vaisseaux devant Bastia, deux à Livourne et un à Naples. L'escadre espagnole se trouve moitié à Livourne et moitié à Naples. Si le Comité consent à la sortie de notre escadre qui pourra être composée de 7 vaisseaux et 8 entre frégates et corvettes, nous croyons pouvoir vous assurer qu'on pourra avoir des succès, ou du moins que la commission sera consommée sans combat. Nous serons audacieux, mais avec prudence. Tâchez d'obtenir du Comité de Salut public la permission de faire mettre l'escadre à la voile, si les circonstances nous le permettent.

SALICETI. — MOLTEDO.

P. S. — Se il Comitato dà la facoltà di sortire colla squadra, vi prego di ottenermi la libertà di poter ritornare al mio posto, la mia commissione essendo finita; di questa maniera sortirò degl'intrighi delle donne, dalle quali hanno voluto far credere che io mi trovo attorniato. Salutate gli amici, e credetemi sempre al solito etc.

MOLTEDO.

Lacombe S.-Michel au Comité de Salut public.

A Gênes, le 13 floréal an 2 (2 Mai 1794).

Je vous envoye, citoyens, la copie de la lettre que j'écris à mes collègues de l'armée d'Italie. Vous y verrez les raisons puissantes qui m'ont déterminé à venir presser les secours qu'exige la Corse. Il fallait et sauver cette partie de la République et sauver la flotte, l'espoir de la Méditerranée ; de grandes forces ennemies l'attendent, et il est possible de secourir la Corse sans la hazarder. Bastia était à bout de ses poudres et dès le jour de mon arrivée, par mes soins, il est parti d'ici un petit convoy sur des bateaux à rames ; il en partira successivement jusqu'à la concurrence de 28 milliers. Je fais faire un approvisionnement en farines sur l'isle de Caprara, qui se versera successivement sur Bastia, au risque qu'il y en ait une portion de prise par l'escadre anglaise qui bloque le port de Bastia. J'espère faire partir aujourd'hui un secours en argent et je pars de suite pour aller me concerter avec mes collègues sur les mesures ultérieures. Je vais d'abord à Nice et ensuite au Port de la Montagne, si Saliceti y est. Je sais que l'on a cherché à le brouiller avec moy, mais j'espère qu'il est ainsi que moy, trop bon patriote pour ne pas oublier tout ressentiment personnel et ne songer qu'à la patrie. Les divisions entre les représentants du peuple sont autant de plaies mortelles qu'elle reçoit ; d'ailleurs on doit passer un peu d'humeur à celui qui, attendant depuis longtemps des secours, se voit renvoyer de jour en jour et devient le plastron de toutes les demandes. Je n'ai pas prétendu que ce fût la faute de Saliceti, mais il m'était bien permis de me plaindre.

Le double intérêt du salut de l'escadre et de celui de la Corse ont déterminé mon voyage. Je me flatte d'avoir fait tous les sacrifices à ma patrie, car je lui ai sacrifié ma réputation en risquant de passer à travers l'escadre anglaise au risque de tous les périls. Un scélérat nommé Sandreschi est venu répandre dans Gênes que j'étais parti furtivement, en emportant cent mille livres de la caisse militaire, et en se disant faussement envoyé à Saliceti de la part du général de division Gentili. On m'assure que Sandreschi s'est concerté avec les émigrés qui sont ici. J'ai écrit à Saliceti et à Robespierrre pour qu'on l'arrête. Si je suis coupable de ce crime, il faut que ma tête tombe ; si je suis calomnié, je demande pour lui la peine des calomniateurs. Il me paraît voir dans cette démarche combinée les manœuvres des paolistes de Bastia, dont j'ai fait arrêter les chefs ; et le Français qui n'a pas été en Corse ne sait pas à quel point on y distille la calomnie. Je n'aurais pas besoin d'y répondre, et je crois que vous me connaissez trop bien pour craindre que je sois parti sans avoir donné mes ordres à celui qui devait commander, sans en prévenir le premier magistrat du peuple. J'ai fait tout cela ; le général Gentili était chez moi deux heures avant mon départ, et le maire m'accompagna jusqu'au bateau, et si je n'ay pas publié mon départ, c'est que les Anglais étaient instruits à l'instant de tout ce qui se passait à Bastia. Je vous demande de vous défier de tout rapport, et d'être surs que j'ai en main de quoi vous prouver que ma conduite est irréprochable et que la patrie a été tout pour moi.

J.-P. LACOMBE S.-MICHEL.

Saliceti et Moltedo au Comité de Salut public.

Au Port de la Montagne, le 13 floréal an 2 (2 Mai 1794).

Saliceti, l'un de nous, qui a été envoyé ici d'Ormea par ses collègues Robespierre le jeune et Ricord, pour presser la sortie de l'escadre, vous a fait ce matin des observations sur votre arrêté du 2 de ce mois qui défend au contre-amiral Martin de mettre à la voile jusqu'à nouvel ordre.

Nous apprenons aujourd'hui la prise de Saorgio ; cette victoire importante a imprimé une commotion violente dans toute l'Italie ; ici elle a électrisé toutes les âmes ; le pavillon tricolore flotte sur ce fort fameux qui fut inexpugnable aux soldats de la tyrannie, tandis que celui des despotes se déploye insolemment sur nos parages. Il est temps qu'il disparaisse devant la valeur républicaine ; sept vaisseaux, quatre frégates et autant de corvettes seront sous huitaine en état de mettre à la voile. Ils seront forts de plusieurs moyens d'attaquer qui manquent à nos ennemis, des équipages frais, des boulets rouges, et des soldats victorieux. Il est probable qu'ils ne rencontreront point réunies des forces supérieures. Les Anglais ont six vaisseaux, autant de frégates ou corvettes sur nos parages, quatre sur ceux de Corse ; deux à Livourne et un à Naples. L'escadre espagnole est répartie dans ces deux ports. La jonction des escadres réunies n'a pas encore eu lieu. La nôtre doit-elle attendre cette époque pour sortir ? Elle peut aujourd'hui les combattre en détail : nous pensons que c'est l'instant qu'il faut saisir. Nous n'oublierons pas les règles de la prudence, mais c'est l'audace qui doit affranchir la Méditerranée et consommer le triomphe de la liberté. C'est aujourd'hui ou jamais le moment de combattre. Nos troupes suppléeront par leur nombre et leur valeur aux moyens maritimes qui pourraient nous manquer.

SALICETI. — MOLTEDO.

Lacombe S.-Michel au citoyen Lacombe.

Gênes, le 14 floréal an 2 (3 Mai 1794).

Je suis ici depuis quatre jours, mon cher Lacombe, et je m'occupe sans relâche des moyens partiels de secourir la Corse en attendant qu'on puisse le faire plus en grand.

Bastia était pris, si je ne prenais pas ce parti, parce que nous y manquions de poudre et de vivres. J'ai laissé tout dans la plus grande règle. Je n'avais pas pour demeure la ville de Bastia, ni toute autre ; je devais me porter où je croyais pouvoir la sauver, et je suis venu en France pour, avec mes collègues, en concerter et en accélérer les moyens. Avant de partir, je me suis concerté avec le maire et avec le général que j'y ai laissé pour commandant ; j'ai fait une proclamation à la troupe et aux citoyens, et malgré toutes les manœuvres des riches et des contre-révolutionnaires, les défenseurs de la patrie ont gardé la même contenance qu'ils avaient sous mes ordres, et attendent leur délivrance de l'effet de mes soins.

Je te prie, mon cher Lacombe, de me parer actuellement les coups que l'intrigue peut me porter. Je sais qu'un nommé Sandreschi, se disant député des corps constitués de Bastia, est passé ici, a répandu que je m'étais sauvé en emportant cent mille livres à la caisse militaire. Il allait à Saliceti. Je suis fort de ma confiance et des preuves que j'ai en main, mais il faut se parer d'une première impression. J'ai fait arrêter beaucoup de monde à Bastia, et leurs parents ne manqueront pas de me calomnier. On craint que je ne parle et ne dise la vérité. On a cherché à m'empoisonner, à me faire assassiner et à me livrer aux Anglais, et je m'attends à l'invention de toutes les calomnies. Je te prie de voir le Comité de Salut public, et de le prier de se défier de tout rapport, quelque assertionné qu'il soit. Je pourvois aux moyens de secourir momentanément la ville de Bastia, et je porte avec moi les preuves les plus claires de ma conduite. Si je ne prouve pas que j'ai bien mérité de la patrie, je provoque d'avance le décret d'accusation contre moi. Tu remettras cette lettre au Comité de Salut public, et à Billaud-Varennes celle qui le concerne. Adieu, je suis excédé de fatigue et j'ai bien besoin de repos. Je crois avoir fait une belle défense et je réponds que tant qu'il y aura du pain et de la poudre à Bastia, la ville ne sera pas prise. Je connais trop bien le chef qui y commande et les troupes qui la défendent, et si les vivres venaient à leur manquer, elles ne seraient pas prises ; elles se porteraient par une marche forcée sur Calvi. Je me proposais de le faire à la dernière extrémité, et je suis sûr que le général Gentili le fera. J'en ai préparé tous les moyens en conservant les hauteurs qui laissent la possibilité de la retraite ; et pour assiéger Calvi, il faut du temps et de grands préparatifs ; les familles des patriotes seraient aussi sauvées. Lis ma lettre au Comité, et assure-les bien que je mérite sa confiance. Mes registres sont en France, et l'on peut maintenant m'assassiner, peu m'importe. Mais si je l'avais été en Corse, ne pouvant plus me défendre, les habitants de cette isle auraient diffamé ma mémoire.

Lacombe S.-Michel.

Saliceti et Moltedo au Comité de Salut public.

Port de la Montagne, le 15 floréal an 2 (4 Mai 1794).

Par un courrier extraordinaire qui vient de nous arriver de Corse, nous apprenons la nouvelle que notre collègue Lacombe S.-Michel a quitté Bastia le 5 de ce mois, pour venir, dit-on, dans le continent chercher des secours. Son départ a donné quelques inquiétudes à la garnison. Cependant les patriotes nous marquent qu'ils sont décidés à périr plutôt que de se rendre. Ils tiennent bien, ils ont des vivres encore pour un mois, et Saliceti, l'un de nous, va voler à son secours.

Saliceti. — Moltedo.

Saliceti à ses collègues et amis, Robespierre Jeune et Ricord.

Port de la Montagne, le 16 floréal an 2 (5 Mai 1794).

J'ai reçu, mes chers amis, avec votre lettre du 14 de ce mois, celle de notre collègue, Lacombe S.-Michel. Je ne me permettrai aucune réflexion sur son départ de Bastia, dans le moment du danger le plus imminent. Il nous avait promis qu'il n'aurait pas capitulé ; il a tenu parole.

La lettre qu'il nous écrit de Gênes ne s'accorde guère avec celle qu'il a adressée au général Gentili la veille de son départ, et moins encore pour ce qui me regarde en particulier, avec celle qu'il écrivit au Comité de Salut public, lors de mon voyage à Paris. Je vous envoye copie de ces deux pièces, et je m'en rapporte entièrement au jugement que vous en porterez. Vous avez été témoins constants de ma conduite, et personne ne pourra mieux que vous juger si je mérite les très graves inculpations qu'il a portées contre moi au Comité. Je sais qu'on les a appréciées à leur juste valeur, et je vous assure que sa conduite à mon égard n'entrera pour rien dans toutes les opérations que l'intérêt de la République nous obligera de prendre de concert. Cependant, je crois devoir vous observer que jusqu'à présent, dans toutes ses lettres, il n'a jamais parlé de la détresse où il prétend que la place se trouve relativement aux munitions de guerre. Je sais que son chef d'artillerie a jeté 300 barils de poudre à la mer, par la raison, dit-il, qu'elle se trouvait gâtée.

Il parait prouvé qu'il a dit à plusieurs officiers que trois jours après son départ on pourrait capituler. Je ne sais trop comment concilier ses perpétuelles déclamations contre moi, sous le prétexte que je ne faisais pas sortir l'escadre, avec la précaution qui l'a, selon lui, porté sur le continent, pour empêcher la sortie de cette même escadre que des forces supérieures pourraient compromettre. Selon ma faible manière de voir, il n'aurait jamais dû permettre au général Rochon, qui commandait la place, de saisir cette occasion pour abandonner le poste où l'honneur l'avait placé.

Je ne devais pas vous laisser ignorer les réflexions qui se présentent tout simplement à mon imagination à l'égard de sa démarche, ni les motifs qui m'ont donné lieu de me plaindre légèrement de ses procédés ; mais vous pouvez compter que pour ce qui me regarde particulièrement, je les ai entièrement oubliés. La chose seule absorbe toute mon attention.

Nous pourrons sortir d'ici avec 6 et peut-être 7 vaisseaux, 4 frégates et 3 corvettes, bien armés et garnis de fourneaux à rougir les boulets. Les marins me paraissent disposés à seconder mon zèle, et j'ai lieu d'espérer que non seulement nous pourrons avoir l'occasion de secourir la Corse, mais aussi de relever la marine de la République dans la Méditerranée. Si vous n'approuvez pas la sortie de l'escadre, je prendrai le parti de me rendre seul en Corse. Les républicains qui se battent dans ce pays pour la liberté ont droit à ce faible sacrifice de ma part. J'aurai au moins la consolation de vaincre ou de mourir avec eux.

Du 19 floréal an 2 (8 Mai 1794).

Le Comité de Salut public, d'après les nouveaux renseignements donnés par Saliceti, représentant du peuple, dans sa dépêche du Port de la Montagne en datte du 11 de ce mois, l'autorise à faire partir les vaisseaux qui se trouvent armés au Port de la Montagne, et à disposer des forces maritimes pour porter en Corse tous les secours nécessaires.

Il fera embarquer sur cette escadre les troupes disponibles

qu'il jugera nécessaires, ainsi que les approvisionnements eu subsistances, en armes, munitions et numéraire qu'il croira indispensables pour la défense de la Corse.

Billaud-Varennes, Barère, Carnot, Collot d'Herbois, C. A. Prieur.

Le Comité de Salut public à Lacombe S.-Michel, à Bastia.

Paris, le 19 floréal de l'an II (8 Mai 1794).

Ne crois pas, cher collègue, que nous ayons été insensibles aux dangers de ta position ; que nous ayons moins souffert que toi d'une interruption de correspondance qu'il eût été si intéressant pour nous de faire cesser, de l'impossibilité enfin où nous nous sommes vus de te faire passer les secours dont nous savions que tu avais si grand besoin. Ton courage et l'énergie de ton caractère nous ont rassurés ; ils ont tenu lieu de tout au pays que tu t'étais chargé de défendre ; tu as repoussé les Anglais et déjoué les Paolistes, et si la Corse fait encore partie du territoire de la République, nous nous plaisons à t'en regarder comme le véritable sauveur. Tu sais que les Anglais, maîtres de la mer, même après leur expulsion du Port de la Montagne, n'ont pas cessé d'intercepter nos communications, que l'impossibilité d'avoir des subsistances pour les parties méridionales de la République nous a forcés de songer à la conquête d'Oneille, et que cette entreprise a exigé l'emploi de toutes les forces de l'armée d'Italie, que son succès nous a conduits à des entreprises nouvelles qui ont été heureuses et décisives, puisqu'elles ont fait tomber en nos mains le fort de Saorgio, et qui nous donnent enfin l'espoir de pouvoir porter près de toi les secours que tu dois attendre avec tant d'impatience. Nous pressons notre collègue Saliceti de ne pas perdre un moment pour cette opératon qui doit sauver la Corse, et lui-même nous annonce le désir le plus ardent d'exécuter ce projet sans aucun retard. Une espèce de malentendu, ou plutôt la crainte de compromettre nos forces navales dans la Méditerranée, vis-à-vis des forces très supérieures de l'ennemi, nous avait déterminés à défendre provisoirement leur sortie du Port de la Montagne. Nous nous hâtons de lever cet embargo et d'autoriser Saliceti à faire mettre sur le champ à la voile.

Persévère, cher collègue, dans la vigueur que tu as déployée jusqu'à ce moment ; notre confiance la plus absolue repose sur toi. Salut et fraternité.

BILLAUD-VARENNE, BARÈRE, CARNOT, COLLET-D'HERBOIS.

Procès-verbaux des séances du Comité militaire de la garnison de Bastia en Corse.

Cejourd'hui vingt-huit floréal (17 mai), l'an second de la République française,

Le général divisionnaire Gentili, commandant en chef par intérim la vingt-troisième division militaire, ayant invité chez lui les généraux Cattelan et Feriol, généraux de brigade, Alcher, La Balguerie et Casalta, chefs de brigade, Couthand et Franceschi, adjudants-généraux, Vital, commandant du génie, Taviel, chef de bataillon de l'artillerie, Galeazzini, maire de la ville, et Gosselin, commissaire ordonnateur des guerres, leur a dit que dans la position critique où se trouve la place bloquée par mer et assiégée par terre depuis. . . . . jours, il désirait de prendre les conseils et les avis de ces différents chefs militaires et civils sur toutes les mesures qu'il serait nécessaire de prendre, soit pour la défense de la place, soit pour assurer davantage le succès des dispositions à prendre pour le salut public ; il les a engagés en conséquence à se réunir chez lui deux fois par jour, savoir le matin à 9 heures et le soir à 7 heures, et à former un Comité militaire.

Les officiers généraux et supérieurs ci-dessus nommés ayant adhéré à cette invitation, le Comité s'étant provisoirement constitué, sous la réserve d'y adjoindre tout autre membre que par son grade ou par la nature de ses fonctions il serait utile d'y appeler, a, sur les différentes propositions qui lui ont été faites par le général en chef, délibéré ce qui suit :

1º Pour aller au secours de la position indigente du peuple qui ne trouve pas à acheter du pain, il sera mis à la disposition de la municipalité seize sacs de farine blutée, venue de Capraja, lesquels mélangés avec de la farine de lupins seront distribués aux habitants les plus pauvres en proportion de leurs besoins et à différentes reprises.

2º En conséquence de la loi qui met en commun toutes les matières, marchandises ou denrées en tout genre, existant dans une ville assiégée, il a été arrêté qu'il sera écrit une lettre à la municipalité pour l'engager à faire exécuter dans la nuit prochaine des visites domiciliaires chez tous les citoyens aisés, où l'on suppose exister des vivres, afin de les ramener dans un endroit commun choisi par la commune, et être ensuite distribués également tant à tous les citoyens et familles en raison de leurs besoins, qu'à la troupe, sous l'approbation expresse du général.

3º Le Comité charge les citoyens Gosselin et Couthand de faire examiner par un essai que l'on fera le plus tôt possible, s'il ne conviendrait pas de réduire en biscuit le pain que l'on distribue actuellement, mélangé de farine de lupins, vu la qualité de ce légume, et de rendre compte au Comité de cet essai.

Après quoi la séance a été levée et tous les membres présents ont signé : Gentili, Catellan, Ferriol, E. Alcher, Vital, Casalta, Taviel, Balguerie, Galeazzini, maire, Couthand, Franceschi et Gosselin, commissaire des guerres, faisant fonctions d'ordonnateur.

Séance du 29 floréal, l'an second de la République.

Le Comité militaire réuni en la salle ordinaire, le commissaire ordonnateur des guerres par intérim a présenté l'état des farines qui existent dans les magasins de la République, et celui de la consommation journalière. Le résultat de cet état porte qu'il ne reste plus pour pourvoir à la subsistance du soldat que pour le quatre prairial inclus, c'est-à-dire pour six jours.

Le Comité profondément affligé de la pénurie dans laquelle on se trouve, et voulant prendre toutes les mesures possibles pour procurer à la troupe et à la garnison les subsistances le plus longtemps qu'il sera possible, en attendant l'arrivée du secours qu'on attend de France ;

Informé que deux coralines chargées de farine, venant de Capraja, ont été prises par l'ennemi, qu'il n'en reste plus qu'une dans cette isle, et que l'on ignore si elle pourra réussir à passer sans tomber en proie à l'ennemi ;

Arrête que les visites domiciliaires, chez tous les citoyens indistinctement se fassent aujourd'hui ; qu'il y aura deux officiers municipaux, un officier délégué, et un officier de gendarmerie, lesquels seront assistés d'une ou deux brigades de gendarmes accompagnés de maçons ou ouvriers pour fouiller dans les caves ou maisons, où l'on soupçonne y avoir des vivres cachés, et qu'il sera rendu compte du résultat de cette recherche générale au Comité à la première séance. Le citoyen maire, présent, s'est chargé de la prompte exécution de cet arrêté.

Arrête aussi qu'en même temps qu'on fera les visites domiciliaires, on fera dans la ville des patrouilles pour empêcher les recèlements, et le commandant de la place fera à cet égard ses dispositions de concert avec la municipalité.

Pour mettre plus de célérité dans cette opération, la municipalité sera invitée à nommer autant de commissions municipales qu'il y a de quartiers de la ville, y compris la citadelle, et que le commandant de place désignera les officiers qui assisteront ces commissions, et qu'il leur fournira aussi le secours des troupes de ligne, s'ils en ont besoin.

Après quoi, la séance a été levée et les membres ont signé à l'original.

Séance du 29 floréal à sept heures du soir.

Le Comité militaire assemblé, composé des mêmes membres,

Le général en chef a dit que, sur le compte qui lui avait été rendu en dernier lieu, qu'il existait dans les hôpitaux militaires beaucoup de blessés ou infirmes qui avaient besoin de passer en France soit pour prendre les eaux thermales, soit pour y trouver les secours qui manquent ici, il expédia un gros bateau de poste où il y en avait environ vingt, lequel ayant été saisi par l'ennemi, le bâtiment a été renvoyé dans le port; que le patron et plusieurs malades ont assuré que des officiers anglais leur ont dit que l'amiral leur aurait accordé volontiers un passeport pour passer en France, si on lui en avait fait la demande dans les règles accoutumées.

Le général en chef a ajouté que ces malades sollicitaient avec instance qu'on demandât pour eux ce passeport, d'autant plus qu'un plus long retard pouvait empêcher les blessés de prendre les eaux thermales et prolonger leurs souffrances.

Le Comité militaire ne se croyant pas autorisé à prendre à cet égard aucune détermination, a jugé à propos de convoquer un conseil de guerre, pour lui faire connaître les instances des blessés et infirmes.

Attendu qu'on ne connaît point en Corse la loi concernant

l'organisation des conseils de guerre, le Comité arrête que le général en chef convoquera un conseil de guerre pour demain à huit heures du matin, qu'il y aura huit membres de chaque corps militaire, savoir, le commandant, un capitaine, un lieutenant, un sous-lieutenant, un sergent, un caporal et deux fusilliers, en prenant les plus anciens de service ; que les généraux, les adjudants-généraux, le commandant et l'adjudant de la place, les commandants du génie et de l'artillerie, les commissaires ordonnateurs de la guerre et de la marine, feront partie de ce conseil, ainsi que le bataillon des sans-culottes de la marine, et en présence de deux membres du département, du district et de la municipalité, qu'il ne sera proposé au conseil de guerre que l'objet relatif aux blessés et aux malades. Après quoi la séance a été levée et remise à demain à deux heures après-midi.

Et les mêmes présents ont signé à l'original.

Séance du 30 floréal, l'an second de la République, à trois heures de relevée.

Le Comité militaire composé des membres ci-dessus nommés, s'étant assemblé,

Le général en chef a dit que, conformément à la délibération prise ce matin par le Conseil de guerre, les chefs de corps de la garnison lui ont remis les états des blessés ou malades, qui ont un besoin pressant de passer en France, et que d'après ces états le nombre est porté à quatre-vingts environ, tandis que le bâtiment disponible pour les y passer, ne peut en contenir tout au plus que cinquante.

Le Conseil, après avoir pris l'avis de l'administrateur en chef de la marine, arrête que le commissaire ordonnateur des guerres nommera un officier supérieur de santé, lequel en sa présence visitera tous les blessés ou infirmes des différentes corps de la garnison qui demandent de passer en

France, et déterminera ceux qui, par la nature de leurs blessures ou de leurs infirmités, ont le besoin le plus urgent d'aller en France, et que le nombre en est fixé à cinquante seulement. Ensuite le général a proposé un projet de lettre à l'amiral pour obtenir le passeport pour les malades. La rédaction en a été approuvée en ces termes :

« Amiral,

» Il existe dans cette place plusieurs officiers, sous-officiers, soldats ou marins qui se trouvent blessés ou mutilés par une suite inévitable de la guerre actuelle. Plusieurs d'entr'eux ont besoin de passer dans le continent pour prendre les eaux thermales, et d'autres pour y trouver les remèdes qui manquent ici ; le sort des premiers est d'autant plus pressant, que s'ils tardaient à prendre les eaux, leur mauvais état se prolongerait pour longtemps. La garnison de cette place a pensé que la nation anglaise n'avait pas oublié les actes d'humanité qui se communiquent entre toutes les parties du corps social. En conséquence, prenant le plus grand et le plus vif intérêt au sort des généreux défenseurs de la patrie, elle m'a chargé dans un conseil de guerre de vous demander un passe-avant pour que tous ces blessés puissent passer à Nice ou à Antibes, sans être arrêtés ou molestés par vos vaisseaux. Ils sont au nombre de cinquante environ, et je vous enverrai l'état, si vous acquiescez à ma demande. — Salut.

» *Le général divisionnaire commandant en chef l'armée de la République française en Corse,*
» Gentili. »

Un membre annonce que l'on aperçoit un parlementaire anglais qui se présente devant le port. Le général en chef consulte le Comité s'il doit ou non recevoir les dépêches dont il peut être porteur, et le Comité décide à l'unanimité pour l'affirmation. En conséquence, les chefs de bataillon, Sinetti et Taviel, sont chargés d'aller avec une compagnie de grenadiers sur le môle pour entendre ce que voudra ce parlementaire anglais, et dans le cas où il annoncerait avoir quelques dépêches, ils la recevront et l'apporteront au Comité.

Sinetti et Taviel, revenus, ont remis sur le bureau un paquet qu'ils ont reçu du parlementaire, adressé au commandant de la garnison et au maire et à la municipalité de Bastia. Il a été ouvert, et il a été fait lecture de la lettre suivante écrite en Anglais :

A bord de *La Victoire,* du 19 mai 1794.

Adresse au Commandant de la garnison et au Maire et aux Municipaux de Bastia.

Messieurs,

Quoique je sois très parfaitement convaincu de l'état de détresse dans lequel la garnison de Bastia est réduite, mais en considération de la défense la plus valeureuse qu'elle a faite, et pour prouver les principes d'humanité qui ont toujours guidé les officiers anglais, je suis disposé d'accorder vos demandes, et si vous voulez envoyer deux ou trois officiers dûment autorisés de traiter, je fournirai le même nombre des miens pour faire une capitulation qui sera conclue immédiatement, aussi honorable pour la garnison qu'il sera possible de la faire raisonnablement.

J'ai l'honneur d'être, avec très grande considération, Messieurs, Votre etc.   Hood.

Le Comité a arrêté que cette lettre sera mise sous les yeux du Conseil de guerre qui doit se tenir demain, et qu'en attendant le général en chef et le maire pourront faire la réponse suivante à l'amiral Hood.

Bastia, le 30 floréal, l'an second de la République etc.

« *Le général divisionnaire, commandant en chef l'armée
de la République française en Corse, et le Maire
de la ville de Bastia,
A lord Hood, amiral du Roi de la Grande Bretagne.*

» Monsieur,

» Nous venons de recevoir la lettre que vous nous avez fait l'honneur de nous écrire aujourd'hui. Comme elle regarde l'honneur et les intérêts les plus chers de la garnison et de la ville qui ne peuvent pas être séparés, nous allons convoquer demain un conseil de guerre auquel assistera le conseil général de la commune et les autres corps administratifs, comme le prescrivent nos lois. Nous leur communiquerons votre lettre et nous aurons soin de vous envoyer la réponse qu'ils auront décidée. »

Cette lettre a été envoyée aussitôt au parlementaire anglais.

D'après l'avis du Comité, le général a ensuite chargé les citoyens chef de brigade Casalta, et chefs de bataillon Sinetti et Couthaud, de se rendre à bord le vaisseau-amiral en parlementaire pour y porter la dépêche relative aux malades et aux blessés. Après quoi la séance a été levée.

Pour copie, GENTILI.

*Procès-verbaux des séances du Conseil de guerre
de la garnison de Bastia.*

Cejourd'hui trente floréal (19 mai), l'an second de la République française une et indivisible, le citoyen Gentili, général de division, commandant en chef par intérim l'armée de Corse, ayant, en exécution de l'arrêté pris hier au soir par le Comité militaire, convoqué le Conseil de guerre de la garnison de Bastia, dans la maison commune, composée des membres suivants : savoir :

Etat-major général. Généraux de brigade : Catellan, commandant en second ; Ferriol, commandant de la place.

Adjudants-généraux : Couthand, chef de bataillon ; Franceschi, id. ; Parigny, adjudant de place, capitaine.

Artillerie : Perrot, chef de brigade, directeur ; Taviel, chef de bataillon, sous-directeur.

Génie : Vital, chef de brigade, directeur, Mellini, capitaine.

4e régiment d'artillerie : Delaître, capitaine commandant ; Georges, lieutenant ; Bourgeois, sergent ; Delègue, caporal ; Robert, artificier ; Clément, idem.

Gendarmerie nationale : Montera, chef d'escadron ; Gentili, capitaine ; Bagnani, lieutenant ; Jean Barchi, maréchal des logis ; Alberti, brigadier, Arrighi, gendarme, remplacé par Noël Burder ; Olmeta, idem.

Infanterie. 26e régiment. La Balguerie, chef de brigade et commandant, La Martonique, lieutenant-colonel ; Nausant, capitaine ; Serval, lieutenant ; Guise, sous-lieutenant ; Le Maire, sergent ; d'Angleterre, caporal ; Châteauville, fusilier ; Auxerre, appointé.

52e régiment : Présié, chef de bataillon, commandant ; Guasco, capitaine ; Menequant, lieutenant ; Bérard, sous-lieutenant ; Potdefer, sergent ; Choca, caporal ; Sansoni, appointé ; Leveille fusilier.

61e régiment : D'Alcher, chef de brigade, commandant ; Jeanbart, capitaine ; Busserant, lieutenant ; Moine, sous-lieutenant ; Lareveille, sergent-major ; Barbier, caporal ; Darsin, appointé ; Bellerose, grenadier.

2e bataillon des Bouches du Rhône : Sinetti, chef de bataillon, commandant ; Roux, capitaine ; Chapuy, lieutenant ; Callot, sous-lieutenant ; Lati, sergent ; Branche d'or, caporal ; Lombard, appointé ; Darbese, fusilier.

1er bataillon de l'Aveyron : Vaissier, capitaine commandant ; David, capitaine ; Faette, lieutenant ; Arderel, sous-lieutenant ; Galibert, sergent ; Chaussé, caporal ; Guillaume, appointé ; Dutel, fusilier.

1er bataillon des volontaires nationaux corses : Casalta, chef de brigade, commandant ; Giovanni, chef de bataillon ; Sebastiani Capellini, capitaine ; Raffaelli, lieutenant ; Bielacci, sous-lieutenant.

15e bataillon d'infanterie légère : Roccaserra, chef de bataillon, commandant ; Casella, capitaine ; Biadelli, lieutenant ; Mattei, sous-lieutenant ; Stella, sergent ; Galeani, caporal ; Lombard, appointé ; Chiavacci, chasseur.

16e bataillon : Colle, chef de bataillon, commandant ; Gentili Matthieu, capitaine ; Moretti Alexandre, lieutenant ; Monti André, sous-lieutenant, Orsantoni, sergent-major ; Bonafede, caporal ; Moretti, appointé ; Février, chasseur.

17e bataillon : Loti Louis, capitaine commandant ; Barboni, capitaine ; Santoni, lieutenant ; Lanfranchi Antoine, sous-lieutenant ; Bonelli F.-M., sergent ; Lega Carlo, caporal ; Cotti Pietro, appointé ; Cotti Ange-François, fusilier.

18e bataillon des chasseurs : Catoni, commandant ; Giovannelli, capitaine ; Catoni, lieutenant ; Peretti, sous-lieutenant ; Pasqualini G. Andrea, sergent ; Valle, caporal ; Vecchiarini, appointé ; Stefanini, chasseur.

Compagnies franches : Landinelli, capitaine ; Pietri, lieutenant ; Rinesi, sous-lieutenant ; Saliceti Giacomo, sergent ; Ajaccio G.-B., caporal ; Giuseppe Maria, fusilier ; Bianchi Giuseppe, appointé.

Bataillon des sans-culottes de la marine : Allemand, commandant *La Flèche,* et chef de bataillon ; Bassier, capitaine ; Manné, lieutenant ; Gaspart, sous-lieutenant ; Buffier, sergent-major ; Roche, caporal ; Dupray, appointé ; Madeleine, appointé.

Et en présence des

Corps administratifs militaires : Gosselin, commissaire,

faisant fonctions d'ordonnateur ; Regnier du Tillet, administrateur en chef de la marine.

Corps administratifs civils. Département : Monti, président ; Orbecchi-Pietri, membre.

District : Bozio, président ; Stefanini, agent national.

Municipalité : Galeazzini, maire ; Gentile, faisant fonctions de procureur de la Commune :

Le général en chef a dit que dans la situation actuelle de la place, il a cru de son devoir de s'occuper de la convocation d'un conseil de guerre, pour lui soumettre les grandes mesures que peut exiger le salut public ; qu'il est également entouré d'un comité militaire composé de plusieurs chefs qui par leurs lumières et leur expérience sont dans le cas de lui donner des conseils utiles dans cette circonstance ; qu'il a été arrêté hier dans ce comité que, ne connaissant pas une loi positive sur le mode de composer le conseil de guerre, le général en chef convoquerait un conseil de guerre composé de huit membres de chaque corps et de tous les grades, en commençant du commandant jusqu'au fusilier, et des corps administratifs militaires et civils :

Que le seul objet de la première convocation de ce conseil est de lui soumettre un objet qui doit intéresser son humanité et sa sensibilité :

Plusieurs de nos braves défenseurs, ayant été blessés ou mutilés dans le combat, ont besoin des secours et des remèdes que nos hôpitaux ne peuvent pas leur fournir ; ils auraient même un besoin urgent d'aller prendre les eaux thermales, et si l'on retarde de les envoyer dans le continent, ils courent danger de conserver plus longtemps les maux qu'ils ont gagnés en défendant la patrie :

Qu'il avait essayé de profiter d'un vent favorable pour les envoyer en France, mais qu'ayant été pris par les ennemis, ils ont tous été renvoyés dans le port ; et l'amiral anglais leur a dit qu'il ne se refuserait pas de leur donner un passeport, si la demande lui en était faite par un parlementaire dans les formes accoutumées :

Que ces malades demandent avec instance l'envoi de ce parlementaire et qu'il consulte le conseil de guerre, si l'on doit ou non envoyer ce parlementaire.

Après que plusieurs membres ont ouvert leur avis,

Le Conseil de guerre arrête à l'unanimité que le général en chef enverra un parlementaire à l'amiral anglais pour lui demander un passeport à l'effet de passer en France tous les blessés, estropiés ou malades qui auraient besoin de passer dans le continent et dont l'état sera remis au général par chaque chef de corps.

Après quoi la séance a été levée à dix heures et renvoyée à la même heure de demain. Le Conseil a arrêté aussi que le commissaire ordonnateur des guerres fera préparer pour la prochaine séance la ci-devant église des Doctrinaires, avec des chaises suffisantes pour chaque membre, et que le procès-verbal de chaque séance sera signé par les chefs de corps seulement. — Fait à Bastia lesdits jours, mois et an que dessus.

Signés à l'original :
GENTILI, CATELLAN, FERRIOL, VITAL, PERROT, etc.

Séance du premier prairial (20 mai), dix heures du matin.

Le Conseil de guerre, composé de tous les membres de la séance de hier, du Conseil général de la commune, du Directoire du District, et du directoire provisoire du département, s'étant réunis dans la ci-devant église des Doctrinaires, la séance a été ouverte, et le citoyen Couthand, adjudant général a rendu compte de la mission dont il a été chargé par le citoyen Gentili, général de division, en suite de la délibération de la séance précédente, conjointement avec le citoyen Casalta, chef de brigade, Sinetti, chef de bataillon, Moli et Jova, lieutenants ; que s'étant rendus au bord de l'amiral anglais vers sept heures du soir, ils lui ont remis la lettre du général Gentili, conçue en ces termes :

Amiral, — Il existe dans cette place plusieurs officiers etc. (Voir cette lettre plus haut).

Que l'amiral anglais, après en avoir fait lecture, leur a répondu qu'attendant lui-même la réponse d'une lettre qu'il venait d'écrire au général Gentili, il se conduirait en conséquence.

Ensuite le général Gentili a donné connaissance au conseil de la lettre qu'il avait reçue de l'amiral anglais la veille à trois heures après-midi, adressée au général en chef, au maire et officiers municipaux de Bastia, écrite en anglais, dont la traduction suit :

Bord de *La Victoire*, le 19 mai 1794.

Messieurs, — Quoique je sois très parfaitement convaincu etc. (Voir cette lettre plus haut, pag. 200).

A cette lettre le général Gentili et le maire de la ville ont répondu de la manière suivante :

Monsieur, — Nous venons de recevoir la lettre que vous nous avez etc. (Voir cette lettre plus haut, pag. 201).

La discussion étant ouverte sur la lettre de l'amiral anglais, le général a proposé la question suivante :

Entamera-t-on une négociation avec l'ennemi ?

L'agent national près du district de Bastia a fait observer qu'avant d'entrer en négociations avec l'ennemi, ce qui tendrait à contracter une capitulation, il était indispensable de constater l'état de la place pour reconnaître si le commandant se trouve dans un des cas prescrits par la loi du 26 Juillet 1792, concernant les places fortes et le mode de les conserver.

A quoi le citoyen Orbecchi-Pietri, un des administrateurs du département, a insisté sur cette observation.

Après plusieurs discussions, il a été arrêté à l'unanimité que pour mettre le conseil de guerre à même de connaître la situation de la place tant pour les munitions de guerre que pour les vivres, un comité composé de six membres, dont trois pris parmi les corps administratifs et trois choisis parmi les militaires, nommés à l'instant, serait chargé de faire la vérification, et le rapport au Conseil séance tenante. Les citoyens Perrot, Cotoni et Marquoit, Monti, président du département, Stefanini, agent national du district, et Galeazzini, maire, désignés pour composer ce comité, sont sortis de la salle pour remplir leur mission.

Le Comité étant rentré a dit que, d'après le rapport qui lui avait été fait par le citoyen Gosselin, faisant fonctions de commissaire ordonnateur des guerres, et la vérification, il résulte que la place est dans le cas prescrit par l'article premier de la loi du 26 juillet 1792, quant aux vivres.

Après quoi, la question du général en chef ayant été mise aux voix, le conseil de guerre, profondément affligé que la disette absolue des subsistances ne permet plus à la garnison et aux habitants de prolonger une défense qu'ils ont soutenue si vigoureusement depuis onze mois de blocus, cinquante jours de siège par mer et par terre, et quarante de bombardement dans une place ouverte ; considérant que les secours du continent annoncés depuis longtemps n'arrivent pas et qu'il n'est plus possible d'espérer des provisions de l'étranger, les passages étant exactement fermés par mer et par terre, et nos bateaux interceptés ; que la garnison a été réduite successivement à douze onces d'un mauvais pain pour la plus grande partie de fèves et de lupins ; considérant enfin qu'il ne lui est plus permis de différer de prendre les mesures propres à conserver à la République des défenseurs et des habitants qui ont tout sacrifié pour lui rester fidèles :

Arrête à l'unanimité d'entamer une négociation avec l'amiral anglais.

Ensuite on a proposé la question suivante : Formera-t-on un comité pour la rédaction des articles à proposer au conseil de guerre pour être ensuite envoyés à l'amiral anglais, ou le Conseil de guerre les rédigera-t-il lui-même ?

L'unanimité du conseil a voté pour la formation d'un Comité.

Le Comité sera-t-il composé d'un membre par corps administratif et par corps militaire ?

Le Conseil a décidé que le Comité serait composé d'un membre de tous les corps.

De suite chaque corps séparément a nommé un de ses membres pour composer le Comité qui a été formé ainsi qu'il suit ; les citoyens :

Couthand, Vital, Taviel, la Martonie, Alcher, Gossancourt, Casella, Colle, Coti, Sinetti, Catoni, Gentili, Landinelli, Giovanni, Galeazzini, Stefanini, Monti, La Bassière, Vaissier, Du Tillet et Gosselin.

Il a été décidé que ce Comité soumettrait à la séance de ce soir les propositions à faire à l'amiral anglais. Et après on a fait lecture d'une adresse des cinq compagnies franches de Bastia qui protestent de vouloir conserver leur fidélité à la République et de suivre entièrement le sort de ses troupes.

On a applaudi à leur dévouement et à leur attachement à la République.

Après quoi, la séance, ayant été levée, a été remise à cinq heures du soir et signée par les mêmes membres.

Séance dudit jour 1er prairial, à cinq heures de relevée.

Le Conseil de guerre, composé comme dessus, s'étant de nouveau assemblé, le Comité chargé du projet de capitulation à présenter à l'amiral anglais,

Après que chaque article a été bien débattu et délibéré avec plusieurs amendements, le dit projet a été arrêté de la manière suivante,

*Projet de Capitulation entre la garnison et les habitants
de Bastia et l'amiral Hood pour le gouvernement britannique.*

Les républicains français abandonneront la place de Bastia aux troupes britanniques aux conditions suivantes : savoir :

Article Premier.

La garnison sortira avec tous les honneurs de la guerre. (Ces articles sont absolument les mêmes que ceux qui sont rapportés pp. 213 et suiv., sauf l'article 9 qui est ainsi conçu dans le projet de capitulation : Pour assurer et maintenir l'ordre et la tranquillité publique, les habitants de Bastia qui voudront y rester, conserveront leurs armes, et nulle troupe ou gens armés etc.).

Et la séance a été levée à huit heures et remise demain à dix heures du matin. Et les mêmes membres ont signé a l'original.

Séance du deux prairial au matin.

Le Conseil de guerre s'étant assemblé au lieu de ses séances ordinaires à dix heures du matin, lecture a été faite des procès-verbaux des deux séances d'hier ; celui du soir a été adopté à l'unanimité et celui du matin, après une longue discussion, a été soumis à une nouvelle rédaction que le conseil a confiée au Comité qui lui a présenté le projet de capitulation.

A midi, le général Gentili a levé la séance et l'a renvoyée à cinq heures du soir et les mêmes membres ont signé.

Séance du soir deux prairial.

Le Conseil de guerre s'étant assemblé au lieu et de la manière accoutumée, la séance a été ouverte par le rapport du Comité chargé de la nouvelle rédaction du procès-verbal de la séance du jour précédent au matin, et cette rédaction ayant été lue et discutée, elle a passé à l'unanimité après quelques amendements.

Coti, commandant le 17e bataillon d'infanterie légère, a proposé pour article additionnel au projet de capitulation, de demander que les familles du Delà des Monts de cette isle, dont les chefs se sont voués au service de la République, aient la liberté de se rendre où bon leur semblera, et jouissent des avantages mentionnés dans l'art. 8 du projet de capitulation. Cette motion a été appuyée par Gosselin, qui a demandé qu'elle fût commune à toutes les familles des fonctionnaires publics résidants ou réfugiés à Bastia. La discussion ayant été ouverte, Mastagli en a demandé l'ajournement au retour des commissaires envoyés à l'amiral. L'ajournement a été adopté.

Le Conseil, sur la motion d'un de ses membres, a délibéré que le même Comité rédacteur du projet de capitulation sera désormais chargé de la rédaction du procès-verbal de chaque séance.

A six heures, la séance a été levée et renvoyée à demain à huit heures du matin, et les membres ont signé à l'original.

Séance du trois prairial, 9 heures du matin.

Le Conseil s'étant asssemblé au lieu ordinaire de ses séances, lecture a été faite des procès-verbaux de la veille, matin et soir, et la rédaction en a été approuvée.

Couthand, adjudant général, rend compte au nom des commissaires envoyés à l'amiral anglais, qu'arrivés au bord de *La Victory,* ils ont remis le projet de capitulation à l'amiral qui a de suite nommé quatre commissaires pour en discuter avec eux les articles.

La traduction ayant été faite en anglais, l'amiral a mis ses réponses en marge.

Couthand, remettant au Conseil de guerre copie de cette traduction signée par les quatre commissaires anglais et par l'amiral, a dit que le contre-amiral avait signifié de la part de son général qu'il n'y serait absolument rien changé, et que les hostilités recommenceraient, si, à midi, il n'était pas donné une réponse positive d'acceptation ou de refus.

Le général Gentili a observé qu'il n'était plus temps de garder le silence et le secret sur la situation des subsistances, que la troupe n'avait de vivres que pour demain, et que les habitants étaient dans une égale détresse ; que sans cette impérieuse considération, il ne consentirait pas à la capitulation, mais qu'il se rendait à l'urgence des circonstances.

Sur quoi la discussion ayant été ouverte, et Couthand ayant repris la parole a dit que la discussion sur le second article concernant la remise des armes avait été d'autant plus longue que l'amiral avait fait proposer par ses commissaires de ne renvoyer les troupes en France qu'à condition qu'elles n'auraient pas servi pendant la guerre contre les puissances coalisées, et que lui ni ses collègues n'ayant pu obtenir une entière adhésion de l'amiral à cet article, ils avaient cru devoir moins insister pour les armes que pour la liberté qu'on a laissée aux troupes de continuer leur service aussitôt après leur arrivée en France. Le Conseil ayant senti, comme ses commissaires, qu'il était plus intéressant de conserver à la République des bras employés déjà utilement et courageusement à sa défense, qu'il n'est pénible de déposer les armes, l'article ayant été mis aux voix, il a été unanimement accepté. Les autres articles, l'ayant été successivement, ont été adoptés. On a posé ensuite la question de savoir si l'on donnerait ou non aux commissaires du Conseil la faculté de signer la capitulation avec le général. Il a été arrêté qu'ils signeraient. On a néanmoins chargé les dits commissaires d'insister de nouveau sur ce que la troupe emporte ses armes, mais au moins que chaque défenseur de la patrie conserve son épée ou son sabre ; de demander aussi si l'amiral a entendu que les drapeaux fassent partie de l'armement de la troupe.

Les commissaires ont été chargés de même de demander conformément à la motion que Coti fit hier, que les familles du Delà des Monts dont les chefs sont réfugiés à Bastia soient compris dans l'article 8 de la capitulation, ainsi que celles des fonctionnaires publics retirés dans la même ville. Enfin il a été délibéré qu'après la signature de la capitulation, elle serait imprimée en français, en anglais, et en italien. La séance a été levée à midi et renvoyée à deux heures après pour la signature du présent procès-verbal, et les mêmes membres ont signé à l'original.

Pour copie conforme aux originaux des procès-verbaux des séances du Conseil de guerre de la garnison de Bastia.

Au Port de la Montagne, le 24 prairial, l'an second de la République française une et indivisible.

GENTILI.

Articles de la Capitulation de la garnison de Bastia en Corse le 21 mai (vieux style) deux prairial l'an 2d de la République.

Par ordre de l'honorable lord Amiral *du bleu*, commandant en chef les vaisseaux et bâtiments de Sa Majesté employés dans la Méditerranée, le vice-amiral Goodall, le capitaine Young, du vaisseau *La Fortitude,* le capitaine Inglefield, adjudant-général de l'escadre et Jean-Marc Arthur, secrétaire de Son Excellence le Commandant en chef, assemblés à bord de *La Victoire* pour recevoir les propositions de capitulation pour Bastia apportées par MM. Etienne Monti, président du département de Corse, Jean-Baptiste Galeazzini, maire de Bastia, Charles-François-Emmanuel Couthand, et Jean-Baptiste Franceschi, adjudants-généraux de l'armée de la République Française,

Les articles suivants ont été proposés, discutés et modifiés de la manière suivante.

Art. 1er.

La garnison sortira avec tous les honneurs de la guerre, ainsi que tout ce qui tient au militaire. — Réponse : Accordé.

Art. 2.

La garnison s'embarquera dans le plus court délai possible après la signature des présents articles au grand môle de ce port, précédée de son artillerie de bataille avec armes et bagages, tambours battants, mèches allumées par les deux bouts, drapeaux déployés, pour être directement transportée au Port de la Montagne et non ailleurs. — Réponse : En considération de la brave défense qu'elle a faite, la garnison marchera au grand môle précédée par deux pièces de campagne, leurs armes, bagages. Là, elle mettra bas ses armes à l'endroit indiqué pour leur embarquement ; elle sera transportée le plus tôt possible au Port de la Montagne (Toulon).

Art. 3.

Toutes les munitions quelconques, pièces d'artillerie, mobilier militaire, et tout ce qui compose et fait partie de l'armée, tant de terre que de mer, sera également transporté au Port de la Montagne. — Réponse : Refusé.

Art. 4.

La corvette *La Flèche* sera équipée en flûte pour servir au transport de la garnison et des citoyens qui voudront la suivre, ainsi que le pinque, *La Marie-Victoire*, et celui chargé de bois de construction qui sont actuellement à la disposition de l'administration de la marine, seront employés à ce transport ; mais ceci n'étant pas suffisant, il sera fourni par l'amiral le nombre nécessaire. Quatre d'iceux ne seront pas visités. Les dites corvettes et pinques, chargés de bois de construction, seront conservés à la République. — Réponse : Les troupes de la garnison et les citoyens qui désireront de partir seront conduits à Toulon au Port de la Montagne sur des bâtiments destinés par son Éminence, le commandant en chef. La corvette française, *La Flèche*, les bâtiments qui sont dans le port doivent être consignés aux officiers de Sa Majesté Britannique. Les bâtiments de pêche étant nécessaires à la subsistance des habitants, resteront en leur possession, pourvu qu'ils en prouvent la propriété. Le surplus de cet article ne peut pas être admis.

Art. 5.

Les malades qui ne pourront souffrir le transport resteront dans l'un des hôpitaux qu'ils occupent, soignés aux frais de la République par les officiers de santé qui seront désignés, sous la surveillance d'un commissaire des guerres, et lorsqu'ils seront en état de supporter le voyage, il leur sera fourni des bâtiments pour leur transport par le commandant anglais. — Réponse : Accordé.

Art. 6.

Les membres des corps constitués et toutes personnes attachées au service de la République sous quelques dénominations que ce puisse être, ou pensionnées, participeront à la capitulation du militaire et jouiront des mêmes conditions. — Réponse : Accordé.

Art. 7.

Tous les papiers concernant toute espèce de comptabilité, ceux de l'artillerie, du génie, de la marine, du greffe militaire et de la caisse du payeur général de la guerre, tant de cette place que de toutes autres, seront transportées en France ; il en sera de même de tous les papiers et plans des terres, ainsi que de ceux de l'ancienne et nouvelle administration civile, militaire et communale. — Réponse : Accordé, à l'exception des papiers qui sont nécessaires pour la sûreté des propriétés ; les archives et les autres papiers publics et les plans de l'isle resteront ; mais on pourra en prendre copie.

Art. 8.

Les habitants des deux sexes actuellement en cette ville ou réfugiés, auront leur vie, leur honneur et leurs propriétés sauves et garanties avec la liberté de se retirer quand et où bon leur semblera avec leur ménage, meubles, effets et marchandises et la faculté de disposer de leurs immeubles, ou d'en jouir par leur fondé de procuration. — Réponse : Accordé.

Art. 9.

Nulle troupe ou gens armés, hors celle du gouvernement britannique, ne pourra en aucun cas y être introduite. — Réponse : Le gouvernement anglais aura soin d'empêcher qu'aucun homme armé s'introduise dans la ville de manière à pouvoir donner aux habitants sujet d'inquiétude ou appréhension.

Art. 10.

La commune en général, ni aucun individu en particulier ne seront soumis à aucune taxe ou contribution quelconque à raison des événements qui ont précédé ou accompagné le siège. — Réponse : Accordé.

Art. 11.

Nul ne pourra être inquiété pour ses opinions politiques et religieuses, ni pour ce qu'il aura dit ou fait avant le siège. — Réponse : Accordé.

Art. 12.

Les habitants ne seront pas assujettis au logement des gens de guerre ; ils ne pourront être obligés à aucun service, ni corvée militaire. — Réponse : La troupe ne sera pas logée dans les maisons des habitants, à moins de nécessité absolue.

Art. 13.

Les monnaies actuelles de la République, notamment les assignats, continueront d'avoir leur cours. — Réponse : La monnaie française et les assignats auront cours, mais nul ne sera contraint à les prendre.

Art. 14.

Les domaines nationaux vendus conformément aux lois existantes seront conservés aux acquéreurs. Leurs baux des biens nationaux invendus passés jusqu'à ce jour seront maintenus. — Réponse : Nous ne nous croyons pas autorisés à décider sur cet article. L'on doit en remettre la décision à

Sa Majesté Britannique ; les acquéreurs auront la possession des domaines nationaux jusqu'à ce qu'on connaisse l'intention de Sa Majesté, et tous les baux passés précédemment jusqu'à l'arrivée de la flotte anglaise à S. Florent seront valables.

Art. 15.

La commune sera maintenue dans la jouissance des meubles et immeubles qui lui appartiennent. Il en sera de même de ceux de l'hôpital militaire. — Réponse : Accordé.

Art. 16.

Les déserteurs ne seront réclamés ni de part ni d'autre : — Réponse : Accordé.

Art. 17.

Les prisonniers qui ont été pris depuis le siège seront mis en liberté et auront la faculté de se retirer à Bastia ou en France. Ceux qui ont été faits depuis le commencement de la guerre et qui ont été livrés aux Corses, seront réunis à ceux qui ont été faits à Fornali, pour être échangés lorsqu'il y aura lieu. — Réponse : Accordé.

Art. 18.

Il sera fourni les passeports nécessaires à deux felouques pour se rendre immédiatement après la signature de la capitulation, une à Calvi et l'autre au Port de la Montagne, pour y porter la dépêche du général de division Gentili. — Réponse. Accordé pour ce qui concerne Toulon ou Port de la Montagne ; refusé pour Calvi.

Art. 19.

S'il survient quelques difficultés dans les termes ou conditions de la capitulation, elle sera dans tous les cas interprétée en faveur de la garnison, des habitants de Bastia et des réfugiés. — Réponse : S'il survient quelque difficulté sur l'interprétation de cette capitulation, elle sera décidée avec la plus exacte justice par les deux parties.

Art. 20.

Le gouvernement britannique sera le seul garant de la présente capitulation. — Réponse : Accordé.

Arrêté en conseil de guerre de la garnison de Bastia en présence et du consentement de tous les corps administratifs, cejourd'hui premier prairial, l'an second de la République française.

Articles additionnels ajoutés par les Anglais.

Art. 1er.

Tous les postes et forts extérieurs et les postes de la citadelle seront abandonnés aux troupes de Sa Majesté Britannique, demain à 12 heures ; les troupes qui se trouvent dans les forts, aux postes extérieurs, se retireront dans la citadelle d'où elles marcheront, le lendemain à dix heures, au lieu qui sera désigné pour chaque corps par les trois commissaires qui ont signé la présente capitulation ; elles laisseront leurs armes au lieu de leur embarquement. — Les commissaires de l'artillerie et de l'arsenal resteront dans la citadelle pour faire l'inventaire de toutes les pièces d'artillerie, munitions et leurs agrès, et il sera nommé des officiers pour reconnaître les mines et apparaux de toute espèce.

Art. 2.

La ville de Bastia, la citadelle et tous les forts et ouvrages extérieurs, et tout ce qui s'y trouve, qui ne serait point propriété privée de la garnison présente seront, ainsi que les vaisseaux de guerre et tous bâtiments qui se trouvent dans le port, consignés à Sa Majesté Britannique dans l'état actuel où ils se trouvent sans aucune détérioration de batteries, mines, artilleries, magazins, munitions de bouche ou de guerre ou agrès de quelque espèce qu'ils soient.

Signés : FRANCESCHI et COUTHAND, adjudants généraux ; MONTI, présid. du dép. de Corse ; GALEAZZINI, maire de Bastia ; — GOODALL, YOUNG, INGLEFIELD et ARTHUR, secrétaires.

Approuvé. Signé : HOOD.

Pour copie conforme à l'original anglais,   GENTILI.

Lettre de l'amiral Lord Hood au Secrétaire d'Etat Dundas, contenant les détails de la réduction de Bastia par les troupes britanniques le 22 mai 1794, datée à bord du Victory, *à la hauteur de Bastia, le 24 du même mois.*

Monsieur,

J'ai l'honneur de vous informer que la ville et la citadelle de Bastia, avec les divers postes sur les hauteurs, se sont rendus aux armes de Sa Majesté le 22 de ce mois. Le 19, je reçus un message que la garnison désirait de capituler à des conditions honorables. En conséquence, je dépêchai à terre la note ci-incluse. Elle fit venir à bord du *Victory* trois officiers qui m'informèrent que Gentili, le commandant, assemblerait les officiers des divers corps et de la municipalité, au cas qu'il y eût un armistice, auquel je consentis peu avant le coucher du soleil. Le lendemain, je reçus une note de Gentili que je mets également ci-incluse ; et le 21 au matin, j'envoyai à terre le capitaine Young, qui retourna bientôt après à bord du *Victory,* avec deux officiers et deux membres des corps administratifs, lesquels avec le vice-amiral Goodall, le capitaine Young, le capitaine Inglefield, et mon secrétaire M. Arthur, convinrent des articles de la capitulation qui furent signés le matin suivant, lorsque les troupes du roi prirent possession de tous les postes au-dessus de la ville ; les troupes qui les occupaient se retirant de chacun dans la citadelle d'où elles marchèrent à la tête du môle ; là elles mirent les armes bas et s'embarquèrent. Vous recevrez ci-joint les articles de capitulation que Sa Majesté approuvera, à ce que j'espère.

Je ne saurais donner assez d'éloges au zèle infatigable, aux efforts et à la conduite judicieuse du colonel Villettes, qui a eu l'honneur de commander les troupes de Sa Majesté. Le major Brereton et chaque officier et soldat sous la conduite de ce lieutenant-colonel, ont un juste droit à ma plus vive reconnaissance. Leur ardeur persévérante et leur désir de se distinguer ne sauraient être trop loués, et je me ferai toujours gloire de me les rappeler jusqu'au dernier moment de ma vie. Le capitaine Nelson, du vaisseau du roi *L'Agamemnon,* qui eut le commandement et la direction des marins au débarquement des canons, mortiers et munitions, et le capitaine Hunt qui commandait aux batteries, secondés avec beaucoup d'habileté par les capitaines Buller et Serocold, ainsi que par les lieutenants Gore, Hotham, Stiles, Andrews et Brisbane, ont un droit égal à ma gratitude, d'autant que les matelots sous leur conduite, firent le service des canons avec beaucoup de jugement et d'activité. Jamais on ne montra plus d'ardeur, ni plus de persévérance, et je me félicite de pouvoir dire qu'il n'y a pas eu un instant où l'on ait connu d'autre espèce de contestation que l'émulation d'être le plus prompt et le plus infatigable à avancer le service de Sa Majesté; car quoique les difficultés avec lesquelles ils eurent à lutter, fussent aussi nombreuses que variées, l'harmonie parfaite et la bonne volonté qui régnèrent universellement pendant ce siège, les surmontèrent toutes. Je ne saurais exprimer que dans les termes les plus forts la conduite méritoire du capitaine Duncan, du lieutenant Alexandre Duncan, du corps royal d'artillerie, et du lieutenant Butts, du corps royal du génie; mais j'ai particulièrement grande obligation au capitaine Duncan, puisque jamais aucun officier ne montra plus de zèle, plus d'habileté, plus de jugement que lui, et je prends la liberté de le nommer ici comme un officier hautement digne de l'attention du Roi. Je me sens aussi très obligé à la vigilance et aux soins du capitaine Wolseley, de *L'Impérieuse,* ainsi que du capitaine Hallowel, qui servit comme volontaire partout où il pût être utile, après avoir été remplacé dans le commandement du *Courageux* par le capitaine Waldegreve. Le premier surveilla diligemment l'île de la Capraja, où l'ennemi avait des magasins de provisions et de munitions. Le second en fit de même, en gardant l'entrée du hâvre de Bastia, avec des barques canonnières et des chaloupes bien armées, chaque nuit, tandis que les barques plus petites furent très judicieusement placées dans les intervalles entre deux, à peu près hors de la ligne des vaisseaux (ancrés en croissant, précisément hors la portée du canon ennemi) par le capitaine Young de *La Fortitude,* vaisseau du centre à bord duquel l'on se rendait de chaque chaloupe tous les soirs pour recevoir les ordres. La bonne volonté avec laquelle les [officiers] et équipages remplirent ce service nocturne, mérite très fort d'être admiré, et m'a procuré la satisfaction et le plaisir le plus vivement senti. L'assistance très réelle et efficace que j'ai reçue du vice-amiral Goodall, des capitaines Inglefield et Knight, ainsi que de tous les capitaines et officiers du roi sous mes ordres, exige de ma part les remerciements les plus particuliers non seulement pour ce qui regarde l'exécution de mes ordres en mer, mais aussi en surveillant et pourvoyant aux besoins de la petite armée à terre. C'est à l'appui vraiment cordial et décidé que j'ai eu l'honneur de recevoir d'eux tous que je dois uniquement le succès avec lequel les difficultés innombrables que nous avions à vaincre ont été surmontées. Le major Smith, et l'enseigne Vigoureux, du 25e régiment, le capitaine Radsdale, et le lieutenant S. George du 11e, ne s'étant pas embarqués avec leurs régiments respectifs, parce qu'ils étaient employés dans le département civil à terre, c'est à leur honneur que je puis dire qu'ils abandonnèrent ces fonctions et joignirent leurs corps, peu après que les troupes eurent débarqué. Il est très fort de mon devoir de vous informer que je suis extrêmement obligé au général Petriconi, à M. Frediani et à tous les officiers des Corses servant avec l'armée, pour leur grand zèle, leur ardeur, et leur attention à avancer la réduction de Bastia, par tous les moyens en leur pouvoir, qui furent d'un service infini en maintenant le bon ordre parmi les troupes.

Au commencement du siège, le nombre des ennemis portant les armes était de 3.000. Par le premier vaisseau qui partira pour l'Angleterre, j'aurai l'honneur d'envoyer les divers pavillons et drapeaux pris à Bastia, pour les présenter au roi. Le capitaine Hunt, qui fut à terre pour commander les batteries du moment que les troupes débarquèrent jusqu'à la reddition de la place, sera le porteur de cette dépêche, et pourra vous donner toutes les informations ultérieures que vous désirerez concernant le siège.

J'ai l'honneur etc.

HOOD.

*Copie d'une lettre écrite par le citoyen Britche,
au citoyen Haller à Nice.*

Gênes, le 8 prairial an 2 (27 mai 1794).

Bastia s'est rendu il y a quatre jours par capitulation et faute de vivres. Deux bâtiments chargés de républicains entrent dans le port en ce moment. Nous n'avons pu avoir encore d'autres détails, et nous expédions en toute diligence aux représentants du peuple à Nice, afin qu'ils fassent parvenir le plus tôt possible au Port de la Montagne, cette nouvelle qui peut changer les dispositions de la flotte.

Nos douze bâtiments n'ont pu passer. Galeazzini a été fait prisonnier. Dès qu'il arrivera quelque chose de nouveau, tu le sauras.

*Les représentants du peuple au Port de la Montagne,
au Comité de Salut public.*

Port de la Montagne, le 10 prairial an 2 (29 mai 1794).

Citoyens collègues, — L'escadre composée de sept vaisseaux de ligne, cinq frégates et cinq corvettes avec quatre mille hommes de troupes de débarquement, était à la voile, lorsque nous avons reçu un courrier extraordinaire expédié par nos collègues à l'armée d'Italie, qui nous a apporté la fâcheuse nouvelle de la reddition de la place de Bastia par capitulation, faute de vivres et de munitions de guerre. Nous vous envoyons copie de la lettre qu'à ce sujet Britche écrit de Gênes à Haller. Nous aurons demain probablement d'autres nouvelles, et notre collègue Lacombe S.-Michel qui partira pour Paris après demain, d'après l'arrêté que nous venons de prendre, mettra sous vos yeux les détails de la capitulation. Nous nous sommes occupés de faire passer des secours à Calvi, et si une partie de ceux que nous y avons envoyés y est arrivée, cette place sera en état de tenir pendant plusieurs mois.

L'escadre étant prête suivra, indépendamment de l'expédition de Corse, les mouvements que l'intérêt de la République pourra exiger.

Saliceti, Moltedo, J.-P. Lacombe S.-Michel.

Lacombe S.-Michel au Comité de Salut public.

Au Port de la Montagne, ce 10 prairial an 2 (29 Mai 1794).

J'apprends à l'instant, citoyens, que la ville de Bastia vient de capituler le 4 prairial ; malgré le blocus le plus rigide que faisaient les Anglais, j'avais été assez heureux de faire échapper à leur surveillance quelques gondoles à ramer ; mais ces secours étant très faibles et très rares, et le 6 floréal, la place n'ayant plus que pour onze jours de munitions et à peu près vingt-deux en vivres, sachant que les poudres manquaient dans le midi, je me déterminai à me rendre à Gênes, et malgré que j'aye expédié sur le champ 25 miliers de poudre et des vivres, il paraît que rien n'a pu entrer dans Bastia. La garnison a tenu 28 jours après mon départ, et la belle défense qu'elle a faite mérite l'approbation du Comité de Salut public. Nous vous envoyons un courrier extraordinaire et je le suivrai de près et vous rendrai compte de ma conduite. C'est à moi à vous faire connaître les détails de cette défense qui fait autant d'honneur aux habitants qu'aux troupes et qui tient de bien près à la tranquillité des départements méridionaux.

J.-P. Lacombe S.-Michel.

Saliceti au Comité de Salut public.

Port de la Montagne, le 10 prairial an 2 (29 mai 1794)

Citoyens collègues, — Par la lettre que je vous écris conjointement à mes collègues, vous serez instruits de la reddition de la place de Bastia, qu'un courrier extraordinaire, expédié de Gênes, vient de nous apprendre, et des motifs qui nous ont déterminés à suspendre l'expédition de Corse, qui devenait dans ce moment sans objet, après la prise de la place que vous m'aviez chargé de secourir. Nous avons envoyé des secours à Calvi, et nous continuerons, par tous les moyens possibles, à ravitailler cette place, qui peut résister à toutes les forces des Anglais dans la Méditerranée. L'escadre, se trouvant prête, sortira, et je me propose de m'embarquer pour en suivre les mouvements, en attendant que vous me fassiez connaître les ordres du Comité relativement à ma destination.

Si vous ne me permettez pas de rentrer dans le sein de la Convention nationale, permettez-moi de vous observer que ma présence au Port de la Montagne est absolument inutile. Je n'ai aucune connaissance en marine, et quant aux expéditions à faire sur Calvi, mon collègue Moltedo a assez de zèle et d'activité pour s'en acquitter à votre satisfaction. Pendant que j'ai été à l'armée d'Italie, il a suivi l'armement de l'escadre avec une assiduité vraiment digne d'éloges. Si vous envoyez ici quelqu'un qui ait des connaissances en marine, il pourra lui être d'un grand secours.

SALICETI.

Saliceti au Comité de Salut public.

Au Port de la Montagne, le 13 prairial an 2 (1er juin 1794).

Citoyens collègues, — Lacombe S.-Michel part pour Paris pour vous rendre compte, ainsi que je vous l'ai mandé l'autre jour, de la reddition de la ville de Bastia. Il vous fera connaître que la garnison, les habitants et les patriotes réfugiés n'ont capitulé que lorsqu'ils ne leur restait pour toute subsistance que du mauvais pain de lupins pour deux jours. Les vivres et les munitions qu'il avait expédiés de Gênes, n'ont pas pu y arriver. Nous avons pris avant son départ, toutes les mesures nécessaires pour conserver la place de Calvi, et pour peu qu'il lui soit arrivé des vivres que nous avons envoyés, nous regardons cette place comme à l'abri de toutes les tentatives des Anglais.

Je partirai ce soir ou demain avec l'escadre composée de 17 voiles, dont 7 vaisseaux de ligne, 5 frégates et 5 corvettes. Mon projet est de donner la chasse à une division de l'escadre anglaise qui croise sur nos côtes, j'aurai soin de vous rendre compte du succès de l'expédition.

Je vous ai fait connaître différentes fois et ne cesserai de vous répéter que ce pays-ci a besoin d'être surveillé de très près. Envoyez-y des représentants fermes et éclairés. Si Lacombe S.-Michel n'est pas trop fatigué de la longue et très pénible commission qu'il vient de remplir, je pense qu'il pourrait faire le bien ici. On pourrait profiter de ses connaissances en artillerie pour mettre la côte et les forts en état de défense.

SALICETI.

Gentili, général divisionnaire, commandant en chef la 23e division militaire, aux citoyens membres du Comité de Salut public de la Convention nationale.

Au Port de la Montagne, le 14 prairial an 2 (2 juin 1794).

Citoyens Représentants,

Arrivé dans ce port avec la brave garnison de Bastia que je commandais, il est de mon devoir de vous instruire de l'abandon de cette place aux Anglais qui a eu lieu le 2 de ce mois en vertu d'une capitulation dont je vous adresse copie. Ce n'est ni un effort de bravoure ni la suite d'un courage éprouvé qui a fait passer cette place au pouvoir de nos ennemis. Ils ne la doivent qu'au manque absolu de vivres où nous nous sommes trouvés après un siège de 48 jours et un feu très vif de 40. Ils n'avaient pas gagné un pouce de terrain, et nos soldats républicains, pleins d'ardeur, les auraient battus complètement, s'ils eussent été attaqués ; mais ayant réussi par un blocus à nous couper la communication par mer, nous n'avons pu recevoir les subsistances que l'on nous envoyait du continent. Capraja était le lieu d'entrepôt ; j'y avais expédié à plusieurs reprises des petits bâtiments. Tous ont tombé au pouvoir de l'ennemi, et le soldat a été obligé de vivre pendant les huit derniers jours avec douze onces de pain par jour, sans vin. Encore ce pain était composé en grande partie d'une mauvaise qualité de légumes appelée *lupins* dont le mélange avec le froment est très difficile.

Je ne pourrais, citoyens représentants, trop amplement vous manifester les éloges que méritent les défenseurs de la patrie qui étaient à Bastia et les habitants de cette ville. Les uns et les autres ne formaient qu'une seule famille, tous occupés à combattre les ennemis, à garder les postes extérieurs, à travailler les batteries, à servir leur feu.

Le soldat a souffert avec une honorable indifférence toutes sortes de privations ; manquant presque entièrement d'habillements, réduit à très peu de chose pour la subsistance, bivouaquant depuis 48 jours, soutenant un feu sans discontinuation, jamais il ne s'en est plaint ; l'habitant voyait avec une égale froideur la ruine de ses propriétés et les horreurs d'un siège meurtrier ; réunis à nous pour le salut commun, je puis vous assurer que par leur conduite, ils ont avec la garnison bien mérité de la patrie.

Je dois cependant payer ici un tribut particulier de reconnaissance à l'artillerie tant de terre que de mer, surtout à ses officiers, à ceux du génie et de l'état-major, dont le zèle et les talents ont dans toutes les circonstances secondé mes opérations depuis le commencement du siège jusqu'à la fin. Si vous jugez leurs services dignes de quelque récompense, je m'empresserai de vous en adresser un état nominatif et détaillé.

Pour vous mettre à portée de connaître l'état de la place, je vous envoie le plan de la ville et des batteries ennemies, le journal exact du siège et les procès-verbaux du Comité militaire et conseil de guerre qui ont précédé la capitulation. Je me flatte que la Convention la trouvera telle qu'elle convenait à des républicains français ; l'état de la force de la garnison que je commandais et de l'activité de son service journalier vous fera connaître qu'elle a défendu avec honneur les postes nombreux qui lui étaient confiés. Nous n'attendons tous, maintenant, que l'honneur d'aller servir la patrie dans l'armée qu'il vous plaira nous destiner, et nous volerons combattre nos ennemis avec l'ardeur qui ne nous a jamais abandonnés.

Les corps administratifs, le maire, la plupart des membres du Conseil général de la commune, tous les employés civils et militaires et un grand nombre de bons patriotes corses se sont réfugiés au Port de la Montagne. Ils ne veulent rentrer dans leurs foyers que lorsque la Convention aura pris les grandes mesures pour rendre la Corse à la liberté et en chasser les brigands qui s'y sont établis.

Je ne puis entrer dans aucun détail au sujet de la place de Calvi, la seule qui reste dans la Corse au pouvoir de la République. Depuis un mois j'ai écrit quatre fois au général de division qui la commande pour connaître l'état de la garnison et de ses vivres. La communication par terre et par mer se trouve interceptée et je n'ai pu en recevoir aucune nouvelle. Je sais cependant que si cette place recevait des secours en vivres, elle pourrait tenir longtemps, quoique les Anglais soient décidés à aller l'assiéger. — Salut et fraternité. — GENTILI.

Journal du siège de Bastia en Corse,
du 1er ventose au 20 prairial an 2, (19 février au 8 juin 1794).

Après la prise du camp de Fornali et l'évacuation de la place de S.-Florent, les Anglais réunis aux Corses rebelles dirigent tous leurs efforts contre la ville de Bastia.

Mois de ventose (19 février au 20 mars).

1. Évacuation de S.-Florent, dont la garnison se retire au camp S. Bernardino.

2. Le camp de S. Bernardino se replie sur le Tikimé. Les postes de Patrimonio et Barbaggio sont aussi évacués. Si les ordres du général de brigade Gentili, qui commandait les troupes, avaient été exécutés, cette retraite n'eût pas eu lieu ou du moins elle se serait faite avec moins de précipitation et de confusion.

A Bastia, révolte des habitants de Sainte-Lucie : feu du fort de Straforello sur les rebelles.

3. Évacuation du village de Furiani, d'où s'ensuivit celle précipitée du camp du Tikimé.

A Bastia, petite rencontre des Français avec les révoltés ; fusillade ce jour-là et le suivant.

4. Attaque des Corses pour empêcher la coupure du chemin près le camp du Tikimé, dont la retraite se fit dans la nuit du 4 au 5.

A Bastia, sortie du fort Straforello, accompagnée de quelques coups de canon et de fusil sur les révoltés. On aperçoit deux vaisseaux de guerre anglais et deux frégates croisant devant Bastia.

5. Approche de Bastia par ces vaisseaux qui, vers une heure après-midi, ont tiré environ 500 coups de canon sur la ville. Attaque des Corses rebelles du côté de Ponte-prato et du village de Cardo, repoussée par la garnison de Bastia.

6. Évacuation des camp de S. Michel et de Ponte-prato, dans la vue de concentrer les forces de la garnison de Bastia. La société populaire de cette ville transporte une pièce de canon au fort de Straforello.

7. Le général Gentili attaque les hauteurs de Montemaggiore, Campo-ventoso et Lovaga, dont les rebelles s'étaient emparés ; ils en sont délogés avec une perte considérable. Le village de Cardo est pris et brûlé. Le même jour un vaisseau anglais a tiré sur la citadelle, mais les boulets rouges l'ont forcé de se retirer.

8. Plusieurs vaisseaux anglais font mine d'attaquer la ville.

9. Sortie de Bastia pour couper des oliviers, afin de procurer du bois de chauffage et de découvrir les approches de la place, d'où s'ensuivit une fusillade où les rebelles furent maltraités.

10, 11 et 12. Nouvelles batteries établies au-dessus de S.-François, au camp des vignerons, et à la place dite Le Pelletier. Ces batteries ont été construites par les officiers de l'artillerie et du génie. Le fort de Monte Serrato est armé de canons.

13 et 14. Continuation du travail à la batterie Le Pelletier, auquel tous les habitants, sans distinction d'âge, de sexe, ou de qualité, se sont empressés de prendre part. Arrivée de Paoli et de sa suite à Furiani.

15. Découverte de 17 bâtiments anglais vers l'isle de Capraja. Un bateau génois parti du Port de la Montagne apporte des nouvelles satisfaisantes du représentant Saliceti.

Le représentant Lacombe Saint-Michel envoie pour la sixième fois des dépêches sur la situation de Bastia.

16 au 22. On continue de travailler aux batteries de la place. La disette des vivres commence à se faire sentir à Bastia.

24. Grand vent du Sud qui éloigne les quatre bâtiments anglais en station devant Bastia depuis le 4 du même mois.

26. Ces quatre bâtiments reparaissent devant Bastia avec un cinquième.

Mois de germinal (21 mars au 19 avril).

Le commencement de ce mois n'offre rien de bien important. Les Anglais continuent de bloquer Bastia par mer, tandis que les Corses rebelles resserrent cette place par terre.

6. Prise de deux pêcheurs par les Anglais.

8. Alarme dans la ville qui a fait battre la générale et prendre les armes.

9. Feu des vaisseaux anglais sur la ville pendant la nuit du 9 au 10.

12. La citadelle a riposté sur les vaisseaux anglais.

13. Douze vaisseaux anglais mouillent aux environs de Bastia, tandis que huit autres croisent en mer.

14. On a tiré du canon sur un brick mouillé sous la tour de Toga.

17. Deux vaisseaux anglais se détachent de leur escadre.

18. Fusillade dans un de nos camps. On aperçoit les Anglais travailler à des retranchements et batteries.

21. Arrivée d'un déserteur anglais.

22. Une chaloupe parlementaire se présente devant le port de Bastia avec une lettre pour le représentant Lacombe S.-Michel qui refuse de la prendre. D'après sa réponse ferme et énergique, la chaloupe se retire, et à dix heures du matin le feu des ennemis commence des trois batteries qu'ils avaient établies près de la chapelle S. Roch, au nord de Bastia. Une frégate anglaise vint s'embosser à la portée du canon de la batterie Le Pelletier, qui lui envoya plusieurs boulets rouges ; peu de temps après le feu s'y manifesta et elle fut totalement brûlée. La garnison a passé la nuit sous les armes, pendant laquelle le feu a continué de part et d'autre.

23. Les Anglais redoublent leur feu et celui de Bastia ne se ralentit point.

24 Idem. Les Anglais attaquent sans succès le camp des Capannelle.

25. Les rebelles témoignent par des décharges de mousqueterie la joie que leur cause l'arrivée d'un de leurs chefs.

26. Continuation du feu de l'artillerie de part et d'autre.

27. Arrivée à Bastia, vers deux heures du matin, de dix bateaux chargés de farine, dans l'un desquels était le directeur des fortifications de Corse. Grande allégresse dans la ville à l'occasion de ce convoi de vivres.

28 Idem. On s'est aperçu que les Anglais voulaient établir de nouvelles batteries près la tour de Toga.

29 Idem. Les Corses rebelles et les Anglais attaquent de concert nos postes avancés sur tous les points à la fois. Ce feu a été très vif à Lovaga et Campoventoso. Après trois heures de combat, les ennemis ont été repoussés à la pointe du jour avec une perte considérable. Cette attaque a fait prendre le parti de fortifier plus solidement ces deux postes.

30. Continuation du siège et arrivée d'un petit secours en blé.

Mois de floréal (20 avril au 19 mai).

1. L'artillerie des ennemis et celle de la ville continuent leur feu ; on a distingué le même jour les travaux des Anglais près la tour de Toga.

2. Feu très vif de ces nouvelles batteries sur la ville et la citadelle.

3. Idem.

4 Idem. Grands ravages au magasin des subsistances militaires et à la batterie Le Pelletier. On s'occupe toutes les nuits à réparer cette dernière. A l'entrée de la nuit, départ du citoyen Rolier et du chef de bataillon du génie, Moydié, par ordre du représentant du peuple, dans la vue d'expédier au plus tôt un convoi de poudres, dont les magasins de la citadelle commençaient à se dégarnir.

5. Continuation du feu de l'artillerie ennemie ; à cette époque, celui de la ville se ralentit pour économiser la poudre.

6 Idem. Le représentant du peuple Lacombe Saint-Michel et le général de brigade Rochon partent à l'entrée de la nuit.

Jusqu'à ce moment toutes les opérations s'étaient exécutées d'après les ordres et arrêtés du premier. A son départ, il a confié le commandement en chef au général Gentili, qu'il a nommé général divisionnaire.

7. Dans la matinée de ce jour, le général Gentili, qui depuis le commencement du siège avait passé toutes les nuits au camp des *Capannelle,* a fait assembler les corps civils et militaires de Bastia, pour leur faire connaître les motifs de l'absence du représentant, parti dans le dessein de hâter les secours promis depuis si longtemps. Ensuite ce général a été reçu par toute la garnison assemblée sur la place d'armes avec de grands applaudissements.

8 et 9. On a continué de réparer nos batteries.

10. Les Anglais dans l'intention d'empêcher le passage furtif des petits bâtiments qui procuraient des vivres à Bastia, ont disposé leur escadre en forme de demi-cercle, à une portée et demie du canon de la place, pour intercepter plus sûrement toute communication. Jusqu'à ce jour une de leurs divisions était à l'ancre près de Pietranegra, au nord de la ville, l'autre vers l'embouchure de l'étang de Biguglia, au midi de la citadelle.

11. Nouveaux travaux des assiégeants.

12 Idem. Nouvelle batterie des Anglais au lieu dit *Le Mure*, dirigée principalement contre le camp des *Capannelle*.

13. Continuation du feu des Anglais ; celui de la ville se ralentit de jour en jour, dans la crainte de manquer de poudre.

On a commencé cette même nuit et les suivantes à fortifier solidement avec des sacs à terre et saucissons le camp des *Capannelle*, qui ne l'était qu'en murs de pierres sèches entièrement ruinés par les nouvelles batteries et celle de Toga.

14. Arrivée d'un nouveau parlementaire anglais avec une lettre adressée au maire de Bastia et aux officiers municipaux. Le général en chef lui dépêche un adjudant général pour lui dire de se retirer. Applaudissements de tout le peuple rassemblé autour du port, et cris répétés de : Vive la République !

Une frégate anglaise qui voulut trop s'approcher de la place reçut quelques boulets et fut obligée de se faire remorquer.

Du 15 au 18, Grands feux à Capraja, dont on ignore le sujet.

19. Nouvelle batterie des Anglais au lieu dit *Le Mure,* un peu au-dessus de la précédente. Les ennemis redoublent leur feu.

20, 21 et 22. Idem.

23. Les Anglais continuent de tirer sur l'hôpital de Saint François, quoiqu'on y eût arboré le pavillon noir.

24. Arrivée d'un courrier de Calvi, expédié avec des lettres qui promettent des secours de France et annoncent des avantages remportés dans le continent par les armées de la République.

25. Les Anglais s'emparent d'un bâtiment chargé de malades envoyés de France. Ils retiennent le capitaine, et renvoient à Bastia l'équipage et les passagers.

26. Même feu de part et d'autre que les jours précédents.

27. Grande réjouissance des Anglais à l'occasion de la promotion du vice-amiral Hood au grade d'amiral; plusieurs vaisseaux de l'escadre ont fait feu de toutes leurs batteries, ce qui a valu à Bastia une grêle de boulets, bombes et obus de la part des batteries de terre.

Ce même jour le directeur des fortifications présente au général en chef et au Comité qui s'était formé, un plan d'attaque dont le succès devait entraîner la déroute des Corses rebelles, la destruction des batteries anglaises et même la prise de leurs camps. Le chef de bataillon chargé de l'artillerie a fait monter, en conséquence de ce projet, une pièce de 12 et un mortier à la batterie de Lovaga, pour favoriser cette opération dont la réussite paraissait infaillible quant à la partie militaire; mais comme elle ne pouvait remédier à la disette de vivres, le Comité a pensé que ce serait hasarder le sang de la garnison en pure perte.

28. Arrivée d'une gondole de Capraja chargée de 32 quintaux de farine. C'est la seule qui soit entrée à Bastia depuis le départ du représentant. Cette petite provision a été partagée entre la garnison et les habitants qui manquaient totalement de vivres. Depuis longtemps la ration était réduite à 16 onces; on l'avait encore diminuée de 4 onces, et le pain était composé d'un tiers de farine de blé ou d'orge, un tiers de fèves, et l'autre de lupins.

29. Le feu de l'artillerie anglaise va toujours en augmentant; celui de la place se soutient. La batterie de Lovaga

tire avec le plus grand succès sur les villages des rebelles et sur quelques batteries anglaises.

30. Le général Gentili assemble un conseil de guerre pour proposer l'envoi d'une chaloupe parlementaire à l'amiral anglais, afin de lui demander un passeport pour les infirmes de la garnison, dont l'état exige la rentrée en France. Pendant qu'on délibérait sur cette mission, arrive un parlementaire anglais porteur d'une dépêche dont le Comité agrée unanimement la réception, motivée d'après la connaissance de l'état des subsistances, le Commissaire des guerres, faisant les fonctions d'ordonnateur, ayant annoncé le lendemain à un comité de six membres du conseil de guerre qu'il ne restait plus que quatre jours de pain.

Mois de prairial (20 mai au 18 juin).

1 et 2. Rédaction des articles de la capitulation.

3. Acceptation de l'amiral anglais à quelques modifications près.

4. Le lendemain de la signature de la capitulation, le général en chef a fait demander à l'amiral anglais des vivres pour la garnison de Bastia, à laquelle le dénuement des magasins n'avaient pas permis de faire une distribution complète de pain.

NOTA. — Les procès-verbaux des séances du Conseil de guerre et l'acte de la capitulation font connaître dans le plus grand détail les événements qui ont terminé un siège aussi pénible que glorieux pour la garnison de Bastia.

Continuation du journal jusqu'au débarquement de la garnison.

5. Les troupes de ligne de la garnison de Bastia s'embarquent à bord des vaisseaux anglais, en attendant les bâtiments de transport.

6. L'amiral anglais, après avoir éludé pendant plusieurs jours l'expédition d'un passeport mentionné à l'article 18 de la capitulation, et nécessaire pour dépêcher en France un aviso porteur de la nouvelle officielle de la reddition de Bastia, l'accorde dans l'après-midi de ce jour, en conséquence d'une lettre aussi ferme qu'énergique que lui écrit à ce sujet le général en chef.

7. Le général Gentili se rend à bord de l'amiral anglais pour réclamer l'exécution de plusieurs articles de la capitulation, notamment de celui qui porte que la garnison sera transportée dans le plus court délai à Port de la Montagne.

8. Le vent retarde le départ de l'aviso porteur de la capitulation. Ce même jour une partie de la garnison s'embarque, mais il ne se trouve pas assez de bâtiments de transport pour contenir la gendarmerie, les matelots et l'état-major, manœuvre qui décèle la mauvaise foi de l'amiral, qui, pendant ce temps met en œuvre toutes sortes de moyens pour débaucher les marins, gendarmes, et retarder le retour en France de la garnison de Bastia. Le Commissaire des guerres faisant les fonctions d'ordonnateur, est obligé de fréter, au compte de la République, les bâtiments nécessaires pour transporter à Port de la Montagne le reste de la garnison, ainsi que les habitants qui sont dans l'intention de quitter Bastia, pour éviter les excès auxquels veulent se porter contre les patriotes les Corses rebelles qui menacent d'entrer dans la ville et de la piller malgré les Anglais.

9. On continue d'embarquer la garnison de Bastia; l'état-major part dans la nuit du 9 au 10, et est forcé de relâcher à cause du mauvais temps à l'île de Capraja.

Du 10 au 13. Le reste de la garnison, composé de matelots et de gendarmes, a dû s'embarquer pendant ces 4 jours, dans les bâtiments frétés pour cet effet. Relâche de l'état-major à Capraja. Arrivée dans cette isle d'une felouque qui annonce l'entrée de Paoli dans Bastia, ainsi que son triomphe dans cette ville, accompagné d'illuminations, arrestations et nominations de nouveaux magistrats.

Du 14 au 20. Traversée et arrivée successive de la garnison de Bastia tant à Port de la Montagne que dans ses environs.

GENTILI.

Manifeste de Paoli (1).

22 prairial an 2 (10 juin 1794). Au quartier général de Bastia le 10 juin 1794.

Chers concitoyens, puisque, par la miséricorde et providence de Dieu, qui, du néant élève les opprimés, et par les secours que Sa Majesté Britannique nous a portés, secondés par votre valeur naturelle, nous sommes enfin parvenus à chasser des bords de notre isle cet ennemi, entre les mains duquel l'orgueilleux peuple génois nous avait livrés, par un trait de la plus grande lâcheté ;

---

(1) Nous appelons l'attention du lecteur sur cette pièce dont l'historien Botta a cité quelques passages et dont Renucci (vol. II, p. 50) a nié l'existence, en donnant d'ailleurs d'assez mauvaises raisons que nous n'avons pas à discuter ici. Il nous paraît difficile de douter de l'authenticité de ce manifeste; les passages cités par Botta se retrouvent textuellement dans la copie déposée aux archives du ministère de la guerre. — Cette pièce semblerait jeter un jour nouveau sur les intentions qu'avait Paoli en se séparant de la France. Dès la reprise de Bastia, il aurait considéré la Corse comme redevenue indépendante (sans doute sous le protectorat anglais), et aurait cru que son passé et la sympathie toujours aussi vive de ses compatriotes pour sa personne lui donnaient le droit de se déclarer par avance encore une fois le chef de l'île. Renucci (vol. II, p. 43) raconte que c'étaient bien là les intentions que l'on prêtait à Paoli et que si elles ne furent pas suivies d'effet, c'est que Pozzodiborgo se concerta avec Elliot pour les contrarier, ce qui amena entre Pozzodiborgo et Paoli un refroidissement d'abord, puis une brouille définitive.

Le commandement suprême que vous m'avez confié pour la seconde fois et la confiance que vous avez toujours eue en moi pour la défense de vos propriétés et liberté, m'imposent le devoir de vous rappeler qu'aujourd'huy nous sommes parvenus au même état des choses, où cette isle se trouvait lorsqu'elle succomba sous les efforts de la France, que la République génoise contre laquelle nous étions en insurrection avait excitée contre nous.

Rappelez-vous les efforts que nous fîmes pendant plusieurs années et que l'Europe entière admira, pour nous soustraire au joug injuste de la dite République, dont la noblesse avide nous fit éprouver les vexations les plus atroces, exclut tous nos concitoyens des charges publiques, et inventant chaque jour de nouveaux moyens d'oppression et d'avilissement à notre égard, ne nous laissa plus que la misère et le désespoir.

Rappelez-vous les humiliantes supplications auxquelles nous étions réduits et qui furent toujours rejetées.

N'oubliez pas que ce gouvernement fut administré par les plus vils et les plus insensés aristocrates qui préférèrent de perdre ce royaume et de le livrer à la fureur et à la cruauté d'un peuple étranger, plutôt que de partager avec nous les droits de la justice et de l'équité.

Rappelez-vous enfin les maux qui ont désolé ce sol infortuné, et les cruels supplices qui firent périr vos malheureux pères dignes d'un meilleur sort, et faits pour jouir de cette liberté politique que nous devons à nos efforts magnanimes.

Je vois déjà qu'au souvenir de ces tristes pensées, chacun de vous brûle de s'armer contre la République de Gênes et de lui faire la guerre, jusqu'à ce que nous ayons vengé le sang de nos braves régnicoles dont cette isle fut abreuvée, et que nous nous soyons dédommagés des maux qu'elle nous a faits. Mais ce qui doit vous animer davantage et exciter de plus en plus votre vengeance, c'est la République de Gênes qui, jalouse encore du bonheur que vous tenez de votre courage, n'a cessé de fournir aux patriotes français des munitions de guerre et de bouche, pour leur donner de nouveaux moyens d'exercer les horreurs de leur anarchie contre la nation britannique et Sa Majesté le Roi de Sardaigne, envers lesquels cette nation perfide n'a affecté qu'une neutralité mensongère qui doit guider la conduite que vous avez à tenir dans votre vengeance.

D'ailleurs personne n'ignore que toutes les ressources de cette république consistent dans son commerce, et que le lui troubler, c'est porter un coup funeste à sa prospérité ; mais n'ayant pas dans ce moment assez de troupes de débarquement pour aller les combattre en terre ferme, pendant que nos côtes sont protégées par une armée navale contre les forces de nos ennemis, nous vous invitons à armer en course vos bâtiments pour vous emparer de tous ceux des Génois, de toutes les marchandises qui leur appartiennent sur les bâtiments des nations étrangères, les faire prisonniers et les conduire dans cette isle pour être employée à la culture des terres, que l'avarice et la barbarie de leur gouvernement rendirent autrefois incultes, ou enfin pour être vendus, s'il le faut, aux corsaires africains.

Pour vous faciliter les moyens de concourir avec plus de succès à notre juste vengeance, il sera payé cent livres par chaque prisonnier que vous conduirez dans cette isle, et vous serez exemptés de payer le droit du quart des prises qui seraient faites ; il sera de plus fourni aux armateurs, moyennant caution, les sommes dont ils pourraient avoir besoin et qu'ils ne rembourseront que dans deux ans et sans intérêt.

L'histoire déplorable de la Corse justifie aux yeux de tout le monde ces mesures rigoureuses ; la protection que nous accordent les puissances coalisées contre la France, l'attachement et l'amitié que la République de Gênes a pour elle, nous assurent justice et nous présagent des succès.

Courage donc, mes chers concitoyens, vous savez quel est mon âge et les fatigues que j'ai éprouvées pour la cause commune. Je touche à la fin de ma carrière, et j'ai assez vécu pour la nature et pour vous. Je ne demande d'autre grâce au Ciel, que de prolonger assez mon existence pour voir un jour cette orgueilleuse république avilie et subjuguée et vous dédommager par elle de tous vos maux dont elle a été l'auteur, et assuré de votre amour, je n'emporterai en mourant d'autres sentiments que la douce satisfaction de vous laisser vous et vos neveux entièrement heureux.

(Copie sans signature).

Rapport sur la Corse au Comité de Salut public par Lacombe Saint-Michel.

Parti le 12 février 1793, pour aller en Corse, cette mission qui pouvait devenir dangereuse pour moi, mais dans laquelle, avec des intentions pures et l'amour du bien dont je suis animé, il était possible d'être utile non seulement aux Corses, mais à l'humanité entière, dans les circonstances pénibles d'une révolution dans laquelle la liberté jalouse, l'hypocrisie persécutante devaient exercer leur empire, où l'homme de bien pouvait être accablé sous le poids d'un soupçon injuste, il était d'une sage prévoyance d'écrire toutes mes actions, afin de pouvoir à chaque instant me rendre compte de toutes mes pensées. C'est ce que j'ai fait.

Le narré succinct de ce qui m'est arrivé suffira pour jeter le plus grand jour sur les affaires de Corse. Je dirai ce qu'était la situation morale de ce pays à mon arrivée ; ma narration me conduira à ce qu'elle est à présent, et je me permettrai quelques réflexions sur ce qu'elle peut devenir.

Saliceti, Delcher et moi, nous sommes arrivés en Corse le 6 avril 1793. La confiance que la France avait donné à Paoli devait nous faire croire qu'il nous aurait facilité l'opération dont nous étions chargés ; mais ce traître, aussi lâche qu'astucieux, s'était servi de la grande autorité dont il était revêtu pour se ménager les moyens d'exécuter le crime de haute trahison qu'il méditait depuis longtemps ; sous des prétextes d'insubordination, il avait disséminé les troupes françaises dans l'intérieur de l'isle et avait fait occuper les places fortes par des Corses dont les chefs lui étaient affidés, de sorte que, lorsque, d'après le décret de la Convention, nous voulûmes ôter le commandement à Paoli, les créatures qu'il avait dans les forts s'en emparèrent, et ce ne fut que par surprise et en gagnant de vitesse que nous parvînmes à nous emparer de Bastia, Saint-Florent et Calvi ; toutes les autres places nous furent enlevées : Quenza prit Bonifacio et en chassa les troupes françaises ; Colonna-Leca s'empara d'Ajaccio, et dès ce moment il n'a plus resté à la République française que les trois places de Bastia, S.-Florent et Calvi, avec une demi-lieue de rayon.

La précipitation avec laquelle on avait rendu le décret contre Paoli, avant d'entendre le rapport que nous étions chargés de faire, la facilité avec laquelle on le rapporta, nous détermina à faire revenir à Paris une partie de la commission. Nous avions déjà la conviction morale que la faction de la Gironde entretenait une correspondance avec Paoli et le département rebelle. Comme j'étais officier d'artillerie depuis trente ans, mes collègues crurent que pendant leur absence, je pourrais être utile pour mettre la Corse en état de défense, et je restai.

Nous attendions journellement la sortie de la flotte de Toulon. Quel est le Français qui eût pu s'attendre à une atrocité dont l'histoire n'offre pas d'exemple ? La place de S.-Florent était armée seulement contre un coup de main ; sa situation et les moyens qu'on avait employés ne permettaient pas qu'elle le fût davantage. Jamais on n'a pu s'attendre qu'une puissance comme l'Angleterre, qui n'a pas un seul port dans la Méditerranée, transportât à 800 lieues de chez elle des troupes de débarquement dans une isle qui faisait partie intégrante de la République française, et que cette dernière puissance, dont la population est immense se trouverait dans l'impossibilité d'y contrebalancer les forces anglaises, et que la totalité des habitants serait ou contre nous, ou froide spectatrice.

Il en était de même de la ville de Bastia ; elle était armée, et mal armée, contre la mer ; elle ne l'était contre la terre que pour la mettre à l'abri d'une surprise ; car jamais aucun militaire ne pourra la juger susceptible de soutenir un siège ; aussi n'avait-on rien fait contre l'extérieur. Cette place doit appartenir à la force armée suffisante pour l'attaquer par terre, parce qu'elle n'est susceptible d'aucune défense.

Il n'en était pas de même de Calvi ; sa citadelle inattaquable du côté de la mer n'offre qu'un très petit front du côté de la terre. Attaquée inutilement par le fameux Barberousse, qui disposait dans son temps de toutes les forces navales de la Méditerranée, j'avais l'amour-propre de croire que je la défendrais contre qui que ce fût, jusqu'à ce qu'il nous vînt de France des forces suffisantes pour reprendre le reste de l'isle, si les ennemis la prenaient.

A mon retour d'Ajaccio, où nous nous présentâmes avec Saliceti en mai 1793, je remarquai que Calvi n'était pas suffisamment défendue. Munie d'une très belle artillerie, les batteries étaient entièrement à découvert ; les parapets n'allaient qu'à la hauteur des genoux des servants, les pièces montées sur des affûts de côte eussent été démontées à la première salve faite contre la place. Je fis faire les travaux nécessaires, et en moins de trois semaines, il y eut en batterie 47 pièces de canon, et la place fut dans un bon état de défense.

Une maladie épidémique s'étant déclarée à Calvi, j'eus jusqu'à cinq cents malades à la fois ; il ne me resta que deux canonniers. Que fis-je ? Je me mis instructeur, je complétai les pièces par des soldats d'infanterie, et pendant un mois, j'ai instruit moi-même ces nouveaux canonniers depuis 5 heures du matin jusqu'à 8 heures du soir, en donnant deux heures d'instruction à chaque batterie.

Ce fut pendant ce temps que nous apprîmes l'infâme livraison de Toulon, et que les Anglais vinrent me sommer de reconnaître Louis XVII. Ma réponse a été connue et elle a eu l'approbation du Comité de Salut public et de la Convention nationale.

Les marins d'une frégate que j'avais à Calvi vinrent insolemment me demander de retourner en France. J'en rendis compte dans le temps ; il fallut toute ma fermeté pour les contenir, et peut-être de l'adresse pour tourner ce mouvement de mutinerie à l'avantage de la République, en faisant désarmer de leur propre volonté la frégate pour augmenter les feux de la place et pour les engager à les servir eux-mêmes, et ils s'en acquittèrent parfaitement.

Malgré les difficultés et les oppositions, j'établis la loi du maximum, et comme j'avais annoncé que je casserais la tête au premier qui parlerait de se rendre, les paolistes qui se sont trouvés à Calvi n'ont pas osé se montrer.

Ce fut dans ces circonstances que les Anglais attaquèrent Saint-Florent et furent repoussés. Comme nous étions bloqués par terre et par mer, nous ne le sûmes qu'à la fin, et il me fut impossible d'aller à son secours. Ce fut alors que les contre-révolutionnaires de Bastia, qui correspondaient avec Toulon et le département rebelle de la Corse, se montrèrent ouvertement ; ils s'emparèrent de la société populaire ; sentant bien qu'ils ne pouvaient attaquer la République directement, ils cherchèrent à le faire indirectement en m'attaquant, en cherchant à éloigner la confiance du soldat du seul point de réunion que la République eût en Corse. Je fus taxé de fripon, de lâche ; ce fut à qui en dirait le plus à la tribune. On me fit un crime de ce qu'il n'y avait pas en Corse trois fois plus de canons qu'il n'en fallait pour la défendre ; il n'y eut pas un orateur qui ne prétendît en savoir plus sur la défense des places que Vauban lui-même.

La société de Bastia envoya une députation chargée de visiter la caisse militaire. Je me flatte d'avoir, en montrant ma loyauté, tenu la conduite ferme qui appartient à un représentant du peuple ; il a été rendu à ce sujet un décret en ma faveur.

Les corps administratifs accoutumés à la déférence qu'avait pour eux le général S.-Martin, commandant en Corse, homme qui ménageait tous les partis, prétendirent exercer le même empire sur le colonel Catelan qui commandait à Bastia, lorsque S.-Martin eut passé en France. Ils persécutèrent ce dernier pour faire une expédition sur le village de Biguglia. Cette expédition, qui ne menait à rien, fut manquée par l'insubordination de quelques soldats et surtout de quelques Corses qui y allaient plus pour piller que pour se battre. Des conseils timides ayant engagé le colonel Catelan à faire battre la retraite, ce fut une déroute complète, chacun s'en fut de son côté, et nous fûmes fort heureux de ne pas perdre les deux pièces de canon qu'on y avait conduites.

Cette fausse démarche augmenta le nombre des criailleurs de Bastia, et anima l'insolence des Paolistes ; je sentis la nécessité de leur donner une leçon ; elle était nécessaire, si on voulait conserver la Corse à la France jusqu'à l'arrivée des secours que nous attendions. Aussi partis-je de Calvi dans l'intention de vaincre ou de me faire tuer.

Le Cap-Corse s'était indignement révolté pendant le séjour des Anglais au golfe de Saint-Florent ; j'avais ordonné au général S.-Martin de punir le village de Farinole ; il me présenta la tentative comme impossible, et je me déterminai à l'entreprendre moi-même.

J'attaquai et je pris le 25 brumaire le couvent et les villages de Farinole ; j'en ai rendu compte dans le temps à la Convention. En onze jours, je me rendis maître de 38 villages, composant l'ancienne province du Cap-Corse.

Arrivé à Bastia, je m'occupai d'abord des moyens de procurer de l'argent pour le prêt de la troupe ; je piquai la sensibilité et le patriotisme des riches, je perdis mon temps. Mais je leur dis que, puisqu'ils avaient plusieurs fois prêté au roi cent mille écus, ils pouvaient prêter à la République ; que je voulais d'eux cent mille livres pour le prêt de la troupe de gré ou de force. Je leur donnai cinq minutes pour se déterminer et la somme fut comptée le lendemain.

Le jour de mon arrivée, je fis plusieurs promotions et plusieurs destitutions ; je fis arrêter plusieurs moteurs des troubles qui avaient été suscités à Bastia pendant le séjour de l'escadre anglaise au golfe de S.-Florent.

Je nommai généraux de brigade les colonels Catelan et Rochon. Le premier, directeur de l'artillerie, avait 45 ans de services et des talents ; le second était le colonel du 26e régiment, patriote prononcé ainsi que le premier, ayant du caractère et des talents distingués.

Je nommai à la lieutenance-colonelle vacante de la gendarmerie le capitaine du même corps, Montera ; je donnai sa compagnie au lieutenant Cauro ; je nommai juge commissaire ordonnateur des guerres, Savy, commissaire ordinaire ; je fis dans les compagnies de grenadiers quelques promotions hors de rang. Toutes celles que je cite, j'en avais vu les sujets au coup de fusil, et c'est ainsi qu'en Corse j'ai fait toutes les promotions.

J'ordonnai l'arrestation, pour être traduits au tribunal révolutionnaire, des frères Cadet et Fourquier, qui avaient signé comme présidents et secrétaires une lettre insultante contre la représentation nationale et des instructions déniées par la société populaire de Bastia.

Le premier bataillon de l'Aveyron avait, au mépris de toutes les lois militaires, cherché à avilir la représentation nationale par des propos publics et par une lettre collective et insultante. Je crus devoir destituer le chef de bataillon commandant, Calvet, le capitaine Martin et l'adjudant-major Peyré.

Je m'occupai pendant tout le mois de frimaire à faire rendre compte aux différentes administrations.

Les vivres manquaient absolument. J'envoyai le commissaire ordonnateur à Gênes avec commission expresse de prendre tous les moyens qu'il pourrait pour nous faire secourir. Un négociant, le citoyen Danesi, s'offrit d'envoyer quinze mille mines de blé. Il les acheta, et on les a empêchées de venir en Corse; on les a prises pour l'armée d'Italie qui manquait de subsistances. Leur nouvelle destination a sans doute été très utile, mais si l'on n'eût pas changé leur première destination, Bastia et Calvi étaient approvisionnés pour un an, et leur position était tout autre. Les Anglais étaient dans l'impossibilité de les prendre.

La nouvelle de la reprise de Toulon ramena l'espérance dans le cœur des bons Français qui étaient dans l'isle. Ignorant la pénurie de vivres en France et l'état dans lequel les Anglais avaient laissé le port, nous nous crûmes à la fin de nos embarras; mais les plus forts n'avaient pas encore commencé. Paoli, ouvrant la gibecière de ses fourberies, fit répandre de fausses nouvelles. Il entretint une correspondance suivie avec Bastia, où il avait bien du monde à lui dévoué. Ceux-ci publiaient que la France était hors d'état de secourir la Corse; les amis de la République s'étaient refroidis, et l'insolence des ennemis s'en accroissait. L'on nous menaçait depuis longtemps d'une attaque des Anglais, lorsque le 17 pluviose ils ont, à la protection d'une nuée de Corses, exécuté un débarquement à Saint-Florent, 50 jours après la prise de Toulon.

Saint-Florent, Fornali, la Mortella étaient des postes qui

pouvaient, au moyen de boulets rouges, être assez forts contre la mer, mais ces lieux n'offraient aucun moyen de défense contre la terre. Arrivé en avril 1793, dans un pays entièrement révolté, je n'ai pu connaître par moi-même les hautes montagnes qui avoisinent S.-Florent, puisqu'on assassinait dans les grandes routes. Mais tout le monde m'avait assuré qu'elles étaient inaccessibles au canon, et leur aspérité apparente devait m'en convaincre. Cependant l'expérience a prouvé le contraire. Les Anglais, aidés des bras des Corses et particulièrement de tous les habitants du Nebbio montèrent de gros canons sur les hauteurs qui dominent Fornali. Leurs batteries, dominant les nôtres, les prirent en flanc et de revers. Celles-ci n'étaient dirigées que contre la mer ; il y avait seulement des pièces de bataille pour éloigner la mousqueterie et repousser les attaques de vive force.

Les Anglais attaquèrent la tour de la Mortella par mer ; les boulets rouges contraignirent les vaisseaux à se retirer ; ils étaient en feu. Ils la canonnèrent deux jours et deux nuits par terre. Les batteries de la tour avaient été démontées. Achille Murati qui la connaissait fit établir deux grosses pièces à portée du pistolet et tirer à l'endroit de la poudrière, où la muraille avait peu d'épaisseur. Bientôt une brèche faite obligea la garnison à se rendre.

Les ennemis restèrent plusieurs jours sans faire de mouvement, et pendant ce temps l'on travaillait aux chemins pour monter les pièces de canon par derrière les montagnes. Le 28 pluviose, deux batteries anglaises furent démasquées, et firent un feu très vif contre la colline. Je m'y rendis dès la pointe du jour avec le général de brigade Rochon, j'y passai quelque temps. Je m'aperçus que le poste n'était pas tenable ; j'ordonnai différentes traverses pour se mettre à l'abri des coups qui pleuvaient dans le camp ; les ennemis tiraient avec quatre pièces de canon, deux mortiers et deux obusiers. Cependant, malgré le désavantage du nombre et des positions, nos canonniers ont établi à la hâte une batterie de deux pièces et deux mortiers, et pendant 36 heures rendirent coup pour coup.

Le 29 pluviose, à 9 heures du soir, par une nuit très obscure, les ennemis donnèrent l'assaut à la colline, et je ne puis pas me dissimuler que la majorité de nos troupes, accablées de fatigue, éprouvèrent une terreur panique, qu'elles se retirèrent dans le plus grand désordre, au point qu'arrivées à Fornali où l'on pouvait tenir quelques jours, il fallut ordonner la retraite sur Saint-Florent, sous peine de voir des soldats se noyer de peur et d'éprouver une déroute totale.

Dans cette déroute, je ne fus fâché que de l'humiliation qu'éprouvait le nom français. Car ayant jugé par moi-même que la position de Fornali était intenable, j'en avais ordonné la retraite ; mais je voulais qu'elle se fît en ordre et sauver les pièces d'artillerie. J'ai eu quelque temps de forts soupçons qu'il y avait eu de l'intelligence entre les ennemis et quelques officiers subalternes ; la désertion du capitaine Bouzinguen du 26e régiment, celle de l'aumônier du même corps quelques jours avant l'apparition des Anglais me le faisaient craindre ; j'avais d'ailleurs reçu plusieurs avis de Gênes qui m'annonçaient que Paoli disait avoir des intelligences à S.-Florent. Quelques recherches que j'aye faites à cet égard, je n'ai obtenu aucune lumière, et je suis intimement persuadé que cette terreur panique avait pour cause la fatigue excessive. Il y avait cinq jours et cinq nuits que les troupes ne dormaient pas.

En rendant hommage à la vérité, je dois dire qu'il y a nombre d'individus et des troupes entières qui ne partagèrent pas la terreur panique. La seconde compagnie des grenadiers du 61e régiment, ci-devant Vermandois, soutint l'assaut ; aussi fut-elle détruite en grande partie. Tous nos canonniers marins et de l'artillerie, officiers et soldats sont presque tous morts à leurs pièces ; le général de brigade

Gentili, son aide-de-camp, Lapisse, Franceschi, le chef de bataillon Taviel qui commandait le camp ; Bérard, capitaine du premier bataillon des Bouches du Rhône ; Boëte, sous-officier au 26e régiment ; quelques grenadiers du 52e ont fait le coup de sabre et soutenu l'assaut corps à corps, et n'ont abandonné la colline que forcés par le nombre et par la mort de ceux qui les environnaient.

Arrivés à Saint-Florent, au lieu de tonner contre ce qui s'était passé à Fornali, je les consolai, je les rassurai ; je voulais qu'ils disputassent le terrain pied à pied. Je voulais qu'on évacuât S.-Florent dans deux nuits et un jour, qu'on n'y laissât ni vivres ni munitions, ni effets d'artillerie ; je voulais qu'on se repliât sur le camp de S. Bernardino, afin de disputer les gorges de Patrimonio et de vendre cher le terrain que les troupes anglaises pourraient gagner pendant la retraite faite dans une montagne où j'allais avoir sur l'ennemi l'avantage des hauteurs qu'ils avaient eu sur nous à Fornali. Je savais bien qu'une troupe assiégée ou poursuivie par une troupe supérieure est prise tôt ou tard, si elle n'est secourue ; mais en disputant tous les postes, nous leur aurions fait perdre beaucoup de monde, nous aurions pu les dégoûter. Nous donnions le temps de nous secourir et nous occupions des forces qui auraient pu nous nuire ailleurs. Tout fut inutile. La terreur panique continuant, elle se communiqua aux bataillons corses qui occupaient les villages de Patrimonio et de Barbaggio. Tout fut abandonné, canons, vivres, munitions. Je ne parvins à arrêter cette déroute qu'au Tighime, où j'établis un camp commandé par l'adjoint général Couthand, homme ferme, qui repoussa deux fois les ennemis qui se présentèrent pour attaquer le camp.

Le chef de bataillon Giovanni, qui commandait au village de Furiani qui couvrait le flanc gauche de la route de Bastia s'étant replié, et malgré mes ordres positifs ayant abandonné deux pièces de canon, je me vis exposé à voir intercepter mes convois, et le camp du Tighime à être tourné par les ennemis. Je n'avais qu'environ douze cents hommes de troupes disponibles et si effrayées que je sentis la nécessité d'abandonner le camp et de resserrer ma ligne de défense, d'autant qu'à Bastia nous n'avions pas de quoi relever les postes qui n'étaient pas suffisamment gardés, que nous avions contre nous l'universalité des Corses, sans en excepter Bastia, dont la majorité n'était pas bonne, car d'après la désignation du Comité de surveillance, j'avais fait arrêter une trentaine de chefs de parti.

J'avais établi à Ponte-prato deux batteries pour protéger le grand chemin par où passaient les convois de vivres et de munitions. Lorsque je résolus d'abandonner le camp de Tighime qui disséminait trop nos forces, je repliai les deux batteries de Ponte-prato ; la retraite se fit en ordre et sous mes yeux. J'établis ma nouvelle ligne de défense dans un cercle plus étroit sur des positions nouvelles que la nature elle-même avait fortifiées, et auxquelles j'ajoutai différentes batteries et où j'établis des camps pour les garder.

Un autre motif me détermina à abandonner le camp du Tighime ; je tenais bien les avenues de Bastia jusqu'à la hauteur des forts de Straforello et Monserrato, mais les ennemis s'étaient emparés des hauteurs de Lovaga et Castelluccio qui dominent Straforello, et de celles de Campoventoso et Montemaggiore qui dominent les forts Monserrato, S. Gaetano et Lacroix (1). Je résolus donc de m'en emparer avant que l'on eût eu le temps d'y établir des batteries qui auraient foudroyé la ville et la citadelle. J'ordonnai des dispositions que commanda le général de brigade Gentili ; quatre colonnes atta-

---

(1) Le nom exact de ce fort est *fort de la Croix*. Les historiens qui ont écrit en italien, Renucci par exemple, l'appellent toujours le fort *della Croce*. Cette désignation vient d'une croix en pierre qui s'élevait au haut de la colline et que l'on retrouve encore sur les anciens plans de Bastia.

quèrent les hauteurs ; elles furent emportées à la bayonnette, et le brûlement de l'infâme village de Cardo fut la suite de cette opération.

Le général Gentili, son aide-de-camp Lapisse, le chef de bataillon Bonelli Zampaglino, le lieutenant de la gendarmerie Cristofini, le capitaine Bérard au premier bataillon des Bouches du Rhône, les capitaines Guillermin et Langlade au 52e (que j'avais faits lieutenants-colonels deux jours avant), le capitaine d'artillerie Pellegrin, se conduisirent avec beaucoup de fermeté et d'intelligence, toutes les troupes se battirent avec sang-froid et courage, et je vis avec plaisir que les soins que je m'étais donnés pour les rassurer et leur inspirer de la confiance pour leurs propres forces n'avaient pas été sans succès.

La prise des hauteurs de Bastia produisit sur les Anglais la même terreur que la prise de Fornali avait produite sur nos troupes ; ils prirent notre retraite pour une ruse et s'en retournèrent à Saint-Florent dans le plus grand désordre et malgré les coups de bâton. J'entretins leur erreur par une lettre feinte que je fis tomber dans leurs mains ; ils donnèrent dans le piège, et j'eus par ce moyen le temps de fortifier l'intérieur de Bastia. J'aurais pu poursuivre à mon tour les Anglais, et peut-être m'emparer encore de S.-Florent, mais il n'aurait pas fallu prétendre être militaire, pour prétendre garder 7 lieues de distance avec 1.200 hommes ; il fallait, à peine de perdre les deux villes, abandonner Saint-Florent ou Bastia, et l'on ne pouvait pas hésiter sur le choix.

Après la prise de Saint-Florent, les Anglais ont successivement fait passer devant Bastia une frégate, deux vaisseaux, deux bricks, plusieurs cutters qui commencèrent par mouiller au-dessus et au-dessous du port, et enfin j'y ai vu douze vaisseaux dont trois à trois ponts et autant de frégates ou plus petites embarcations. Depuis le 1er au 15 ventose, la ville fut canonnée trois fois sous voile ; nous ne perdîmes que peu d'hommes ; une frégate fut fort endommagée.

Pendant environ quatre décades pendant lesquelles j'établis une batterie à la place du gouvernement, trois sur les hauteurs de S. François, une à l'extérieur du fort Straforello, une à Lovaga, une à Montemaggiore, une à Colombano, deux au camp verd et une au camp de *Capannelle,* et des lignes de défense à Campo ventoso, les ennemis (seulement les Corses) nous attaquèrent partiellement, mais ils perdirent quarante hommes, tandis que notre perte fut bien moindre.

Le 15 germinal, huit vaisseaux, qui étaient mouillés au midi de Bastia, passèrent au nord et sous la protection de leur feu exécutèrent un débarquement. Nous les harcelâmes autant que nous le pûmes ; ils furent pendant huit jours occupés à établir leurs batteries et à se retrancher. Le 22, un parlementaire se présenta dans la vue sans doute de me sommer de rendre la place ; je refusai de l'entendre, et une demi-heure après les ennemis démasquèrent leurs batteries. Le soir une frégate étant venue s'embosser pour tirer sur la batterie de la place du gouvernement, je la fis servir à boulets rouges et elle fut en feu depuis quatre heures du soir jusqu'à trois heures du matin.

J'ai envoyé au Comité de Salut public le journal des opérations des deux sièges de Saint-Florent et de Bastia. Il me suffira de dire que pendant 17 jours, depuis l'époque du parlementaire anglais jusqu'au jour de mon départ, nous avons été canonnés et bombardés nuit et jour, que Bastia a reçu trois mille bombes, autant d'obus, que les établissements publics et le côté de l'attaque n'est qu'un monceau de décombres. Un des motifs qui a déterminé mon départ a été l'espoir d'obtenir à Capraja ou à Gênes des poudres et des farines, n'y ayant plus à mon départ que pour onze jours de poudre et vingt-deux de vivres. Arrivé à Gênes, j'ai fait partir sur des gondoles à rames vingt-cinq milliers de poudre ; un magasin de deux mille quatre cents quintaux de farine a été fait à Capraja, et un agent y a été établi par moi pour les faire transporter à Bastia, opération difficile, parce qu'il fallait profiter de la nuit et d'un temps calme.

Un autre motif plus puissant me détermina à partir. J'appris que 12 vaisseaux et 6 frégates espagnoles étaient arrivées à Livourne, avec le projet, disait-on de se réunir aux Anglais pour combattre la flotte française. J'appris par le même paquebot et par une lettre de Robespierre le jeune et de Saliceti, qu'ils allaient tout tenter pour me secourir. Je sentis de quelle conséquence il était que nos forces croissantes dans la Méditerranée ne reçussent point d'échec ; les brillantes destinées de nos opérations méridionales en dépendaient peut-être et je me déterminai à m'exposer à tout tenter pour empêcher de compromettre notre escadre avec des forces trop supérieures qui se consument et s'affaiblissent tous les jours, tandis que les nôtres s'accroissent. J'avais d'ailleurs à proposer des moyens partiels de secourir Bastia, et il fallait ma présence et mon expérience pour convaincre et déterminer à le tenter ; j'ai passé à travers la flotte anglaise et à travers mille périls pour moi. Je suis venu sauver la flotte qui ne sera sortie qu'avec précaution.

Avant mon départ, je nommai le général de brigade, Gentili, général de division commandant en chef. Je fis les promotions suivantes : Alcher, chef de brigade au 61e régiment ; Reynaud et Rousseau, du 61e, chefs de bataillon ; au 26e, La Balguerie chef de brigade ; Savari, capitaine, chef de bataillon ; Gast, au 26e, commandant temporaire de Calvi, avec le grade de chef de bataillon ; ..... coen, sergent, commandant le fort de S. Gaetano, a été fait officier.

Au premier bataillon des Bouches du Rhône, je fis Féréol, chef de bataillon, général de brigade ; Bérard, capitaine, le remplaça comme chef de bataillon.

Artillerie. J'avais antérieurement nommé chefs de bataillon Taviel et Villantrois, et fait officier le sergent-major Charles ; avant mon départ, j'ai fait Perrot chef de brigade directeur, et j'ai fait officier le garde général Carpentier.

J'ai nommé le premier aide de camp du général de division Gentili, le capitaine Lapisse, chef de bataillon ; j'avais nommé antérieurement adjudants-généraux Couthand et Franceschi ; Falconetti, lieutenant de la gendarmerie fut nommé capitaine, et Susini, de maréchal de logis devint lieutenant ; Moidier, capitaine de génie a été fait chef de bataillon.

Quelques soins que je me sois donnés, les approvisionnements que j'avais envoyés de Gênes ne sont pas parvenus. La garnison, après avoir tenu 26 jours après mon départ, a capitulé le 3 prairial ; elle a tenu, ainsi que je l'avais annoncé, jusqu'au dernier morceau de pain, et jusqu'à la dernière livre de poudre. Quand la garnison a rendu la place, il ne restait que pour 24 heures de vivres. Les troupes passent en France sans être prisonnières ; les différentes administrations ont la liberté d'emporter tous les papiers relatifs à la comptabilité ; les familles réfugiées ont été transportées en France ; la garnison a obtenu les honneurs de la guerre. Elle ne pouvait pas davantage, et je dois rendre justice aux troupes, elles se sont conduites avec beaucoup de bravoure et de patience ; elles ont supporté avec dévouement les fatigues du siège et les privations qui en ont été la suite. Et si quelques-unes d'elles ont éprouvé à Fornali un moment de faiblesse, elles l'ont parfaitement réparé à Bastia, pendant un siège de plus de quatre décades, pendant lequel nous avons été canonnés et bombardés nuit et jour dans une place qui n'est susceptible d'aucune défense par terre, et où nous n'avons tenu si longtemps que parce que, malgré la faiblesse de nos moyens, nous avons fait la guerre extérieure et que nos braves défenseurs ont repoussé avec vigueur plusieurs attaques générales et de vive force ; une troupe sans secours ne peut se défendre que pendant l'étendue des moyens que son chef a à sa disposition. Attaquées par terre avec des forces supérieures, les deux places de Bastia et de Saint-Florent ne peuvent pas tenir plus de 15 jours. Nous avons tenu en échec toutes les forces anglaises dans la Méditerranée pendant trois mois et demi ; notre résistance a sauvé des horreurs de la famine les départements méridionaux et l'armée d'Italie, en occupant des forces maritimes qui conduites sur les côtes de l'Italie et de la France eussent intercepté les approvisionnements considérables dont elle subsiste actuellement jusqu'à la récolte prochaine.

Administration.

Je ne puis dire que peu de chose des corps administratifs, puisque, depuis que j'étais seul représentant du peuple dans l'isle, toutes celles de l'intérieur ont été révoltées ; quant à celles de Bastia, il faut leur demander si depuis quatre ans, on y a payé un sou d'imposition ; je déclare franchement que je n'en ai pas été content ; elles m'ont laissé à moi seul tout le fardeau des besoins du peuple ; quelques ordres que j'aie donnés, il m'a été impossible d'avoir un état des biens nationaux, et si je ne les ai point épurées, c'est que je n'ai pas trouvé des sujets pour les remplacer.

La ville de Bastia s'est bien montrée pendant le siège ; la tranquillité y a été maintenue, grâce à quelques arrestations que j'avais faites, d'après les dénonciations du comité de surveillance ; les *zapajoli* ou vignerons, commandés par le maire Galeazzini, se sont trouvés partout ; ils ont rendu les plus grands services dans les constructions des batteries. Les citoyennes et presque tous les citoyens ont charié des sacs à terre pour construire les batteries de la place du gouvernement. Je n'ai pas été content des marins de Bastia ; la société populaire s'étant chargée de garder le fort de Straforello, cinquante seulement y faisaient parfaitement leur service, y restaient des quatre ou cinq jours de suite, parce que ceux qui ne vont au club que pour se donner une réputation de patriotisme qu'ils n'ont pas, n'y paraissaient jamais quoique on les commandât.

Finances.

Je ne parlerai que des fonds destinés pour les dépenses militaires et aux familles réfugiées ; les revenus publics y ont été nuls ; nous y avons vécu presque toujours du jour à la journée. La difficulté du passage a empêché la trésorerie d'assurer cette partie du service. J'ai eu recours à toutes sortes d'expédients ; j'ai fait des emprunts forcés ; des particuliers en ont fait de volontaires, et j'ai autorisé le payeur général à donner des lettres de change, tant pour les fonds qu'il a reçus en nature que pour des étoffes que j'ai fait acheter pour couvrir le soldat et le matelot qui étaient sans vêtements, et des laines que j'ai fait prendre pour réparer les embrasures des batteries et épargner autant que j'ai pu la vie des défenseurs de la patrie.

Il a été envoyé 300.000 livres en assignats pour des secours aux familles réfugiées. Je n'en ai employé qu'environ 60.000 livres ; le reste a servi au payement des troupes ; ainsi il restera de disponible sur cet article 240.000 livres.

Le Comité de Salut public a fait remettre à ma disposition une somme de trois cent mille livres en numéraire pour dépenses secrètes et révolutionnaires. Je n'ai pas cru devoir en faire usage ; cette somme est intacte à l'exception de 24.000 livres que j'ai remises à mon départ à la disposition du général Gentili, et dont je ne crois pas qu'il ait fait aucun usage, parce que les circonstances ne lui ont pas permis d'exécuter le mouvement que nous avions concerté ensemble.

J'ai toujours été très gêné pour les vivres par la belle imagination de Lacuée, ex-président du comité militaire de l'Assemblée législative. Paoli avait été fait général en chef de la Corse ; outre qu'il n'a jamais été militaire, il ne s'est servi de l'autorité qu'on lui avait confiée que pour écraser tous les partis qui lui étaient opposés, pour influencer les nominations des assemblées électorales et faire tomber les choix sur les hommes qui lui étaient dévoués. Quiconque connaît l'esprit d'intrigue qui règne en Corse, sait bien qu'aucune de leurs nominations ne serait légale en France ; mais ce n'est pas ici le moment de traiter cet article. Je me borne à parler des événements actuels.

Paoli, qui n'est venu d'Angleterre que dans l'espérance de faire séparer la Corse de la France, s'est bien gardé de faire approvisionner les places dont la défense lui était confiée ; aussi lorsque nous y sommes arrivés ne l'étaient-elles point du tout. La foule de ministres qui s'étaient succédé sous le règne du dernier tyran avait totalement oublié cette partie de la République, que, par notre guerre avec les puissances maritimes, on devait s'attendre sinon à la voir attaquer, du moins à voir sa communication avec le continent souvent interceptée. Cependant tout avait été négligé : les poudres y étaient vieilles et sans force ; l'on n'avait fait aucun fonds pour l'artillerie et le génie ; aussi les moindres ouvrages étaient-ils en arrière ; les affûts des canons et autres attirails étaient hors de service et tombaient en poudre au moindre effort ; il m'a fallu donner des fonds provisoires pour ces différents objets, et tout prendre sur la caisse militaire qui en manquait pour le service courant.

Au mois de juin 1793, époque où je suis resté seul en Corse, nous étions sur la fin de nos vivres, et sans un convoi de 14 voiles qui par un grand hasard échappa à l'escadre espagnole à la vue de laquelle elles passèrent, je ne sais ce que nous serions devenus. Ces approvisionnements ne nous ont pas conduits bien loin ; qu'on fasse le relevé de nos consommations, et de l'avoir fait, l'on verra que depuis le 1er novembre (vieux style) nous devions être pris ou morts de faim, faute de pain. Comment ai-je donc fait? J'ai mis en usage tous les moyens que j'ai pu imaginer ; j'ai excité le patriotisme (peine perdue) ; j'ai tenté la cupidité, j'ai réussi ; j'ai offert trente sols de prime par bachin de blé, pesant de 15 à 20 livres, et alors les Caprarais se sont hasardés de nous approvisionner. Ne pouvant engager les négociants d'armer en course, je donnai l'exemple ; un succès tenta leur avarice. Beaucoup de corsaires furent armés par les habitants de Bastia ; d'heureux hasards en ont été les suites. J'ai fait prendre au compte de la nation le blé, l'orge, la fève de marais, les lupins qui se sont trouvés parmi les prises. J'ai fait prendre une grande quantité de stockfish dont un bâtiment danois, appartenant à Trieste, était chargé, et j'ai autorisé le citoyen Dumesnil, directeur général des vivres, de donner des lettres de change aux intéressés, soit sur France, soit sur la maison Wolaston, à Gênes, sur laquelle le chargé d'affaires de la République française m'avait ouvert un crédit de trois cent mille livres. La plupart de ces lettres de change sont approuvées ou autorisées par moi et portent à ce titre ma signature ; quelque répugnance que j'eusse à me mêler des affaires d'argent, il l'a fallu pour reprendre la confiance, et à peine de voir le service manquer entièrement. Les procès-verbaux d'estimation et d'achat ont été faits par les intéressés et suivant les formes ordinaires ; moi, je n'ai fait qu'autoriser la dépense. J'ai laissé aux autorités préposées à cet effet de veiller aux détails de l'exécution et aux intérêts de la République. Souvent j'ai été forcé de mélanger la composition du pain, suivant la proportion plus ou moins forte de grains que j'avais. J'ai fort à me louer de la probité et des talents de Dumesnil, et je dois dire que, quoique depuis longtemps nous mangeassions du mauvais pain par le peu de farine de froment qui y entrait, le soldat ne s'est jamais plaint.

Je n'avais pas seulement les troupes à nourrir ; le riche avait, sur un recensement que je fis faire des subsistances de la ville, fait paraître une famine factice ; le pauvre souffrait malgré que je lui fisse vendre à 3 livres 10 sols le grain qui coûtait à la République 5 livres, parce que le riche ne l'employait pas. Je fis donc délivrer aux malheureux indigents et pris dans les magasins militaires 400 bachins d'orge, 200 quintaux de légumes secs, 400 quintaux de morue, et 100 quintaux de lard. J'exigeai qu'il fût tenu un état nominatif de distribution, et de la quantité par personne ; pour éviter les abus, j'adjoignis à la municipalité deux membres de la société populaire qui connaissaient parfaitement la ville et les pauvres. La municipalité me demanda de mettre à ces comestibles un prix modéré, et je les fis distribuer *gratis*. Je crus que la République française devait sans intérêt aller au secours des citoyens malheureux que les circonstances du siège mettaient hors d'état de gagner leur vie, et j'ai espéré d'être approuvé par le Comité de Salut public.

Hôpitaux.

J'ai eu à Bastia jusqu'à neuf cents malades à la fois et jusqu'à cinq cents à Calvi ; ils étaient dépourvus de tout, parce que les objets qui leur étaient destinés avaient resté à Toulon lors de la livraison de cette ville à l'ennemi. J'avais la douleur de voir le malade n'avoir qu'un drap pour deux hommes; ils couchaient sur la paille, la désastreuse expédition de Sardaigne ayant dépourvu la Corse de tout. J'ai ordonné qu'on achetât des toiles, et j'ai fourni constamment de la caisse militaire les fonds nécessaires pour acheter la viande fraîche aux malades et autres objets indispensables.

Marine.

La marine n'a fait passer aucun fonds en Corse depuis un an ; elle a eu pourtant beaucoup de dépenses à faire. J'ai fourni de la caisse militaire tant que j'ai pu, et je l'ai autorisée à tirer des lettres de change sur la France pour les fonds qu'elle empruntait pour son service et pour les dépenses auxquelles le manque de fonds l'empêchait de faire face. Comme aussi, je l'avais chargée d'acquérir le bois de construction sur la demande qui m'en avait été faite par Fréron et Ricord. Le séjour pendant quatre mois de cinq frégates en Corse, n'a pas laissé que d'occasionner de la dépense, d'autant que quatre étaient arrivées de Tunis dépourvues de tout ; ce sont leurs équipages qui ont tant accéléré la consommation de nos vivres, mais sans elles la Corse ne pouvait pas tenir huit jours. J'ai été fort content du travail qu'ont fait leurs matelots ; ceux de *La Fortunée* et de *La Minerve* ont perdu tout leur effet à S.-Florent, et il est de toute justice de leur accorder un dédommagement.

J'ai fait quelque promotion dans la marine comme dans la terre. J'en remettrai l'état au commissaire Dalbarade.

Le capitaine Gay, après le beau combat qu'il a soutenu avec *La Melpomène,* a, par ses talents, nourri la place de Calvi en faisant exécuter des moulins dont cette ville manquait absolument. Pourquier, commandant de *La Minerve,* a servi avec distinction au golfe de S.-Florent, le capitaine Allemand, à Bastia, et il est des sujets qu'il est de mon devoir de faire connaître.

La ville de Calvi vient de recevoir deux bâtiments chargés de vivres que j'avais fait expédier de Nice.

La ville de Calvi est la seule que la République possède en Corse ; mais depuis un an elle ne possédait que les trois villes de Calvi, S.-Florent et Bastia, avec un cercle dont l'étendue était d'un rayon de la portée d'un canon. Bastia et Saint-Florent sont deux places qui appartiendront toujours à l'ennemi qui les attaquera avec des forces de terre, s'il est maître de la mer.

Les Anglais ne prennent pas 100.000 livres vaillant à

Bastia ; cette place n'offre aucune résistance, et sa défense n'a été utile que parce que nous y avons occupé pendant trois mois des forces navales qui, portées ailleurs, pouvaient nuire infiniment à la République. Ainsi Calvi vous offre les mêmes moyens que les trois places pour reprendre la Corse ; située dans la Balagne, qui est la meilleure province de l'isle, l'on s'en emparera, lorsqu'on sera en état de la garder. C'est par la Balagne que le maréchal Maillebois prépara la conquête de la Corse. Le passage de Pietralba vous donne la facilité de s'emparer du Lento d'où l'on domine toute la Corse. Mais ce n'est pas le moment de tracer un plan de campagne.

Conclusion.

La Corse est très facile a reprendre lorsqu'une force maritime pourra la protéger. Il faut voir la Corse en France et non pas la France en Corse. Il est sans doute de la dignité de la nation française de protéger une nation faible, à qui elle a accordé l'honneur de son agrégation. Établissons notre marine sur un pied respectable ; lorsque tous les vaisseaux qui sont au Port de la Montagne seront armés, il faut embarquer dix ou douze mille hommes, les conduire en Corse, et je réponds qu'on ne tirera pas un seul coup de fusil. Les Corses, qui aiment tant l'argent, sentiront la différence du gouvernement anglais au gouvernement républicain. Dans trois mois, on les verra venir à genoux demander à la France d'y porter des forces, tant les rebelles mêmes seront las du gouvernement anglais et des vexations arbitraires de Paoli. Jusqu'à ce que les Corses connaissent notre gouvernement, ils sont hors d'état de l'exercer eux-mêmes. Ce pays malheureux ne ressemble en rien à la France. Il y faut un gouvernement révolutionnaire, jusqu'à ce que l'instruction les ait rendus susceptibles d'être républicains français.

Il ne faut pas que le Comité de Salut public donne croyance à l'idée qu'on a répandue jusqu'à présent, qu'il existe en Corse de quoi construire des flottes entières. Cela 'est faux ; il y a en Corse des bois, mais très peu sont propres à la marine ; il peut y avoir quelques mâtures, très difficiles à extraire, et du bois de bordage ; il y a beaucoup de bois dont on tirerait parti, si l'on pouvait les consommer sur les lieux, et je donnerai un moyen.

Il est possible de préparer l'expédition de Corse pour le mois d'octobre (vieux style) ; les mêmes préparatifs peuvent servir à attaquer l'isle d'Elbe, qui appartient à Naples et au Grand Duc de Toscane. Cette isle possède deux excellents ports qui sont Portolongone et Portoferraio, qui peuvent chacun contenir 80 vaisseaux de ligne ; et je proposerai, quand on voudra, les moyens d'exécution qui ne sont ni difdifficiles ni dispendieux et qui sont immanquables. Les vaisseaux peuvent entrer par les vents contraires dans l'un ou l'autre de ces ports.

L'isle d'Elbe a dans son sein la mine de fer la plus riche de l'Europe ; elle est presque pure. L'isle n'a pas de bois, mais il serait facile de mettre à profit ceux de l'isle de Corse.

Cette conquête qui coûtera peu est absolument nécessaire à la République française, si elle veut avoir la prépondérance dans la Méditerranée. Alors elle devient maîtresse du commerce exclusif de l'Italie, parce que tous les bâtiments qui entrent à Gênes ou à Livourne, venant du Levant, sont obligés de passer ou dans le canal de Piombino qui tient à l'isle d'Elbe, ou à la vue de la Corse.

On ne peut se dissimuler que jamais l'on ne pourra tirer un grand revenu national de la Corse ; les impositions directes et indirectes, ne s'élèveront jamais à 500.000 livres, mais par sa situation topographique, cette isle est nécessaire à notre commerce. Et si un tribunal révolutionnaire fait abattre la tête de tous les chefs de parti, bons ou mauvais, la masse du corps sera bientôt heureuse, et la République peut avec le temps avoir un département insulaire qui lui offrira une source de richesses.

Je dois fixer l'attention du Comité de Salut public sur les malheureuses familles des patriotes Corses ; il est de la justice et de la bienfaisance de la Convention nationale de venir à leur secours pendant le temps qu'elles seront éloignées de leurs foyers, et presque toutes ont fait de grands sacrifices.

Il est plusieurs officiers qui par leur grand âge et leurs infirmités demandent leur retraite. De ce nombre sont le général de brigade Maurice Rochon, le chef de bataillon du 61e régiment, Château ; Baudot-Reynaud au même corps ; La Martonie, chef de bataillon au 26e. Il est des soldats qui sont encore dans les hôpitaux, et que leurs blessures graves empêcheront de continuer leur service.

Récapitulation des citoyens à qui j'ai cru devoir accorder de l'avancement, et grades auxquels ils ont été promus.

Catelan, ci-devant colonel directeur de l'artillerie en Corse, fait général de brigade, le 26 frimaire.

Rochon, ci-devant colonel du 26e régiment, fait général de brigade, le 26 frimaire.

Féréol, ci-devant chef de bataillon au premier bataillon des Bouches du Rhône et commandant de la ville de Bastia, fait général de brigade le 1er floréal.

Couthand, adjudant général, chef de bataillon nommé par Saliceti, Gasparin et moi le 15 septembre 1793 (vieux style).

Alcher, ci-devant chef de bataillon dans le 61e régiment, fait chef de brigade le 1er floréal.

Taviel, ci-devant capitaine au 4e régiment d'artillerie, fait chef de bataillon sous-directeur en Corse, le 1er octobre 1793.

Dalous, ci-devant capitaine au 3ᵉ régiment de marine, fait adjudant général le premier novembre 1793 (vieux style).

Montera, ci-devant capitaine de la gendarmerie, chef d'escadron en Corse.

Villentrois, ci-devant capitaine au 4ᵉ régiment d'artillerie, chef de bataillon le 26 pluviose.

Moydier, ci-devant capitaine du génie, chef de bataillon du même corps.

Casalta, premier chef de son bataillon, fait chef de brigade, le 1ᵉʳ floréal.

Franceschi, capitaine au 16ᵉ bataillon d'infanterie légère, adjudant général le 1ᵉʳ ventose.

Bonelli, ci-devant capitaine de garde nationale, chef de bataillon au 16ᵉ d'infanterie légère, le 1ᵉʳ ventose.

Lapisse, capitaine au 16ᵉ bataillon d'infanterie légère, fait aide de camp chef de bataillon du général de division Gentili.

Cauro, remplaçant Montera à la compagnie, le 26 frimaire.

Soynes, ci-devant lieutenant de grenadiers au 26ᵉ, fait capitaine de la même compagnie le 13 frimaire.

Baylin, ci-devant capitaine au 61ᵉ, passé au bataillon de l'Aveyron, même qualité, le 12 nivose.

Deltel, ci-devant sergent-major de grenadiers au 61ᵉ régiment, passé adjudant-major au 1ᵉʳ de l'Aveyron, le 12 nivose.

Savy, ci-devant capitaine de grenadiers au 26ᵉ, fait commissaire des guerres le 13 frimaire.

Boette, ci-devant adjudant sous-officier au 26ᵉ, fait lieutenant le 1ᵉʳ germinal.

Charles, ci-devant sergent-major au 4ᵉ régiment d'artillerie, fait second lieutenant le 6 frimaire.

Perrot, lieutenant-colonel d'artillerie, fait chef de brigade directeur en Corse, le 1ᵉʳ floréal.

Carpentier, ci-devant garde général d'artillerie en Corse, fait lieutenant, gardant sa place le 1er floréal.

Gentili, ci-devant général de brigade, employé en Corse, fait général de division commandant en chef dans l'isle, le 5 floréal.

Il y a encore un chef de bataillon corse et nombre de lieutenant et sous-lieutenant corses dont je ne puis donner ni les noms ni les dates parce que je n'ai pas encore ici le registre qui les contient.

A Paris, le 29 prairial, l'an second de la République une et indivisible.

J.-P. LACOMBE S.-MICHEL.

Etat des bouches à feu existant tant dans la place de Bastia qu'aux postes extérieurs, le 30 floréal, an 2. — Port de la Montagne, 24 prairial an 2, (12 Juin 1794).

Rempart de la citadelle : 9 canons de 24, tous en fer ; 1 de 18, 4 de 12, dont 1 hors de service, 1 mortier de 12 pouces, en fonte.

Batterie du Donjon : 2 canons de 12 en fer ; 1 canon de 8 en fonte, 4 canons de 4 campagne, en fonte, 4 canons de 1, en fonte.

Cour du château : 1 canon de 4 campagne, en fonte ; 3 canons de 1 campagne, en fonte.

Magazin du Donjon : 1 canon de 1, en fonte.

Parc aux boulets : 2 pierriers de 15 pouces, en fonte.

Sainte-Marie : 1 pierrier de 15 pouces, en fonte.

Arsenal : 1 canon de 12, en fer ; 2 canons de 4 campagne, en fonte ; 2 canons de 1 campagne, en fonte.

Porte de la Citadelle : 1 canon de 4, en fer.

Batterie dite Le Pelletier : 3 canons de 24, en fer ; 2 canons de 18 en fer ; 1 canon de 12, en fer ; 1 mortier de 12 pouces, en fonte ; un obusier de 6 pouces, en fonte.

Batterie des Capannelle : 1 canon de 8 campagne, en fonte ; 2 canons de 4 campagne, en fonte.

Tour du Fango : 1 canon de 6, en fer, de la marine.

Batterie de S.-François : 1 canon de 12, en fer ; 1 canon de 6 en fer, de la marine.

Batterie des vignerons avec une troisième batterie masquée : 2 canons de 11, en fer ; 1 canon de 1 campagne, en fonte ; un mortier de 12 pouces, en fonte, auquel on a remis un grain ; 1 obusier de 6 pouces, en fonte.

Fort de Straforello avec une batterie masquée : 2 canons de 18, l'un en fonte, l'autre en fer ; 2 canons de 3, en fer, provenant de la marine ; 2 canons de 2, en fer, provenant de la marine ; 2 espingoles, provenant de la marine.

Batterie de Lovaga : 1 canon de 12, en fer ; 1 canon de 8 campagne, en fonte ; 1 canon de 1 campagne, en fonte ; 1 mortier de 12 pouces, en fonte, crevé après y avoir remis un grain.

Batterie de Montemaggiore : 1 canon de 1, en fonte ; un canon de 4 campagne, en fonte.

Fort de Monserrato : 1 canon de 4 campagne, en fonte ; 1 canon de 1 campagne, en fonte.

Batterie de la Tourette : 1 canon de 18, en fer.

Batterie du Camp vert : 1 canon de 18, en fer, de la marine; 4 canons de 6, idem ; 1 canon de 4 campagne, en fonte ; 1 canon de campagne, en fonte.

Batterie au-dessus du Camp vert : 2 obusiers de 6 pouces, en fonte.

Au Port de la Montagne, le 24 prairial an 2.

GENTILI.

Procès-verbal de la séance du Conseil tenu par les officiers militaires et civils à Calvi le 14 thermidor (1er août 1795).

L'an deuxième de la République française, une et indivisible, le quatorzième thermidor (1er août 1794), à onze heures du matin, au quartier général, à Calvi.

Nous général de division, Casabianca, commandant en chef en Corse, le citoyen Gast, commandant de la place, et le conseil général de la commune, se sont assemblés dans la maison qui sert de quartier général.

Le général Casabianca a donné communication au commandant de la place et au conseil général de la commune d'un mémoire qui vient de lui être adressé par les chefs des corps, officiers, sous-officiers et soldats de la garnison, et du rapport qui lui a été fait par les citoyens Verguin, commandant du génie; Copin, commandant l'artillerie, et par le commissaire des guerres; et après qu'ils ont constaté que les faits allégués dans les mémoires et rapports sont vrais, exacts, et sans aucune exagération ;

Le Conseil général considérant :

1º Que le feu de l'ennemi a fait sauter un magasin à poudre et qu'il ne reste dans la place que douze mille cent soixante dix livres de poudre, ce qui suffirait à peine pour faire feu pendant deux jours ;

2º Que le grand magasin à poudre est percé par les boulets et que le peu de munitions qui restent ont été déposées dans une tour dont la porte est en face des batteries de l'ennemi, qui ne peut pas être mise à l'abri des boulets et du canon ;

3º Que presque tous les canonniers sont morts, blessés ou malades, et qu'il n'en reste que dix du corps de l'artillerie en état d'agir ;

4º Que les épaulements des bastions et des 6 courtines qui font face au feu de l'ennemi, sont entièrement ruinés et encombrés par les débris du magasin qui a sauté et par ceux des épaulements démolis, et les pièces hors d'état de jouer, et qu'il ne reste qu'une seule pièce en état de jouer ;

5º Que le palais, le seul local ou caserne où la troupe est logée, a été en partie ruiné et incendié par les bombes et les obus, et qu'il ne peut plus abriter la garnison, battue depuis longtemps par des bouches à feu de gros calibre, et qu'il n'y a dans la place aucune casemate pour s'y reposer ;

6º Que les bombes ont fait écrouler la voûte d'un magasin aux vivres sis au palais, et avarié une partie des farines, et que par la continuation du feu, les autres farines auraient été sujettes aux mêmes inconvénients, les magasins n'étant pas à l'épreuve de la bombe ;

7º Qu'en conservant même toutes les farines sans ultérieurs accidents, il n'y a de quoi nourrir la garnison et le peuple que pour dix-huit à vingt jours ;

8º Que la plus grande partie de la garnison est à l'hôpital accablée par les fièvres, la dysenterie et par des blessures, et manquant depuis un mois de viande pour le bouillon, de remèdes et de rafraîchissements;

9º Qu'une bombe a écrasé la maison où le boulanger de l'hôpital travaillait et qu'il devenait impossible de pouvoir faire passer le pain aux malades établis au faubourg ;

10º Qu'il ne reste dans la place que deux cent soixante-dix fusiliers dont environ 50 malades à la chambre, et que le nombre des malades augmente à raison de 25 à 30 par jour ;

11º Que la garnison n'ayant que du pain et des légumes sans assaisonnements, s'est nourrie pendant longtemps de viande de mulet, cheval et chats, viande qui a même manqué depuis plusieurs jours ;

12º Que cette garnison, épuisée par un blocus de quinze mois et par un siège de deux, excédée de fatigues, a manifesté beaucoup d'énergie, mais étant réduite considérablement par les pertes qu'elle a essuyées, surtout par les maladies, elle ne suffit plus à garder une place démantelée contre une armée composée de trois mille Anglais, des émigrés de Toulon et des rebelles de Corse, qui est établie sur les hauteurs de Mozello, à deux cents toises de la place, et qui domine par son feu tous les bastions ;

13° Que les ennemis ont rasé ou incendié toutes les maisons de la haute ville sans qu'aucun habitant ait manifesté le moindre regret du dommage qu'il souffrait pour la République, et que depuis deux jours ils battent en brèche deux bastions, une courtine à la fois et la tour du palais ;

14° Que l'arsenal est absolument ruiné et les affûts de rechange brisés, qu'il ne reste aucun lieu sûr pour mettre les effets de l'artillerie en dépôt, et que la seule chèvre qui restait dans la place et tous les effets nécessaires au transport des bouches à feu et attirails nécessaires ont été brisés ;

15° Qu'il y a impossibilité de défendre la brèche par la pénurie d'hommes qui restent en état de santé ;

16° Que les fermetures des portes et pont-levis sont brisés et même la porte intérieure endommagée ;

17° Que par les rapports des marins venant de Nice, il n'y a aucun espoir d'un prompt secours ;

18° Qu'enfin la place manquant de soldats et de canonniers, de vivres et de munitions, étant battue en brèche qui dans trois jours serait praticable, ne peut résister plus longtemps au feu et aux efforts de l'ennemi ;

Le Conseil général qui a manifesté jusqu'à ce moment la plus grande fermeté, se croit obligé, pour sauver les débris de la garnison et des habitants fidèles des événements inévitables dont ils sont menacés, de voter à l'unanimité pour l'acceptation de la trêve de 12 jours offerte par le général anglais, lequel délai expiré sans que la place ait reçu de secours, elle sera rendue avec une capitulation honorable.

Le commandant de la place a dit que malheureusement les circonstances étaient telles qu'il ne restait d'autre parti à prendre que celui qui était proposé par la garnison, la place n'étant plus susceptible d'une ultérieure défense.

Le général de division, après avoir mûrement délibéré sur toutes les pièces ci-dessus énoncées, a dit que, se rendant aux remontrances de la garnison et des chefs des corps et de la municipalité, il allait écrire au général anglais pour accepter la trêve, et que, si elle expirait sans l'arrivée du secours, il aurait proposé les articles de la capitulation.

Signés à l'original: FRANQUET, GIOVANSANTO ALBERTINI, CECCALDI, MASTAGLI, FRANCIOSI, SUSINI, ROFFO, maire, GAST, commandant de la place, et CASABIANCA.

Certifié conforme à l'original : CASABIANCA.

Articles de la capitulation de la garnison de Calvi en Corse.

ARTICLE PREMIER.

La garnison sortira de la place avec tous les honneurs de la guerre, ainsi que tous les employés qui tiennent au militaire. — Réponse : La garnison et tout ce qui tient au militaire sortira de Calvi avec tous les honneurs de la guerre et déposeront leurs armes, drapeaux, canons de bataille et accoutrements au lieu qui sera indiqué pour cet effet ; mais en conséquence de leur courageuse défense, il est accordé qu'ils retiendront leurs épées ou sabres.

ART. 2.

La garnison s'embarquera le 10 août sur le quai de la basse ville, précédée de l'artillerie de bataille avec armes et bagages, tambours battants, mèches allumées et drapeaux déployés pour être transportée au Port de la Montagne et non ailleurs. — Réponse : La garnison s'embarquera le 10 août et sera portée à Toulon sur des bâtiments qui seront commandés pour le service.

Art. 3.

Les frégates *La Melpomène* et *La Mignonne* serviront à transporter la garnison et les habitants qui voudront la suivre ; mais comme elles ne sont pas suffisantes, le gouvernement anglais fournira les bâtiments nécessaires à cet effet. — Réponse : Refusé.

Art. 4.

Il sera fait un inventaire de toutes les pièces d'artillerie, munitions et agrès, et il sera nommé des officiers de part et d'autre pour constater l'état des magasins et apparaux et de tout ce qui appartient à la République française, et qui sera remis aux commissaires de Sa Majesté Britannique dans l'état où il se trouve ; duquel inventaire on prendra copie authentique de part et d'autre. — Réponse : Accordé.

Art. 5.

Le commissaire national, les officiers et toutes les personnes attachées au service de la République, ainsi que tous les réfugiés Corses, participeront à la capitulation du militaire et jouiront des mêmes conditions. — Réponse : Accordé.

Art. 6.

Les habitants de Calvi et les réfugiés corses des deux sexes auront leur vie, leur honneur et leurs propriétés garantis. Ils pourront s'embarquer pour France immédiatement avec la garnison ou se retirer quand bon leur semblera avec leurs ménages, meubles ou marchandises, et avec la faculté de disposer de leurs immeubles, ou d'en jouir par leurs fondés de procuration. — Réponse : Accordé.

Art. 7.

Les réfugiés qui préféreraient de rentrer dans l'intérieur ou d'y envoyer leurs familles, auront la liberté de s'y rendre, et le gouvernement anglais leur fera restituer leurs biens, et les protègera, afin qu'ils ne soient pas inquiétés pour leurs opinions politiques ou religieuses qu'ils ont manifestées avant cette époque. — Réponse : Il faut que cet article soit référé à Sa Majesté Britannique, étant d'un sujet qui n'est pas immédiatement sous la direction du général.

Art. 8.

Les papiers concernant la comptabilité du payeur de la guerre, ceux de l'artillerie et du génie, de la marine et de quelconque administration seront transportés en France. — Réponse : Accordé.

Art. 9.

Les malades seront transportés en France le plus tôt possible et ceux qui ne pourront pas suppprter la navigation resteront à l'hôpital de la basse ville, soignés par les officiers de santé et par les employés qu'on laissera aux frais de la République, et sous la direction d'un commissaire des guerres ou d'un autre officier qui en fera les fonctions, et lorsqu'ils seront en état de faire le trajet, ils seront conduits en France. — Réponse : Accordé.

Art. 10.

La commune de Calvi sera maintenue dans la jouissance de tous ses biens, meubles et immeubles et pourra en disposer conformément aux règlements, ainsi que de toute autre fondation qui lui appartient. — Réponse : Accordé.

Art. 11.

Ni la commune ni aucun particulier ne sera sujet à payer aucune taxe ou contribution à cause des événements qui ont précédé ou accompagné le siège ou de leurs opinions en matière politique ou religieuse, et chacun jouira du libre exercice du culte. — Réponse : Accordé.

Art. 12.

Les habitants seront exempts du logement des gens de guerre ou de toute corvée militaire. — Réponse : Accordé quant à présent et à l'avenir, excepté dans les cas de nécessité extrême.

Art. 13.

Les acquéreurs des biens nationaux et ceux qui les ont pris à bail continueront d'en jouir. — Réponse : Réservé à la considération de Sa Majesté, pour les raisons rapportées au 7e.

Art. 14.

L'inscription qui est placée sur les portes de la citadelle : *Civitas Calvi semper fidelis*, y restera comme un témoignage honorable de la conduite, du caractère, et de la vertu des habitants de Calvi. — Réponse : Accordé.

Art. 15.

Les déserteurs ne seront point réclamés ni de part ni d'autre. — Réponse : Comme il n'y a point de déserteurs de Sa Majesté Britannique, cet article n'est point nécessaire.

Art. 16.

Les prisonniers qui ont été faits par les bâtiments de Sa Majesté Britannique, depuis qu'ils bloquent la place de Calvi, ceux qui ont été faits à Mozello, les marins pris sur le brick qui transportait les malades en France, les marins et les passagers qui allaient en France, sur un bateau de poste arrêté auprès de Galeria, et qui sont en partie détenus sur les frégates, et d'autres dans le château de Corte, les marins qui ont été pris venant de France, ainsi que les canonniers qui y étaient embarqués, seront mis en liberté et pourront se retirer à Calvi ou en France, comme ils le jugeront à propos. — Réponse : Refusé.

Art. 17.

Il sera fourni des passeports à deux gondoles qui iront en France, l'une au Port de la Montagne, et l'autre à Nice pour y porter les dépêches du général. — Réponse : Accordé, pourvu que les gondoles ne partent pas avant le 6 août.

Art. 18.

Pour assurer la garnison, les habitants et les réfugiés, le général anglais ne permettra pas aux habitants Corses dans l'intérieur et aux émigrés de cette ville, d'entrer ni dans la place, ni dans la basse ville, jusqu'à ce que toute la garnison ne soit partie pour France. — Réponse : Accordé.

Art. 19.

Les habitants de Calvi conserveront leurs armes, et seront protégés par les forces de Sa Majesté Britannique. — Réponse : Refusé quant aux armes ; mais le peuple recevra toute protection des armes de Sa Majesté Britannique.

Art. 20.

Les officiers et les équipages des frégates, des bricks et des chaloupes canonnières jouiront des mêmes conditions que la garnison. — Réponse : Accordé.

Art. 21.

Le gouvernement britannique sera seul garant de la présente capitulation. — Réponse : Accordé.

Le général de division,
Signé : Casabianca.

Signé : Ch. Stuart, lieut.-gén.
    Accepté,
        Signé : Casabianca.

Gay, commandant la rade, au représentant Lacombe Saint-Michel, député à la Convention nationale à Paris.

Rade de Calvi, le 18 thermidor, an 2 (5 août 1794).

Citoyen, — C'est avec regret que je t'annonce la capitulation de la place de Calvi ; la reddition est ajournée au 22 thermidor.

Cette capitulation a été faite par Arena et le général Casabianca et la reddition des frégates à la suite, sans consulter ni appeler les officiers de la marine. La méfiance de la part de ces hommes à pouvoir est horrible. Tout a été fait sans mesure et sans règle. [Je m'en suis plaint à Casabianca, mais il a éludé à répondre sur mes plaintes et je n'en sais encore rien. Voilà l'ouvrage d'Arena à qui l'on avait rendu les pouvoirs que tu lui avais ôtés. Quant à Casabianca, c'est un pauvre homme ; la capitulation l'a rendu gaillard, car il n'a jamais sorti du caveau de tout le siège. (Voilà un miracle).

Je ne te parlerai pas de la défense de la place, ni des dispositifs préparés pour la défense, cela n'étant point de mon sujet. Tout ce que je sais, c'est qu'Arena a fortement critiqué sur le siège de S.-Florent et de Bastia et qu'il y a joint la plus noire des méchancetés en faisant retentir la tribune du club de Calvi contre toi, quand tu fus parti pour Gênes ; son frère, courant les rues, est forcené pour soulever les esprits sur ton départ, vomissant tous les deux tout ce que la rage peut inspirer à des hommes aussi méchants. Ils en vinrent au point de persuader la multitude de faire partir des députés pour le Port de la Montagne. Je crois qu'ils furent bien surpris de t'y voir, car ils te croyaient émigré. Il n'y a eu aucun bon républicain français qui n'ait été indigné de toutes les manœuvres et ressorts qu'ils ont fait jouer pour te perdre. Venge-toi, venge-nous de ces perfides cabaleurs, car tous ceux qui t'étaient attachés ont été molestés, moi le premier.

Nous sommes accoutumés depuis fort longtemps à nous taire ; partie des gendarmes vendue à ces gens-là ne nous faisaient pas quartier ; ils les ont multipliés autant qu'ils ont pu et presque tous Corses.

Rien n'arrête les despotes de cette nature. Je t'assure qu'il est dur aux Français républicains d'être sous la domination des Corses.

La République française perd deux frégates (la seule *Melpomène* est à regretter) ; mais elle gagnera de n'avoir plus au nombre de ses citoyens une race de traîtres, factieux, intrigants et pillards ; l'ingratitude de cette nation perfide est à son comble ; ils ne connaissent que l'anarchie et leurs chefs le despotisme. Ils trouveront dans les Anglais de quoi les faire repentir de leur noire trahison.

Il reste à désirer que les départements du midi de la France soient purgés de toute cette vile canaille, pour que nous ne voyions plus des âmes pétries de boue, comme la plupart de ceux qui vont y passer.

Je viens de verser dans ton sein une bile échauffée par le sentiment que nous avons tous sans distinction dans la marine éprouvé. Après des travaux infinis et si les équipages des frégates avaient pu être traités plus mal, on les aurait traités. Mais j'ai toujours opposé ma franchise et je ne leur ai pas laissé ignorer que les ramassis des magasins étaient pour nous, tandis qu'eux ne manquaient de rien par le moyen de leurs bons à Lemoine qui, nonobstant ce, a été vexé comme tant d'autres.

Fallait-il qu'un Casabianca eût sa nombreuse famille à Calvi qui vivait dans l'opulence ainsi que tant d'autres, et nous manquions d'assaisonnement ! nous mangions des fèves à l'eau sal[ée ; eux se donnaient] (1) des repas somptueux à tour de rôle ; je n'ai voulu aller à aucun dans le temps, et beaucoup d'officiers de la garnison ont fait comme moi. La troupe murmurait, mais ils allaient toujours leur train, et les Français travaillaient comme des esclaves.

Je finis par te dire que Calvi n'aurait pas tenu aussi longtemps si nos équipages ne l'avaient défendu. Tu nous as manqué, nous avons tout perdu en te perdant et nous n'avons eu aucun saint à nous recommander.

Salut et fraternité.

Le Commandant de la rade, GAY.

---

(1) Il y a une lacune dans cette phrase ; nous avons essayé de la combler par les mots entre crochets. D'ailleurs la copie de cette lettre a été faite avec beaucoup de négligence.

Le représentant du peuple dans les départements maritimes de la République, Jean Bon Saint-André au Comité de Salut Public.

Port de la Montagne, le 24 thermidor an 2 (11 Août 1794).

Un courrier dépêché d'Héraclée, citoyens collègues, m'apporte la nouvelle de la capitulation de Calvi. Je vous envoye les pièces originales qui me sont parvenues. Vous y verrez l'extrémité à laquelle cette ville a été réduite. Cet événement va multiplier encore nos embarras et nos craintes sur cette côte ; dans le nombre des bons citoyens qui nous viendront de Corse, qui sait s'ils n'auront pas mêlé des espions et des traîtres ? Voilà donc les ennemis maîtres de la Méditerranée, et nous n'avons à leur opposer que sept vaisseaux ! La position qu'occupent les deux escadres combinées arrête de notre part tout mouvement et coupe toute communication. Suivant le rapport d'un aviso, les Espagnols croisent maintenant dans le golfe Juan au nombre de 15 vaisseaux, et les Anglais devant Héraclée au nombre de 11. Aussi notre escadre ne peut pas bouger ; nos vaisseaux ne peuvent pas aller la joindre et la renforcer, et le cabotage même n'est plus possible. Sans doute quelques vaisseaux viendront de Corse se réunir à cette force déjà si considérable. C'est à vous, citoyens collègues, à calculer ce qu'exige notre position.

Saliceti m'écrit qu'ils ont résolu avec Albitte de faire faire dans quelques jours un mouvement à l'armée ; il ne m'appartient pas de prononcer sur des opérations militaires résolues par mes collègues ; mon ignorance sur la guerre de terre est complète. Mais quand j'envisage l'éloignement de l'armée d'Italie dans son rapport avec le voisinage d'une armée navale à laquelle nous ne pouvons rien opposer, il me semble qu'il y a bien des réflexions à faire avant de se décider à s'engager trop avant dans le pays ennemi. Je ne donne mes idées que pour ce qu'elles valent, et je tâcherai toujours de tirer le meilleur parti possible des circonstances.

Salut et fraternité.

JEAN BON SAINT-ANDRÉ.

Casabianca, général de division, aux représentants du peuple près l'armée d'Italie.

Calvi, le 24 thermidor an 2 (11 Août 1794).

La garnison de Calvi, après avoir éprouvé tous les malheurs du siège le plus terrible qui se soit fait peut-être depuis longtemps, et y avoir opposé la résistance la plus vigoureuse et la plus longue, malgré sa faiblesse et le dénuement total des secours du continent, s'est déterminée à demander à l'ennemi une capitulation honorable.

D'après le vœu de la garnison bien motivé, le rapport des officiers d'artillerie, du chef du génie et du commissaire des guerres qui constataient l'état de la place quant aux munitions et aux vivres, d'après l'avis du citoyen Gast, commandant de la place, du corps municipal et du conseil général de la Commune, je me suis déterminé le 14 de ce mois à accepter douze jours de suspension d'armes qui m'avaient été offerts par le général anglais. La réponse de ce dernier a été de ne m'accorder que neuf jours, et de lui remettre dans la journée les articles de la capitulation, qui pourtant n'auraient d'effet qu'après l'expiration du 9e jour, s'il n'arrivait pas de forces de France. J'ai mis sous les yeux du conseil cette réponse du général. Elle a été unanimement acceptée. Tout en effet devait déterminer à la faire accepter : une ville ruinée de fond en comble ; une garnison totalement détruite ou mise hors de service, soit par le fer de l'ennemi, soit par les maladies, manquant d'aliments, obligée de recourir pour les malades à la viande de mulet, et pour les autres à celle de cheval, d'âne, de chats et de rats, qui même n'a pas duré longtemps ; toute l'artillerie de la place démontée faute de canonniers, réduits en tout au nombre de dix, de quatre-vingt et plus qu'ils étaient, sans obusiers ni mortiers à opposer à un ennemi qui en avait une grande quantité, desquels il nous battait avec tout avantage ; avec cela, si peu de poudre qu'un feu un peu soutenu pendant trois jours nous l'eût absorbé en entier, ayant un magasin de poudre de sauté en l'air, un autre tout criblé de coups de canon, obligés de reporter nos poudres dans une tour qui n'était exactement à l'abri ni des bombes ni des boulets ; le peu de vivres qui nous restaient, abimés en partie par les bombes dans les différents petits réduits du palais où on les avait fourrés dans l'espoir qu'ils pourraient y échapper aux bombes, et le peu qui nous restaient prêts à subir le même sort, n'ayant aucun lieu de sûreté, pas une casemate dans la ville qui puisse procurer à la garnison épuisée de fatigues pendant le jour, un sommeil tranquille pendant les nuits, où l'ennemi redoublait le jet des bombes et des obus de la manière la plus terrible. Les Anglais en ont jeté trois mille dans la ville et avec une telle justesse que pas une seule maison ne leur a échappé. Le palais a été réduit à un état pitoyable ; les voûtes écroulées de toutes parts, qui ont écrasé et blessé quantité de monde ; il n'en reste de moins endommagé que la tour où étaient les munitions, encore l'ennemi s'y attachait-il si opiniâtrément qu'elle eût été ruinée sous deux jours et que le restant de nos poudres auraient sauté en l'air, ce qui nous aurait fait faire une fin digne à la vérité de républicains, mais en pure perte pour la patrie.

Malgré toute l'horreur de cette position, je dois à la garnison et aux habitants la justice de déclarer qu'ils n'ont cessé de tenir la contenance la plus ferme, de donner des preuves journalières souvent réitérées du dévouement le plus complet à la chose publique. Les uns ne comptaient pour rien leur vie, les autres voyaient avec le plus grand sang-froid la ruine totale de leurs propriétés, les blessures ou la mort de leurs parents. Je puis assurer que leur ardeur ne s'est jamais ralentie, — et si leur avis a été de ménager une suspension d'armes avec l'ennemi, c'est qu'il était physiquement impossible de tenir avec la nullité des moyens où nous étions, contre le feu le plus vif, le plus destructeur et le plus suivi qui se soit peut-être jamais fait sur une ville assiégée. Que l'on se figure les dégâts qu'ont dû faire trois mille bombes dans une enceinte d'environ deux cents toises où les maisons sont entassées les unes sur les autres, dont plusieurs sont incendiées, et l'on aura une idée de l'état de Calvi, quand on a pensé à s'aboucher avec l'ennemi.

Je vous envoie copie de la capitulation avec la date en blanc. Vous verrez par la manière dont elle est conçue que les Anglais, témoins oculaires de cette belle résistance que nous avons faite et de l'état pitoyable dans lequel ils ont mis la ville, ont rendu cette capitulation honorable. J'espère qu'elle ne contribuera pas peu à prouver à nos compatriotes que, soit en combattant, soit autrement, nous avons toujours été dignes d'eux, et que, si nous n'avons pas conservé Calvi, c'est que nous ne l'avons absolument pas pu. Vous trouverez de même ci-joint copie du procès-verbal qui constate la situation de la place, à l'instant où il a été question de capituler, et vous verrez que ce n'est pas sans bonnes raisons qu'on s'y est déterminé.

J'expédie deux gondoles exprès, l'une pour Nice, l'autre pour le Port de la Montagne, suivant la capitulation. Elles n'ont pas pu partir plus tôt à cause du vent contraire. Je partirai le 23 pour le Port de la Montagne avec le convoi qui doit porter la garnison, les équipages des frégates et les habitants qui nous suivent, et j'aurai le plaisir de vous dire de vive voix ce qui m'aura échappé dans cette lettre.

Salut et fraternité.   CASABIANCA.

Saliceti au Comité de Salut Public.

A Menton, le 13 fructidor, an 2 (30 août 1794).

Citoyens Collègues, — J'apprends avec étonnement par un de mes collègues, que ma dépêche en date du 23 thermidor que je vous ai adressée par voie de poste, dès l'instant de mon retour de Barcelonnette à Nice, relativement à la reddition de Calvi, ne vous est pas parvenue.

Les dépêches pour le Comité de Salut Public éprouvent donc comme celles des particuliers, le même sort dans les bureaux des postes, celui d'être interceptées ou de s'égarer. Il serait bien temps que cette partie d'administration devînt sûre.

Je vous disais dans cette lettre que Calvi, après avoir fait la plus vigoureuse défense, avait été enfin forcé de céder; que tandis que les moyens de résistance ne lui étaient plus permis, elle avait encore su obtenir une capitulation honorable à peu près telle que celle de Bastia; que cette place avait à la vérité encore des provisions pour quelques jours, d'après les mesures que je n'avais cessé de prendre pour l'en pourvoir et y faire parvenir des bâtiments malgré le blocus de l'escadre ennemie; mais que la poudrière ayant éclaté par l'explosion d'une bombe, la ville était réduite toute en cendres; les canonniers ayant été presque tous tués, le nombre excessif des malades ne permettant plus de remplir le service, la capitulation était devenue le seul parti à prendre pour une place où rien ne s'opposait plus à l'invasion de l'ennemi.

Je vous disais que la garnison et les habitants de Calvi avaient, en cédant à la force, montré dans leur impuissance ce que sont et ce que peuvent des républicains; qu'aucun prisonnier n'avait été fait, que la troupe et les habitants seraient tous venus se réfugier sur le continent et avaient, en ne laissant à l'ennemi, pour ainsi dire, que des décombres, manifesté que leur haine pour le despotisme, et leur attachement à la France ne faisaient que s'accroître par leur malheur.

Tels étaient les renseignements qui m'étaient parvenus et que je vous transmettais sans retard.

Les réfugiés de Calvi, ces hommes estimables par leurs principes, sont effectivement arrivés, dépourvus de tout moyen de subsistance, nous leur avons accordé un secours provisoire de 200,000 livres à répartir entre eux, proportionnellement au besoin de chacun. Le Comité de secours en a été informé et a reçu expédition de notre arrêté à ce sujet.

Des nouvelles postérieures viennent de m'informer que le traître Paoli avait forcé en Corse quelques rebelles à se constituer en convention nationale ; que ces rebelles, usurpant ainsi l'autorité nationale, avaient créé avec l'intervention d'Elliot, commissaire plénipotentiaire de Georges, une constitution qu'ils appellent monarchique, par laquelle ils transforment la Corse en un royaume sous la domination du roi de la Grande Bretagne. Mais malgré tant de scélératesse, il est aujourd'hui bien démontré qu'un grand nombre de patriotes existe en Corse. Ce parti, quoique le plus nombreux parmi les gens du pays, n'agit pas, parce que la minorité des rebelles, soutenue par la majorité des forces ennemies, le réduit à l'impuissance de se montrer.

Que des forces maritimes nous permettent de nous mesurer dans la Méditerranée, la Convention nationale peut compter que bientôt ce pays sera rendu à la France ; les réfugiés ne soupirent qu'après l'heureux moment qui leur permettra d'y concourir.

Je vous écris de Menton, en route pour la droite de l'armée d'Italie où nos dernières lettres vous ont appris que je me rendais pour exécuter les projets de défense dont le détail vous a été fait. Les dispositions s'opèrent avec la célérité nécessaire pour surprendre l'ennemi et le chasser des postes qu'il nous importe si essentiellement d'occuper pour soutenir la défensive.

Vous serez instruits très exactement de tout ce qui aura lieu.

Salut et fraternité.

SALICETI.

Note relative au siège de Calvi, en Corse, rendu après 38 jours de défense par capitulation honorable, arrêtée le 23 thermidor, l'an 2 de la République française, entre le général divisionnaire Raphaël Casabianca, commandant en chef les armées françaises, et Sir Stuart, lieutenant général des armées anglaises.

Les Anglais devenus maîtres de Bastia le 2 prairial, l'an 2 de la République, n'avaient pour achever d'envahir la Corse qu'à s'emparer de Calvi, seule place qui tînt encore pour la France, et on devait croire qu'ils ne tarderaient guère à tenter cette dernière entreprise.

Cette petite ville de forme pentagonale irrégulière, située sur un rocher qui s'avance dans la mer et sur une langue de terre à l'entrée d'une rade de médiocre grandeur, est assez bien fortifiée, mais dominée de toutes parts du côté de la terre par des hauteurs d'où on peut la battre en tout avantage avec des mortiers et des canons de gros calibre, sa situation en rend la défense très difficile sans beaucoup de monde, et très compliquée en ce que ses dehors offrent quantités de petits points tous enfilés les uns par les autres. Un tel état de choses mène ordinairement à une guerre de postes toujours très meurtrière et très opiniâtre par l'alternative perpétuelle des pertes et des succès, en sorte que, tantôt battants, tantôt battus, on peut très bien pour préliminaires seulement y perdre moitié et plus de la garnison, sans en être plus assurés d'interdire à l'ennemi les approches de la place.

Le seul moyen de sortir de ces embarras avec avantage eût été de garder les hauteurs qui dominent la ville, avec d'assez forts détachements pour empêcher l'ennemi d'y établir des batteries, mais nous n'avions pas le quart du monde qu'il nous eût fallu et notre garnison se ressentait déjà des maladies qui emportent beaucoup de monde à Calvi tous les étés, soit à cause du marais qui l'avoisine, soit par l'insalubrité naturelle de l'air. La supériorité que la ruine de notre marine au Port de la Montagne avait donnée pour le moment aux Anglais et Espagnols réunis dans ces parages, ne nous permettait pas de compter sur de grands ni de prompts secours de la France, quoiqu'on ne cessât de nous en promettre ; nous ne devions guère compter que sur nos propres ressources. Elles étaient extrêmement faibles. Ces réflexions nous portèrent à chercher de bonne heure les moyens d'opposer aux ennemis la résistance la plus vigoureuse que pût nous permettre la situation des lieux combinée avec la force de la garnison.

Pour remplir cet objet, aux premiers avis qui nous parvinrent que les Anglais et les Corses rebelles avaient dessein de venir se porter dans le territoire de Calvi pour y attaquer les ouvrages avancés et postes détachés de la place, nous assemblâmes le 3 germinal un conseil de guerre où il fut nommé des commissaires chargés de faire une visite exacte sur tous les points dont l'ennemi pourrait tirer avantage, et de dresser un rapport détaillé de leurs opérations. Il résulte de ce rapport que le débarquement et le transport de l'artillerie ennemie, jugés impossibles dans quelques endroits, ne l'étaient pas dans d'autres, et toujours parce que la garnison était beaucoup trop faible pour pouvoir garder les hauteurs et nombre d'autres points intermédiaires fort importants, mais trop subordonnés les uns aux autres. Il fut convenu que, puisqu'on ne pouvait empêcher les débarquements et les transports de l'artillerie ennemie, il fallait, au lieu d'exténuer les forces en les subdivisant trop, simplifier, analyser et réparer le plus possible le système de défense de la place pour faire regagner aux troupes par leur ensemble, leur consistance et des positions bien ménagées, ce qu'elles perdaient du côté du nombre.

Le temps qui s'écoula entre cette époque et les premières attaques fut employé sans relâche à mettre la ville et ses avenues dans le meilleur état de résistance possible, soit en augmentant le volume de ses forces, soit en construisant des ouvrages extérieurs que son feu pût protéger. A cet effet, nous désarmâmes la frégate *La Melpomène* en entier, et *La Mignonne* en partie. Nous plaçâmes les canons de 18 de la première dans la place et les dehors, en sorte qu'en économisant bien nos ressources, nous parvînmes à nous procurer quatre ouvrages avancés sous la protection de la place dans environ 1.600 toises de terrain. Les postes étaient : Gesco, le fort Mozello, la batterie dite des Sans-culottes, et une autre dite pour lors Marat. Nous formâmes aussi un camp volant de 80 hommes pris sur tous les corps de la garnison, soit français soit corses, pour les opposer jour et nuit aux fusillades et aux petites escarmouches et incursions des ennemis, éclairer leurs mouvements, et secourir de suite nos avant-postes, en cas d'attaque imprévue. Cette petite troupe nous fut fort utile, mais comme elle diminuait sensiblement le nombre des troupes affectées au service de la place, nous mîmes sur pied pareil nombre d'habitants en état de porter les armes, que nous soudoyâmes. A toutes ces précautions, nous joignîmes celle de nous procurer, pendant que nous avions encore les dehors libres, une provision de fascinage et de bois à brûler, surtout pour le service des vivres et de l'hôpital. Nous abattîmes tous les mûriers, amandiers et oliviers du territoire, dont l'ennemi aurait pu d'ailleurs profiter, le tout de gré à gré avec les particuliers et sous la condition expressse de l'indemnité qu'accorde la loi à tout propriétaire qui sacrifie ses possessions à l'utilité publique. Nous fîmes emplir les citernes à grands frais, nous nous procurâmes quelques bestiaux, mais en trop petite quantité et avec des peines infinies. Malgré nos soins, la viande fraîche nous a par malheur manqué de bonne heure, surtout pour l'hôpital, et ce n'est pas un des moindres maux que nous ayons soufferts, puisque, après avoir tué pour les malades qui étaient en fort grand nombre, mulets, chevaux, et jusqu'à des ânes, ils ont été pendant quinze jours réduits à n'avoir d'autre bouillon que de l'eau mêlée d'un peu d'huile, comme ou le verra dans la suite de ce narré. Nous expulsâmes plusieurs personnes tenues pour suspectes.

Toutes choses ainsi préparées en raison proportionnelle de l'intégrité de nos moyens et de nos ressources, nous attendîmes l'arrivée des ennemis. Les paysans parurent dans ce territoire le 21 prairial, s'approchèrent du fort Mozello le 23 et en furent écartés avec perte. Ils continuèrent à s'embusquer dans différents points avantageusement couverts par de petits rochers. Ce fut à cette époque que fut formé notre camp volant; il fut presque continuellement aux prises avec l'ennemi. Enfin, le 16 thermidor, une batterie anglaise, placée sur les hauteurs de la Serra, commença à quatre heures du matin à faire un feu continuel sur le poste de Gesco, avec trois pièces de canon de 24. Ce poste, qui ne pouvait tenir que contre la mousqueterie, fut bientôt ruiné par de gros canons; il n'y périt cependant qu'un canonnier, encore fût-ce par sa faute; et quelques efforts qu'aient faits par la suite les Anglais, ils n'ont jamais pu prendre ce poste. Nous l'abandonnâmes cinq jours après, parce qu'étant éloigné de la place et coupé par le feu de l'ennemi, s'obstiner à le tenir eût été sacrifier visiblement et sans fruit la garde que nous ne pouvions ni relever ni ravitailler. Nous n'y laissâmes en le quittant qu'une pièce de 8 que nous fîmes crever, ne pouvant la transporter en ville. Ce poste a fait la plus belle résistance le 18 messidor ; tout le monde s'y est signalé, sans en excepter les femmes de la ville qui, avec une intrépidité supérieure à leur sexe et à travers le feu d'enfer de l'artillerie chargée à boulets et mitraille et d'une nombreuse mousqueterie qui tira de nuit sans point fixe, y pénétraient chargées de cartouches à balles et d'autres munitions qui commençaient à manquer.

Le 19 messidor, les Anglais qui, comme nous l'avons su depuis, n'avaient si vivement attaqué le poste de Gesco que pour détourner par une diversion notre attention des travaux qu'ils poussaient avec vigueur pendant la nuit, firent jouer à la pointe du jour ensemble, sans relâche et de différents points très peu distants, six batteries composées en total de 17 bouches à feu, dont 4 pièces de 12, 11 pièces de 24 et deux mortiers de 12 pouces, dont un à la Gomer. Ils écrasèrent la batterie des Sans-culottes, ruinèrent totalement le donjon du fort Mozello, dont ils n'étaient guère éloignés que de deux tiers de portée de fusil ; ils démontèrent presque toutes nos pièces. Nous leur fîmes aussi beaucoup de dégâts, mais en général cette journée nous a été très désavantageuse, tant pour le dommage causé à l'artillerie et aux ouvrages que par la perte de trente hommes tant canonniers que fusiliers, tués ou blessés ; vuide considérable sur une aussi faible garnison qu'était la nôtre, et tel que si les choses eussent continué sur ce pied, nous n'eussions pas pu tenir encore huit jours. Ce fut ce jour-là que tous les avis se réunirent pour abandonner le Gesco qui n'était plus tenable, et devenait non seulement inutile, mais même nuisible, puisque l'ennemi, malgré notre résistance, avait à peu près toutes les positions qu'il pouvait désirer, et coupait pleinement la communication de ce poste avec la place. Les bombes firent aussi un grand fracas dans la ville ; elles débutèrent par y écraser deux hommes, plusieurs maisons, et un de nos magasins aux vivres. Le travail de la nuit rétablit un peu nos batteries et le lendemain nous prîmes une très bonne revanche ; la batterie anglaise très voisine de celle des Sans-culottes fut entièrement démontée; un de nos obus mit le feu à un magasin de poudre et d'artifices et à 26 obus des Anglais qui étaient proches. Nous les entendîmes toutes éclater ; nous nous flattâmes de leur avoir tué beaucoup de monde. Ils nous ont assuré après le siège que parmi plus de 50, tant officiers que soldats qui se trouvèrent là au moment de l'explosion avec le général Stuart, pas un n'avait été même blessé. Ce hasard serait inouï, et une telle déclaration de la part d'un ennemi nous a paru avec raison fort suspecte.

Les Anglais, maîtres de Gesco, voulurent en tirer parti contre nous, mais ils y réussirent peu, et le poste, quoique avantageux, ne nous a jamais fait grand mal. Les plus grands efforts des ennemis se dirigeaient contre le fort Mozello et la batterie dite des Sans-culottes, parce qu'ils sentaient que la perte de ces deux ouvrages entraînerait tôt ou tard celle de la place qu'ils pourraient alors battre en brèche à 120 toises au plus de distance. Ils construisirent donc une nouvelle batterie au bord de la mer, renforcèrent de 4 pièces celles qu'ils avaient à la Pietra...... (1) la plus proche de ces deux ouvrages et ruinèrent tellement dans la journée du 22 messidor le fort Mozello, que la voûte du magasin à poudre était sur le point d'être enfoncée. Pour dernière ressource, nous fortifiâmes cet endroit avec des sacs à terre, 100 matelas pris chez les particuliers et des peaux de bœufs, de chèvres etc. L'ennemi, désespéré d'une défense si opiniâtre, tira sur ce nouvel épaulement à boulets rouges, mais sans autre succès que d'avoir brûlé le côté d'un affût. Ils montè-

---

(1) Mot illisible.

rent aussi deux mortiers, dont l'un dirigé sous le Mozello, et l'autre sur la batterie des Sans-culottes, qu'ils bombardèrent sans relâche en même temps qu'ils les canonnaient ; ils montèrent aussi quatre obusiers espagnols qui lançaient comme obus des bombes de 50 livres ; et ils nous envoyèrent des obus ordinaires dans des pièces de 24. Un feu d'artillerie si meurtrier nous foudroyait, tant le feu de nos ouvrages extérieurs était éteint ; et il était impossible de rien réparer avant la nuit. Dans cette extrémité, le commandant de l'artillerie propose de tirer de la ville à ricochet, ne pouvant pas arriver de volée sur des batteries masquées par des épaulements naturels de rochers. On fit retirer sous le Mozello la garde de la batterie des Sans-culottes qui devait être traversée par nos ricochets, et toute la courtine de l'ouest de la place commença un feu très vif et si bien dirigé que le pavillon d'Angleterre fut abattu trois fois de suite et sa garde dissipée. L'ennemi déconcerté diminua son feu ; il était des plus violents, puisqu'il fut observé par un homme posté exprès que l'ennemi avait tiré, le matin du 23 messidor, 90 coups de canon et 18 bombes dans une heure et que le feu avait doublé au moins l'après-midi. Les ennemis avaient pris pour points principaux, ce jour-là, l'arsenal et le magasin à poudre. Trois bombes tombaient auprès du premier et pareil nombre auprès du second, mais sans accident.

Malgré ce feu terrible, personne des nôtres ne fut tué, mais beaucoup furent blessés ; il nous parut que l'ennemi n'avait pas moins souffert que nous dans la journée ; car pendant la nuit son feu fut contre sa coutume assez faible.

Le lendemain 24, le fort Mozello, quoique amplement canonné et frappé d'obus, mais bien défendu par les sacs à terre et les matelas, souffrit peu, mais la ville fut désolée par le triple feu du canon, de la bombe et de l'obus ; tout y était dirigé avec une telle justesse, une telle abondance et d'une manière si meurtrière, surtout les bombes de 50 qui éclataient à trois ou quatre toises en l'air que les plus anciens militaires et les officiers d'artillerie, entre autres un qui a 55 ans de services pleins, avouèrent qu'ils n'avaient jamais rien vu de semblable. La nuit, la bombe mit le feu à une maison ; il fut toujours impossible de l'éteindre, parce que l'ennemi se doutant qu'on y travaillerait, y dirigeait toutes ses bombes. D'ailleurs les pompes à incendie nous manquaient ; mais comme cette maison était isolée, elle brûla seule.

Le lendemain 25, le feu de la ville inquiéta fort les ennemis ; nous ne leur donnions point de relâche, mais leur position était si avantageuse, tant par le choix du local qu'ils avaient à leur gré, que par la sûreté avec laquelle ils pouvaient faire agir le nombre de bras qu'ils avaient et qui nous manquaient, qu'ils ne paraissaient nullement embarrassés de pourvoir à tout. Ils nous envoyaient de minute en minute, et souvent ensemble et sur différents points, jusqu'à quatre bombes, autant d'obus et dix coups de canon, enfin tout ce que leur rage pouvait imaginer de plus destructif. Leur artillerie était pour lors de 38 bouches à feu de diverses espèces, ce qui les mettait à même de faire un feu continuel. Les canonniers marins qui étaient avec nous crurent reconnaître dans la justesse du jet des bombes, la main d'un bombardier toulonnais extrêmement adroit, qui ne manquait presque pas un coup. Aussi ces deux jours, ils rendirent la ville méconnaissable ; une bombe entre autres frappa la porte extérieure du magasin à poudre ; une autre de 50, partie d'un obusier espagnol, entra presque horizontalement par la fenêtre d'un hôpital, y coupa les deux jambes d'un soldat du 26ᵉ régiment, qui en mourut, et blessa quantité de malades. Pareil accident arriva dans le logement des 26ᵉ et 59ᵉ régiments. Pour surcroît de maux, l'infection qui se faisait sentir par la chaleur excessive de la saison dans des cachots déjà très malsains et très puants, et ne contenant que peu de personnes, augmentait de jour en jour par la quantité de femmes, d'enfants et de vieillards que l'on avait été obligé d'y amonceler, Calvi n'ayant pas d'autres endroits à l'abri de la bombe que les petits cachots et le magasin à poudre, en sorte que la contagion ne devait naturellement guère tarder à s'introduire dans un pareil cloaque.

Le 26 messidor, les Anglais redoublèrent leur feu tant sur la ville que sur les ouvrages extérieurs. Une bombe tomba sur le magasin à poudre ; mais comme la voûte en était fort solide, elle ne fit d'autre mal que d'en briser les ardoises. 1.300 bombes lancées depuis neuf jours avaient tellement endommagé tous les logements des troupes que nous cherchâmes à les faire refluer dans des endroits où elles pussent se refaire un peu, par quelques heures de sommeil tranquille et sûr, des fatigues excessives du service et de travaux continuels. Mais nous reconnûmes qu'il n'y avait de sûreté pour elles nulle part et que la bombe écrasait tout. Un boulet rouge de l'ennemi mit ce jour-là le feu à une des bombes établies sur le parapet du fort Mozello en guise de pots d'artifice, pour être roulée dans le fossé en cas d'approche. La bombe éclata et ce fut heureusement la seule.

On arrêta le 27 un paysan qui fut reconnu pour être sûrement attaché au parti de la République ; il nous apprit que nos bombes ne faisaient pas grand mal à l'ennemi ; mais que notre canon lui avait tué bien du monde et lui avait brisé deux mortiers ; en effet nous remarquâmes qu'ils nous envoyèrent dans une pièce de 24 un tourillon de mortier. Il n'était pas surprenant que nos bombes ne fissent que peu ou point d'effet ; les mortiers, que nous avions en très petite quantité, étaient fort vieux et devenus, en se déformant, d'un calibre trop fort pour nos bombes qui, n'étant plus justes dans l'âme du mortier, se brisaient par des secousses latérales quelquefois en sortant, ou bien à un quart, un tiers ou moitié de leur période. Il est d'ailleurs reconnu théoriquement et pratiquement qu'un mortier qui a jeté de 900 à 1.000 bombes, si bon qu'il ait été, est hors de service ; plusieurs des nôtres dataient de 1686, et étaient si usés, eux et leurs crapauds, qu'un d'eux avec un quart de moins que sa charge ordinaire, brisa net ses deux tourillons et le crapaud. D'un autre côté, nous avions quatre bons obusiers, mais il n'existait dans la place que 140 obus, qui, de l'aveu même des Anglais, leur ont fait seuls plus de mal que tout le reste de notre artillerie ensemble ; mais ils furent bientôt épuisés. Nous nous trouvions à ces moyens avec beaucoup de bombes sans mortiers, et des obusiers sans obus.

Les 28, 29 et 30, le feu des ennemis fut si terrible que tous les ouvrages extérieurs et le parapet de la place opposé à l'ennemi furent absolument ruinés. Malgré cela, notre feu fut de la dernière vivacité. Le 30, une bombe de l'ennemi nous tua ou blessa neuf personnes. C'est une des plus meurtrières qui nous soient arrivées. Elle fit un effet qu'on peut citer comme unique peut-être. Une femme qui tenait sur son bras droit un enfant à la mamelle, eut le bras coupé au défaut de l'épaule par un éclat de cette bombe ; le bras séparé du tronc fut jeté au loin avec l'enfant qui était dessus sans que ce dernier ait été blessé. Dans cette dernière journée qui fut cruelle, on visita, d'après un arrêté pris, le fort Mozello qu'on ne cessait de canonner depuis 10 jours ; il s'y trouva deux brèches, dont une praticable pour 8 ou 10 hommes de front et l'autre plus petite. Le soir on envoya des travailleurs pour tâcher de réparer ces brèches. Le même soir, la garde du fort fut relevée par la compagnie des grenadiers du 2e bataillon des Bouches du Rhône, renforcée par 20 fusiliers, formant en tout 60 hommes commandés par le citoyen Fréjus, capitaine de ces grenadiers. Après deux alertes, dont il ne fut donné avis au général et à la place ni par les trois signaux convenus, ni par aucune ordonnance, les Anglais un peu avant le jour se présentèrent au Mozello. La compagnie des grenadiers des Bouches du Rhône plia de suite, se sauva en sautant du parapet dans le fossé du fort du côté de la ville. Les Anglais, sans avoir essuyé d'autre feu que 7 à 8 coups de fusil et quelques grenades, furent maîtres de ce fort avant que la ville s'en doutât. La lâcheté de cette compagnie et le peu de fermeté de son commandant entraînèrent avec la perte du Mozello, celle des batteries dites Sans-culottes et Marat, qu'il fallait abandonner, parce que le feu du Mozello qui les protégeait dans nos mains les foudroyait dans celles des Anglais.

Nous perdîmes par cet échec 6 pièces d'artillerie de gros calibre, plusieurs autres moindres, une pièce de 4, un canonnier resté seul dans le fort, qui fut tué sur la brèche en voulant mettre le feu à deux bombes chargées qu'il voulait faire rouler sur l'ennemi, un sergent du 26e régiment, 2 fusiliers du 61e et deux volontaires Corses qui furent faits prisonniers.

Les grenadiers des Bouches du Rhône eurent 12 blessés, mais ce ne fut ni par le fer ni par le feu, mais par des estropiades qu'ils se firent aux pieds et aux jambes en escaladant le rempart pour se sauver par les derrières, comme il fut constaté par le certificat du chirurgien-major de l'hôpital, qui fut chargé par le conseil de guerre de les visiter et d'en faire son rapport. La conduite des grenadiers des Bouches du Rhône parut à tout le monde si lâche et si peu digne du nom français qu'il fut unanimement décidé d'assembler un conseil de guerre composé d'individus de tout grade de la garnison pour examiner le procédé de cette troupe et de son commandant. La première séance eut lieu le 1er thermidor. L'examen de cette affaire fut renvoyé à une autre séance pour soigner des objets d'urgence absolue.

Quoique l'on eût arboré le drapeau noir sur l'hôpital, le feu des ennemis ne l'épargnait pas. D'après le rapport qui en fut fait au général en chef, il fut décidé d'envoyer deux parlementaires au général Stuart pour l'engager à faire respecter l'hôpital ; ces parlementaires rapportèrent pour réponse d'un colonel anglais en l'absence du général, que l'hôpital serait scrupuleusement respecté. A l'instant où les députés partaient, un officier anglais avec un drapeau qui l'annonçait comme parlementaire et précédé d'un tambour, parut de loin. On fit suspendre le feu de la place, et il y fut introduit par le commandant les yeux bandés et conduit publiquement et en silence devant le général. Le commissaire national, la municipalité et le conseil de guerre furent assemblés. Ce parlementaire était porteur de deux lettres du général Stuart, dont une pour le général en chef Casabianca, et l'autre pour la municipalité de Calvi. Elles contenaient l'une et l'autre la sommation de rendre la place, attendu l'état où elle était réduite, et l'impossibilité d'être secouru du continent. Elles furent lues publiquement et il y fut répondu de même d'une manière analogue aux lois de la République française sur la reddition des places et à la fierté républicaine.

Le parlementaire, muni des deux réponses, du général et de la municipalité, fut congédié et reconduit dehors, toujours les yeux bandés et avec tous les égards qu'exige le droit des gens. Il avait été convenu de part et d'autre que, quand les parlementaires respectifs qui se trouvaient en mission dans le même temps seraient rentrés chacun dans leurs lignes, il serait fait un roulement réciproque pour en avertir, après lequel chacun étant à son poste pourrait recommencer le feu à son gré. Ceci fut exécuté; mais nous ne crûmes pas devoir recommencer le feu le soir, parce que nous avions des travaux considérables à faire la nuit pour réparer autant que possible le dégât fait aux embrasures de la place dans la journée et les jours précédents. Nous jugeâmes plus à propos de mettre à profit ce peu de relâche. L'ennemi quoique assaillant, n'ayant pas non plus commencé à faire feu, nos travaux furent poussés cette nuit avec toute la vigueur possible. Le lendemain, 2 thermidor, voyant que l'ennemi restait dans l'inaction, il fut mis en délibération dès la pointe du jour si nous commencerions à tirer. Le commandant et les autres officiers de l'artillerie, consultés, ne furent point de cet avis. Le garde-magasin donna l'état très exact de la poudre qui nous restait ; il ne s'y trouva plus que 2,270 livres de poudre pour le service de l'artillerie et 145.300 cartouches d'infanterie. Il fut calculé d'après la consommation antérieure qu'en continuant le feu sur le pied où il était monté les jours précédents, cette poudre serait consommée en moins de 6 jours, qu'ensuite il ne nous resterait plus rien pour répondre à l'ennemi qui paraissait disposé à nous laisser consommer nos munitions en épargnant les siennes ; qu'au lieu de risquer de tomber par faute de munitions à la discrétion de l'ennemi, nous devions au contraire les ménager et retarder jusqu'à la dernière extrémité la perte de la place, afin d'être toujours à même de profiter des secours qu'on nous promettait toujours de France, en cas qu'ils arrivassent à temps. On fut convaincu par le rapport des officiers d'artillerie et plus encore par l'expérience que le plus grand feu que nous pourrions faire serait toujours insuffisant pour empêcher l'ennemi qui trouvait partout de l'abri dans les inégalités d'un terrain d'où il avait le choix de pousser à l'aise et sans risques ses travaux. On sentit d'ailleurs que réduits comme nous l'étions au seul corps de la place, après la perte de tous les ouvrages extérieurs, il était de la dernière importance de travailler sans relâche à rétablir les parapets ruinés par le feu continuel d'une artillerie nombreuse qui faisait l'objet le plus destructif sur une maçonnerie très mauvaise de sa nature, ayant été construite avec de l'eau de mer. Il était impossible de s'en occuper de jour ou de nuit, si l'ennemi venait à faire jouer 38 bouches à feu qui plongeaient sur la ville soit de front, soit de biais.

Les avis se réunirent donc à employer utilement l'inaction de l'ennemi à bien réparer le parapet de la place et à mettre en usage tout ce que l'art et la nécesssité pourraient faire inventer de meilleur pour sa défense, avec la précaution d'être toujours prêts à faire feu au premier coup que l'ennemi tirerait. Dès l'instant, il fut résolu de construire sur la place de la Liberté qui domine la courtine de l'ouest de la ville, une batterie montée de gros canons et des mortiers, s'il était possible, pour faire feu d'amphithéâtre sur l'ennemi. Les travailleurs y furent appliqués le jour même, et toute la nuit. L'inertie de l'ennemi continuant, nous donnâmes nos soins à l'hôpital qui en avait très grand besoin. Le nombre des malades augmentait tous les jours par les blessures, l'intempérie de la saison, la multiplicité des travaux et du service, le manque de repos et surtout la petite quantité et la mauvaise qualité des aliments. La viande fraîche nous manqua absolument même pour l'hôpital. Nous prîmes le parti de tuer quelques mulets qui nous restaient pour faire du bouillon aux malades, d'après l'avis des officiers de santé qui jugèrent que cette viande ne pouvait pas absolument leur être malsaine. D'ailleurs nous étions bien forcés de recourir à ce misérable expédient, puisque la disette de tout était si grande qu'un œuf acheté pour restaurer un malade en danger a été payé trente sols d'argent ; elle a été extrême par la suite, puisque un autre œuf a été payé le double du premier en argent et qu'après avoir consommé les mulets, il fallut tuer une jument et son poulain, ensuite quelques mauvais ânes, et qu'en dernière analyse nos malades n'ont eu d'autre bouillon qu'un peu d'huile dans l'eau.

Après plusieurs séances pour l'examen de l'affaire du citoyen Fréjus et de sa compagnie, cet officier interrogé et retiré, le Conseil, après mûre délibération, remit au général en chef de prononcer provisoirement sur le sort, jusqu'à ce qu'un tribunal militaire pût le juger en définitive. Il fut transféré à bord de la frégate *La Melpomène* en rade, et sa compagnie de grenadiers fut mise provisoirement à la queue de la garnison, et déclarée hors d'état d'être présentée en première ligne à l'ennemi devant lequel elle avait honteusement fui sans se défendre.

Quoiqu'on eût pris dès le commencement du siège la précaution de distribuer l'eau des citernes par rations pour éviter le gaspillage, cet objet de première utilité diminuait sensiblement. On fit sonder les citernes et d'après le rapport du chef du génie, il ne s'y trouva que 353,560 pintes d'eau pour la consommation de la garnison, des habitants, des vivres et de l'hôpital; on en resserra la distribution pour en prolonger la durée. La foule des malades qui encombrait l'hôpital et qu'on ne pouvait plus nourrir nous fit risquer d'en faire passer en France, sur un brick, 80 des mieux portants. Il partit de Calvi le 7 thermidor, mais il ne put échapper aux Anglais qui nous tenaient étroitement bloqués; il fut pris et ramené le 9 à Calvi. L'équipage resta prisonnier, mais on nous rendit les malades. Cet accident nous jeta dans le plus grand embarras, comme les Anglais l'avaient prévu. Nous n'avions plus alors que le quart de notre garnison sur pied et à demi-malade. Malgré cela nous poussions nos travaux le plus activement possible; les Anglais de leur côté ne s'épargnaient pas, nous présumions bien qu'ils se mettraient en état de nous battre en brèche, mais nous ne pouvions plus les en empêcher.

Pendant que nous étions occupés à nos travaux, le 10 thermidor, le même parlementaire anglais qui était venu le premier, fut introduit dans la place avec les mêmes précautions et en présence des mêmes personnes que la première fois. Il remit au général en chef pour lors très malade une lettre du général Stuart, dans laquelle il nous invitait à lui faire quelques propositions tendant à établir une trêve. Il fut répondu verbalement au parlementaire qu'il serait envoyé dans la journée une réponse au général anglais ; après quoi il fut congédié et renvoyé hors des murs.

Comme la loi ne dit nulle part que quand il s'agira de traiter dans une place de quelque manière que ce soit avec l'ennemi, la chose se fera par un conseil de guerre, et qu'elle remet au contraire ces opérations à la charge des généraux, des commandants de place, avec l'influence de la municipalité, quand il y a lieu, ces personnes réunies conférèrent sur la réponse à faire au général anglais ; elle fut lue publiquement et contenait en substance que nous n'étions pas encore dans le cas de la capitulation, et que ce ne serait qu'au dernier moment et d'une manière conforme aux lois de la République que nous y viendrions.

Le citoyen Gounon, aide-de-camp du général en chef, et Leoni, capitaine des chasseurs corses, allaient porter cette réponse, lorsque le même parlementaire anglais, revint porteur d'une seconde lettre écrite en anglais, dans laquelle le général Stuart semblait, d'après la traduction qui en fut faite en français par le parlementaire lui-même (personne de nous ne sachant cette langue), nous offrir une trêve. L'espoir de pouvoir donner par là le temps à la France de venir nous secourir nous engagea à l'accepter. Le parlementaire anglais sortit pour aller porter cette réponse avec les deux parlementaires français au-dessus dénommés, chargés de porter la réponse à la première lettre écrite le matin. Ils ne furent point introduits dans le camp des Anglais, mais le général Stuart vint les recevoir eux et leur depêche en avant de ses lignes. Ils rentrèrent à Calvi avec le parlementaire anglais porteur d'une troisième lettre du général Stuart. Nous y vîmes avec la dernière surprise que la traduction inexacte de la deuxième lettre du général Stuart avait donné lieu à un quiproquo. Le général anglais ne nous offrait point de lui-même la trêve, mais disait qu'il était prêt à l'accorder si nous voulions la demander, que dans ce dernier cas, il ne nous donnait que 6 jours, lesquels expirés, il faudrait songer à capituler, si nous n'étions pas secourus de la France. Nous demandions plus de délai que nous n'en pouvions supporter, car nos vivres ne pouvaient pas nous mener jusqu'à ce terme ; mais l'espoir des secours de notre patrie et l'envie de lui conserver la seule possession qui lui restât en Corse nous soutenait toujours.

Nous reçûmes la nuit du 11 quatre gondoles de France, chargées de 412 sacs de farine et 740 livres d'huile, avec plusieurs lettres, dont une du citoyen Saliceti, représentant du peuple, mais si ancienne de date qu'elle ne pouvait en aucune manière se combiner avec notre situation actuelle. Le capitaine de ce petit convoi remit au général en chef deux connaissements du 16 prairial datés de Gênes. Ils nous annonçaient quantité d'objets d'approvisionnements à bord de la felouque *Le Léonidas* et du pinque *La Société populaire* de Nice. Rien de tout cela ne nous est parvenu. Ces notions, loin d'alimenter notre espoir ne servaient qu'à l'affaiblir et à nous prouver que les Anglais nous enlevaient tous nos convois, et que ce n'était que par le plus grand hasard que le dernier leur avait échappé. Au surplus, il ne nous a servi presque de rien, car à peine la farine fut-elle emmagasinée que la bombe nous écrasa tout hormis 50 sacs qui nous servirent à matelasser à défaut de sacs à terre l'endroit où nous avions remisé notre poudre, sans quoi tout eût probablement sauté.

Le 12 thermidor, sur les dix heures du matin, l'adjudant général de l'armée anglaise qui était toujours venu précédemment comme parlementaire, se présenta aux portes de la ville porteur d'une lettre du général Stuart, écrite en anglais.

Cette lettre, traduite en français par le parlementaire, nous offrait 12 jours de trêve, suivis de la capitulation. Malgré toute la dureté de notre position, cet offre fut rejetée tout d'une voix et le parlementaire fut congédié avec cette réponse. Sur les cinq heures du soir, le feu des Anglais commença d'une manière violente avec les canons, les mortiers et les obusiers ensemble et de tous les points. Nous y répondîmes coup pour coup, malgré notre faiblesse et l'avantage de la position qu'aura toujours à Calvi l'assiégeant maître des dehors sur l'assiégé. Notre feu se soutint sur le ton le plus terrible. Nous chargeâmes la nuit les 4 gondoles qui nous avaient apporté des provisions, de femmes et d'enfants ; elle partirent pour France où elles ont eu le bonheur de pénétrer. Comme l'effort que nous faisions était le dernier et partant le plus opiniâtre, nous fîmes passer beaucoup d'autres femmes, d'enfants et de vieillards à bord de *La Melpomène*, parce que nous remarquâmes que les Anglais ménageaient cette belle frégate. D'un autre côté nous ne voulûmes pas la brûler, ni *La Mignonne,* parce que, dans le cas où la France nous eût secouru, c'était une force de plus et une perte de moins pour notre marine qui venait d'être fort affaiblie, et si nous étions obligés de capituler, comme cela est arrivé, les conditions de l'ennemi eussent été moins dures. Mais nous en enlevâmes absolument toute la voilure et la toile neuve à voiles pour faire des sacs à terre et les cordages pour l'usage du siège, et notamment pour faire des crapauds de mortiers qui nous manquaient. Cela fait, nous ne discontinuâmes notre feu ni jour ni nuit ; mais la position de l'ennemi était si avantageuse que les canonniers les plus braves et les plus experts avouèrent que nous ne pouvions pas tenir longtemps [tête] à un ennemi qui pouvait faire jouer à un tiers de portée le triple de notre artillerie sur une ville enfilée de toutes parts. D'ailleurs nous n'avions presque plus de poudre, plus d'obus qui nous auraient le mieux servi ; il ne nous restait que deux mauvais mortiers qui n'étaient point de calibre avec les bombes. Le seul qui nous eût pu servir était un à la Gomer tout neuf qui fut mis hors de service avant le siège pour y avoir mis contre toute règle 25 livres de poudre pour lui donner une portée excessive.

Dans la journée du 13 thermidor, le feu de l'ennemi fut au-dessus de tout ce qu'il avait été jusqu'alors ; de 360 coups de canon, bombes et obus tirés dans une heure, presque pas un n'a manqué la ville ; six maisons à la fois furent enflammées par la bombe ; une petite réserve d'environ 3.000 de poudre sauta, quoique très sûrement placée. Dix bombes tombèrent sur le grand magasin à poudre et un boulet de 36 le traversa horizontalement. Nous l'évacuâmes, malgré le feu terrible qui se dirigeait dessus, de peur que l'ennemi ne s'avisât d'y tirer à boulets rouges ; plusieurs citernes se trouvèrent ou enfoncées ou ensevelies sous les décombres ; il n'était plus possible de se procurer ni eau ni vivres dans les magasins qui étaient foudroyés de toutes parts et de toutes les manières. Nous eûmes beaucoup de monde de tué et de blessé et nous étions réduits à jeter nos morts à la mer. L'ennemi nous a fait plus de mal dans cette seule journée que dans dix autres quoiqu'elles aient été toutes très meurtrières.

Le lendemain 14 a achevé toute la destruction de la ville, tant son parapet en face de l'ennemi était à bas, les pièces démontées et son feu si bien éteint qu'il ne nous restait plus qu'une pièce en batterie. Il n'est resté dans la ville que trois, non pas maisons, mais appartements qui n'aient pas été touchés. Ce n'était presque plus qu'un monceau de pierres. Enfin la garnison réduite à 150 hommes de 800, se voyant dépérir de jour en jour, voyant l'ennemi multiplier ses moyens de destruction, convaincue que, n'ayant plus que 10 canonniers à opposer à plus de 40 bouches à feu, presque plus de poudre ni vivres, elle ne pouvait, malgré toute sa bravoure et sa bonne volonté, résister à 6.000 ennemis qui ne manquaient de rien, demanda au général en chef la permission de s'assembler et délibéra de lui adresser, ainsi qu'au commandant de la place et à la municipalité, un mémoire expositif de sa mauvaise situation pour engager ses chefs à user envers l'ennemi de la voie de suspension d'armes que la loi n'interdisait point, laquelle, dans le cas qu'aucun secours n'arrivât de France, serait suivie d'une capitulation honorable.

Avant de rien entamer sur cet article, il fut demandé au chef de l'artillerie, du génie et au commissaire des guerres un rapport détaillé de l'état actuel des fortifications de la place et de ses munitions de guerre et de bouche. Ces rapports convainquirent de l'extrémité où on était et déterminèrent à écrire au général anglais pour accepter la trêve de 12 jours qu'il avait offerte le 12 thermidor, toujours à condition de ménager une capitulation honorable, si la place n'était pas secourue dans ce délai. Les renseignements pris sur l'état de la place nous avaient assurés que ce terme de 12 jours était précisément celui où toutes espèces de munitions nous manqueraient. La poudre allait être épuisée ; presque toute la garnison était ou périe ou à l'hôpital ; les malades y mouraient faute d'aliments propres à les soulager ; ils n'avaient plus pour lors depuis plusieurs jours que de l'eau et un peu d'huile pour bouillon. Le peu de monde qui nous restait était exténué de fatigues, de veilles et de disette et portait en soi le germe des maladies qui ont par la suite fait périr partiellement en France presque toute la garnison de Calvi. Le juge le plus sévère ne pouvait nous reprocher ni faiblesse ni lâcheté ; irréprochables aux yeux de nos compatriotes comme aux nôtres, la démarche que nous allions faire n'était point encore une capitulation, mais seulement un préliminaire à ce dénouement que le manque de secours amenait malgré nous. Nous ne voulions que des conditions honorables ; toute autre manière de sortir de Calvi nous eût paru indigne de nous et du nom français. Nous y eussions plutôt péri jusqu'au dernier que de nous rendre à discrétion ou sous quelque clause humiliante que ce pût être. Il fut donc, d'après le vœu général, écrit au général Stuart pour accepter la trêve de 12 jours, suivie de la capitulation en cas de non-secours de France. La réponse de ce général fut que les circonstances étant changées, il ne consentait qu'à neuf jours de suspension d'armes, à condition que les articles de la capitulation lui seraient remis avant le coucher du soleil. Nous jugeâmes impossible d'envoyer de suite ces articles. Le parlementaire anglais qui avait porté la réponse de son général prit sur lui de donner le délai demandé. Les articles furent portés au général anglais à l'époque convenue.

Voici en substance les principaux articles littéralement traduits de l'anglais : « La garnison et tout ce qui tient au militaire sortira de Calvi avec tous les honneurs de la guerre; ils déposeront leurs armes, drapeaux, canons de bataille et accoutrement au lieu qui sera indiqué pour cet effet; mais en conséquence de leur courageuse défense, ils retiendront leurs épées ou sabres. La garnison s'embarquera le 10 août et sera portée à Toulon sur les bâtiments qui seront commandés pour ce service, de même que le commissaire national, les officiers municipaux, toutes personnes attachées au service de la République et tous les réfugiés Corses. Les habitants de Calvi et les réfugiés Corses des deux sexes auront leur vie, leur honneur et leurs propriétés garantis ; ils pourront s'embarquer pour France de suite ou quand bon leur semblera avec tous leurs effets, et auront la faculté de disposer de leurs immeubles ou d'en jouir par leurs fondés de pouvoir etc. Enfin sur 21 articles que contient la capitulation, 13 ont été accordés en entier, 2 l'ont été en partie, 2 soumis à la décision du roi d'Angleterre comme au dessus des pouvoirs du général, et 4 refusés. Les Anglais insistèrent fort (on ne sait pourquoi) pour avoir l'état de force de notre garnison avant le siège. Nous présumâmes que c'était pour juger du monde que nous pouvions avoir perdu. Quelques instances qu'ils fissent, ils n'eurent point de nous cet état tant désiré. Depuis la clôture de la capitulation, on ne s'occupa que des soins du départ et des détails consignés dans les articles.

Le 22 messidor, le général en chef dépêcha en France deux gondoles, l'une pour Toulon, l'autre pour Nice, chargées de paquets pour les représentants du peuple. Enfin le 23 thermidor, à 10 heures du matin, suivant l'ordre donné la veille, toute la garnison ayant en tête le général divisionnaire Raphaël Casabianca, commandant en chef, et Abbatucci général de brigade, accompagné du commissaire national, du commandant de la place et de la municipalité, s'assembla avec armes et bagages, et comme le 23 thermidor répondait au 10 août, jour mémorable dans la République française, le serment républicain fut prononcé avec cérémonie presque à la vue des Anglais. La troupe se mit ensuite en marche, tambours battants aux champs, drapeaux déployés, l'artillerie de campagne et les caissons en tête et les mèches allumées. Elle sortit dans cet ordre de la ville. Les tambours et la musique des Anglais rangés en bataille sur les places répondaient aux nôtres. Les armes, les pièces de canon, et le seul drapeau que nous eussions, furent déposés au lieu indiqué ; les tambours conservèrent leurs caisses et la troupe les épées et les sabres. Les Anglais prirent ensuite possession de la place, des deux frégates, *La Melpomène* et *La Mignonne* et autres petits bâtiments de la République. A l'instant nous nous embarquâmes sur sept bâtiments parlementaires anglais, destinés à nous transporter à Toulon à leurs frais, aux termes de la capitulation. Pendant les trois jours que nous restâmes en rade de Calvi à cause du calme et du vent contraire, quelques Corses rebelles voulurent en insulter d'autres du parti républicain, qui étaient encore à terre. Le général français en demanda justice et satisfaction au général Stuart et l'obtint de suite.

Nous mîmes à la voile le 26 thermidor et mouillâmes dans la grande rade de Toulon le 1er fructidor ; d'où, après 16 jours de quarantaine, tant au lazaret qu'à bord, nous eûmes l'entrée à terre.

Voici en abrégé le narré du siège de Calvi. Après avoir tenu 38 jours et lutté avec 150 hommes qui nous restaient en dernier lieu contre 6.000 ennemis, et contre la disette et les maladies (elles nous minaient à tel point que le sang de deux cadavres que l'on ouvrit au lazaret se trouva si appauvri et décomposé qu'il ne sortit de leurs veines qu'une liqueur blanchâtre et huileuse telle que celle qui surnage sur du sang coagulé après une saignée), le nombre des morts et des blessés a été très considérable proportionnellement à la force de la garnison. On se le persuadera facilement, quand on saura que, sur un petit pentagone de 120 toises de diamètre, il a été jeté, de l'aveu même des Anglais, 24.000 boulets de camp, 4.500 bombes et 1.500 obus, dont plus des deux tiers ont fait leur effet sur la ville. Les Anglais furent extrêmement surpris en entrant dans Calvi de n'y voir que des décombres et de ne pas trouver dans la ville haute un seul endroit entier pour s'y loger ; ils ne pouvaient concevoir qu'une poignée de monde, exténuée de misère, de maladies et de fatigues, eût pu les arrêter si longtemps ; ils avouèrent que notre capitulation valait une victoire, et peut-être eût-elle été moins avantageuse, s'ils eussent connu notre situation. Nous la leur avions toujours cachée avec une extrême précaution sous une contenance sûre et déterminée.

Cette ville aurait pu tenir plus longtemps et peut-être même échapper aux Anglais, si la garnison eût été assez nombreuse pour permettre de garder les hauteurs qui la dominent et d'empêcher par là l'ennemi d'y placer de l'artillerie, et si elle eût été mieux approvisionnée, et en dernière extrémité secourue par la France ; mais tout cela nous a manqué. Au moment de la reddition de la place, il ne nous restait plus de vivres, ni de munitions ; nous avions 450 malades à l'hôpital qui manquaient de tout et prêts à périr de faim ; enfin nous avons éprouvé tous les maux à la fois.

On ne cite point d'action particulière, parce que le danger planant également sur tout le monde, tout le monde a partagé également le mérite de l'avoir bravé. On cite un trait de poltronnerie parce qu'il est réel, et que ceux qui s'y sont laissés aller ne peuvent le nier ; mais à cette tache près qui ne gâte que ceux qui se la sont imprimée, tout y a été digne de la valeur naturelle aux Français.

Le siège de Calvi n'a pas fait beaucoup de bruit dans le public, parce que, quelque honneur qu'il fasse à ceux qui l'ont soutenu, la perte de cette place était toujours un échec sur lequel on devait compter. Mais on peut, sans être taxé d'exagération, assurer que cette action de guerre mérite une place dans l'histoire de la révolution, comme un monument illustre de l'intrépidité et de la persévérance républicaine.

Certifié véritable par le général divisionnaire ayant commandé en chef au siège de Calvi, actuellement commandant la 1re division de la côte de l'armée d'Italie.

Signé : RAPHAEL CASABIANCA.

Journal du Siège de Calvi, l'an II de la République Française, rédigé par Barthélemy Arena, commissaire de la Représentation Nationale (1).

27 prairial an II, ou 15 Juin 1794. Les Corses sont arrivés au nombre d'environ 500 et ont occupé les hauteurs de Carlotto et des environs sans aucune opposition.

16. Les rebelles se sont approchés du fort Mozzello et

---

(1) L'original se trouve aux archives de la chefferie du génie de Calvi.

quelques soldats du fort étant sortis imprudemment, l'un d'eux a été blessé.

17. Les frégates ont tiré sur les rebelles pour empêcher le travail de nuit.

18. Les forts ont tiré des coups de canon et sur le soir on a fait une sortie qui a repoussé les villageois vers Poggiarello jusqu'à la nuit.

19. Organisation d'un camp volant et de la compagnie civique pour garder la ville.

20. Sortie de quelques soldats du fort Mozzello et du camp volant qui s'est portée contre les rebelles et leur a tué quelques hommes.

21. Le camp volant s'est embarqué à Sainte-Catherine, et l'un d'eux a tué un rebelle et a rapporté son fusil à Sainte-Catherine.

22. Le camp volant s'est porté la nuit contre Pietra, et a attaqué le matin les rebelles qui occupaient la montagne et le Carlotto. On expédia de la place un renfort de 150 hommes ; le feu dura jusqu'à dix heures ; les forts ont tiré sur les rebelles jusqu'à midi, et il est à croire qu'ils éprouvèrent une perte assez considérable. Nous n'avons perdu qu'un sergent des compagnies françaises nommé Leroux, qui périt honorablement et un soldat Corse du camp volant qui fut légèrement blessé.

23. Un convoi de douze bâtiments anglais escorté d'un vaisseau de ligne, d'une frégate, de deux corvettes et éclairé par un brick venant du Sud-Est, arriva à la pointe de Rivellata vers six heures du soir ; le vaisseau arbora pavillon anglais à champ bleu, tira un coup de canon, fit le signal de ralliement et para la pointe du Cap pour effectuer un débarquement par derrière.

Les rebelles ont allumé des feux sur la montagne.

Le libeccio (sud-ouest) commença à souffler vers 10 heures, mais n'a pas empêché le débarquement.

On a fait partir une poste pour la France.

24. Les ingénieurs anglais ont visité le matin à 5 heures les diverses positions de la montagne ; on résolut de faire une traverse à la batterie Marat pour la couvrir des feux de terre, et de construire une batterie sur la colline de Mozzello, entre le fort et la petite tour.

25. Les forts ont tiré des coups de canon depuis 6 heures du matin jusqu'à midi sur les rebelles. On apprit que les Anglais avaient effectué le débarquement derrière la Rivellata, au lieu dit Recisa.

On a commencé à travailler à la nouvelle batterie et à la traverse du fort Marat ; les forts ont tiré quelques coups de canon au couchant du soleil.

26. Continuation de la batterie.

27. Continuation des travaux.

28.   idem   idem.

29. Les rebelles s'étaient portés à la Pietra Maccarona ; le camp volant les attaqua avec vigueur et les força à la retraite. Les Anglais ont fait feu avec des canons de campagne de la hauteur de Poggiarello.

Les ennemis ont perdu du monde pendant le feu qui dura une heure, nous n'avons eu aucune perte ; des relations postérieures ont appris que les ennemis perdirent Sinibaldi, capitaine à la solde des Anglais, avec plusieurs autres rebelles.

30. Une tartane s'introduisit à la faveur de la nuit dans le golfe de Rivellata et se dirigea vers la petite anse d'Aggeluccia probablement pour débarquer des munitions ; mais ayant été aperçue vers les trois heures et demie du matin, les batteries tirèrent dessus et une chaloupe canonnière étant sortie pour la joindre, la tartane se retira sans avoir effectué son débarquement.

La nuit suivante, elle tenta encore de s'introduire ; mais les trois chaloupes canonnières sorties de la place pour l'arrêter la forcèrent de retourner en arrière.

1er Juillet. Une frégate s'est embossée à une portée de fusil de la pointe de Rivellata ; cette nuit la tartane est entrée dans la petite anse de l'Aggeluccia.

2. Les Anglais ont débarqué une pièce de 12 à la pointe de Rivellata d'où ils ont tiré sur une de nos chaloupes canonnières sans lui faire aucun mal.

3. La frégate qui était à la pointe de Rivellata prit le parti de s'embosser en face de la batterie Marat, laquelle vers la nuit lui envoya deux bombes à son bord qui la forcèrent de se retirer un peu.

4. Le vent du nord a soufflé avec force et la frégate a été forcée de filer ses câbles et de s'éloigner de la pointe. Carlo avec le général anglais m'a écrit une lettre pour m'engager à capituler. J'ai fait arrêter les deux frères Joseph et le neveu.

5. Continuation des travaux ; les ennemis ont élevé une batterie sur la hauteur de Cataraggio pour battre Gesco. Les forts ont tiré toute la journée jusqu'à la nuit pour empêcher les travaux. Les bâtiments anglais, vers les 5 heures du soir, se sont présentés devant la place et ont fait plusieurs décharges à poudre.

6. A 3 heures du matin, la batterie anglaise a commencé à tirer avec trois pièces de canon de 24 et a continué le feu avec une incroyable activité jusqu'à 7 heures du soir. A huit heures du soir on a donné l'ordre au lieutenant Leoni, commandant une compagnie du camp volant, et à Oreni, commandant l'autre compagnie, de se porter aux environs de Gesco pour soutenir le poste menacé. Le feu de l'ennemi endommagea nos retranchements et brisa une pièce de huit.

A 9 heures, Anglais et Corses donnèrent l'assaut et le lieutenant Subrini s'est défendu avec une résistance opiniâtre ; les deux commandants du camp volant l'ont secouru à temps.

Les rebelles se sont retirés avec une perte grave et le feu a duré jusqu'au milieu de la nuit.

La place, le fort Mozzello et la batterie des Sans-culottes ont soutenu l'attaque contre Gesco, à force de mitraille ; les canonniers qui étaient à Gesco ont fait jouer les deux pièces avec une incroyable activité. Nous n'avons eu dans cette attaque qu'un soldat tué et un blessé. La batterie de Gesco a tiré du matin au soir sans discontinuer.

On a expédié vers le milieu de la nuit Bonetrieu avec 100 marins pour réparer la batterie ; mais ayant reconnu la chose impossible, on se détermina à la défendre avec la mousqueterie seulement.

7. Les batteries anglaises établies sur la montagne latérale continuèrent à battre les retranchements et à ruiner toutes les défenses ; les Anglais donnèrent à connaître qu'ils travaillaient à diverses tranchées contre le fort Mozzello et la place.

8. Pendant toute la journée, les batteries anglaises ont continué à tirer contre les défenses, et le poste de Gesco fut entièrement ruiné. Ce nonobstant, il fut ordonné au citoyen Leoni, capitaine de chasseurs, de s'y maintenir à coups de fusil avec 60 hommes, et au camp volant de faire tous les efforts pour ne point abandonner sa position.

Après une canonnade très vive qui cessa à 7 heures du soir, les Anglais, à l'ombre de la nuit, se disposèrent à faire une attaque forte de 1200 hommes Corses et Anglais. L'attaque se dirigea sur trois colonnes ; l'une partit de la hauteur de Vitarinco, l'autre des Capucins, la troisième de Poggiarello.

Les ennemis arrivèrent à la faveur de la nuit jusque sous les embrasures de la batterie. Mais Leoni se tenait sur ses gardes avec sa faible troupe ; après une fusillade soutenue et [ayant] épuisé ses munitions, ils tirèrent à coups de pierres. Les officiers anglais et les émigrés s'excitèrent en criant pour pénétrer dans cette redoute ouverte. Le camp volant, suivant l'exemple de ses braves commandants, se porta sur la gorge de Gesco et partie sur le derrière de l'ennemi.

La place de Mozzello et la batterie des Sans-culottes commençant à tirer à droite et à gauche, on expédia en premier lieu 60 hommes commandés par le citoyen Castelli qui arriva à Campo Rosso et se dirigea sur le Gesco courageusement. Quelque temps après on fit sortir la compagnie des grenadiers et d'autres troupes au nombre de 150 hommes.

Les ennemis recommencèrent l'attaque trois fois, trois fois ils furent repoussés ; enfin, après un feu qui dura quatre heures, ils se retirèrent après avoir éprouvé une grande perte. Nous ne perdîmes qu'un citoyen de la compagnie Leoni et n'eûmes que quelques blessés.

Cette glorieuse résistance est due principalement au citoyen Leoni, capitaine de la compagnie de chasseurs, et aux deux commandants du camp volant, qui, avec une faible troupe et ayant consommé leurs munitions, se servirent de pierres pour repousser l'ennemi. Tous les républicains qui ont concouru à la défense ont fait preuve de courage et d'intrépidité. Les canonniers surtout sont au-dessus de tout éloge ; Siméon, officier d'une compagnie françaises, a montré dans cette circonstance, un courage et une activité extraordinaires.

9. Dès la pointe du jour, les Anglais commencèrent à tirer d'une batterie de 6 pièces de 24, établie à la Pietra Maccarona, à 400 mètres de Mozzello et de la batterie des Sansculottes ; en même temps une batterie de mortiers de Poggiarello, commença à jouer contre la place ; une autre batterie plus forte contre le camp et Mozzello, composée de mortiers et de canons à Sciavinella ; une quatrième de la hauteur d'Aggeluccia ; une cinquième de la pointe de Rivellata ; toutes ces batteries avec celles de Cataraggio, commencèrent en même temps un feu très vif, les canons tirant sur le Mozzello et la batterie des Sans-culottes, et les mortiers sur la ville.

Deux chaloupes canonnières sont entrées dans le golfe Rivellata et du matin au soir les ennemis ont fait un feu très vif. Mozzello et la batterie des Sans-culottes, Marat et la place ont répondu avec la même activité ; nous avons eu le malheur de perdre plusieurs canonniers et fusiliers.

Le soir, on résolut d'abandonner Gesco, parce que la garnison trop divisée, ne pouvait suffire à la défense. On enleva le seul canon qui était resté intact, et on se retira en bon ordre après avoir rasé quelques parties des parapets qui pouvaient devenir nuisibles à la place.

10. L'ennemi a continué son feu avec la même activité ; deux embrasures de la batterie des Sans-culottes ont été ruinées, on a bombardé la ville ; notre perte en hommes s'est bornée à un seul.

On a fait feu de la batterie Marat et de la place ; on a jeté plusieurs bombes, mais deux de nos mortiers se sont crevés, et les affûts étant trop vieux nous ont empêché de continuer à jeter des bombes dans le camp ennemi.

On a travaillé pendant toute la nuit à réparer la batterie des Sans-culottes.

11. L'ennemi a continué pendant toute la nuit le bombardement et la canonnade ; plusieurs maisons particulières se sont écroulées. Deux bombes ont traversé l'arsenal ; les feux ennemis paraissent se diriger sur le magasin à poudre.

A la pointe du jour, il a dirigé le feu de ses trois batteries pour faire brèche au Mozzello ; trois pièces de canon furent démontées et rompues ; nous n'avons perdu personne.

La batterie des Sans-culottes est restée hors d'état de faire feu.

12. L'ennemi a redoublé ses feux de bombes et boulets contre Mozzello, la batterie et la place.

13. A la pointe du jour, voyant qu'il était impossible que la garde de la batterie des Sans-culottes pût s'y maintenir à couvert, elle reçut ordre de se retirer dans le fort de Mozzello avec un canon de 8 et ses munitions, ce qui fut exécuté.

Le soir, on envoya une forte corvée à Mozzello avec 60

matelas et 800 sacs de terre ; le citoyen François, capitaine de canonniers, se porta à la nuit sur la brèche faite par les assiégeants pour la réparer malgré le feu de l'ennemi.

Trois hommes intrépides ont disposé sur la brèche tous les matelas et les sacs à terre sous le feu de l'ennemi qui ne discontinua pas ; ces hommes sont Pierre Gicot, capitaine de barque ; Philippe Henry, second maître ; François Jean-Baptiste, marin à bord de la Marie-Anne ; leur ayant offert une récompense, ces trois braves marins me représentèrent que la plus belle pour eux était de servir la patrie contre ses ennemis.

A peine la batterie des Sans-culottes fut-elle abandonnée, la place commença à tirer au ricochet sur la batterie Maccarona ; et notre feu ayant endommagé ses parapets, diminua beaucoup celui de l'ennemi.

Nous n'avons eu aucune perte d'hommes ; une bombe est tombée sur ma maison et n'a fait écrouler qu'une portion du plancher de la chambre contigüe à la mienne sans faire aucun autre dommage.

14. Pendant la nuit, l'ennemi a continué le bombardement de la citadelle ; à la pointe du jour, les feux de la place ont endommagé la batterie Maccarona, qui n'a pu continuer son feu pour battre Mozzello ; Marat a secondé la place ; la batterie ennemie étant obligée de diviser son feu sur la place, sur Mozzello et sur Marat, le fort n'a pas eu beaucoup à souffrir. Si on eût pu jeter quelques bombes sur cette batterie et si le feu eût continué avec la même vigueur, sur le soir, ses feux eussent été en partie éteints.

L'ordre fut donné au capitaine de canonniers François de se rendre au fort Mozzello pour continuer les réparations de la nuit précédente avec 60 hommes de corvée qui remplirent pendant le jour 500 sacs à terre et les portèrent au fort.

On donna également l'ordre de retirer les hommes qui se trouvaient à Mozzello et qui avaient travaillé la nuit d'avant.

Les trois hommes dont on a parlé plus haut demandèrent à y rester tant qu'on voudrait. Gerôme-François Maurin, maître d'équipage de *La Mignonne*, homme intrépide qui s'est toujours mis en avant quand il s'agissait de lui commander quelque chose, a fait la même offre et s'est acquitté avec tout le zèle d'un républicain de la corvée dangereuse de faire entrer pendant le jour des sacs à terre dans le fort.

Un marin a eu la cuisse emportée d'un boulet de canon dans la batterie Marat ; nos blessés vont assez bien, mais l'hôpital se remplit de fiévreux.

Une bombe est tombée sur la voûte de ma porte d'entrée et l'a enfoncée sans éclater, et de toutes les personnes qui se trouvaient près de la porte, aucune n'a été blessée. Le camp volant a continué à garder les environs pendant cette nuit, depuis le couvent de l'Observance jusqu'à la batterie Marat.

15. Une bombe s'est introduite par la fenêtre de l'hôpital de Monte Castello, a tué un soldat et en a blessé cinq. Le feu de l'ennemi a continué avec la même vigueur et le nôtre leur a répondu de la même manière.

16. Le feu a continué contre Mozzello et contre la place ; les bombes ont ruiné quelques embrasures. On a continué à réparer Mozzello ; on a placé en batterie une pièce de 24 au camp alla Vaccaja du côté de terre.

17. Le feu s'est soutenu avec vigueur de jour et de nuit ; une bombe est tombée sur la maison Brunelli, une autre chez moi et a frappé la fenêtre de la chambre de la maison qui regarde Gesco ; elles n'ont blessé personne.

18. Continuation du feu ; un boulet de canon a coupé la respiration à Clémence, religieuse du faubourg ; un obus a tué un sergent du 26e. — Réparations de Mozzello.

19. Le feu de la place a fait grand mal aux batteries anglaises ; le bombardement continue avec vigueur du côté des ennemis.

Nous n'avons perdu personne. Réparations de Mozzello et de la batterie de Campo alla Vaccaja.

20. Une bombe tombée au pied de mon escalier a blessé 7 personnes, parmi lesquelles trois ou quatre mortellement.

Une autre bombe est tombée dans la 4e chambre qui servait de cabinet, la voûte a été enfoncée quoiqu'elle fût chargée de trois pieds de terre.

21. A trois heures du matin, les Anglais firent mouvement sur Mozzello, la compagnie du camp volant qui était de garde à cette heure vers la droite du fort, derrière la batterie des Sans-culottes et vers la pointe de la hauteur de Marine, commença à s'opposer à la marche de la colonne qui se dirigeait sur le fort, l'attaqua et pendant près d'une heure lui défendit pied à pied le chemin du fort.

Pendant le temps où le camp volant forçait les troupes anglaises à s'arrêter, la sentinelle cria « Aux armes ! » Le commandant du fort était un nommé Fréjus, capitaine de grenadiers au 20e bataillon des Bouches du Rhône, et la garnison se composait de 40 grenadiers et de 20 fusiliers. Ces troupes au lieu de s'opposer à l'ennemi prirent la fuite ; la majeure partie des grenadiers et des soldats se précipitèrent des remparts avec le commandant, et Picard, sous-officier du 20e, sortit par la porte (étant resté seul avec 7 hommes). Huit grenadiers se sont fait des contusions aux pieds occasionnées par leur chute, et aucun ne fit usage de ses armes.

Le camp volant, après avoir combattu l'ennemi, se retira dans le fort qui était leur refuge ; mais le trouvant déjà occupé par l'ennemi, quelques-uns furent faits prisonniers et les autres se réfugièrent dans la place.

Après la prise de Mozzello, les feux de l'ennemi s'allumèrent d'une manière vigoureuse ; une batterie à la gauche de Mondielli, et à environ 150 mètres de distance, ainsi que toutes les autres en arrière, firent feu en même temps sur la place, qui de son côté répondit par un feu très vif, visant sur tous les points où l'ennemi était aperçu.

A 4 heures, un parlementaire anglais se présenta aux postes et fut introduit les yeux bandés et conduit en présence du conseil de guerre réuni dans ma maison. Il remit deux lettres, une particulière à Casabianca, et l'autre à la Municipalité ; elles contenaient une sommation de rendre la place.

Réponse énergique de la Municipalité.

Le général répondit en termes expressifs. Le nombre des malades étant augmenté et n'ayant aucun lieu sûr pour les mettre à l'abri, on envoya deux parlementaires pour prier le général anglais de respecter l'hôpital établi au faubourg.

22. Le conseil de guerre s'assemble pour examiner la conduite de Fréjus, capitaine de grenadiers, et de sa compagnie.

L'ennemi n'a pas fait feu, et les officiers d'artillerie ont engagé le général à cesser de notre côté, d'autant plus qu'il n'y avait plus dans la place que 22 milliers de poudre.

23. Continuation du conseil de guerre ; interrogatoire des accusés.

24. Travaux sur la place de la Liberté pour élever une nouvelle batterie.

25. Travaux pour réparer les batteries des bastions et des courtines.

26. Nouveaux travaux aux bastions voisins de l'arsenal.

27. Jugement du conseil de guerre, qui déclare la conduite des grenadiers des Bouches du Rhône indigne, ainsi que celle du capitaine, pour n'avoir pas fait son devoir.

Le général le fait arrêter et conduire prisonnier sur la frégate.

28. Travaux.

29. Idem.

30. Vers le matin, les Anglais ont démasqué plusieurs batteries, l'une à droite du fort Mozzello, de 12 pièces de canon ; une autre sur la gauche de 3 pièces ; une 3e sur le

Gesco de deux pièces, sans compter les batteries de mortiers et d'obusiers.

Sur les 10 heures les Anglais ont envoyé un parlementaire porteur d'une nouvelle sommation ; on renvoya le parlementaire en lui disant que l'on répondrait dans la journée.

A 4 heures, un officier se présente avec une autre lettre par laquelle le général proposait une trêve, à condition de suspendre réciproquement tous les travaux.

Le conseil de guerre réuni accepte l'offre à condition de ne point communiquer avec l'ennemi en aucune manière.

Le général fit alors réponse qu'il acceptait la trêve sans la condition réciproque de suspendre tous les travaux.

Stuart, en examinant cette offre, répondit qu'il était obligé de relever une erreur causée par la correspondance en langues différentes et qu'il avait entendu proposer une trêve limitée, à l'expiration de laquelle on devait capituler et qu'il la fixait à 6 jours.

Casabianca répondit que, s'il voulait accorder une trêve de 25 jours, il l'acceptait, et que si, pendant ce temps, il n'avait aucun secours, il consentirait alors, à son expiration, d'entrer en pourparlers pour régler la capitulation.

Il est bon de remarquer que d'après l'état des vivres présenté au conseil de guerre, il ne restait plus dans la place que pour 29 jours de vivres pour la garnison sur lesquels il était nécessaire d'en accorder au peuple ; que l'hôpital était rempli de malades et qu'il n'y avait plus une livre de viande pour faire du bouillon, qu'il n'y avait ni huile ni lard et que le manque complet de tout ajoutait à la position déplorable des malades.

1er août. Cette nuit il est entré une felouque commandée par le capitaine Rossi, chargée de 300 sacs de farine, deux barriques d'huile, du lard et du fromage.

2. Un parlementaire anglais apporte une lettre de Stuart

qui accordait 12 jours de trêve, à condition qu'à son expiration, si l'on n'avait reçu aucun secours, on devrait capituler.

Réponse négative de Casabianca.

A 3 heures, toutes les batteries anglaises, canons, mortiers, obusiers commencèrent un feu vigoureux. Sur le soir, le petit magasin à poudre qui était sur le bastion de Campo Vaccino prit feu et couvrit les batteries de ruines.

Le feu prit à quelques maisons, mais on parvint à l'éteindre facilement.

Une bombe traversa les deux voûtes du palais et endommagea une partie de la farine ; le feu ennemi continua pendant la nuit avec la même vigueur ; on tira à mitraille par intervalle.

3. Le matin, tous les parapets des bastions de Campo Vaccino A, de Teste F, et de la courtine intermédiaire étaient entièrement ruinés, la tour du palais battue en brèche ; les bombes, les obus, les boulets avaient écrasé le palais, le grand magasin à poudre, battu en brèche l'arsenal démoli et presque sans traces de couverture ; quelques coups de canon traversèrent l'hôpital, tuèrent un homme et en blessèrent un autre, ce qui engagea à envoyer un parlementaire pour faire des représentations au général anglais.

Il répondit qu'il avait donné des ordres à ce sujet et qu'il désirait savoir de quelle batterie les coups étaient partis et venus.

Continuation du feu pendant le jour.

4. L'ennemi a continué à battre la place ; toutes les maisons de la citadelle démolies ou brûlées, le palais ruiné et hors d'état de mettre à l'abri les défenseurs ; la poudre avait été retirée du grand magasin et déposée dans la tour du palais ; mais la porte de cette tour, située en face des batteries ennemies, n'était abritée ni contre la bombe ni contre les boulets ou les obus, et pouvait être embrasée à chaque instant.

La ruine des remparts, l'artillerie réduite au silence, les affûts rompus, les chèvres, les diables et toutes machines de transport hors de service, tous les abris ruinés et abattus, le nombre prodigieux des malades, le manque de canonniers pour faire le service, le danger imminent de l'incendie du magasin à poudre, la destruction du magasin des vivres, tous ces motifs engagèrent la garnison à présenter au général, au commandant de la place et à la municipalité, un mémoire pour exposer la situation des choses et l'impossibilité de pouvoir tenir plus longtemps sur la présentation de ce mémoire.

Le général résolut de ne rien délibérer avant que tous les chefs du génie, de l'artillerie, des vivres et le commissaire des guerres pour ce qui concernait l'hôpital, ne lui eussent fait leur rapport par écrit, et en donna en conséquence l'ordre à tous les chefs de service.

Les rapports de l'ingénieur, du commandant de l'artillerie et du commissaire des guerres confirmèrent tout ce qui avait été avancé par la garnison, et tous s'accordèrent à dire qu'il n'était plus possible de tenir la place. En conséquence la municipalité consentit à ce que l'on acceptât la trêve et qu'à son expiration on capitulât.

Réponse de Stuart que les 12 jours commenceraient du jour où il avait proposé la trêve refusée et à condition que la capitulation serait présentée dans la journée et qu'elle ne serait exécutée qu'à l'expiration de cette trêve et dans le cas où la place ne recevrait aucun secours.

Le Conseil de guerre délibéra qu'il consentait à ces conditions.

5. Dans la matinée on a expédié les articles de la capitulation ; relations entre les chefs.

A deux heures de l'après-midi, le parlementaire anglais a rapporté la réponse. — Demande de viande pour l'hôpital, les malades périssent faute de bouillon.

6. Demande d'un gros bœuf pour l'hôpital.

7. Le parlementaire demande que l'on fasse l'inventaire de l'artillerie ; on répond que, quand on s'en occupera, il en sera donné connaissance.

Demande réciproque qu'il ne soit établi aucune correspondance avec les rebelles.

8. On n'insiste plus pour commencer l'inventaire ; cette opération est remise à dix jours, à 9 heures de matin.

Les Anglais envoient un gros bœuf par jour pour l'hôpital.

Il est à remarquer que pendant ce siége le manque de vivres a forcé la garnison à manger les mulets, les chevaux, les ânes et jusqu'aux chats, que toutes les ressources ont été épuisées, que dans les magasins, il ne restait plus qu'un peu de fromage ; que depuis plus d'un mois la ration de pain était réduite, qu'une poule se vendait 18 francs en argent et les œufs trente sous la pièce ; que pas un citoyen ne se plaignait de ses pertes et que personne ne parla de se rendre, et que tous les assiégés ont tout souffert avec la patience la plus héroïque.

9. Continuation de la trêve.

10. Plusieurs officiers anglais se sont présentés pour commencer les inventaires ; le général a donné ses ordres à cet effet. Le soir on a expédié deux gondoles, une pour Nice avec des lettres pour les représentants, l'autre pour Marseille chargée des mêmes lettres.

11. Continuation de la trêve.

12. Continuation de la trêve.

L'adjudant-général anglais est entré dans la place et a annoncé que la trêve expirait dans la journée, que le lendemain la garnison sortirait avec les honneurs de la guerre et que des bâtiments avaient appareillé pour embarquer.

13. A 9 heures et demie du matin, on battit la générale, la garnison fut réunie sur la courtine qui regarde *Lumio*, et là après avoir prêté le serment de fidélité à la République

Française, elle défila tambour battant avec canons en avant et sortit de la place.

L'ennemi était rangé en bataille en face, et après avoir passé devant lui en armes, on les déposa le long du mur de la basse ville, à l'exception des épées et des sabres ; la troupe commença à s'embarquer.

Pendant qu'elle montait sur les bâtiments qui lui avaient été assignés, les habitants de la citadelle accoururent en suppliant de vouloir bien les recevoir à bord, parce que les paysans s'étaient introduits dans Calvi et parcouraient les rues en menaçant les patriotes qu'ils rencontraient.

14. Lettres au général anglais et au commandant de la rade pour avoir le nombre de bâtiments nécessaires ; promesses de les fournir sur le soir.

L'embarquement est presque terminé.

15. J'ai pris le parti de revenir sur une gondole et par hasard j'ai rencontré en route cinq felouques qui venaient à Calvi et qui seraient tombées au pouvoir de l'ennemi ; je leur ai donné l'ordre de retourner en arrière.

Arrivé le 15 à Monaco, et le 16 à Ville-Franche.

Le représentant du peuple Lacombe du Tarn, au représentant du peuple Carnot, membre du Comité de Salut public.

A Bruges, le 18 fructidor an 2 (4 septembre 1794).

Je t'envoie, mon cher Carnot, la copie d'une lettre que je reçois du commandant de la rade de Calvi et dont le contenu me paraît bien étonnant. L'on y dit que c'est le général Casabianca qui a capitulé avec les Anglais, tandis que je suis sûr qu'avant mon départ du Port de la Montagne pour Paris, un arrêté de Saliceti et de moi lui en a ôté le commandement pour le donner au chef de bataillon Gast, homme à caractère, ce que le général Casabianca n'a jamais été.

Nous avions donné à ce dernier l'ordre de passer en France ; il est vraisemblable qu'il n'en a pas eu la possibilité, mais il a dû cesser toutes fonctions, ou bien il faut qu'il déclare de qui il tient l'autorité que Saliceti et moi lui avions ôtée.

Il est dit que le citoyen Arena se trouve pour quelque chose dans cette reddition ; je ne conçois pas d'où vient cette usurpation de pouvoir. Lorsque au mois de juin Saliceti et moi revînmes d'Ajaccio, mon collègue me proposa de donner une commission de commissaire civil à Barthélemy Arena pendant le temps que je serais absent de Calvi où je revins le 26 juin suivant.

Le 10 novembre, ayant résolu d'attaquer le Cap Corse entièrement révolté, je donnai une nouvelle commission à peu près de ce genre à Arena qui me fut utile. La soumission du Cap-Corse finie, il retourna à Calvi sans que je lui ôtasse cette commission ; mais ayant su très tard que les députés n'en pouvaient pas donner de cette nature, à mon départ de la Corse, je lui écrivis que j'annulais sa commission, de la regarder comme non avenue. Il feignit de n'avoir pas reçu ma lettre et monta à la tribune du club en déclarant que j'étais un traître émigré, qu'il se démettait de la commission que je lui avais donnée, mais que comme il en avait une aussi de Saliceti, il conserverait ses fonctions. J'appris cette démarche insultante pour la représentation nationale au Port de la Montagne. Je témoignai mon indignation à Saliceti qui me proposa de destituer Casabianca et de faire arrêter Arena. M'occupant plus du mal que ce dernier pouvait faire à la chose publique que de mon injure personnelle, je ne voulus que lui ôter tout moyen de nuire, et ce fut pour cela que Saliceti et moi prîmes un arrêté qui interdit à Arena toute fonction.

Voilà, mon cher Carnot, le simple récit de la vérité. De qui donc Casabianca et Arena ont-ils pris leur pouvoir pour remettre à nos ennemis une place où ils ne commandaient pas, et de remettre aussi deux frégates sans consulter le commandant de la rade qui m'en porte une plainte directe ? Tu feras de l'avis que je te donne l'usage que tu croiras devoir en faire. Je n'ai pas cru devoir dénoncer ce fait au Comité de Salut public, tu le feras toi-même. Si tu veux, je t'écris comme ami et comme à un homme public. Saliceti, ayant signé les arrêtés pris à l'égard de Casabianca et Arena, pourra répéter les faits que je viens de dire. — Salut et fraternité.

J.-P. Lacombe du Tarn.

Je pars demain pour Anvers.

P. S. — Si je ne dénonce pas la plainte du chef de la rade au Comité de Salut public, c'est que j'ignore, n'étant plus sur les lieux, si les raisons qui étaient contre Arena et Casabianca n'ont pas changé en leur faveur.

Les représentants du peuple près l'armée d'Italie à leurs collègues membres du Salut public.

A Loano, le 28 fructidor an 2 (14 septembre 1794).

Citoyens collègues, — Votre arrêté du 4 en prescrivant le plan de défensive que doit suivre l'armée d'Italie, porte qu'on saisira les premières occasions pour reprendre la Corse, qu'on s'occupera d'y destiner des forces imposantes pour en chasser l'ennemi et rendre ce département à la République.

L'utilité de cette expédition est facilement aperçue ; la Corse est l'avant-poste qui assure la possession de la Méditerranée. L'ennemi n'y stationne que par l'abri qu'il trouve dans cette isle ; elle est pour lui un moyen principal pour intercepter notre commerce d'Italie et des Echelles du Levant.

Il est également aisé de concevoir combien cette expédition est urgente et combien elle exige de célérité dans les préparatifs. Pour être exécutée avec facilité, elle doit nécessairement l'être vers la fin de brumaire ou au commencement de frimaire, soit parce qu'alors la saison ne permettant pas à l'ennemi de tenir la mer, on pourra avec les forces maritimes qui se préparent au Port de la Montagne et qui seront d'ici à cette époque disposées, transporter en Corse les forces militaires nécessaires pour s'en emparer, soit parce que l'ennemi, n'ayant pas le temps de se fortifier à S.-Florent, en sera plus facilement chassé, et parce qu'on pourra même espérer de trouver dans les patriotes qui sont en grand nombre, un secours qui deviendrait nul, si leur courage s'affaiblissait par de plus longues persécutions.

Bien pénétrés de l'importance de l'objet et de l'avantage qui doit en résulter pour la République, nous avons cru devoir mettre à profit le temps, et l'employer à faire d'avance les préparatifs que cette expédition nécessite. Vous trouverez ci-joint deux arrêtés qui y sont relatifs. Vous y verrez que, calculant sur le nombre de douze mille hommes qui nous a paru nécessaire, nous avons ordonné un approvisionnement en vivres, en équipements, habillements et effets de campement pour ce nombre et que nous avons pareillement ordonné les dispositions pour l'artillerie de campagne nécessaire à ce corps d'armée.

Par là, tout se préparera à loisir et les mesures seront assurées lorsque vos ordres définitifs préviendront. Vous n'avez qu'à prescrire au Port de la Montagne les préparatifs maritimes qui seront bientôt effectués.

Nous avons cru ces mesures nécessaires pour remplir les vues de votre arrêté. Nous y sommes d'autant plus facilement déterminés que quand même cette expédition pour la Corse pourrait souffrir quelque changement, les approvisionnements ne seraient jamais perdus et présenteraient au contraire un grand avantage pour l'armée d'Italie en lui assurant ses besoins.

Nous espérons que vous approuverez cet acte de prévoyance de notre part. Si d'autres dispositions vous paraissent convenables, faites nous parvenir vos ordres, ils seront bientôt exécutés. — Salut et fraternité.

SALICETI, ALBITTE.

28 fructidor an 2 (14 septembre 1794).

Les représentants du peuple près l'armée d'Italie :

Vu l'arrêté du Comité de Salut public du 4 fructidor ;

Considérant que par l'article 9, le Comité de Salut public prescrit une expédition maritime dont il est essentiel d'activer les préparatifs, afin que l'exécution, lorsque le temps en sera venu, ne puisse éprouver aucun retard ;

Considérant que, déjà les besoins de l'armée d'Italie occupent suffisamment l'ordonnateur en chef ; que s'il devait être chargé de la partie du service relative à la nouvelle expédition faisant l'objet de l'arrêté du Comité de Salut public, la célérité nécessaire ne pourrait être effectuée ;

Arrêtent que l'ordonnateur des guerres Chauvet pourvoira à l'approvisionnement en vivres de toute espèce, en habillements, équipements et effets de campement pour douze mille hommes pendant le temps de six mois ; à l'effet de quoi, il est autorisé à faire aux divers agents, chacun pour la partie qui le concerne, toutes les réquisitions nécessaires.

Le commissaire ordonnateur Chauvet rendra compte à chaque décade aux représentants du peuple près l'armée d'Italie, du progrès de ses opérations à ce sujet.

Le présent arrêté sera transmis au Comité de Salut public.

Fait à Loano, le 28 fructidor, l'an 2e de la République une et indivisible.

Pour copie conforme,

Les représentants du peuple près l'armée d'Italie,
SALICETI, ALBITTE.

28 fructidor an 2 (14 septembre 1794).

Les représentants du peuple près l'armée d'Italie :

Vu l'arrêté du Comité de Salut public du 4 fructidor ;

Considérant que par l'article 9 le Comité de Salut public prescrit une expédition maritime dont il est essentiel d'accélérer les préparatifs, afin que l'exécution, lorsque le temps sera venu, ne puisse éprouver aucun retard ;

Arrêtent que le général d'artillerie (1) à l'armée d'Italie pourvoira aux préparatifs nécessaires pour douze mille hommes en équipages de campagne avec affûts à traîneaux.

Le général d'artillerie rendra très exactement compte à chaque décade aux représentants du peuple près l'armée d'Italie du progrès de ses opérations à ce sujet.

Le présent arrêté sera transmis au Comité de Salut public.

Fait à Loano, le 28 fructidor, an II de la République une et indivisible.

Pour copie conforme,

SALICETI, ALBITTE.

*Le Comité de Salut public
aux représentants du peuple près l'armée d'Italie.*

Paris, 23 brumaire an 2 (13 novembre 1794).

Nous avons reçu, chers collègues, votre projet d'expédition sur Ceva, et nous l'aurions discuté avec la confiance que vous nous inspirez, si déjà nous n'eussions arrêté d'autres mesures pour l'exécution d'un projet qui nous paraît plus pressant et ne pouvoir même être remis sans un très grand danger. Nous voulons parler de la reprise de l'isle de Corse.

---

(1) C'est le général Bonaparte.

Vous verrez par la teneur des arrêtés que nous joignons à cette lettre, les dispositions que nous avons jugées nécessaires pour l'infaillibilité du succès. Nous vous invitons, chers collègues, à y coopérer de tout votre zèle, comme avec toute la célérité et la discrétion possibles. Ne confiez ces mesures qu'à ceux qui doivent indispensablement en avoir connaissance. Nous avons pensé que deux représentants du peuple devaient s'embarquer pendant que les autres demeureraient à terre, et c'est de la correspondance et du concert intime entre ses collègues que peut seul résulter le succès le plus glorieux pour les armées de terre et de mer de la République. Nous avons désigné Jean-Bon S.-André et Saliceti pour l'embarquement, le premier à cause de son expérience dans la marine, le second à cause de sa parfaite connaissance de l'isle de Corse. Ritter et Turreau doivent rester à l'armée tant pour la surveiller que pour la direction des affaires diplomatiques qui peuvent devenir très importantes dans ce moment.

Vos lumières, chers collègues, et votre amour de la patrie nous sont de sûrs garants du succès de cette entreprise importante.

Pour copie conforme,

TURREAU.

Saliceti au Comité de Salut public.

Port de la Montagne, le 7 frimaire an 3 (27 novembre 1794).

Citoyens collègues, — Malgré toute la diligence que j'ai faite dans mon voyage, je n'ai pu me rendre au Port de la Montagne que hier, tant les postes sont mal servies, et les chemins peu praticables. Je pars demain pour Nice, afin de me concerter avec mes collègues près l'armée d'Italie sur la marche des troupes qui doivent s'embarquer dans ce port.

Malgré l'activité que nous mettons à préparer tout ce qui est nécessaire aux opérations que vous avez prescrites, je prévois qu'elles ne pourront avoir lieu que le mois prochain.

Salut et fraternité.

SALICETI.

Saliceti à Carnot.

Nice, le 13 frimaire an 3, (3 décembre 1794).

J'ai rendu compte, citoyen collègue, au Comité de Salut public, de mon arrivée au Port de la Montagne et des dispositions que nous faisions de concert avec Jean-Bon Saint-André pour exécuter l'arrêté du Comité de Salut public, dont j'étais chargé.

Je me suis rendu tout de suite à Nice, et nous avons déjà donné les ordres pour la marche des troupes vers le Port de la Montagne, ainsi que tu verras par notre lettre au Comité.

L'intérêt de la République, la confiance que le Comité m'a témoignée me font un devoir de te parler avec franchise.

Jean-Bon Saint-André m'a paru peu content des mesures prises par le Comité pour les opérations navales dans la Méditerranée ; cependant je crois qu'il coopérera de son mieux à assurer l'exécution des ordres donnés par le Comité.

Mes collègues à l'armée d'Italie auraient voulu aussi faire la campagne de Piémont ; cependant ils concourront avec zèle au succès de l'expédition.

Toute la force des Anglais dans la Méditerranée se réduit à quinze vaisseaux mal armés et en très mauvais état ; ils sont mouillés à Saint-Florent, et tu peux compter que s'ils nous y attendent, ils n'en sortiront pas, et s'ils vont se réfugier dans tout autre port de l'Italie, nous irons les y chercher.

L'opération que nous allons faire rendra à la République

le département de Corse, délivrera la Méditerranée, et nous rendra maîtres de l'Italie. Il est possible que l'intrigue, la malveillance, l'ignorance et peut-être la jalousie cherchent à induire le Comité en erreur. Je t'engage à persister dans le plan adopté, et compte sur le succès le plus complet et le plus brillant.

Je ne te parlerais pas avec cette assurance sans avoir des données qui me répondent de la réussite.

Salut et amitié.

SALICETI.

Ritter, Turreau et Saliceti, représentants du peuple, au Comité de Salut public.

Nice, le 15 frimaire an 3 (5 décembre 1794).

Citoyens collègues, — En exécution de votre arrêté du 15 du mois passé, nous avons pris toutes les dispositions nécessaires pour réunir les troupes au Port de la Montagne ainsi que vous verrez par l'arrêté ci-joint. L'artillerie de campagne et de siège est embarquée ; les vivres, les effets de campement et d'équipement seront réunis sous peu de jours ; enfin Saliceti et Ritter vont se rendre au Port de la Montagne pour suivre de concert avec Jean-Bon Saint-André les opérations que vous avez ordonnées.

Nous avons des renseignements positifs sur les forces des Anglais dans la Méditerranée. Elles consistent en quatorze ou quinze vaisseaux et dix frégates mal équipés et délabrés par la longue et pénible croisière devant le golfe Juan. Tous ces vaisseaux sont mouillés dans le golfe de Saint-Florent, occupés à réparer les avaries qu'ils ont souffert. On prétend qu'ils attendent des renforts ; mais nous ignorons jusqu'à quel point ce bruit peut mériter de consistance.

D'après les données que nous avons, nous croyons pouvoir

vous assurer que le succès le plus complet sera le résultat du plan que vous avez arrêté.

L'armée des Alpes doit fournir seize bataillons dont une partie est déjà arrivée. Celle d'Italie reste dans une position respectable, et la droite, qui est considérablement renforcée, sera à même de donner la main à la division qui va s'embarquer au Port de la Montagne pour les opérations ultérieures que les circonstances amèneront.

Salut et fraternité.

RITTER, TURREAU, SALICETI.

Saliceti à Carnot.

Nice, le 23 frimaire an 3 (13 décembre 1794).

Toutes les troupes nécessaires à notre expédition, mon cher collègue, sont défilées pour le Port de la Montagne. On travaille à force à embarquer les vivres, les effets de campement et les munitions de guerre. Sous huit jours tout sera prêt et tout de suite nous nous mettrons à la voile, puisque Jean-Bon Saint-André nous mande qu'à cette époque la marine sera en état de nous seconder.

Le Comité peut compter sur le succès de l'expédition. D'un seul coup la Corse sera rendue à la République, la Méditerranée purgée, et l'Italie paiera les frais de l'expédition et fournira des subsistances au Midi. Saint-Mesme qui te remettra ma lettre et qui mérite une entière confiance, te mettra au fait plus en détail des opérations que nous allons faire en suivant le plan du Comité. Que la marine obéisse, et j'espère que vous serez satisfaits du résultat des opérations que vous nous avez confiées.

Salut et amitié.

SALICETI.

P. S. — Ritter et moi, nous allons nous rendre au Port de la Montagne. Ritter te salue ; il va devenir marin.

Saliceti au Comité de Salut public.

Marseille, le 4 nivôse an 3 (24 décembre 1794).

Je vous ai successivement rendu compte, chers collègues, de mes premières opérations dès mon arrivée au Port de la Montagne et de mes opérations ultérieures à Nice, concernant l'expédition dont je me trouve chargé.

Les dispositions ont été prises de concert avec mes collègues pour faire marcher les troupes, et en ce moment elles sont rendues et cantonnées aux environs du Port de la Montagne ; elles y attendent les ordres pour l'embarquement.

Les bâtiments de transport nécessaires sont destinés, et sous peu de jours ils seront prêts. L'escadre elle-même forte de quinze vaisseaux et quatre frégates est en grande rade.

Le seul objet qui pourrait apporter quelque retard, est les approvisionnements, l'ordonnateur des guerres qui les opère à Marseille m'ayant écrit qu'il éprouvait des obstacles et des contrariétés, soit par le défaut des matières premières, soit par l'effet de la malveillance que l'autorité supérieure [lui témoignait. Ma présence] (1) lui devenant nécessaire, je me suis rendu sur le champ à Marseille, en attendant mon collègue Ritter qui doit arriver sous peu au Port de la Montagne. Déjà j'ai eu une conférence à ce sujet avec l'ordonnateur. Les mesures pour aplanir toutes les difficultés vont être prises ; je vous transmettrai les arrêtés que j'aurais été dans le cas de prendre à ce sujet.

Des avis certains m'ont été donnés que le 21 frimaire, l'escadre anglaise, forte de quatorze ou quinze vaisseaux de ligne et quelques frégates, a mouillé dans le port de Livourne.

---

(1) Lacune dans cette lettre signée par Saliceti, mais qui n'a pas été écrite de sa main. Nous y avons suppléé par les mots entre crochets.

Elle était vraisemblablement retournée à Saint-Florent, son refuge, pour lui assurer la croisière et la possession de la Méditerranée. Elle reparaissait hier avec dix-neuf voiles, au moment de mon départ, à l'entrée de la rade de Toulon, et à peu de distance, près de la portée du canon des batteries qui la défendent.

Cette escadre est mal en ordre, les équipages en sont peu nombreux et harassés par les fatigues inséparables d'une croisière qui date déjà de si loin. Elle attend, à ce qu'on dit, un renfort de quelques vaisseaux. Mais que ce renfort lui arrive encore, elle ne pourra s'opposer à l'expédition. Il est d'abord très certain qu'à force égale elle n'hazardera pas un combat; elle aurait trop à y risquer, se trouvant éloignée de ses ports. Si elle est plus nombreuse, elle ne pourra pas constamment croiser. Elle devra incessamment se réfugier de temps à autre à Saint-Florent, et nous saurions malgré elle profiter du moment favorable pour arriver en Corse et faire notre débarquement sur le point que les circonstances présenteront le plus avantageux.

Ce n'est que par là que nous pourrons affranchir la Méditerranée et raviver notre commerce, car il est bien certain que, chassés de Corse, et par là de la côte d'Italie, l'isle d'Elbe et Livourne, les Anglais sont absolument forcés d'abandonner nos mers. L'utilité est sentie ; aucun danger n'est à craindre. Le même vent qui nous facilitera l'entrée en Corse, en écartera nécessairement l'ennemi ; l'escadre à coup sûr ne sera pas compromise. Ceux qui voudraient persuader le contraire ne seraient, je n'hésite pas de le dire, que des malveillants peu jaloux de l'honneur et de la prospérité de la République.

Les approvisionnements seront bientôt prêts, les dépenses sont faites, les troupes disposées. Il ne reste plus qu'à agir. C'est le cas où jamais de frapper le grand coup, de faire subir à ces féroces insulaires le joug de la puissance républicaine. Les résultats de l'expédition, si tout le monde s'y prête de bon gré, seront certainement heureux, et le Comité, je l'espère, sera satisfait de nos opérations. — Salut et fraternité.

SALICETI.

P. S. — L'expédition actuelle nous assure non seulement la Corse, mais Portoferrajo et Livourne, et j'ai lieu de croire que nous pourrons compter sur les magasins ennemis. Nous commencerons par celui de ces points qui sera le plus convenable aux circonstances et le plus profitable à la République. Sur le tout, je crois pouvoir vous assurer de la réussite de nos opérations, et j'ose espérer que le Comité les approuvera. Comptez sur le dévouement des troupes destinées à l'expédition et sur notre activité.

SALICETI.

Résumé d'une lettre du général de division André Mouret, commandant l'expédition maritime, au Comité de Salut public.

Du quartier général d'Hyères, le 9 nivose an 3 (29 décembre 1794).

La saison ne permettant pas de mettre sous la toile les troupes destinées à l'expédition de Corse, il les a cantonnées de manière à pouvoir surveiller leur instruction et leur discipline. — Il s'occupe surtout d'extirper la gale, qui se répand d'une manière effrayante parmi les soldats.

(Le texte même de la lettre ne contient rien de plus pour la Corse).

Extrait des Mémoires de M. Buttafoco

Arrivée des Anglais en Corse, le 5 Février 1794.

L'escadre anglaise se retira aux îles de Hyères, et celle du Roi Catholique à Carthagène (1).

Pour reprendre et terminer les affaires de Corse, le chevalier Elliot se rendit dans l'île ; il débarqua à l'Isolarossa, et se rendit auprès de Paoli à Murato. Ce fut là qu'ils conclurent une espèce de traité sur l'objet qui avait déjà été convenu par le résultat de la correspondance des commissaires britanniques avec lui ; jamais, cependant, il n'a été rendu public. Il est à croire qu'on y avait adhéré à quelques clauses contre ceux qui avaient quitté la Corse pour éviter les persécutions de Paoli. Le chevalier Elliot retourna presque aussitôt à l'escadre qui conduisait les troupes ; elles étaient au nombre de dix-huit cents hommes ou environ, commandés par le général Dundas. Les vaisseaux, après les avoir fait mettre à terre près de S. Florent, furent bloquer Bastia.

Les Corses parurent en grand nombre dans le Nebbio pour les seconder. Les Anglais battirent la tour de la Mortella qui se rendit aussitôt ; ils emportèrent, l'épée à la main, le fort

---

(1) L'abandon de Toulon fut l'époque de leur mésintelligence.

et la tour de Fornali ; et S. Florent, poste insoutenable, fut évacué par les Français. On ne tarda pas à s'approcher de Bastia. Il y avait dans cette ville une garnison deux fois plus nombreuse que l'armée anglaise. Le siège aurait été très long et le succès bien douteux, sans le manque de vivres. On canonna, on bombarda la forteresse et la ville par terre et par mer ; les batteries qui étaient à portée auraient pu être facilement enlevées, mais on ne tenta rien. Les bombes firent assez de dégâts ; le reste de la guerre se réduisit à quelques escarmouches par ci par là : mais rien de décisif ne fut tenté.

Dès qu'on vit approcher le temps de la reddition de Bastia, les commissaires et plénipotentiaires anglais écrivirent à Paoli la lettre suivante :

« De *La Victoire,* hors de Bastia, 22 avril 1794.

» Monsieur, Votre Excellence s'est complue de nous représenter, au nom de la Nation Corse, que l'intolérable et perfide tyrannie de la Convention française ayant poussé les braves Corses à prendre les armes pour leur propre défense, ils étaient déterminés de secouer entièrement l'injuste domination de la France et de reprendre les droits d'un peuple libre et indépendant ; mais que, connaissant bien que leurs propres efforts pourraient devenir insuffisants pour résister à la France ou à d'autres puissantes nations, qui pourraient entreprendre contre eux des hostilités, et pleins de confiance implicitement dans la magnanimité et royales vertus de S. M. Britannique et dans la générosité et valeur de son peuple, ils désiraient de former une perpétuelle union avec la Nation Britannique, sous le gouvernement doux et équitable de Sa Majesté et de ses successeurs, pour une protection plus justifiée et pour la perpétuelle sûreté de leur indépendance et liberté, et Votre Excellence ayant, sur de telles considérations, sollicité, au nom du peuple Corse, l'actuelle assistance de Sa Majesté et Sa royale protection pour l'avenir, nous primes tout cela dans la plus sérieuse considération ; et connaissant bien les gracieuses et aimables dispositions de Sa Majesté envers la Nation Corse et sa prompte propension à concourir, par tous les moyens qui puissent se combiner avec la justice et avec l'intérêt de ses sujets, à la félicité de ce brave peuple, et étant investis de facilités suffisantes et opportunes pour un tel objet, nous nous déterminâmes de complaire à votre demande, et avons en conséquence administré les secours des forces navales et militaires de Sa Majesté dans la Méditerranée, pour chasser de l'Ile de Corse l'ennemi commun.

» Nous avons après été honorés de facultés plus spéciales et d'une autorité pour concerter avec V. E. et avec le Peuple Corse, et pour porter à une conclusion finale, de la part de S. M., la forme particulière et le mode de relation qui devra avoir lieu et s'établir entre les deux nations. Ainsi, nous faisons savoir à V. E., avec la plus vive satisfaction, qu'il nous est commandé par S. M. de consentir de sa part au système qui sera jugé plus propre et plus efficace pour resserrer et consolider l'union de nos deux nations sous un souverain commun, et pour assurer dans le même temps pour toujours, l'indépendance de la Corse et le maintien et conservation de son ancienne propre Constitution, Lois et Religion.

» Quelle que soit cependant la satisfaction avec laquelle S. M. a gracieusement consenti à des propositions qui, peut-être pour la première fois, promettent à cette île, non seulement les avantages précieux de la paix et de la tranquillité, et très promptement un avancement rapide de prospérité et d'opulence, mais d'établir encore sur des fondements sûrs et durables sa nationale indépendance et félicité, S. M., disions-nous, s'est néanmoins déterminée à ne rien conclure sans le général et libre consentement du Peuple de la Corse. C'est pourquoi nous requérons Votre Excellence de faire les démarches convenables pour soumettre cette importante matière au jugement de vos nationaux. Et comme le petit nombre d'ennemis actuellement investis par les troupes Britanniques et Corses, et qui devra bientôt céder à des forces supérieures, ne peut donner plus longuement à ce pays aucune inquiétude, et par conséquent la délivrance de la Corse peut se regarder comme effectivement achevée et sa liberté comme pleinement revendiquée et rétablie, nous demandons permission à Votre Excellence de lui faire réfléchir s'il ne paraît pas désirable de prendre, le plus tôt possible, les mesures pour terminer des intérêts aussi importants et essentiels, et pour ajouter une sanction formelle à cette union qui est déjà établie dans les cœurs de tous vos compatriotes. — Nous avons l'honneur, etc.

Hood. — Gilbert Elliot ».

Cette lettre faisait voir que Paoli avait offert la souveraineté de la Corse au roi d'Angleterre ; que les commissaires plénipotentiaires avaient l'ordre de presser désormais la conclusion de cette négociation, et que la Cour de Londres croyait faire une acquisition très importante. En effet, par l'établissement des Anglais dans cette île, ils peuvent devenir prépondérants dans la Méditerranée, s'approprier presque tout son commerce, rendre plus solide, plus florissant, même exclusif, celui qu'ils font dans le Levant, se mettre en état d'entreprendre des diversions contre l'Espagne et contre la France en cas de guerre. Leurs vues politiques s'étendraient encore à s'opposer aux projets d'agrandissement de la Russie sur les Turcs ; avec la Corse, on pourrait former un entrepôt, lever des troupes et porter des secours de terre et de mer à ces derniers jusques dans la Mer Noire, ou partout ailleurs.

Paoli fit aux peuples une circulaire datée du 1er mai, relative à la proposition qu'il avait reçue. En voici l'extrait :

« La confiance, disait-il, dont vous m'avez honoré et les

soins que j'ai toujours eus de provoquer vos intérêts et d'assurer votre liberté me prescrivent de vous communiquer l'état des choses publiques.

» Vous vous rappelez les cruelles et perfides dispositions qui furent prises par les trois commissaires de la Convention Française..... Le décret injuste qui ordonnait mon arrestation et ma translation à la barre de l'Assemblée fut le premier attentat contre votre liberté..... Finalement vous manifestâtes dans une consulte générale l'horreur d'une semblable injustice, et vous prîtes les déterminations qui convenaient à votre dignité et à l'intérêt public.... Je reçus comme une preuve éclatante de votre confiance, de m'avoir chargé, dans ces circonstances critiques, du maintien de votre sûreté et de votre liberté. Jaloux de ne vous exposer à aucun péril, qui ne fût commandé par la nécessité et l'honneur, je préférai toutes les voies qui me furent suggérées dans ce temps-là par la prudence et la modération ; mais ni vos justes recours, ni mon innocence ne suffirent à rappeler à des sentiments de droiture et d'humanité une faction violente et sanguinaire, irritée par votre noble résistance... Les actes d'hostilité que commettaient les Français et les Corses devenus traîtres qui s'étaient réfugiés à Calvi, à Saint-Florent et à Bastia, nous contraignirent à les repousser avec la force des armes.... En différentes rencontres, les ennemis, quoique nombreux et protégés par l'artillerie, ont été vaincus..... Vous avez été généreux envers les prisonniers faits dans la chaleur du combat, tandis qu'ils massacraient dans le calme de la réflexion ceux des nôtres qui avaient le malheur de tomber dans leurs mains... Dans toutes ces agitations, nous nous sommes maintenus unis... C'est un présage heureux de votre destin futur et un sûr argument que vous êtes dignes de la vraie liberté.

» Dans cet état de choses, une prudente méfiance me faisait cependant craindre que l'ennemi n'augmentât ses forces pour exécuter les incendies et les massacres qu'il méditait contre vous ; ce qui me fit reconnaître la nécessité d'un secours... Les armes de Sa Majesté Britannique sont venues à notre secours ; la flotte et les troupes se sont employées avec vous pour purger notre terre du commun ennemi et le sang anglais et corse se répand de concert pour la liberté de cette île. Notre entreprise est déjà couronnée par d'heureux succès et elle s'approche à son entier accomplissement.

» La protection du Roi de la Grande Bretagne, l'union politique avec la nation Anglaise m'ont paru convenir à la félicité et à la sûreté de la Corse. Ainsi j'ai fait à Sa Majesté le Roi de la Grande Bretagne les demandes opportunes qui pouvaient ouvrir la route à cette union désirable... C'est avec une grande satisfaction que je vois exaucés les vœux communs et mes espérances réalisées. Le mémoire qui m'a été envoyé par LL. EE. l'Amiral et Lord Commandant la flotte et par le Ch. et Ministre plénipotentiaire de S. M., nous offre l'occasion d'établir cette union de la manière la plus convenable aux circonstances des deux nations et à la gloire du Roi.

» Une affaire d'aussi grande importance doit cependant être traitée et consentie par vous dans une consulte générale à laquelle je vous prie d'intervenir par le moyen de vos députés, le dimanche huit du mois de juin prochain dans la ville de Corte. Le gouvernement provisoire vous suggérera ensuite la forme et le mode des élections.

» La Corse est justement regardée à présent par les puissances comme libre et dans cet état elle prendra les résolutions qui lui conviennent. J'espère qu'elles seront dictées par la sagacité et l'amour du bien public. »

PASQUALE DE PAOLI.

Avant la réunion à Corte des membres qui devaient composer cette assemblée, la ville de Bastia réduite à l'extrémité des subsistances et à l'impossibilité d'en recevoir de France, se vit contrainte à capituler le 21 de mai 1794. Par un des articles, les troupes de ligne et les Corses qui voulurent continuer le parti de la République française, furent les maîtres de passer en France ou en Italie.

L'assemblée générale de la nation Corse s'ouvrit à Corte le 10 du mois de juin. Elle fut extrêmement nombreuse, car indépendamment des députés envoyés par les communes qui étaient les représentants élus, Paoli avait invité un très grand nombre de personnes à s'y trouver pour donner plus de solennité à cette réunion. Le Ch. Elliot se rendit aussi dans cette ville pour concerter les objets majeurs qui devaient y être traités.

Paoli fut nommé président de cette assemblée constituante. Il fut reconnu, par la vérification des pouvoirs accordés aux députés, que généralement et sans exception le peuple de Corse les avait autorisés à délibérer sur les relations qu'il y aurait à l'avenir entre la Corse et Sa Majesté le Roi d'Angleterre.

Après quoi, Paoli témoigna à l'Assemblée qu'il avait ardemment désiré le moment de pouvoir convoquer les représentants de la Nation, pour les informer de l'état des choses publiques et pour remettre à leur jugement les hautes déterminations qu'il convenait de prendre sur les intérêts de la Patrie; qu'il avait donné un détail dans sa lettre circulaire à ses compatriotes, de la conduite qu'il avait tenue en leur nom avec la Convention française, et de ce que leurs avantages évidents et l'empire des circonstances lui avaient prescrit auprès du roi de la Grande Bretagne.

» Je vous renouvelle en personne aujourd'hui, a-t-il ajouté, et j'appelle Dieu et les hommes en témoignage de la vérité, que j'ai employé tous les moyens que la modération et l'amour de la paix me suggéraient pour détourner les Français de la cruelle résolution d'allumer en Corse une guerre exterminatrice. Mais les factions n'écoutant ni les remontrances ni les raisons, tout fut rejeté avec obstination ; et la fureur et la perfidie menaçaient cette île d'une catastrophe dont les conséquences ne peuvent se contempler ni se prévoir sans horreur.

» Qu'il se persuade alors que leurs ennemis ayant rompu eux-mêmes les liens politiques qui les unissaient ; que les Corses demandant qu'on prît tous les expédients pour les délivrer de leur contagion, la confiance dont il était revêtu et le salut de la Patrie lui imposèrent le devoir indispensable de recourir à S. M. Britannique et à la générosité de son peuple ; que, dans le moment même où les besoins publics, les anxiétés et les circonstances critiques lui firent implorer la protection du monarque, il ne la demandait que pour assurer leur liberté ;... qu'il déclarait qu'il n'avait rien anticipé sur leurs mesures et qu'il ne les avait pas compromis par aucun acte positif qui pût léser les droits incontestables qui leur appartenaient de juger de ce qui convient dans cette circonstance aux intérêts de la Corse ; qu'ils examineraient s'il convient de prononcer ce que les faits ont déjà rendu constant, la séparation absolue et décisive avec la France, et dans ce cas, s'il convient au bien de la Corse de passer sous l'immédiate protection et gouvernement du roi de la Grande Bretagne, avec une constitution qui assure votre liberté et vous rende invulnérables aux attaques de vos cruels ennemis ; que le peuple attendait de leur résolution sa sûreté contre l'ennemi puissant qui ne voulait plus de sa sujétion, mais l'exterminer ; il attend de voir se concentrer dans un gouvernement légitime et solide toutes les petites factions qui tôt ou tard le conduiraient à l'anarchie, à l'esclavage ; il attend de voir dans l'union avec l'Angleterre son existence politique assurée, et par la constitution que vous ferez, les immunités et la liberté nationale et individuelle seront garanties de l'abus du pouvoir. »

Cette célèbre assemblée se passa avec la plus grande tranquillité ; elle ressemblait à un troupeau qui suivrait les impulsions du pasteur qui la conduit. Paoli donnait le ton à tout ; il y en a qui prétendent qu'il le recevait d'une autre main. Quoi qu'il en soit, l'essort sublime de son génie donna enfin à la Corse une démocratie royale, un système entièrement populaire, qui n'est pas même modifié par un cens gradué pour les éligibles ; cela confirme l'opinion déjà établie de ses faibles talents pour les institutions politiques; car la démocratie et la monarchie seront toujours incompatibles sans un intermédiaire. La première s'approche et finit toujours par tomber dans le despotisme sans l'autre. — Ces établissements tiennent aux principes des différentes institutions politiques. La diversité des systèmes établis doit servir de base à l'organisation générale et à la représentation. La monarchie doit être accompagnée de l'aristocratie qui en devient partie essentielle et nécessaire, mais dans une République, elle est nuisible ; c'est le plus mauvais de tous les établissements. Le peuple y est dégradé ; il se trouve bien sous la protection et les lois, mais il ne jouit d'aucun droit ; il est passif, inerte, mortifié. La démocratie est la meilleure des institutions humaines lorsque le physique du pays et les facultés morales des peuples les rendent susceptibles d'un tel système. Ce qu'on a inséré des lois d'Angleterre dans la Constitution de la Corse, est bien en soi ; mais toutes les choses qui produisent un excellent effet chez une nation ne réussissent pas toujours avec une autre, parce que le caractère des peuples portant des différences marquées, elles exigent des dispositions analogues. La prudence indique de mettre un frein aux passions des hommes, plus actives dans un climat que dans un autre. Les têtes effervescentes des Corses, par exemple, ne peuvent pas absolument se conduire comme les flegmatiques des Anglais.

C'est la sagesse et la sagacité des législateurs qui doivent calculer les différences et y pourvoir par des institutions relatives. Ils doivent surtout s'appliquer à détruire ou à détourner insensiblement avec adresse et intelligence les principes erronés et contagieux, à déraciner les préjugés nuisibles à la société ; mais ils montreraient peu de prudence en voulant tout changer avec trop de promptitude et de violence, parce que cela pourrait retarder les progrès du bien qu'on voudrait établir. Pour parvenir à ce bon résultat, il est nécessaire de bien connaître le balancement des moyens qui concourent à maintenir avec justesse les sociétés politiques et ceux qui peuvent leur donner un gouvernement vigoureux et durable.

Calvi se rendit peu de temps après qu'on lui eût enlevé le Mozello : ce poste est sur une éminence qui domine la ville et qui lui interdit la seule fontaine qu'il y ait dans son voisinage. Ce fut le général Stuart, successeur du précédent, qui eut l'honneur de cette conquête. La capitulation, qui est du mois d'août, était à peu près la même que celle qui avait été accordée à Bastia ; ainsi il n'y avait plus rien aux Français dans la Corse et elle restait entièrement soumise à la Souveraineté de Sa Majesté Britannique.

Les commissaires anglais auraient pu dès ce moment y établir un gouvernement provisionnel au nom du nouveau souverain qu'elle s'était donné ; mais ils jugèrent plus expédient de suspendre cette opération jusqu'à l'arrivée des ordres ultérieurs de la Cour de Londres. On y avait dépêché un courrier pour lui porter la nouvelle de l'issue de l'Assemblée générale tenue à Corte. Après quoi on fit partir une députation au Roi pour lui porter la Constitution, et pour donner plus de solennité à cet acte, ceux qui la composaient étaient des favoris de Paoli, et furent nommés par lui. — En attendant, le Conseil provisoire qu'il dirigeait souverainement, continuait à administrer la Corse comme par le passé. Il fut plus que jamais l'instrument actif de ses petites animosités. Arrestations, exils, confiscations, tout enfin de ce qui devait le rendre odieux fut exécuté jusqu'à l'installation du gouvernement anglais, qui eut lieu au mois de juin mil sept cent nonante quatre. Le chevalier Elliot fut revêtu de l'importante dignité de Vice-Roi ; l'honorable Frédéric North fut nommé secrétaire d'Etat ; sept conseillers d'Etat, pris parmi les plus intimes de Paoli, furent établis par le représentant royal. Pozzo di Borgo, qui était de ce nombre, fut déclaré président, et il était chargé des fonctions de secrétaire d'Etat dans l'absence du titulaire. La très grande majorité de l'île paraissait être très contente de ce nouvel ordre de choses. Cette union avec l'Angleterre pouvait procurer à la Corse les plus grands avantages ainsi qu'aux Corses. Elle est parfaitement située pour devenir un entrepôt général de commerce au Levant, en Afrique et dans la Méditerranée.

De Corse on aurait introduit les marchandises de l'Angleterre en Espagne, en France, en Italie. Ses ports auraient été un point de relâche pour tout ce qui serait venu de l'Orient. Ainsi les peuples de cette île auraient vu fixer dans cette île le goût anglais pour l'industrie, pour le négoce étranger, pour la culture et les arts. Il est à croire qu'en peu de temps elle aurait pris des accroissements très considérables et que sa régénération serait devenue infiniment avantageuse à la Grande Bretagne par l'augmentation de son commerce en beaucoup d'endroits et par la prépondérance que la position de la Corse devait, dans ses mains, procurer au système politique et mercantile des Anglais. Sans doute que ces considérations ont été le principal motif qui a fait désirer au Ministère de Londres un établissement dans cette île, bien plus intéressante que celle de Minorque, que le roi avait cédée à l'Espagne. Mais pour parvenir à consolider cette union et à conserver une acquisition regardée comme importante, il fallait adopter et employer des moyens analogues au génie, aux mœurs, aux préjugés de ses habitants ; il fallait les conduire d'abord comme un peuple qui, ne ressemblant qu'à lui-même, ne pouvait recevoir, surtout dans les premiers temps, une organisation contraire à ses usages, invétérés par une longue habitude ; il fallait les plier insensiblement à l'administration qu'on voulait établir, et leur faire sentir que leur bonheur et leur prospérité dépendent de l'obéissance volontaire au gouvernement, pour l'exécution des lois. C'était à la sagesse, à la prévoyance, à la sagacité des agents de se plier aux circonstances et d'en profiter avec adresse et dextérité ; mais les grandes puissances croient que tout doit fléchir à leurs idées, et les Anglais, ainsi que les Français, ont manqué leurs opérations en ne faisant pas assez de cas de ces maximes.

Le chevalier Elliot, homme de mérite et très instruit, jouissait dans le Parlement d'Angleterre, dont il était membre, d'une bonne réputation. Il avait quitté le parti de l'opposition pour se réunir à celui du Ministère. Cette démarche l'avait mis dans la confiance et dans la faveur : c'est la route que suivent ceux qui aspirent à la fortune. Son caractère est très doux, ses manières affables et polies. Son penchant se porte à faire du bien, et il y serait parvenu dans la Corse, s'il s'était rendu plus accessible, plus communicatif. Ce point est plus nécessaire avec les Corses que partout ailleurs, parce qu'un homme public parmi ces insulaires a véritablement à faire à tous et que tous voudraient le voir leur parler, et être admis auprès de celui qui est revêtu de la suprême autorité. Jean Pietro Gaffori, le marquis de Cursay et Pascal Paoli, qui en sentirent la nécessité, n'ont parfaitement réussi à captiver les Corses, qu'avec cette grande popularité. Cela parait ridicule aux étrangers, mais en Corse il faut être Corse.

Le Vice-Roi en s'écartant trop de ce système, a manqué la grande opération qui lui était confiée. Il ne pouvait ou ne voulut pas étudier les nuances de l'esprit national, ni connaître les écueils qu'il devait éviter. Les hommes incapables qui l'entouraient continuellement ne surent pas lui faire éviter les inconvénients d'une telle conduite. Il crut ainsi de pouvoir mener les Corses comme on conduit les Anglais, sans réfléchir que ceux-ci sont depuis des siècles accoutumés au frein des lois et de l'autorité ; qu'ils ont un esprit public, des mœurs, des manières analogues et qu'ils sont infiniment attachés à leur constitution qui assure à tous indistinctement, sinon la liberté politique, au moins la civile ; avantage que peu de peuples peuvent regarder comme leur patrimoine. Les Corses, au contraire, ont des passions, un esprit qui les éloignent de tout système général et qui les attachent à celui des chefs auxquels ils sont dévoués. Ils ont d'ailleurs de l'amour-propre, de l'orgueil et des préjugés qu'il faut connaître pour les attirer insensiblement aux maximes publiques qu'on veut établir. Il faut pour cela de l'adresse, la connaissance des caractères et savoir mêler à propos de la douceur ou de la sévérité, selon les circonstances. N'ayant pas assez pesé ces considérations dans son début, elles lui firent perdre très promptement la confiance des Corses. Ce qui augmentait le mal, c'était l'excessive condescendance qu'il avait pour Pozzo-di-Borgo, homme d'esprit et actif, mais sans caractère, sans principes de justice, léger, faux et vénal, ne sachant se faire estimer de personne. Il s'était insinué dans l'esprit du Vice-Roi. Devenu son confident, son favori, il distribuait toutes les places à la disposition du souverain, administration, judicature, militaire, et se mêlait même de la formation et de l'organisation des corps de troupes que le roi faisait lever dans l'île. D'après tout cela, il est facile de juger quel crédit aurait pu se faire dans cette nation un homme de mérite, doué des talents nécessaires pour bien conduire, en se faisant aimer, une aussi grande et délicate commission. Mais Pozzo-di-Borgo avec sa légèreté, ses inconséquences, ses injustices criantes et des partialités révoltantes, se fit des ennemis non seulement dans tous les partis, qu'il indisposait tour à tour faute de jugement, mais il en fit encore au Vice-Roi et à toute son administration, presque entièrement entachée de l'arbitraire et de la dépravation de Pozzo-di-Borgo, duquel elle était complice.

PROCESSO VERBALE DELL'ASSEMBLEA GENERALE DI CORSICA
TENUTA IN CORTE
il 10 e giorni seguenti di Giugno 1794.

(In Corte. Nella stamperia del governo di Corsica).

Processo Verbale.

Sessione de' 14 Giugno 1794.

L'Assemblea generale del Popolo Corso convocata per il giorno otto, ed apertasi il dieci del corrente, sotto la presidenza di un Decano, essendosi occupata a verificare la legittimità dei poteri conferiti a ciascun membro che dovea comporla, e questi essendo stati scrupulosamente esaminati, si è riconosciuto, che i rappresentanti legalmente eletti nelle rispettive comunità, secondo i processi verbali non contestati o le decisioni pronunziate dall'Assemblea, sono quelli designati nella lista, della quale è stata fatta lettura, e che rimane annessa al presente processo verbale.

E i detti rappresentanti avendo proceduto alla nomina di un Presidente, l'universale acclamazione ed unanime consenso si è manifestato in favore di Sua Eccellenza il Signor Generale De Paoli, il quale, invitato da una deputazione dell'Assemblea, si è presentato fra le universali dimostrazioni di gioia ed applauso, ed ha preso seggio.

In seguito il presidente ha proposto di nominare uno, o più segretari, e l'Assemblea ha determinato di rapportarsene alla scelta che sarebbe fatta da lui, ed egli ha detto che il Signor Carlo Andrea Pozzo-di-Borgo, procurator generale sindaco del Governo, avendo costantemente cooperato con lui alla direzione e regolamento dei pubblici affari, ed essendone pienamente informato, giudicava di destinarlo a riempiere le funzioni di segretario durante la tenuta della presente Assemblea ; che il Sig. Gio : Andrea Muselli, quale ha fatto le funzioni di segretario provvisorio, essendo anche quello del Governo, era cosa convenevole che le continuasse ; e l'Assemblea ha unanimemente approvata la detta nomina, e i Segretari hanno preso pure seggio allo scagno.

I membri del Governo Nazionale provvisorio essendosi presentati all'Assemblea, il Sig. Galeazzi, Presidente, ha detto che si felicitava colla Patria di veder arrivato il giorno, in cui la Corsica, liberata dai nemici, e legalmente rappresentata, potesse, dopo tante rivoluzioni, formarsi una costituzione libera ;

Che il Governo si pregiava di aver cooperato con zelo, e costanza a secondare i comuni sforzi e le paterne cure di S. E. il Sig. Generale de Paoli, per condurre le cose della Patria, in mezzo a tante contrarietà, e fra le dubbie circostanze che si sono passate, a quel punto di ordine, di sicurezza, a cui le vediamo ridotte ;

Che il Governo sollecito di deporre nelle mani del Popolo l'autorità conferitagli, e che non ha esercitato se non per il pubblico bene, e secondo la mente dei propri nazionali, egli bramava di sottoporre al più delicato e geloso esame la di lui condotta amministrativa, confidando che questa sarebbe stata un nuovo titolo per meritare la pubblica approvazione.

Il Signor Presidente ha risposto, che l'Assemblea vedeva con soddisfazione i Membri del Governo riuniti ad essa, e che si felicitava di poter loro manifestare con verità i pubblici contrassegni di stima e di universale approvazione, che si erano meritati : che avendo essi cooperato tanto direttamente a sostenere gl'interessi della Patria, l'Assemblea li autorizzava a prender parte con essa alle deliberazioni, e ad impiegare i loro talenti e zelo, per concorrere alla grande opera della felicità nazionale, alla quale dovea occuparsi : i membri suddetti del Governo hanno preso seggio fra gli assemblati.

In seguito, ed avanti di intraprendere alcuna operazione, è stato proceduto alla verificazione dei poteri, dei quali il popolo ha rivestito la presente assemblea, e fatto l'esame di tutti i processi verbali, è stato riconosciuto « che universalmente, e senza eccezione, o contrarietà alcuna, il popolo di Corsica ha autorizzato tutti i Deputati eletti a rappresentarlo, e a deliberare sulle relazioni, che passeranno in avvenire fra la Corsica e Sua Maestà il Re della Gran Bretagna, e la Nazione Inglese ; come pure sopra altri oggetti di pubblica utilità contenuti nelle lettere di convocazione. »

Dopo di che il Sig. Generale de Paoli presidente ha detto :

« Signori, — Io desiderava ardentemente il momento di poter convocare i rappresentanti della Nazione, informarli ampiamente dello stato delle cose pubbliche, e tramandare al giudizio loro le alte determinazioni, che devono prendersi sugl'interessi della Patria.

» Subito che gli affari della guerra mi hanno permesso di sperare una breve sospensione dalle fatiche indispensabili che l'accompagnano ; appena liberato S. Fiorenzo, il Capo-Corso e Bastia, ed avanti di scacciare i nemici rilegati nell'angolo di Calvi, io ho convocata la Nazione, perchè essa decidesse del suo futuro destino.

» Vi ho dato nella mia lettera circolare un saggio della condotta, che aveva tenuta in nome vostro verso la Convenzione Francese, e di quello che gli evidenti vostri vantaggi e l'imperio delle circostanze mi aveano prescritto presso Sua Maestà il Re della Gran Bretagna, e la Nazione Inglese. Io vi rinuovo di presenza oggidì le più alte sicurezze, e chiamo

Dio, e gli uomini in testimoni della verità che ho impiegati tutti i mezzi che la moderazione, e l'amore della pace mi suggerivano, per distogliere i Francesi dalla crudele risoluzione di accendere in Corsica una guerra esterminatrice, ed internecina, sotto pretesti dettati dalla calunnia, ed avvalorati dalla esagerazione: ma le fazioni non ascoltano nè dimostranze, nè ragioni, tutto fu rigettato con ostinazione, ed il furore e la perfidia minacciavano a questa Isola una catastrofe, le di cui conseguenze non si possono contemplare e presagire senza orrore.

» Mi persuasi allora, che i vostri nemici, avendo sciolto essi stessi il vincolo politico, che ci univa insieme, e la Nazione Corsa reclamando da ogni parte di prendere tutti gli espedienti per liberarci dal loro contagio, la confidenza onde ero rivestito, e la salute della Patria m'imposero l'indispensabile dovere di ricorrere a Sua Maestà il Re della Gran Bretagna, ed alla generosità del Suo Popolo. Vi comunico colla massima soddisfazione, che nel punto istesso in cui i bisogni pubblici, le ansietà, e le circostanze erano sommamente critiche per noi, anche implorando la protezione di quel Monarca, io non chiamai in vostro aiuto la di lui potente intervenzione, che per proteggere, ed assicurare la vostra Libertà: questi soli sentimenti poteano determinare il Re di un popolo libero, ed una Nazione leale e magnanima, ad impiegare il potere, che la provvidenza gli ha compartito sulla terra, in favore della nostra Nazione, che conta in questo secolo tante e sì varie beneficenze per parte dell'Inghilterra.

» Io vi dichiaro, che punto non ho anticipato le vostre misure, e che non vi ho compromessi col minimo atto positivo, che potesse ledere l'alto ed incontestabile diritto, che vi compete, di giudicare di quello che conviene in questa circostanza agli interessi della Corsica, e di ciò che potete prevedere dovergli essere utile nell'avvenire.

» Voi esaminerete, se convenga di pronunziare solennemente, quello che i fatti hanno già reso costante — la separazione assoluta e decisiva dalla Francia — ed in questo caso, se conviene al bene della Corsica, di passare sotto l'immediata protezione e governo del Re della Gran Bretagna, con una costituzione, che assicuri la vostra Libertà, e vi renda invulnerabili agli attacchi dei vostri crudeli nemici.

» Riflettete ai vantaggi reali, che potete ricavare, ed allo spettacolo del futuro destino che si prepara alla nostra Nazione in questo caso, ed io mi lusingo, che quel sentimento universale sparso in tutti i cuori dei nostri compatriotti, sarà manifestato da voi con l'unanimità, che regola tutti i vostri committenti.

» Il Popolo, che vi ha inviati, aspetta dalle vostre risoluzioni di vedersi assicurato contro il potente nemico, che non vuole più la vostra soggezione, ma il vostro esterminio; aspetta di veder concentrate in un governo legittimo e solido, tutte le piccole fazioni, che tosto o tardi vi condurrebbero dall'anarchia alla schiavitù; aspetta di vedere, nell'unione coll'Inghilterra, assicurata la vostra politica esistenza, e nella costituzione che farete, garantite le immunità, e le libertà nazionali ed individue, dagli abusi del potere. Ecco i sublimi motivi della vostra riunione; ecco ciò che vi richiedono il comune, il vostro interesse, il sangue sparso, e i disagi sofferti da un popolo, che merita, dopo tanti disastri, di godere anch'egli sopra la terra di qualche consolazione, dei frutti della pace e della libertà, che ha difesa con tanto coraggio ed onorata ostinazione.

» Io confido nella comune sagacità per credere, che il riempirete con puntualità, e che ne riporterete la pubblica riconoscenza e la gloria universale. »

Il presente discorso è stato sentito co' trasporti della più profonda emozione, e l'Assemblea lo ha dimostrato con replicati contrassegni.

In seguito è stato proposto da un membro di dichiarare, che tutte le operazioni politiche, e le misure prese da S. E. il Signor Generale de Paoli, nell'intervallo della presente rivoluzione, sono state conformi all'universale sentimento ed aspettativa, e le sole che combinavano essenzialmente e direttamente colla gloria, e coll'evidente interesse della Nazione Corsa.

L'Assemblea, e i circostanti hanno unanimemente acconsentito a questa proposizione, e quantunque essa sia scolpita in tutti i cuori dei Corsi, egualmente che quella della solenne e totale separazione dal consorzio dei Francesi, nondimeno per calmare i trasporti dell'emozione e del sentimento, che ha prodotto in tutti lo spettacolo della presente sessione, e le cose che vi sono state pronunziate, le due proposizioni sono state rinviate alla sessione di domani alle ore dieci della mattina, e l'Assemblea è stata *aggiornata*.

Sottoscritti : Pasquale de Paoli, presidente; Carlo Andrea Pozzodiborgo, Gio: Andrea Muselli, segretari.

Sessione del 15 Giugno.
Alle ore dieci della mattina.

L'Assemblea essendosi convocata nel luogo solito, è stata fatta lettura del Processo verbale della sessione precedente, e questo è stato approvato per decreto nei termini di sopra espressi e contenuti.

In seguito è stata riprodotta la prima proposizione rinviata nel giorno di ieri per essere definitivamente adottata; sopra di che l'Assemblea ha unanimemente dichiarato :

Che le misure di sicurezza generale, e le relazioni politiche praticate da S. E. il Signor Generale De Paoli, secondo l'incarico che glie n'era stato dato dal Popolo nella Consulta generale del mese di Maggio del precedente anno, sono quelle che convenivano alla conservazione della libertà ed indipendenza dei Corsi, ed alle quali il Popolo non solo ha cooperato sostenendole colle armi, ma anche approva e ratifica solennemente riconoscendole conformi ai sentimenti universali di tutti i Corsi, ed indispensabili per preservarsi dagli orrori e disagi della guerra coi Francesi, e per procurare alla Corsica l'opportunità di stabilire un governo libero, ed appoggiato ad una base solida di potenza e di stabilità, che lo renda superiore alle violenze de' nemici stranieri ed alle interne commozioni.

Dopo di che l'Assemblea si è occupata a dichiarare i motivi, che giustificavano e rendevano necessaria la totale e definitiva separazione di quest'Isola dal consorzio de' Francesi; quindi si è determinata di esporli al mondo imparziale ed alla posterità, con il candore e la precisione che caratterizza un popolo stimolato dai soli sentimenti di giustizia, di verità, e di pubblico interesse.

Decreto dell'Assemblea generale di Corsica, che pronunzia la totale separazione di quest'Isola dai Francesi, ed esposizione dei motivi che l'hanno determinato.

Abbenchè la condotta ostile dei Francesi contro la Corsica sia nota non solo alle vicine contrade, ma anche ai più lontani paesi dell'Europa, nondimeno dovendo noi separarci totalmente da essi, e far precedere questo atto a quello della nostra assoluta indipendenza, la estrema cura del nostro onore, e la grande importanza del soggetto, ci prescrivono il dovere di esporre i motivi che ci hanno determinato ad adottare questa giusta e necessaria risoluzione.

Ciascuno si rammenta che essendo la Corsica sotto il governo assoluto del Re di Francia, effetto di una conquista violenta, e sanguinaria, noi vedemmo presentarsi con piacere nel 1789 l'occasione di potere alleggerire i mali pubblici che ci affliggevano, e sostituire al governo militare che ci dominava allora, quello delle leggi che le disposizioni di una rivoluzione in Francia permetteano di sperare con fondamento.

Questa rivoluzione che divenne generale nel continente della Francia, si comunicò in Corsica, senza però alcuno dei caratteri atroci, che disgraziatamente la macchiarono in molti luoghi, ed in molte circostanze; noi ricevemmo le leggi della prima assemblea costituente senza commozione, e giurammo l'osservanza della costituzione che essa avea creato, e che il Re avea accettato coll'universale consenso della Nazione.

Quando noi confidavamo sopra la stabilità di questa forma di governo riconobbimo con sorpresa e dolore che la fazione dominante dell'Assemblea legislativa l'attaccò nella essenza, per dare occasione di distruggerla radicalmente, siccome intervenne per opera della riunione di nuovi rappresentanti che si eressero in Convenzione.

Noi poteamo allora con ragione separarci dai Francesi, perchè essi aveano rotto il patto che ci univa insieme, e richiamato il popolo ai diritti ed alle condizioni primitive che ci costituivano nuovamente nella assoluta libertà; pure avendo ancora qualche confidenza, sebben lontana, nella sagacità di una gran Nazione, ed essendo spinti per la forza dell'attrazione verso la direzione che prendea il Popolo Francese, noi mandammo deputati, e ricevemmo le prime leggi dell'Assemblea Convenzionale.

Vedemmo con dispiacere e con tremore la tendenza dei principi che regolavano quella assemblea; gli immensi mali che essa preparava alla Francia, e la nuova forma di Tirannia, che sotto nome di libertà e di sicurezza, si esercitava in alcuni dipartimenti di Francia dalle Commissioni straordinarie, illimitate, ed irresponsabili, che per qualunque pretesto si mandavano ad infestare ora le une, ora le altre contrade dell'Impero.

La nostra tranquillità che avevamo conservato con gran

fatica nel vortice della rivoluzione e degl'incessanti cambiamenti di ogni genere per lo spazio di tre anni, fu sensibilmente alterata coll'arrivo della flotta francese in Ajaccio che era destinata a molestare la Sardegna; le insubordinate milizie, ed i marinari più turbolenti ancora commisero ogni violenza ed irreligione, consumarono poi il più crudele assassinio sopra due onesti cittadini nostri compatriotti, che furono barbaramente lacerati a brani, e le reliquie palpitanti, portate in mostra per tutta la città con una ferocia senza esempio; tale era il disegno delle milizie Provenzali che sbarcarono in S. Fiorenzo, e si portarono a Bastia nel mese di marzo dell'anno 1793, e che furono tenute a dovere dalla fermezza dei Corsi, quando aveano già pubblicate le proscrizioni, e che portavano pubblicamente per le strade gl'istrumenti di morte.

Quello che la sorpresa non avea potuto effettuare, lo meditò la perfidia la più raffinata; sotto vani pretesti e supposti motivi, la Convenzione mandò in Corsica una Deputazione, composta di persone, capo e mani della congiura universale che dovea distruggere ogni persona da bene, impadronirsi delle proprietà altrui, abolire ogni culto ed ogni religione, e dominare sopra il popolo, o lusingando i suoi vizi, o soggiogandolo col terrore.

Questa deputazione fu annunziata in Corsica colle più violenti minacce; nondimeno un eccesso di moderazione ci determinò a permetterli l'accesso nell'Isola, ed anche nelle Piazze forti, che tutte si trovavano allora nelle mani dei nostri Nazionali Corsi.

La nostra buona fede fu però disingannata dal decreto dei due aprile, che ordinava l'arresto e la traslazione alla barra di S. E. il Sig. Generale de Paoli, e del Procurator generale sindaco Pozzodiborgo: i motivi di questo decreto si videro espressi con una inesprimibile stravaganza nei fogli periodici; le cause reali però erano quelle di voler sacrificare ai perfidi loro disegni, l'uomo che per la sua popolarità, e per le sue virtù, inspirava terrore ai loro cuori inumani, ed attacar il governo animato dagli stessi principii nella persona del Procurator sindaco.

A questo atto d'ingiustizia il Popolo Corso si commosse ed accorse da ogni parte per impedirne l'esecuzione; volea egli liberarsi prontamente dai nemici che l'infestavano, ma il generale De Paoli lo contenne e lo richiamò ai sentimenti di moderazione: frattanto i Francesi uscirono armati con vari Corsi traditori per sorprendere alcuni luoghi marittimi, ma furono per ogni dove respinti, e si rimasero in Calvi, San Fiorenzo, e Bastia, ove l'eccessiva nostra buona fede avea dato loro il tempo di assicurarsi.

Si videro allora rifugiarsi in queste città tutti gli assassini, i malviventi, i debitori, ed ogni ceto di male oneste persone, non ostante i reclami e le significazioni che si faceano contro questi atti di perfidia e di immoralità.

Finalmente il popolo prese il partito di convocarsi formalmente, e tenne un'assemblea generale nel mese di maggio 1793.

Le operazioni di questa Assemblea sono note al pubblico, e lo furono per via della stampa; i Corsi si limitarono a domandare giustizia alla Convenzione contro i tre commissari, esposero i delitti dei quali questi si erano resi colpevoli, e presero le misure onde preservarsi dall'eccidio e dalle stragi che li venivano minacciate.

Tutti questi reclami furono inviati in Francia, ma avendo il deputato Saliceti incontrato colui che ne era incaricato a Tolone, lo fece imprigionare, e distrusse tutti gli scritti che quegli portava seco; ebbe così il tempo di tenere i Francesi nell'ignoranza, e di confermare la fazione dominante della Convenzione nella risoluzione di distruggere la Corsica, col disegno di profittare esso stesso dei mali e delle rovine della Patria.

In fatti i Decreti si succedettero con violenza, e tutti contenevano le minacce di un totale sterminio, e gli ordini per eseguirlo: a questo oggetto fummo dichiarati ribelli, fuori della legge, e destinati a perire, senza remissione, sotto i coltelli rivoluzionari.

Allora i Francesi cominciarono le ostilità con maggiore impegno e calore, attaccarono Biguglia, ove furono respinti; per due volte si presentarono a Lumio ove trovarono una insuperabile resistenza, raddoppiarono i loro sforzi contro Farinole che fu presa e barbaramente incendiata, e distrutta; i prigionieri trucidati, o mandati in Francia per perire sotto il ferro delle fatali *Ghigliottine,* altri poi sepolti nelle carceri, aspettando l'occasione di farne scempio.

A tutti questi particolari motivi si aggiunge l'universale sistema di disorganizzazione di ogni principio di società, di violazione e di rapina, sopra tutte le proprietà individuali, e specialmente l'abiurazione forzata di ogni Religione e di ogni Culto; l'Ateismo predicato con empietà e comandato con atroce risoluzione. Noi dichiariamo altamente, che anche quando non avessimo avuto tutti i replicati motivi di politica e di giustizia universale per separarci dai Francesi, quello della Religione sbandita, e vilipesa in un modo non mai praticato anche dalle più barbare Nazioni, sarebbe stato sufficiente per determinarci a prendere tutte le vie che il nostro coraggio ci potea suggerire, per sciogliere i vincoli che ci univano ad essi, e che non poteano mai obbligarci a concorrere ad un sistema di iniquità.

Tali sono le cause generali, che ci determinano a prendere questa risoluzione; lasciamo alla storia il raccogliere i tanti fatti, che concorrono a giustificare le nostre operazioni, e che la natura della presente dichiarazione non permette di rapportare.

« In conseguenza l'Assemblea decreta unanimente essere sciolto ogni vincolo politico e sociale, che per l'avanti riuniva la Corsica alla Francia.

» Revoca formalmente ogni potere e commissione dato per l'innanzi a qualunque cittadino di rappresentare il Popolo Corso in Francia presso la Convenzione o qualunque altra autorità passata o presente, e di qualsivoglia natura essa sia. »

In seguito un membro ha fatto osservare all'Assemblea, che essa per i fatti antecedenti, e per gli atti già pronunziati, si trovava primieramente libera ed indipendente, come il Popolo che l'avea inviata, che i poteri dati a ciascun Deputato da tutte le Comunità, contenevano l'espressa facoltà di formare una Costituzione, e regolare le relazioni che passeranno in avvenire fra la Corsica e Sua Maestà il Re della Gran Bretagna, e la nazione Inglese;

Che per secondare le intenzioni del Popolo, era necessario di occuparsi della formazione di questa Costituzione; al qual effetto ha proposto di nominare un Comitato, che sia incaricato di presentarne il progetto all'Assemblea: questa proposizione è stata decretata, ed in conseguenza i Deputati delle nove Giurisdizioni essendosi divisi in scagni, hanno nominato quattro membri per ciascuno, quali formeranno il Comitato di Costituzione: l'Assemblea ha determinato inoltre che sarà in facoltà del Sig. Presidente d'invitare tutti quelli, che non fossero designati, ed anche fuori del Corpo dell'Assemblea, per assistere alle Sessioni del detto Comitato, e cooperare coi loro lumi alla perfezione della Legge Costituzionale.

Dopo di che il Sig. Presidente ha sciolto la sessione, e rinviata al giorno diciotto.

Sottoscritti: PASQUALE DE PAOLI, presidente; CARLO ANDREA POZZODIBORGO, GIO: ANDREA MUSELLI, segretari.

Sessione del 18 Giugno 1794.

L'Assemblea essendosi riunita, è stata fatta lettura del Processo verbale della precedente sessione che l'Assemblea ha adottato nei termini sopra espressi.

In seguito il Sig. Pozzodiborgo, rapportore del Comitato di Costituzione, ha fatto lettura dell'Atto Costituzionale, la qual lettura è stata replicata la seconda volta articolo per articolo, con la necessaria spiegazione.

L'Assemblea, dopo averlo discusso, ne ha rinviato la conclusione definitiva alla Sessione di domani diecinove del corrente.

Sottoscritti: Pasquale de Paoli, presidente; Carlo Andrea Pozzodiborgo, Gio: Andrea Muselli, segretari.

Sessione del 19 Giugno 1794.

L'assemblea essendosi riunita, il detto rapportore del Comitato di Costituzione ha rinnovato la lettura dell'Atto Costituzionale, che dopo la discussione, è stato decretato definitivamente nei seguenti termini:

Costituzione del Regno di Corsica.

I Rappresentanti del Popolo Corso, libero ed indipendente, legalmente radunati in Assemblea generale, e specialmente autorizzati a formare il presente Atto Costituzionale, lo hanno unanimemente decretato sotto gli auspici dell'Ente Supremo, e nella maniera che segue:

TITOLO PRIMO.

Della natura della Costituzione e de' Poteri che la compogonon.

ARTICOLO PRIMO.

La Costituzione della Corsica è Monarchica, secondo le seguenti leggi fondamentali.

ART. II.

Il Potere Legislativo risiede nel Re, e nei Rappresentanti del Popolo legalmente eletti e convocati.

ART. III.

La legislatura composta del Re, e dei Rappresentanti del Popolo, ha il nome di Parlamento; l'Assemblea dei Rappresentanti del Popolo ha il nome di Camera di Parlamento, ed i Rappresentanti hanno il nome di Membri di Parlamento.

TITOLO II.

Del numero, ed elezione del Parlamento, e delle sue funzioni.

ARTICOLO PRIMO.

Il numero dei Membri del Parlamento è fissato a due per Pieve, secondo la divisione del territorio, che sarà formata sotto nome di Pievi. I luoghi marittimi, la di cui popolazione arriverà a tre mila anime, e al di sopra, hanno il diritto di dare due membri di Parlamento. I Vescovi, che esercitano le funzioni dell'episcopato in Corsica, saranno Membri del Parlamento.

Art. II.

I membri del Parlamento saranno eletti da tutti i cittadini Corsi, maggiori di anni venticinque, domiciliati almeno da un'anno nella Pieve, o nella Città, e possedenti beni fondi.

Art. III.

Veruno non potrà esser eletto Membro del Parlamento, se non possiede almeno sei mila lire di beni fondi nella Pieve, che dovrà rappresentare, o paga le contribuzioni in questa proporzione; se non è nato di padre Corso, e non è domiciliato di fatto, cioè, se non ha casa aperta almeno da cinque anni nella detta Pieve, e se non ha venticinque anni compiti.

Art. IV.

I Pensionari, fuori che quelli che lo sono a vita, gl'impiegati alle imposizioni indirette, i ricevitori e collettori delle tasse, quelli che hanno pensione, o sono al servizio di una Potenza straniera, e i Preti, non possono essere Membri della Camera di Parlamento.

Art. V.

La forma dell'elezione sarà determinata dalla Legge.

Art. VI.

Se un Membro di Parlamento muore, o diviene inabile, secondo la Legge, ad essere Membro di Parlamento, un altro

Membro sarà eletto per la Sua Pieve, fra quindici giorni, per ordine del Re.

Art. VII.

La Camera di Parlamento ha il diritto di decretare tutti gli atti, che sono destinati ad avere forza di Leggi.

Art. VIII.

I decreti della Camera di Parlamento non avranno forza di Leggi, se non sono sanzionati dal Re.

Art. IX.

Verun decreto, che non sia reso dalla Camera di Parlamento, e sanzionato dal Re, non sarà riputato, nè eseguito come Legge.

Art. X.

Veruna imposizione, tassa o contribuzione pubblica, non potrà essere imposta senza il consenso del Parlamento, e senza essere specialmente accordata da lui.

Art. XI.

Il Parlamento ha il diritto di accusare, a nome della Nazione, tutti gli Agenti del Governo, rei di prevaricazione, nanti il Tribunale straordinario da indicarsi.

Art. XII.

I casi di prevaricazione saranno determinati dalla Legge.

TITOLO III.

Della durata e convocazione del Parlamento.

ARTICOLO PRIMO.

La durata di un Parlamento sarà di due anni.

ART. II.

Il Re può sciogliere il Parlamento.

ART. III.

In caso di dissoluzione del Parlamento, il Re ne convocherà un'altro fra quaranta giorni.

ART. IV.

Quelli che erano membri di un Parlamento sciolto possono esser eletti membri del successivo.

ART. V.

Se il Parlamento finisce senza dissoluzione, un'altro sarà convocato per ordine del Re fra quaranta giorni.

ART. VI.

Il Re può prorogare il Parlamento.

ART. VII.

Il Parlamento non può essere convocato, o assemblato che per ordine del Re.

Art. VIII.

Lo spazio che passa fra la riunione della Camera alla prorogazione, o se non è prorogato, fino alla dissoluzione, o se non è sciolto, fino all'espirazione, ha il nome di Sessione di Parlamento.

Art. IX.

Il Vice-Re, o, in caso di malattia, i commissari nominati da lui a quest'effetto, farà in persona l'apertura delle Sessioni, e dichiarerà le cause della convocazione.

Art. X.

La Camera del Parlamento può essa stessa aggiornarsi, e riunirsi durante una Sessione.

Art. XI.

La Camera deciderà le contestazioni concernenti la elezione di suoi Membri.

Art. XII.

I Membri del Parlamento non possono esser arrestati, nè imprigionati per debiti, durante la loro rappresentazione.

TITOLO IV.

Del modo di deliberare, della libertà delle deliberazioni, e dell'ordine interiore del Parlamento.

Articolo primo.

Dopo l'apertura del Parlamento dal Vice-Re, o i suoi commissari, come è detto di sopra, i Membri presenti si uniranno sotto la presidenza di un Decano, che sceglierà un commissario provvisorio fra loro; procederanno alla nomina di un Presidente, e di uno o due Segretari. I Segretari saranno scelti fuori della Camera del Parlamento, e potranno essere rinviati per decreto della medesima.

Art. II.

Il Parlamento convocato in tutti i casi di sopra espressi, ha la facoltà di fare decreti, e deliberare, quando trovasi al di sopra della metà.

Art. III.

Tutti i membri eletti e non comparenti, saranno intimati a rendersi al loro posto fra giorni quindici, per parte del Presidente della Camera.

Art. IV.

Se non compariscono, o non adducono legittima scusa a giudizio della Camera, saranno condannati ad un'emenda di duecento lire.

Art. V.

Il Parlamento può dare congedi, e permettere le assenze ai membri che ne domandano, quando però trovasi al di sopra della metà.

Art. VI.

Tutte le proposizioni fatte in Parlamento saranno decise dalla maggiorità dei Membri presenti; il Presidente darà il suo voto in caso di uguaglianza.

Art. VII.

Le forme e procedure nel decretare leggi, e determinare

altri affari nella Camera, che non fossero fissate dalla presente Costituzione, saranno regolate dalla Camera stessa.

Art. VIII.

La sanzione, o la ricusa sarà pronunziata dal Rappresentante del Re nella Camera del Parlamento in persona, o per mezzo di una commissione speciale in caso di malattia.

Art. IX.

La formola della sanzione sarà: IL RE APPROVA; — quella della ricusa: IL RE ESAMINERA'. — I Decreti della Camera sanzionati dal Re, hanno il nome di *Atti di Parlamento*.

Art. X.

Verun membro del Parlamento non potrà essere ricercato, o punito dagli Agenti del Re, o da qualunque altra autorità, per le opinioni manifestate, e le massime professate nella Camera, fuorchè dalla Camera stessa.

Art. XI.

Il Presidente del Parlamento ha il diritto di richiamare all'ordine uno de' suoi Membri, quando si mette nel caso; la Camera può censurare, arrestare ed imprigionare uno de' suoi membri durante la sessione.

TITOLO V.

Dell'esercizio del Potere esecutivo.

Articolo primo

Il Re avrà in Corsica un suo Rappresentante immediato, col titolo di Vice-Re.

Art. II.

Il Vice-Re avrà la facoltà di sanzionare, o ricusare il consenso Reale ai decreti della Camera del Parlamento.

Art. III.

Avrà inoltre la facoltà di fare, in nome del Re, tutti gli atti del Governo che sono della competenza del Re. Vi sarà un Consiglio, ed un Segretario di Stato, nominato dal Re; e negli ordini del Vice-Re sarà fatta menzione di aver preso il parere del detto Consiglio, e saranno sottoscritti dal Segretario.

Art. IV.

Il Popolo ha il diritto di petizione tanto al Vice-Re, quanto alla Camera. I Corpi costituiti e riconosciuti dalla Legge possono petizionare in Corpo; gli altri però nella loro capacità individuale solamente; ed una petizione non sarà giammai presentata da più di venti persone, qualunque sia il numero de' Segretari.

Art. V.

La Camera del Parlamento può domandare al Re il rinvio del Vice-Re; essa si dirigerà in tal caso al Re nel suo Consiglio privato. Il Vice-Re sarà tenuto di trasmettere l'indirizzo, sulla requisizione della Camera, al Re, fra lo spazio di quindici giorni dopo la requisizione e la Camera potrà essa stessa trasmetterla al Re, anche per mezzo di una Deputazione: ma in tutti i casi la Camera è tenuta a presentare al Vice-Re, quindici giorni avanti la partenza dell'*indirizzo*, copia del medesimo, e delle scritture che l'accompagnano.

Art. VI.

Il Re ha la disposizione esclusiva di tutti gli affari militari, e provvede alla sicurezza interna ed esterna del Paese.

Art. VII.

Il Re dichiara la guerra e conchiude la Pace : non potrà però mai in verun caso, nè per qualsivoglia ragione, cedere, alienare, o in qualunque modo pregiudicare l'unità e l'indivisibilità della Corsica, e sue dipendenze.

Art. VIII.

Il Re nomina a tutti gli impieghi del Governo.

Art. IX.

Gl'impieghi ordinari di Giustizia, d'Amministrazione di danari pubblici, saranno conferiti ai Corsi, o naturalizzati Corsi in virtù della Legge.

TITOLO VI.

Della giustizia e della divisione de' Tribunali.

Articolo primo.

La giustizia sarà resa a nome del Re, e gli ordini eseguiti dagli Agenti nominati da Lui, secondo la Legge.

Art. II.

Vi sarà un Tribunale supremo, composto di cinque Giudici ed un Avvocato del Re, e risiederà in Corte.

Art. III.

Vi sarà un Presidente in ciascuna delle nove Giurisdizioni, ed un Avvocato del Re.

Art. IV.

Le funzioni dei detti rispettivi Tribunali, la Gerarchia e gli onorari, saranno fissati dalla Legge.

Art. V.

Vi sarà in ogni Pieve un Podestà.

Art. VI.

In ogni Comunità vi sarà una Municipalità nominata dal Popolo, e le di lei funzioni saranno determinate dalla Legge.

Art. VII.

I delitti che meritano pena afflittiva, o infamante, saranno giudicati dai Giudici e da un *Giurato*.

Art. VIII.

Il Re ha il diritto di far grazia, secondo le medesime regole, colle quali esercita questa prerogativa in Inghilterra.

Art. IX.

Tutte le cause civili, criminali, di commercio, o di qualunque altra natura, saranno terminate in Corsica in prima ed ultima istanza.

TITOLO VII.
Del Tribunale Straordinario.

Articolo primo.

Vi sarà un tribunale straordinario composto di cinque Giudici nominati dal Re, ed incaricati di giudicare, sull'accusa della Camera del Parlamento, o su quella del Re, tutti i delitti di prevaricazione, o d'alto tradimento, sempre però coll'intervenzione del *Giurato*.

Art. II.

La natura dei detti delitti, e la forma del Giudizio saranno determinati da una legge particolare.

Art. III.

I membri del Tribunale non si uniranno, che nei casi in cui vi sarà qualche decreto di accusa della Camera, o del Re, ed appena reso il giudizio, saranno tenuti di sciogliersi.

TITOLO VIII.

Della libertà individuale, e di quella della Stampa.

Articolo primo.

Veruno non potrà essere privato della di lui libertà, e proprietà, se non per ordine dei Tribunali riconosciuti dalla Legge, e nei casi, e secondo le forme da essa prescritte.

Art. II.

Qualunque sarà arrestato, o messo in luogo di detenzione, dovrà essere condotto fra ventiquattr'ore nanti il tribunale competente, perchè la causa della sua detenzione sia giudicata secondo la Legge.

Art. III.

Nel caso in cui l'arresto fosse dichiarato vessatorio, avrà il diritto di reclamare i danni e interessi nanti i Tribunali competenti.

Art. IV.

La libertà della Stampa è decretata, salvo a rispondere degli abusi secondo la Legge.

Art. V.

Ogni Corso potrà liberamente uscire dal proprio paese, ed entrarvi colle di lui proprietà, uniformandosi ai regolamenti, e leggi di Polizia generale, praticati in simili casi.

TITOLO IX.

Della Bandiera, e Navigazione Corsa.

Articolo primo.

La Bandiera porterà la testa di Moro, unita colle armi del Re, secondo la forma, che sarà comandata dal Re.

Art. II.

Il Re darà la medesima protezione al commercio, ed alla navigazione della Corsica, che a quelli degli altri suoi sudditi.

Art. III.

Il Popolo di Corsica altamente penetrato dai sentimenti di riconoscenza verso Sua Maestà Il Re della Gran Bretagna, e la Nazione Inglese, per la Reale munificenza e protezione, con la quale la Corsica è sempre stata trattata, e che gli viene più particolarmente assicurata mediante il presente Atto Costituzionale:

Dichiara che riguarderà come suo proprio ogni impegno,

che in guerra, o in pace, sarà intrapreso per la gloria di Sua Maestà, e per gli interessi dell'Impero della Gran Bretagna in generale: ed il Parlamento di Corsica si mostrerà sempre propenso e condiscendente ad adottare i regolamenti conciliabili colla presente sua Costituzione, che per l'estensione e vantaggi del commercio esterno dell'Impero, e di tutte le sue dipendenze, saranno presi da Sua Maestà nel suo Parlamento della Gran Bretagna.

TITOLO X.

Della Religione.

Articolo primo.

La Religione Cristiana, Cattolica, Apostolica Romana, in tutta la sua purità Evangelica, sarà la sola Nazionale in Corsica.

Art. II.

La Camera del Parlamento è autorizzata a prefiggere il numero delle Parrocchie, fissare la congrua, e prendere le misure per assicurare l'esercizio dell'Episcopato in Corsica, concertando colla Santa Sede.

Art. III.

Tutti gli altri culti sono tollerati.

TITOLO XI.

Della Corona e della di Lei successione.

Il Monarca e Re della Corsica è Sua Maestà Giorgio III, Re della Gran Bretagna, e i di Lui successori, secondo l'ordine della successione al Trono della Gran Bretagna.

TITOLO XII.

Dell'Accettazione della Corona, e della Costituzione del Regno di Corsica.

Articolo primo.

Il presente Atto Costituzionale sarà presentato a Sua Maestà' il Re della Gran Bretagna, e per lui a Sua Eccellenza il Sig. Cavaliere Gilberto Elliot, di lui Commissario Plenipotenziario, e specialmente autorizzato a tal effetto.

Art. II.

Nell'atto dell'accettazione, Sua Maestà', ed in suo nome, il di Lui Plenipotenziario, giurerà di *mantenere la Libertà del Popolo Corso secondo la Costituzione e la Legge*, ed il medesimo giuramento sarà prestato da' suoi successori ad ogni avvenimento al Trono.

Art. III.

L'Assemblea presterà immediatamente il seguente giuramento, che gli sarà amministrato da Sua Eccellenza il Sig. Cavaliere Elliot: — *Io giuro per me, ed in nome del Popolo Corso, che rappresento, di riconoscere per mio Sovrano e Re* S. M. Giorgio III, Re della Gran Bretagna, *di prestargli fede ed omaggio, secondo la Costituzione e Leggi della Corsica, e di mantenere la detta Costituzione e Leggi.*

Art. IV.

Ogni Corso presterà nelle rispettive Comunità il precedente giuramento.

Fatto e decretato all'unanimità, e dopo tre letture, dall'Assemblea generale del Popolo Corso.

In Corte questo giorno diecinove Giugno, mille settecento novantaquattro, e sottoscritto individualmente in Assemblea da tutti i Membri che la compongono.

Sottoscritti all'originale: Maria Giuseppe Peraldi, e Gio: Girolamo Levie, deputati della Comunità d'Ajaccio; Giuseppe Antonio Caparelli, deputato della C. di Appietto; Angelo Antonio Stefanini, deputato della C. di Sari; Don Gio: Agostino Graziani, deputato della C. di S. Andrea, Gio: Domenico Vincenti, deputato della C. di Cannelle; Ferdinando Gentili da Brando, deputato della C. di Ambiegna; Saverio Murati, deputato della C. di Casaglione; Geronimo Pozzodiborgo, deputato della C. di Arro; Paolo Ferri Pisani, deputato della C. di Lopigna; Luigi Antonio Borgomano, deputato della C. di Calcatoggio; Gio: Maria Murzi, deputato della C. di Frasseto; Gio: Antonio Quilici, deputato della C. di Quasquara; Gio: Antonio Cipriani, deputato della C. di Campo; Giuseppe Santamaria, deputato della C. di Santa Maria e Sicchè;

Ignazio Ornano, deputato della C. di Torgia e Cardo; Antonio Leonardi, deputato della C. di Grosseto; Giacomo Sebastiano Foata, deputato della C. di Azilone e Ampaza; Cosmo Colonna Ornano, deputato della C. di Pila e Canale; Ignazio Pasquini, deputato della C. di Zigliara; Paolo Battista Forcioli, deputato della C. di Forciolo; Giacomo Santo Casabianca, deputato della C. di Guargualè; Filippo Folacci, deputato della C. di Bastelica; Carlo Maria Peraldi, deputato della C. di Cauro; Natale Costa, deputato della C. di Tolla; Gio: Batt. Flori, deputato della C. di Eccica e Suarella; Francesco Benedetto Panattieri, deputato della C. di Sarola e Carcopino; Antonio Maria Leca, deputato della C. di Valle; Pietro Paolo Cuttoli, deputato della C. di Cuttoli e Corticchiato; Battista Peri, deputato della C. di Peri; Pietro Paolo Cuneo d'Ornano, deputato della C. di Tavaco; Felice Antonio Mannei, deputato della C. di Bocognano;

Anton Santo Tavera, deputato della C. di Tavera ; Marc'Antonio Mariaggi, deputato della C. di Ucciani ; Giulio Orazio Carbuccia, deputato della C. di Carbuccia ; Gio : Francesco Sabiani, deputato della C. di Zicavo ; Dezio Bartoli, deputato della C. di Palneca ;

Antonio Francisci, deputato della C. di Ciammanaccie ; Pietro Paolo Casanova, deputato della C. di S. Polo ; Antonio Tasso, deputato della C. di Tasso ; Antonio Bozzi, deputato della C. di Guitera e Giovicacci ; Ignazio Peraldi, deputato della C. di Corrà ; Giacinto Renucci, deputato della C. di Cozano ; Sebastiano Peretti, deputato della C. di Zevaco ; Pasquale Bertolucci, e Gio : Antonio Frediani Vidau, deputati della C. di Bastia ; Filippo Graziani, deputato della C. di S. Martino di Lota ;

Pietro Casanova, deputato della C. di Casevecchie ; Pietro Francesco Samatei, deputato della C. di Cardo ; Pietro Paolo Morati, deputato della C. di Ville ; Francesco Figarella, deputato della C. di S. Maria di Lota ; Pasquale Negroni, deputato della C. di Rogliano ; Gio : Maria Marini, deputato della C. di Tomino ; Antonio Padovani, deputato della C. di Centuri ; Antonio Tomasi, deputato della C. di Pino ; Domenico Stella, deputato della C. di Morsiglia ; Francesco Vecchini, deputato della C. di Luri ; Angelo Francesco Marchini, deputato della C. di Meria ; Costantino Altieri, deputato della C. di Barretiali ; Don Giuseppe Antonorsi, deputato della C. di Cagnano ; Anton Giacomo Lazarini, deputato della C. di Pietracorbara ;

Gio : Tomaso Tomasini, e Angelo Nunzj, deputati della C. di Sisco ; Ambrogio Franceschetti, deputato della C. di Brando ; Vincenzo Alessandrini, deputato della C. di Canari ; Giorgio Saliceti, deputato della C. di Ogliastro ; Pietro Giorgetti, deputato della C. d'Olcani ; Silvestro Angeli, deputato della C. di Nonza ; Anton Giacomo Pietri, deputato della C. d'Olmeta ; Anton Luigi Astolfi, deputato della C. di Cervione; Francesco Maria Agostini, deputato della C. di Sant' Andrea; Francesco Luigi Biscari, deputato della C. di San Giuliano; Luigi Santolini, deputato della C. di Valle; Angelo Raffini, deputato della C. di Santa Lucia; Paolo Francesco Raggi, deputato della C. di San Nicolao; Clemente Semidei, deputato della C. Santa Reparata; Paoli Emilio Contri, deputato della C. del Poggio di Santa Maria; Eugenio Giordani, deputato della C. di S. Giovanni;

Paolo Luiggi Vittini, deputato della C. del Poggio di Tavagna; Gio: Federico Filippi, deputato della C. d'Isolaccio e Taglio; Gio: Cesare Borghetti, deputato della C. d'Orneto, Carbonaccia e Velone; Angelo Luigi Maria Corsi, deputato della C. di Talasani; Angelo Santo Taddei, deputato della C. di Pero; Lodovico Santo Gaffajoli, deputato della C. di Moita; Carlo Matteo Manenti, deputato della C. di Pianello; Giambattista Marsilj, deputato della C. di Matra; Gio: Felice Taddei, deputato della C. di Tallone; Felice Antonio Lepidi, deputato della C. di Zuani; Carlo Giuseppe Negroni, deputato della C. di Ampriani;

Don Parsio Tristani, deputato della C. di Zalana; Giulio Antonio Pietrini, deputato della C. di Linguizetta; Pietro Saverio Casalta, deputato della C. di Canale; Marc'Antonio Ferrandi, deputato della C. della Pietra, e Amministratore generale; Giuseppe Maria Felici, deputato della C. di Chiatra; Clemente Calendini, deputato della C. di Tox; Anton Giacomo Brandizi, deputato della C. di Campi; Pietro Antonio Mattei, deputato della C. di Novale; Bartolomeo Dionisi, deputato della C. di Valle; Angelo Bereni, deputato della C. di Felce; Filippo Francesco Muzi, deputato della C. di Piobeta; Gio: Pietro Raffini, deputato della C. di Tarano; Anton Martino Emanuelli, deputato della C. di Perelli; Pietro Bonifaci, deputato della C. di Piazzale; Carlo Davidi, deputato della C. dell'Ortale; Anton Domenico Bartoli, deputato della C. d'Isolaccio; Domenico Francesco Tiberj, deputato della C. di Ventiseri.

Matteo Pietro, deputato della C. d'Ornaso; Pasquino Achille, deputato della C. di Solaro ; Paolo Domenico Susini, deputato della C. di Prunelli; Giacomo Francesco Maestracci, deputato della C. di Corte ; Domenico Santoni, deputato della C. di Castiglione ; Don Francesco Colonna, deputato della C. del Prato ; Gio : Battista Ciaccaldi, deputato della C. di Popolasca ; Orso Andrea Colonna, deputato della C. di Piedigriggio.

Gio. Agostino Santini, deputato della C. di Omessa; Tomaso Cervoni, deputato della C. di Soveria; Paolo Luigi Taddei, deputato della C. di Castirla; Francesco Ant. Vincentelli, deputato della C. di Castifao; Giuseppe Guidoni, deputato della C. di Asco; Saverio Raffalli, deputato della C. di Canavaggia; Nicolò Giorgi, deputato della C. di Moltifao, e membro del governo; Pietro Sinibaldi, deputato della C. di Casanova ; Felice Giorgi, deputato della C. di Campovecchio ; Domenico Giacobbi, deputato della C. di Luco ; Francesco Maria Guglielmi, deputato della C. del Poggio ; Anton Francesco Casanova, deputato della C. di Riventosa ; Pietro Ordioni, deputato della C. di S. Pietro, e Amministratore generale ;

Matteo Stefani, deputato della C. del Seraggio ; Francesco Costa, deputato della C. di Gatti di Vivario ; Anton Santo Muracciole, deputato della C. di Muracciole ; Santo Altibelli, deputato della C. di Antisanti ; Michele Micheli, deputato della C. di Noceta ; Gio : Giacomo Guerini, deputato della C. di Rospigliani ; Orso Santo Bonelli, deputato della C. di Vezzani ; Anton Filippo Tristani, deputato della C. di Pietroso ; Gio : Lorenzo Natali, deputato della C. di Lugo di Nazza ; Anton Matteo Mucchielli, deputato della C. di Ghisoni ; Orso Pietro Maestracci, deputato della C. di Corscia ; Francesco Rossi, deputato della C. di Lozzi e Acquale; Simone Albertini, deputato della C. di Albertaccia ; Giuseppe Maria Gentili, deputato della C. di Calacuccia ; Orso Leone

Santini, deputato della C. di Casamaccioli; Paolo Ignazio de Zerbi, deputato della C. di Sermano; Gio: Benedetto Andrei, deputato della C. di Bustanico; Gio: Andrea Defendini, deputato della C. di Alando;

Pietro Luigi Marcantoni, deputato della C. di Alzi; Carlo Maria Mazzola, deputato della C. di Mazzola; Gio: Santo Semidei, deputato della C. di Piedicorte; Giuseppe Felice Orsini, deputato della C. di Rebbia; Paolo Luigi Orsini, deputato della C. di Arbitro; Francesco Antonio Santini, deputato della C. di Castellare; Antonio Trojani, deputato della C. di Tralonca; Giuseppe Maria Guiducci, deputato della C. di S. Lucia; Giulio Orsatelli, deputato della C. di Favalello; Orso Giovanni Paoli, deputato della C. di Altiani; Germano Tristani, deputato della C. di Focicchia; Carlo Filippo Marchioni, deputato della C. di Piedicorte; Luc'Antonio Gabrielli, deputato della C. di Pietraserena; Durenzio Terramorsi, deputato della C. di Giuncaggio; Giacomo Francesco Tristani, deputato della C. di Pancheraccia; Don Giuseppe Andrei, deputato della C. d'Erbajolo;

Domenico Antonio Mattei, deputato della C. dell'Isola Rossa; Orso Giacomo Fabbiani, deputato della C. di Monticello; Pietro Antonio Balestrino, deputato della C. d'Algajola, e membro del governo; Pasquale Fondacci, deputato della C. di S. Reparata; Giuseppe Ottavio Nobili Savelli, deputato della C. di S. Antonino; Gio: Pietro Savelli, deputato della C. di Corbara; Carlo Francesco Franceschini, deputato della C. di Pigna; Giambattista Giuliani, deputato della C. di Occi; Gio. Batt. Tartaroli, Pres. del Tr. Cr., deputato della C. di Lumio; Carl'Antonio Colonna Anfriani, deputato della C. di Montemaggiore;

Gio. Battista Orsatelli, deputato della C. di Cassano; Giuseppe Maria Marini, deputato della C. di Calenzana; Dario Darj, deputato della C. di Mocale; Giambattista Sivori, deputato della C. di Calvi; Giuseppe Maria Malaspina, depu-

tato della C. di Speloncato ; Giovanni Filippi, deputato della
C. di Feliceto ; Gio : Silvestro Soavi, deputato della C. di
Nesa ; Francesco Peretti, deputato della C. di Zilia; Don
Carlo Spadari, deputato della C. di Avapesa ; Paolo Oberti,
deputato della C. di Muro ; Giovanni Casanova Costa, deputato della C. di Catteri ; Francesco Negretti, deputato della
C. di Aregno ; Domenico Antonio Suzzoni, deputato della C.
di Lavatoggio ; Gio : Maria Antoniotti, deputato della C. di
Avalica ;

Matteo Canioni, deputato della C. d'Olmi e Cappella ;
Alessandro Franceschi, deputato della C. di Pioggiola; Giovanni Renucci, deputato della C. di Mausoleo ; Giambattista
Leoni, deputato della C. di Palasca ; Gio : Pietro Mortini,
deputato della C. di Belgodere ; Anton Francesco Tomasini,
deputato della C. d'Occhiatana ; Giacomo Maria Costa Savelli,
deputato della C. di Costa ; Anton Vincenzo Saladini, deputato della C. di Ville ; Pancrazio Leandri, deputato della C.
di S. Fiorenzo ; Don Giuseppe Leandri, deputato della C. di
Patrimonio ; Francesco Maria Antonj, deputato della C. di
Barbaggio ;

Angelo Filippo Donati, deputato della C. di Farinole ;
Gio : Giacomo Saliceti, deputato della C. di Oletta ; Giuseppe Antonio Piazza, deputato della C. del Poggio ; Lorenzo
Luigi Campocasso, deputato della C. d'Olmeta ; Domenico
Maria Limarola, deputato della C. di Vallecalle ; Raffaello
Murati, deputato della C. di Murato ; Carlo Domenico Pasqualini, deputato della C. di Rutali ; Gio : Giuseppe Casabianca, deputato della C. di Rapale ; Pietro Beveraggi, deputato della C. di S. Gavino ; Baldassare de Petriconi, deputato
della C. di Santo Pietro ; Domenico Franchi, deputato della
C. di Pietralba ;

Fabiano Bertola, deputato della C. di Lama ; Anton Giuseppe Bonavita, deputato della C. di Urtaca ; Aug. Felice
Massoni, deputato della C. di Lento ; Quilico Ant. Sammar-

celli, deputato della C. di Bigorno ; Orso Maria Bagnoli, deputato della C. di Campitello; Angelo Santo Ciavatti, deputato della C. di Scolca ; Bernardo Cacciaguerra, deputato della C. di Volpajola ; Don Giovanni Bonetti, deputato della C. di Vignale; Carlo Francesco Morati, deputato della C. del Borgo; Angelo Mariotti, deputato della C. di Lucciana ; Pietro Agostino Luzi, deputato della C. di Biguglia; Giuseppe Maria Bertoncini, deputato della C. di Furiani ; Anton Guerino Vittini, deputato della C. di Porta ; Francesco Andreani, deputato della C. della Croce ; Giulio Paolo Vinciguerra, deputato della C. di Ficaja ; Gio : Andrea Ferrandi, deputato della C. di Quercitello ; Angelo Santo Frediani, deputato della C. di Giocatogio ; Francesco Maria Casabianca, deputato della C. della Casabianca ;

Giovan Tomaso Giudici, deputato della C. di Polveroso ; Antonio Casalta, deputato della C. di Silvareccio ; Gio : Benenetto Casalta, deputato della C. della Casalta ; Anton Paolo Petrucci, deputato della C. di San Gavino ; Giulio Pietro Pruno, deputato della C. di Pruno ; Giacomo Francesco Agostini, deputato della C. di Piano ; Francesco Petrignani, deputato della C. di Scata ; Antonio Francesco Micheli, deputato della C. di San Cosmo e Damiano ; Pasquale Emanuelli, deputato della C. di Cambia ; Stefano Terramorsi, deputato della C. di Carticasi; Pietro Angelo Rocchi, deputato della C. di Erone ; Carlo Giuseppe Sarocchi, deputato della C. di Rusio ; Placido Moracchini, deputato della C. di San Lorenzo ; Giacomo Fataccini, deputato della C. di Aiti ;

Basilio Salvarelli, deputato della C. di Lano ; Pietro Antonio Ristori, deputato della C. di Piazzole ; Gio : Natale Giannetti, deputato della C. di Verdese ; Luigi Ciavaldini, deputato della C. di Nocario ; Basilio Campana, deputato della C. di Campana; Gio : Francesco Galeazzi, deputato della C. di Monaccia ; Orso Antonio Anziani, deputato della

C. di Parata ; Filippo Innocenzj, deputato della C. di Valle ; Gio : Valerio Cristofari, deputato della C. di Rapaggio; Valerio Chipponi, deputato della C. di Carpineto ; Angelo Paolo Alfonsi, deputato della C. di Brustico ; Gio : Francesco Giafferi, deputato della C. di Piedorezza ; Bartolommeo Campana, deputato della C. di Pastoreccia ; Gio : Francesco Raffalli, deputato della C. di Stazzona ; Carlo Francesco Pietri, deputato della C. di Piedicroce ; Giuseppe Matteo Donsimoni, deputato della C. di Carcheto ; Dionisio Gavini, deputato della C. di Campile ; Orso Gio : Giafferi, deputato della C. di Crocicchia ; Andrea Guerini, deputato della C. di Ortiporio ;

Pietro Paolo Innocenzj, deputato della C. d'Acquatella e Penta ; Antonio Poggi, deputato della C. di Monte ; Ambrogio Buttafoco, deputato della C. d'Olmo ; Giacomo Antonio Filippi, deputato della C. di Prunelli ; Paolo Santo Pasqualini, deputato della C. di Vicinato ; Pasqualino Giampietri, deputato della C. di Gaviguano ; Silvestro Tomasi, deputato della C. di Castineta ; Alessandro Angeli, deputato della C. di Morosaglia ; Giovanni Giovannoni, deputato della C. di Valle ; Tomaso Caporossi, deputato della C. di Frasso ; Anton Giacomo Valentini, deputato della C. di Pastoreccia ; Domenico Maria Battesti, deputato della C. di Bisinchi ; Gio : Sebastiano Buttafoco, deputato della C. del Vescovato ; Stefano Petrignani, deputato della C. di Venzolasca ; Carlo Vincente Vinciguerra, deputato della C. di Loreto ; Pietro Maschetti, deputato della C. del Castellare ; Carlo Giuseppe, Desiderj, deputato della C. di Sorbo ;

Ignazio Tommasi, deputato della C. di Ocaguano ; Carlo Frediani, deputato della C. della Penta ; Pier Felice Papilj, deputato della C. di Porri ; Giacomo Francesco Giacomoni, deputato della C. di Santa Lucia ; Antonio Quilichino Quilichini, deputato della C. del Poggio ; Saverio Ortoli, deputato della C. di Olmiccia ; Gio : Tommaso Coscioli, deputato della

C. di Sant'Andrea ; Giulio Cesare Panzani, deputato della C. di Altagene ; Marco Maria Pietri, deputato della C. di Zoza ; Anton Lelio Roccaserra, deputato della C. di Sargiaca ; Giuseppe Maria Serra, deputato della C. di Loreto ; Anton Paduo Giacomoni, deputato della C. di Mela ; Giulio Antonio Giudicelli, deputato della C. di Zonza ;

Giacomo Santo Pietri, deputato della C. di San Gavino ; Don Giacomo Peretti, deputato della C. di Figari ; Rocco Francesco Peretti, deputato della C. di Levie ; Giambattista Susini, deputato della C. di Sartene ; Anton Francesco Ortoli, deputato della C. di Foce ; Marco Maria Quilichini, deputato della C. di Zilia e Tivolaggio ; Giuseppe Maria Pietri, deputato della C. di Belvedere ; Gio : Francesco Giorgi, deputato della C. di Giuncheto ; Stefano Leandri, deputato della C. di Granaccia ; Giuseppe Antonio Tommasi, deputato della C. di Grossa ;

Giovan Battista Buttafoco, deputato della C. di Tivolaggio ; Bernardino Bernardini Fozzano, deputato della C. di Fozzano ; Giovanni Peretti, deputato della C. di Olmeto ; Francesco Maria Benetti, deputato della C. di Viggianello ; Simon Giovanni Giustiniani, deputato della C. di Arbellara ; Giulio Francesco Pietri, deputato della C. di Santa Maria Figaniella; Giovan Antonio Mori, deputato di la C. di Casalabriva ; Antonio Pangrani, deputato della C. di Sollacarò ; Paolo Francesco Farellacci, deputato della C. di Calvese ; Paolo Francesco Istria, deputato della C. di Mocà e Croce ; Gio : Paolo Ettore, deputato della C. d'Argiusta e Moriccio ; Dezio Guiderdoni, deputato della C. di Olivese ; Alessandro Serra, deputato della C. della Serra ;

Giacomo Maria Desanti, deputato della C. di Aullene ; Francesco Maria Filippi, deputato della C. di Zerubia ; Bernardino Comiti, deputato della C. di Sorbollano ; Don Martino Quenza, deputato della C. di Quenza ; Pietro Paolo Colonna Cesari, deputato della C. di Portovecchio; Gio : Battista Quenza, deputato della C. di Lecci; Rocco Francesco Colonna Cesari, deputato della C. di Sari; Luigi Quenza, deputato della C. di Conca; Antonio Maria Suzzarelli, membro del Governo, e Tommaso Andrea Celani, deputati della C. di Bonifacio; Antonio Versini, deputato della C. di Vico; Natale Andreani, deputato della C. di Renno; Antonio Arrighi, deputato della C. di Letia;

Francesco Antonio Cristinacce, deputato della C. di Murzo; Domenico Maria Lega, deputato della C. di Arbori; Matteo Perini, deputato della C. di Coggia; Salvadore Natali, deputato della C. di Abrecciani; Domenico Antonio Versini, deputato della C. di Balogna; Anton Domenico Defranchi, deputato della C. di Soccia; Gio: Antonio Pinelli, deputato della C. di Poggiolo; Francesco Antonio Massimi, deputato della C. di Orto; Gio: Pietro Pinelli, deputato della C. di Rosatia; Giansimone Paoli, deputato della C. del Salice; Giambattista Cirati, deputato della C. di Azana; Brandizio Paoli, deputato della C. di Pastricciola; Saverio Antonio Colonna Ceccaldi, deputato della C. di Evisa; Antonio Francesco Versini, deputato della C. di Marignana; Domenico Versini, deputato della C. di Cristinacce; Filippo Antonio Pasquale Benedetti, deputato della C. di Ota; Gio: Andrea Alessandri, deputato della C. della Piana; Giovanni Stefanopoli, deputato della C. di Cargese;

Giocondo Manfredi, membro del governo; Antonio Bianchi, membro del governo; Matteo Filippi, membro del governo; Filippo Maria Cottoni, membro del governo; Giambattista Quilichini, membro del governo; Giuseppe Maria Colonna Bozj, membro del governo; Matteo Mucchielli, membro del governo; Antonio Martino Calendini, aggiunto al governo; Antonio Andrea Filippi, membro del governo; Giulio Francesco Morati, membro del governo; Carlo Francesco Alessandrini, membro del governo; Angelo Matteo Marcantonj, membro del governo; Marco Santo Gaffajoli, abate, membro del governo; Pietro Paolo Imbrico, membro del governo; Andrea Colonna Ceccaldi, membro del governo; Francesco Franceschetti, membro del governo; PASQUALE DE PAOLI, presidente; Carl'Andrea Pozzodiborgo, segretario; Gio : Andrea Muselli, segretario.

*Continuazione della Sessione
del diecinove Giugno mille settecento novantaquattro.*

Tutti i membri dell'Assemblea avendo individualmente sottoscritto l'Atto Costituzionale, è stato proposto di presentarlo a S. E. il Sig. Cavaliere Gilberto Elliot, commissario Plenipotenziario di SUA MAESTA' BRITANNICA, perchè sia da esso accettato in nome della detta M. S. L'Assemblea, avendo adottato questa proposizione, ha decretato che la presentazione suddetta sarà fatta da una deputazione di dodici membri, che sono stati scelti, e designati a quest'effetto.

Dopo di che la deputazione, avendo eseguita la commissione addossatagli, è rientrata nella sala, e con essa il detto Sig. Cav. Elliot: e l'Assemblea si è levata in piedi mentre esso si è reso allo scagno del Presidente, ed ha pronunziato il seguente discorso ed accettazione :

« Esercitando per la prima volta nel seno della Nazione Corsa il privilegio di chiamarvi Fratelli e Concittadini, la mia soddisfazione è portata al colmo da una riflessione, dalla quale noi dobbiamo tutti egualmente sentirci profondamente penetrati. Ai vantaggi politici, che può offrirci reciprocamente una così intima unione, io veggo riunito ancora nella presente occasione tuttociò, che può renderla più preziosa, e più gradita, per i sentimenti di confidenza, e di affezione, che essendo veramente stati le prime potenti cause della nostra associazione, continueranno per sempre a cementerla e consolidarla. Egli è impossibile di non conoscere, o di richiamarsi alla memoria senza una viva emozione di tenerezza e di gioia, questa evidente verità. Le nostre due Nazioni si sono da lungo tempo distinte per una stima reciproca, e rimarchevole: senza prevedere il termine felice ove ci condurebbe un giorno questa non riflettuta prevenzione, e questo interno movimento di simpatia, noi ci siamo dati, come per istinto, prove di confidenza in tutti i tempi, e non ci siamo conosciuti, che per benefizi reciproci e gratuiti.

» Era la Provvidenza che preparava i nostri cuori ai destini che ci erano promessi, e la Divina bontà volendo la nostra unione, ha voluto ancora, che essa fosse anticipata, e condotta (se io posso così esprimermi) dall'analogia del carattere, dalla conformità di mire e di principi, e sopratutto da un commercio attrattivo di servizi e di beneficenze.

» Questo SACRO PATTO, che io ricevo dalle vostre mani, non è un freddo ed interessato contratto di due parti che s'incontrano per accidente, approssimate dai bisogni del momento, o da una politica egoistica e passaggiera. — Nò — questo bel giorno non è che il compimento de' nostri antichi voti: noi non facciamo oggi che darci la mano; i nostri cuori sono uniti da lungo tempo, e la nostra divisa deve essere: *Amici, e non di ventura.*

» Qualunque sia però il seducente prospetto di questo quadro della nostra felicità, io mi lusingo nondimeno (ed importa il saperlo, come noi lo sappiamo in effetto e con certezza) che esso non è fondato sopra il solo sentimento, ma è ancora appoggiato sulla solida base di veri interessi, e di permanente felicità delle due Nazioni.

» Io non vi parlerò degl'interessi della Gran Bretagna in questo avvenimento; io li credo reali, ma essendo di natura puramente politici, la tesi sarebbe troppo fredda, e troppo sterile in questa interessante giornata: non è d'altronde questo il luogo, in cui sarebbe necessario di apprezzarli in dettaglio: basta il dire che tutti i vantaggi possibili, che la

Gran Bretagna si propone, mediante la sua unione colla Corsica, sono primicramente uniti essenzialmente alla vostra politica ed assoluta indipendenza da tutte le Potenze dell'Europa, e sono non solamente compatibili coi vostri interessi, ma non possono per la maggior parte esistere, e ancor meno accrescersi, se non a misura della vostra prosperità.

» Dal canto vostro che vi abbisogna egli per esser felici? Io lo dirò in due parole: *La libertà dell'interno, e la sicurezza al di fuori.*

» La vostra Libertà non potrà soffrire alcuna alterazione fra le mani di un Re, i di cui Avi, come Esso stesso, hanno provato coll'esperienza di molti secoli, che la potenza, la gloria e lo splendore del Trono, non possono avere altre basi che la libertà e la felicità del Popolo: di un Re, che non ha giammai regnato, se non colle Leggi, ed il di cui scettro viene fortificato nel tempo stesso dai privilegi, ed arricchito mediante la felicità de' suoi sudditi. Sarebbe questo il luogo di parlarvi delle virtù auguste del Monarca, che voi avete voluto scegliere per vostro, ma tutti i suoi sudditi lo conoscono; voi le conoscerete ancora con una fortunata esperienza, che ne sarà interprete mille volte più fedele di quello che potrebbe esserlo la mia debole voce.

» Non era giusto però che la vostra libertà riposasse soltanto sopra le virtù individuali anche del Re. Voi avete dunque avuto cura di assicurarla con una savia Costituzione, e con le leggi fondamentali della nostra unione, quali, a parer mio, fanno una così essenziale parte dell'Atto che voi mi presentate oggidì, che senza di esse (ammeno di tradire la confidenza riposta in me dal mio Sovrano) io non potrei concorrere ad un sistema suscettibile di degenerare in tirannia, cosa sempre funesta egualmente a colui che l'esercita, che a quelli che la sopportano.

» Se Sua Maestà accetta dunque la Corona, che voi gli presentate, è, perchè essa potrà proteggere, ma non potrà mai assoggettare quelli, che la danno, e sopratutto perchè è *data*, e non *tolta con violenza*.

» Per la esteriore sicurezza non vi mancava che l'alleanza costante, ed attiva di una Potenza marittima; quest'atto ve l'assicura, e mentre metterete a profitto al di dentro la calma ed il riposo, che il nemico non sarà più in grado d'intorbidare, voi dividerete con noi i tesori del Commercio e la Sovranità dei Mari.

» Eccovi dunque fin d'oggi liberi e tranquilli. Per conservare questi vantaggi, non vi abbisogna che la conservazione delle vostre antiche virtù : *Coraggio, e Santo amor della Patria* ; ecco le virtù veramente originarie del vostro suolo, arricchite da quelle che la nostra unione vi porta in dote, dall'*Industria*, e dalla vera saviezza politica, frutto della nostra lunga esperienza, da un'amore della libertà, entusiastico in vero, ma bene inteso e diretto. Io parlo di quella libertà, che ha per oggetto il mantenere i diritti civili, e la felicità del popolo, e non il lusingare la di lui ambizione, e i di lui vizi ; di quella libertà compagna della Religione, del buon ordine, delle leggi e della venerazione per i sacri diritti di proprietà, prima base di ogni umana Società ; di quella libertà, che abborrisce ogni genere di despotismo, e sopratutto quello delle passioni umane disordinate, più terribile di ogni altro, perchè più forte e meno facile a domarsi; ecco le virtù tanto vostre, che de' vostri nuovi fratelli, temperate le une colle altre, e questa felice composizione deve oggi fare e perpetuare per sempre la felicità della Corsica. *La libertà attuale ed una progressiva e crescente prosperità* : ecco il testo ; la nostra condotta poi, e i nostri comuni destini, io spero, ed ardisco predirlo, che ne faranno in tutti i secoli il commentario fedele ed abbondante. »

Questo discorso essendo stato applaudito, e sentito con tutta la profonda emozione, che il di lui tenore dovea necessariamente eccitare, il detto Sig. Cavaliere Elliot ha pronunziato la seguente accettazione :

Io sottoscritto Cavaliere Baronetto, membro del Parlamento della Gran Bretagna, membro del Consiglio privato, e Commissario Plenipotenziario di Sua Maestà Britannica, avendo plenipotenza, ed essendo specialmente autorizzato a questo effetto, accetto in nome di Sua Maestà Giorgio III Re della Gran Bretagna, *la Corona, e la Sovranità della Corsica, secondo la Costituzione, e le Leggi fondamentali contenute nell'Atto della Consulta generale riunita in Corte, e decretata definitivamente questo stesso giorno diecinove Giugno, e tale e quale è offerta alla* Maestà' Sua — *E giuro in nome di* Sua Maesta' *di mantenere la libertà del Popolo Corso, secondo la Costituzione e la Legge.*

La presente accettazione e giuramento è da Noi sottoscritto, e munito del Nostro Sigillo.

Sottoscritto: Elliot.

L. S.

La detta accettazione e giuramento pronunziati, il detto Sig. Cavaliere Elliot ha proposto al Presidente ed all'Assemblea il giuramento Costituzionale, e questo è stato prestato in sue mani nella maniera seguente:

« Io giuro per me, ed in nome del Popolo Corso, che rappresento, di riconoscere per mio Sovrano e Re, Sua Maestà Giorgio III Re della Gran Bretagna, di prestargli fede ed omaggio, secondo la Costituzione e Leggi della Corsica, e di mantenere la detta Costituzione e Leggi. »

L'Atto Costituzionale essendo intieramente completato, e perfezionato, il Presidente ha rinviato la sessione, ed ha sottoscritto coi Segretari, l'anno, mese e giorno suddetti.

Sottoscritti: Pasquale de Paoli, presidente; Carlo Andrea Pozzodiborgo, Gio: Andrea Muselli, segretari.

Sessione del 20 Giugno 1794.

L'assemblea essendosi riunita, si è fatta lettura del processo verbale della Sessione di jeri, quale è stato decretato nei termini di sopra espressi.

In seguito il Rapportore del Comitato di Costituzione, ha presentato la nota delle Pievi, che devono mandare due membri per ciascuna alla Camera di Parlamento e l'Assemblea ha decretato nella maniera che segue :

Giurisdizione d'Ajaccio.

PIEVI.

Ajaccio, *due membri*; Cinarca, compresi Appietto, ed Alata, *idem*; Mezzana, compresi Peri, Cuttoli, Cortichiato, e Tavaco *idem*; Celavo, *idem*; Talavo, *idem*; Ornano, *idem*; San Piero, *idem*.

Giurisdizione d'Aleria.

PIEVI.

Campoloro, compreso Cervione, *due membri*; Tavagna, *idem*; Moriani, *idem*; Alesani, *idem*; Verde, *idem*; Serra, *idem*; Cursa, *idem*; Coasina, *idem*.

Giurisdizione di Ampugnani.

PIEVI.

Ampugnani, *due membri*; Orezza, *idem*; Vallerustie, *idem*; Rostino, *idem*; Casacconi, *idem*; Casinca, *idem*.

Giurisdizione di Bastia.

PIEVI.

Bastia, *due membri*; Lota, compresi Cardo, Ville, e Pietrabugno *idem*; Brando, *idem*; Luri, *idem*; Rogliano, *idem*; Canari, *idem*; Nonza, *idem*.

Giurisdizione di Balagna.

Pievi.

Aregno, compresi Isola Rossa ed Algajola, *due membri*; Sant'Andrea, *idem*; Tuani, *idem*; Giussani, *idem*; Ostriconi, *idem*; Pino, *idem*; Olmi, *idem*.

Giurisdizione di Corte.

Pievi.

Talcini, compreso Corte, *due membri*; Venaco, *idem*; Bozio, *idem*; Caccia, *idem*; Castello, *idem*; Giovellina, *idem*; Niolo, *idem*; Rogna, *idem*.

Giurisdizione di Nebbio.

Pievi.

Oletta, compresi Olmeta e Poggio, *due membri*; Murato, compresi Vallecalle, Rutali, Rapale, *idem*; San Pietro, compresi Pieve, Sorio, e San Gavino, *idem*; Patrimonio, compresi San Fiorenzo, Barbaggio e Farinole, *idem*; Mariana, compresi Biguglia, e Furiani, *idem*; Bigorno, *idem*; Canale, *idem*.

Giurisdizione della Rocca.

Pievi.

Sartene, comprese le Casate, *due membri*; Tallano, idem; Portovecchio, *idem*; Veggiano, con Olmeto, *idem*; Istria, *idem*; Carbini, *idem*; Scopamene, *idem*; Bonifacio, *idem*.

Giurisdizione di Vico.

Pievi.

Cruzini, *due membri*; Soringiù, con Vico *idem*; Sevinfuori, *idem*; Sevindentro, *idem*; Sorinsù, *idem*.

La detta divisione di territorio essendo stata adottata, alla riserva di Calvi, quale essendo ancora in potere de' nemici, l'assemblea ha tramandato al Parlamento la facoltà di statuire, se, dopo che la detta comunità sarà liberata, debba avere il diritto di essere rappresentata, ed in quale proporzione.

In seguito è stato proposto di manifestare a Sua Maestà il nostro Sovrano, i sentimenti di venerazione e di lealtà, verso la di Lui Augusta Persona, che animano tutti i Corsi, ed in particolar modo i Membri che compongono la presente Assemblea, e che un tale indirizzo sia presentato alla detta Maestà Sua da una deputazione che sarà scelta a quest'effetto.

L'Assemblea ha unanimemente decretato le proposizioni suddette; in conseguenza il Comitato di Costituzione è stato incaricato di presentare alla Sessione di domani il progetto d'*indirizzo*. E quanto alla nomina de' Deputati ha statuito di rapportarsene alla scelta, che ne sarà fatta dal Signor Presidente; sopra di che esso ha osservato, che era profondamente penetrato da questo nuovo atto di confidenza, ma che non avrebbe aderito alla graziosa deferenza dell'Assemblea, se non proponendogli semplicemente quelle persone, che avrebbe creduto poter indicare, e distinguere nel numero dei cittadini i più adatti alla missione, della quale doveano esser incaricati, e che l'Assemblea avrebbe poi essa definitivamente statuito come giudicherebbe convenevole.

E la Sessione è stata rinviata al giorno di domani.

Sessione del ventuno Giugno 1794.

L'Assemblea essendosi riunita nel luogo solito, è stata fatta lettura del processo verbale della precedente sessione, quale è stato adottato.

In seguito, il Sig. Presidente ha detto, che in esecuzione della commissione deferitagli dall'Assemblea per l'indicazione de' quattro deputati, esso credeva di non poter meglio soddisfare la pubblica aspettativa, se non proponendo i signori Gio : Francesco Galeazzi, Pietro Paolo Colonna Cesari, Giuseppe Ottavio Nobili Savelli e Francesco Maria Pietri. Questa nomina è stata applaudita ed unanimemente approvata.

Il Sig. Pozzodiborgo, rapportore del Comitato di Costituzione, ha presentato all'Assemblea il progetto *d'indirizzo* a Sua Maestà, ne' seguenti termini :

« SIRE,

» I Rappresentanti del popolo di Corsica, incaricati dai loro concittadini di mettere quest'Isola sotto la protezione e governo di VOSTRA MAESTA', hanno decretato la Costituzione che gli assicura questo prezioso vantaggio, desiderato e voluto da tutti i loro compatriotti.

« Il Commissario di Vostra Maestà ha accettato in nome della di LEI AUGUSTA PERSONA, la Corona e la Costituzione di Corsica, e noi abbiamo giurato nelle di lui mani la fede, che ci proponiamo di conservare inviolabilmente al nostro Sovrano.

» Le regie virtù di Vostra Maestà ci ispiravano confidenza tale, che noi avremmo abbandonato la sorte di questo paese alla discrezione de' principj che hanno sempre caratterizzato un Regno pieno di felicità e di gloria ; ma la conosciuta preferenza, che VOSTRA MAESTA' ha sempre dimostrato per tuttociò che potea conciliare la potenza e lo splendore del Trono colla Libertà del suo Popolo, ci ha determinati a definire i nostri doveri verso la MAESTA' VOSTRA, e li diritti, la di cui conservazione era necessaria, per consolidare l'autorità di VOSTRA MAESTA' in quest'Isola, e renderla più popolare, per il sentimento della sicurezza, che essa non può esser esercitata che per la felicità dei Corsi.

» Noi rammentiamo, Sire, colla più profonda emozione e riconoscenza, i benefizi, che ci ha compartito, e ne siamo sempre stati tanto più penetrati, inquantoche la MAESTA'

Vostra, solo fra i Re della terra, ha onorate ed alleggerite le disgrazie, che soffrivamo per la difesa della nostra indipendenza.

» In tutte le rivoluzioni noi ci siamo proposti per scopo, l'esercizio di una libertà ben intesa; quando la violenza ci soggiogava, conservavamo il desiderio di ripigliare i nostri diritti: quando ce li hanno accordati, li abbiamo conservati con gelosia, e ne abbiamo usato con moderazione; nel tempo poi, che i nostri vicini ci volevano associare al sistema di disorganizzazione di ogni umana società, abbiamo disprezzato le seduttrici lusinghe, ed anche le crudeli minacce della turbolenta demagogia, ed implorato il soccorso delle armi di Vostra Maesta' come conservatrici della vera Libertà.

» Questo corso di cambiamenti, lungi di essere provocato da alcun sentimento d'instabilità, è stato sempre diretto dalla ferma e costante risoluzione di volere un ben regolato governo, e di mettere per termine delle nostre sollecitudini, l'epoca in cui lo avessimo ottenuto. Questo momento è ora arrivato, Sire, e Noi proveremo al Mondo, che la lealtà e la costanza dei Corsi, sarà inalterabile verso Vostra Maesta', come lo sono le di Lei regie virtù, e permanente quanto lo è la bravura e la generosità del suo Popolo.

» Ricevete, Sire, i profondi omaggi dei Corsi; possano essi meritare sempre più per la loro lealtà e saviezza, le grazie di Vostra Maesta', l'amicizia e la stima della Nazione Inglese, e delle altre che fioriscono con tanta prosperità sotto il dolce governo di Vostra Maesta', e possa la Provvidenza prolungare un Regno così glorioso, e tramandare nei successori le virtù e la gloria che lo hanno tanto distinto, e lo faranno ammirare nella serie dei secoli. »

Sottoscritti: Pasquale de Paoli, presidente; Carlo Andrea Pozzodiborgo, Gio: Andrea Muselli, segretari.

L'Assemblea ha unanimemente approvato il detto *indirizzo*, e determina che ne sarà consegnata copia autentica ai Deputati nominati per essere presentata a Sua Maestà, unitamente agli omaggi e ai pubblici voti della Corsica.

Il Rapportore del Comitato di Costituzione ha detto: « Il progetto di decreto, che io sono incaricato di presentare all'Assemblea a nome del Comitato, è stato suggerito dal voto unanime del Popolo corso, e da quello de' di lui rappresentanti; credo inutile e superfluo di dettagliarvene i motivi perchè essi sono sensibili a tutti, scolpiti nei nostri cuori ed in quelli dei nostri compatriotti; in conseguenza sottometto al vostro giudizio il seguente progetto:

» La Consulta generale, volendo praticare un'atto di giustizia e di pubblica riconoscenza, dichiara a tutti i Corsi presenti e futuri che l'attuale prospetto di pubblica felicità della Corsica, sotto la protezione e Governo di Sua Maestà il Re della Gran Bretagna, è l'opera del patriottismo il più puro, dell'instancabile zelo e dei sublimi talenti del più benemerito fra i cittadini di Corsica, PASQUALE DE PAOLI. L'Assemblea generale lo dichiara PADRE DELLA PATRIA, FONDATORE E RESTAURATORE DELLA NAZIONALE LIBERTA'. Decreta che sarà fatto, a spese pubbliche, il di lui busto in marmo, da collocarsi nella Sala delle Sessioni del Parlamento, colla seguente iscrizione:

PATRIÆ LIBERTATIS
FUNDATORI AC INSTAURATORI
PASCHALI DE PAOLI
CORSICÆ GENIO TUTELARI
NATIO
IN COMITIIS GENERALIBUS
MDCCXCIV.

Dopo la lettura del progetto, il Sig. Presidente ha detto: « Io sono infinitamente grato e sensibile alle dimostrazioni sincere di attaccamento e di stima che vi proponete di manifestarmi, ma debbo farvi osservare che un Popolo deve riservare il giudizio degli uomini, che hanno sostenuto la Patria, o si sono in qualche modo distinti per il loro zelo in difendere la vera Libertà, dopo la morte de' medesimi; io ho la fortuna di essere ancora fra voi, e desidero che aspettiate il termine della mia mortale carriera prima di statuire sopra l'atto di solenne approvazione, che vi è stato proposto. Difendendo la vostra Libertà, e sostenendo le fatiche di una vita travagliata dai disagi e dai disgusti delle rivoluzioni, non ho avuto in vista, che il vostro bene ed il mio dovere, e la sola ricompensa alla quale aspiravo, era la vostra affezione interna, e volontaria benevolenza; questa, se io, come spero, e come mi avete sempre dimostrato, l'ho ottenuta, è più durevole assai che li marmi e le inscrizioni, soggetti alle violenze degli uomini ed alle ingiurie de' tempi.

» Molti popoli si sono pentiti di avere prodigati gli elogi agli uomini che viveano ancora; io vi prego di non esponervi a questa esperienza, e vi raccomando di non scordarvi giammai, che non si deve giudicare del merito degli uomini se non quando più non esistono. »

Questa generosa ripulsa replicata per più volte, non ha potuto contenere il sentimento unanime dell'Assemblea, la quale considerando, che dopo una non interrotta serie di pubblici servizi, in primo grado eminenti ed essenziali, resi durante una intera vita piena di travagli e di difficili impegni per il bene della Patria, le sagaci ragioni del Sig. Presidente non doveano sospendere gli effetti della pubblica riconoscenza, nè privare la Patria della gloria, della quale essa stessa si pregia per avere prodotto un sì illustre e benemerito cittadino: il progetto è stato unanimemente e definitivamente decretato, e sottoscritto per l'Assemblea dai segretari

CARLO ANDREA POZZODIBORGO.
GIO: ANDREA MUSELLI.

In seguito il Sig. Presidente ha rinviato la sessione al giorno di domani per determinare sopra i provvedimenti provvisori che sono necessari al pubblico bene, e che devono precedere la formazione del Governo Costituzionale (1).

Sottoscritti : Pasquale de Paoli, presidente ; Carlo Andrea Pozzodiborgo, Gio : Andrea Muselli, segretari.

Lettre (2) du Conseil général du département de Corse, aux administrateurs des départemens des Bouches du Rhône et du Var, et aux Sociétés des amis de la liberté et de l'égalité de Marseille et Toulon (*).

Corte, ce 22 Février 1793, l'an deuxième de la République.

Frères et amis,

Vous trouverez ci-joints quelques exemplaires de l'exposition authentique que le général Paoli a fait de ses sentimens à ses concitoyens de Corse, et nos observations au Conseil

---

(1) Le Sessioni, che sono state tenute in appresso, hanno per oggetto vari utili provvedimenti circa la pubblica tranquillità, e specialmente la legge sulla convocazione del primo Parlamento : per non obbligare il pubblico ad una più lunga aspettativa, si è creduto che sarebbe sufficientemente soddisfatto, colla pubblicazione degli atti contenuti nel presente libretto, e che comprendono in sostanza i più savi ed importanti travagli dell'Assemblea. (Note ajoutée à l'imprimé).

(2) Cette lettre a été écrite par le Conseil général du département pour dissiper les calomnies que les ennemis du peuple en Corse ont cherché à répandre à Marseille et à Toulon : ces perfides, parmi lesquels Arena se distingue, sont parvenus à élever des doutes sur la loyauté du Peuple. L'Administration a cru de son devoir de désabuser nos frères du continent et dénoncer hautement les calomniateurs qui voudraient se faire un crédit et élever leur fortune sur les ruines de la Patrie. (Id.).

(*) Les documents qui suivent nous ont été communiqués par M. de Gafforj, conseiller à la Cour d'Appel. (L. L.)

exécutif sur les intrigues, que Arena, ex-député à la Législature, cherche à mettre en mouvement pour surprendre la religion du Gouvernement et la vôtre.

Nous ne pouvons pas vous dissimuler que c'est avec la plus grande indignation que tous les Corses ont été informés des calomnies atroces et révoltantes que cet homme vraiment immoral, ou ses complices, ont débité sur la conduite du général Paoli ; et ce n'est pas aussi sans surprise que vos frères de ce département ont dû se convaincre que ces calomnies avaient trouvé parmi vous des hommes assez insensés, ou pervers, pour les accréditer.

Frères et amis, vous vous rappelez sans doute ces temps de deuil où la France elle-même, la plus puissante et la plus éclairée des Nations, gémissait sous la tyrannie des Rois : eh bien ! lorsque vous dormiez dans l'esclavage, nous combattions pour la liberté, et Paoli, avec les ressources de son génie, relevait le courage abattu et trahi de ses concitoyens, et chassait les oppresseurs de sa Patrie.

Rappelez-vous, que lorsque nous fûmes libres, républicains et heureux, lorsque nous avions porté le fer et le feu sur les possessions de nos ennemis, le plus lâche et le plus corrompu des Rois médita notre perte ; vous avez vu vous-mêmes les appareils de la mort et de l'esclavage partir de vos ports pour venir nous subjuguer.

Rappelez-vous qu'un peuple qui n'avait pas alors plus de quinze mille citoyens en état de porter les armes, dispersés sur cinq cent quarante-sept lieues quarrées, qui ne tenait aucune ville, qui n'avait point de canons, eut la fierté et le courage de résister à une armée disciplinée, et fournie de ressources de tout genre. Nous fûmes opprimés par le nombre, mais notre résistance fut glorieuse, et il n'y eut pas un seul de nos concitoyens qui s'immolèrent pour leur Patrie, qui tomba sans être teint du sang de ceux de nos ennemis d'alors qui avaient le malheur d'être les satellites du Despote.

Rappelez-vous que plus de trois mille désertèrent une terre asservie, et qu'ils ont vécu pendant vingt ans dans un exil honorable : que Paoli fut le premier à donner cet exemple, comme celui de la plus fière résistance aux insinuations de vos Rois, qui rougissaient d'avoir un ennemi dont la vertu était à l'abri de leur séduction.

Rappelez-vous qu'au moment où la France a reconquis ses droits, au moment où nous aurions pu réclamer les grands principes de l'indépendance des peuples, les Corses ont demandé, ont déclaré vouloir être *Français et libres,* et que Paoli vint en donner les plus hautes assurances à la Nation entière.

Depuis cette époque sa conduite est la preuve la plus solennelle de l'invariabilité de ses promesses ; toute son influence, ses conseils, son crédit ont toujours été dirigés à affermir les principes de liberté, et à les soutenir contre l'aristocratie et le fanatisme, qui ont disparu devant notre inébranlable fermeté.

Est-ce lorsque nous avons tant de titres à votre confiance, et à votre estime, lorsque nous avons tous juré la liberté et l'égalité, que nos frères du midi de la France nous feraient l'injure de douter de nos sentimens ? Serait-il possible que la voix calomnieuse d'un homme, nul dans son pays, connu seulement par sa rapacité, par son immoralité, et par la versatilité de son caractère, esclave jadis d'un intendant, pût aujourd'hui balancer la réputation d'un peuple qui se vante de n'avoir jamais été esclave par sentiment, quoique quelquefois opprimé par la force ? Non, frères et amis, vous ne voudrez pas commettre cette injustice antipopulaire, et lorsque vous combattez le despotisme de l'autorité arbitraire, voudriez-vous adopter celui de la calomnie ou de l'erreur, non moins dangereux que le premier ?

Au nom de la Patrie, au nom de la liberté, au nom du peuple Français, dont nous faisons partie, éloignez loin de vous l'imposteur qui cherche à semer des mésintelligences dans le moment où nous avons besoin d'union, qui cherche à servir nos ennemis communs, en altérant la confiance qui doit nous unir, qui décrédite son pays, lorsqu'il lui fait l'outrage de le supposer parjure, et qui blesse la vertu et la vérité dans l'homme respectable qu'il calomnie avec la plus insigne mauvaise foi. L'imposteur n'ose pas paraître devant le peuple de ce pays, et lorsqu'il est regardé en Corse comme un vagabond, ennemi de toutes les vertus, qui, par une conduite hypocrite a sçu surprendre, pour un moment, la bonne foi de ses concitoyens, serait-il pour vous, frères et amis, un témoin irréprochable ?

Communiquez nos sentiments à vos concitoyens, que vous êtes destinés à éclairer, et qui sont à jamais nos frères par la conformité des sentiments et les principes politiques et sociaux qui nous unissent, et nous sommes sûrs alors qu'ils nous rendront justice.

Si jamais, contre notre attente et notre intérêt commun, on voulait persister encore dans des dispositions sinistres, nous attendrons avec patience que vous soyez mieux éclairés : nous acquerrons des nouveaux argumens propres à vous désabuser par notre conduite Française et Républicaine, mais nous vous déclarons que nous ne souffrirons jamais aucun genre d'oppression.

Pour le Conseil général du département de Corse,

Signés : GALEAZZI, président,
MUSELLI, secrétaire.

Lettre de Philippe Masseria, citoyen gallo-corse, au citoyen Clavière, gallo-genevois, ministre des contributions publiques.

Ajaccio, le 6 mars 1793, l'an 2e de la République française.

Je viens seulement d'apprendre que dans le compte que tu as rendu de ton département des contributions publiques, tu parles l'on ne peut pas plus indignement des Corses, mes compatriotes, et, sans pourtant le nommer, d'un Chef qui depuis près de 40 ans, a su par ses talents et ses vertus vraiment républicaines, se captiver leur affection autant que l'estime de l'Europe entière.

Pour ce qui nous regarde en général, mais uniquement dans ta simple qualité de maltotier, comme je suis toujours de bonne foi, je te donne toutes les raisons du monde, quoique par tes insolens propos tu ne mérites pas la peine que l'on t'éclaire sur les véritables causes de ce désordre.

En temps et lieu je me servirai d'une voie pour les faire connaître, et le public y verra à ta honte et à celle de ceux qui t'en ont si grossièrement imposé par leurs rapports, aussi faux qu'insidieux, quelle est la vraie source, et qui sont les véritables auteurs du mal dont tu te plains si indécemment.

Ce n'est au reste qu'en considérant, que ce n'est point à un habile homme en vraie politique, mais à un ancien petit Courtier genevois, que je te dis en passant, que ce ne sera jamais pour le compte de finance, que notre pauvre pays si souvent ravagé, peut être de quelque utilité, au moins de quelque temps à la République ; mais que, cet article à part, mes compatriotes te feront voir autant par leur zèle et leur courage, que par leur situation, combien ils seront utiles, et sont dignes de la haute destinée des citoyens Français.

Je viens maintenant à l'inconnu que tu n'as pas osé nommer, et qui est sans doute le général Paoli à qui, tu es assez téméraire pour donner le titre de *perfide intermédiaire qui abuse de son ascendant soit pour son intérêt personnel, soit pour seconder ceux d'une puissance étrangère.*

Où sont les faits à l'appui de ces tas affreux d'aussi noires calomnies ? Explique-toi, rends-les publiques ; et si tu les ignores encore, force au moins ceux qui t'ont autorisé à tenir de si injustes propos, à te les déclarer ; et si toi ou eux en pouvez produire de vrais, je te jure par tout ce qu'il y a de plus sacré pour un vrai Républicain, même par la sainte hache qui vient d'abattre la tête impie du dernier Tyran des Français, de me joindre à vous tant que vous êtes, et de le persécuter par toutes les voies, malgré que par ses vertus vraiment républicaines je lui aie été attaché depuis l'âge de raison, et que ma plus grande gloire soit de pouvoir me vanter d'avoir un père et un frère, immolés depuis l'espace de 30 ans à la cause sacrée qu'il défendait.

Mais prends-y bien garde : il faut que les faits sur lesquels tu te fondes pour le noircir si impitoyablement, soient bien constatés, et par des personnes au-dessus de tout soupçon d'avoir le moindre intérêt à le peindre ainsi, pour que les gens qui connaissent un peu l'histoire de sa vie, et qui ont du cœur et du bon sens, puissent y ajouter quelque foi.

Et cette histoire depuis près de quarante ans est-elle si peu intéressante, qu'elle puisse être aisément ignorée, même par des gens de ton ancien métier ?

L'on sait assez communément que Paschal Paoli dès l'an 1754 ayant été élu chef de sa Nation alors révoltée contre les Génois, après avoir abattu les différens partis qui étaient dans leurs intérêts, et réduit ses tyrans à n'avoir plus dans notre Isle un seul point de terrain au-delà de l'enceinte des places de mer fortifiées, il les força enfin à avoir recours à des négociations par l'entremise de la Cour de France gouvernée alors par le perfide Choiseul ;

Que ce fut sous ce faux prétexte que vers la fin de l'année 1764, les troupes Françaises abordèrent dans notre isle et y prirent possession de ses places, et qu'après 4 ans de manèges aussi simulés qu'inutiles, ce ministre sans foi, ayant fini par nous jouer aussi bien que les Génois, entreprit enfin de nous soumettre au joug commun alors à tous les Français ;

Que ce même Paoli que tu oses maintenant calomnier avec autant d'audace, non seulement eut la vertu de ne pas se laisser vaincre par tous les moyens de séduction employés pour le porter à y consentir, mais aussi le courage de résister à tout le poids de la plus puissante Monarchie ; et ce qui est bien plus surprenant, tout seul sans autre appui que celui de ses compatriotes ;

Que si après les plus brillans succès dans la première campagne, il fut enfin contraint de céder à une force si supérieure dans la seconde, s'étant décidé à abandonner une Patrie dévouée désormais à la servitude pour aller vivre et mourir dans un pays libre, dans sa longue route depuis les bords de la Toscane jusqu'à ceux de la Grande-Bretagne, il fut non seulement par les Peuples des différentes contrées qu'il parcourut, mais même par les despotes, applaudi, admiré plustôt comme un Héros vainqueur, que comme un homme qui venait d'être vaincu ;

Qu'après un long exil de 20 ans dans le pays où il avait choisi sa retraite sans y avoir jamais perdu la haute estime qu'il s'y était si justement acquise, à peine, dit-il, se propagèrent en France les dogmes sacrés des hommes libres, qu'il fut des premiers à les applaudir (1), et sans avoir égard ni à son âge, ni à ses infirmités, ni à l'abandon du généreux traitement dont il jouissait, ni à ce qui dut être encore plus difficile à vaincre pour son cœur, la juste reconnaissance

(1) Consultez sa lettre au Baron Baciocchi publiée à Paris dans l'été de 1789.

qu'il devait à l'illustre Nation qui l'avait si généreusement accueilli, sut tout sacrifier à l'ardent désir de retourner dans sa Patrie, pour mieux y assurer cette liberté, pour laquelle nous avions jusqu'alors si inutilement versé notre sang;

Que dans ce retour aussi heureux pour tous, ayant dû traverser la France depuis Calais jusqu'à Toulon, entre les applaudissements bien mérités, qu'il reçut à Paris, et surtout à l'Assemblée constituante à l'occasion qu'il y prêta son serment civique, il fut partout accueilli comme le Dieu tutélaire de la liberté;

Que sans ce retour même, notre pays, à cause des manèges bien connus du perfide ministre de la guerre de ce temps-là avec tous les employés Corses et Français, et surtout de l'ex-constituant Buttafoco, et du Commandant en second Gafforio, bien loin de jouir, comme il fait, des avantages inappréciables de la liberté, serait devenu un foyer de contre-révolution, et le prix infâme avec lequel le traître nouvellement supplicié aurait acheté les secours de quelques despotes pour renverser le noble édifice de la Constitution Française;

Que depuis cette heureuse époque notre Département a été peut-être le plus tranquille de tous ceux de la République; et que s'il y eut à Bastia quelque léger symptôme d'insurrection, ce ne fut que l'ouvrage de quelques prêtres superstitieux, encouragés même par quelques suppôts enragés de l'ancien régime, et pendant que Paoli était à l'autre bout de l'isle : mais qu'à peine il se mit en chemin pour les réprimer, n'ayant pas eu le courage de l'attendre, les plus coupables se sauvèrent par la fuite, pendant que les deux autres lui vinrent au-devant pour implorer le pardon de leur égarement.

Citoyen Génevois, réponds-moi : ignorais-tu cette histoire *oui ou non?* t'en tiendras-tu à la négative? et moi dans ce cas j'ai le droit de te traiter en ignorant téméraire, qui, sans connaissance de cause, as eu l'audace de calomnier ainsi un homme, qui a tant de droits à l'estime de tout vrai Républicain. Me répondras-tu par l'affirmative en disant que, malgré que tu n'ignorais pas tout ce que je viens d'exposer, il est effectivement, ou bien il est moralement possible, qu'il devienne ce que tu en débites ; je n'ai d'autre réplique à te faire faire que celle que je fis, il y a quelque mois à ce petit vilain d'accoucheur Volney : il faut que ton âme, ainsi que celle de cet indigne ex-constituant, soit de boue.

Comment pourrait-il se faire autrement ? comment concevoir, que toi, aussi bien que lui, ayez une âme capable de sentir le véritable prix de la gloire, celui de la vertu d'un vieux Républicain, et débiter, comme vous faites tous deux, que Paoli presque septuagénaire soit capable de ternir sa gloire de 40 années pour s'ensevelir dans le tombeau du mépris non seulement de tout bon Français, mais de ceux-là même qu'on le soupçonne si absurdement de favoriser ?

Ministre Clavière (si tu gardes encore ta place), tu n'es donc aux yeux de tout homme sensé et d'honneur, qu'un ignorant téméraire, ou une âme de boue, et aussi basse que celle de l'ex-Constituant accoucheur.

N'ayant pas d'autres preuves en main, il répugne à ma conscience d'en dire de plus sur ton compte. Je profiterai d'une autre occasion pour dire ce que j'en sais, autant de l'autre que je viens de nommer, que de tous ceux qui peuvent t'en avoir si grossièrement imposé.

Je n'ai pas même renoncé au projet de les faire connaître tous tant qu'ils sont, et prouver que ces calomniateurs, s'ils ne sont pas payés par les ennemis de la République pour forcer le Général Paoli par des injures si atroces à en augmenter le nombre, c'est au moins par dépit ainsi que Volney, pour ne pas avoir été fait Procureur-général-Syndic, ou pour se défaire d'un censeur incommode, qui a l'audace de s'opposer à ce que l'on ne forme, comme l'on voudrait, une

Aristocratie au rebours, tout à fait opposée à celle que l'on a heureusement détruite en France, puisqu'elle n'est composée que de quelques petits Procureurs, et autres affamés, associés avec quelques employés de l'ancien régime, qui visent à s'emparer de tous les emplois et à s'en perpétuer à tout prix la jouissance. (*Sic*).

Le Directoire du département de Corse aux citoyens commissaires de la Convention Nationale pour le dit département.

Citoyens,

Le ministre nous a fait parvenir un décret de la Convention nationale, qui ordonne l'envoi des commissaires dans le département de Corse, et vous nomme pour remplir cette commission : nous avons donné à ce décret la publicité légale.

La voix publique nous a informés de votre arrivée à Toulon ; on prétend même que vous vous êtes annoncés à Bastia.

Dans le court intervalle donné à votre passage nous ne nous attendions pas à être forcés de vous dénoncer un événement sérieux qui compromet essentiellement la tranquillité publique du département et les intérêts de la Nation.

Philippe-Antoine Arena, réintégré dans les fonctions de payeur général provisoire des dépenses du département de Corse, avait repris l'exercice de sa place depuis la proclamation du Conseil exécutif. En conformité des instructions de la Trésorerie nationale il devait, de concert avec un commissaire du département, vérifier la caisse de l'ancien payeur La Bouillerie et de celui qui en avait fait provisoirement les fonctions pendant sa suspension.

Le citoyen Ciavaldini, commissaire de l'administration, et Arena avaient déjà commencé ce travail.

D'après les instructions de la Trésorerie nationale, les fonds devaient être déposés entre les mains du receveur du district de Bastia ou dans tel autre dépôt qui serait convenu entre le commissaire du département et le payeur provisoire qui était seulement autorisé à en disposer pour le service.

Un dernier envoi des fonds en numéraire et en assignats avait été directement retenu par Arena ; il avait même reçu les sommes destinées au payement d'un trimestre du clergé.

C'est dans cette situation que nous apprenons sa fuite effectuée dans la nuit entre le dix-sept et le dix-huit de ce mois, ayant emporté avec lui les fonds de la guerre et du clergé.

Nous ignorons la destination de ce fonctionnaire perfide, puisqu'il s'est évadé sans passeport et dans le plus grand secret.

Un nommé Le Goff, homme sans domicile et sans confiance, a été trouvé dans la maison abandonnée par Arena, il paraît que ce dernier a prétendu l'autoriser à remplir le service en son absence : cependant le commis s'y est refusé comme vous verrez par le procès-verbal dont nous avons l'honneur de vous adresser copie.

Dans cette situation le citoyen Ciavaldini, membre du directoire et son commissaire pour la vérification des caisses, a sommé Le Goff de présenter s'il avait des fonds appartenants à la Nation, et il n'a été trouvé que 2.200 liv. en numéraire et 500 en assignats qui ont été déposés entre les mains du receveur du district de Bastia.

Dans le dénuement total des fonds et la privation d'une personne légalement chargée du service, nous avons autorisé le receveur du district de Bastia à en remplir les fonctions, et pris toutes les mesures qui pouvaient dépendre de nous pour assurer la subsistance des troupes ; nous avons finalement dénoncé Arena aux tribunaux compétents pour faire informer contre lui conformément à la loi.

Nous rendons compte à la Convention Nationale et au Conseil exécutif de toutes ces mesures; et nous leur envoyons ainsi qu'à vous, citoyens Commissaires, toutes les pièces qui les constatent ; vous verrez que la Loi, le Patriotisme, et la nécessité ont seuls guidé notre conduite.

Le crime d'Arena est trop généralement senti pour que nous cherchions à le relever par des expressions propres à le caractériser dans toute sa monstruosité : il ne pouvait ni devait quitter le Département et d'autant moins emporter les fonds en laissant toutes les parties du service dans une souffrance générale.

Son départ est une fuite évidente, sans passeport et sans autorisation ; et tout ce qui l'accompagne caractérise la prévarication et la fraude.

Il n'était pas dans son pouvoir de se substituer, lorsqu'il devait sortir du département, sans autorisation supérieure et légale; Le Goff lui-même qu'il a désigné et qui est le complice de son évasion, n'a pas osé s'en charger ; ainsi le service est entièrement abandonné de sa part.

Vous n'ignorez pas, citoyens Commissaires, que des hommes intéressés à pervertir l'opinion publique, et depuis trop long-tems acharnés à mettre la Convention Nationale et le Conseil exécutif dans une méfiance outrageante sur la loyauté des Corses, sont déjà parvenus à accréditer leurs impostures : Nous vous devons la vérité que nous avons dit à la Convention au Conseil exécutif et à la France entière.

Ceux qui vous ont dit qu'il existait en Corse un parti contre la France et qui servait des intérêts opposés à ceux de la République, ont dit une grande calomnie.

Ceux qui vous ont dit qu'il existait des divisions dans le Peuple, fondées sur ces motifs, sont des imposteurs.

Ceux qui vous ont dit qu'il fallait les accréditer par des

moyens extraordinaires pour accaparer en Corse la majorité à force d'emplois, ont trompé la Convention, le Conseil exécutif et vous, et se sont rendus coupables d'un crime contre l'honneur de leur pays, sa sûreté et sa tranquillité.

Ceux qui vous ont dit qu'il fallait présenter la force pour exterminer la faction qui n'existe que dans l'imagination perfide des imposteurs, vous ont proposé une mesure ou inutile ou dangereuse.

Ceux qui vous ont dit que tous ces petits moyens contre la morale et la vertu publique, ces moyens propres aux tyranneaux faibles et cruels, pourront faire le bien de la Corse, en ont menti à la face de l'univers entier.

Ceux qui vous ont dit enfin que les autorités constituées ici ne sont pas animées de l'esprit de Patriotisme le plus français, le plus pur et le plus senti, sont des calomniateurs qui cherchent à exercer leur vengeance individuelle et à se procurer les moyens d'une fortune personnelle sur les ruines de leur pays.

Pour vous prouver évidemment ce dont nous avons l'honneur de vous assurer, nous vous invitons à venir, et nous prenons l'engagement solennel de faire rougir nos calomniateurs et de vous dévoiler ceux qui ont occasionné les retards de tous les objets arriérés d'administration, et que dans le court espace de notre gestion ils ont été suivis avec toute l'activité possible à notre force et à notre intelligence. (*Sic*).

Venez, citoyens Commissaires, et vous verrez le Patriotisme et l'ardeur du peuple, vous le verrez Français non pas parce qu'on distribue des patentes, parce qu'on offre des emplois, mais parce que les Français sont libres et que les Corses veulent l'être avec eux.

Votre présence est nécessaire pour confondre les ennemis du bien public ; annoncez-vous les hommes du peuple, de tout le Peuple, sans prévention, sans mystère et vous trouverez en nous des coopérateurs zélés et dans nos administrés des hommes dignes de l'amour et de l'estime de la Convention Nationale et de tous les Français.

A Corte, dans la salle des séances publiques, le 20 mars 1793, second de la République Française.

Les administrateurs du directoire du département de Corse,
Pozzodiborgo, proc. général-syndic; Murati; Panattieri; Ordioni; Giacomoni; Filippi; Ferrandi, vice-président; Muselli, secrétaire gén.

(A Corte, de l'imprimerie d'Etienne Batini, imprimeur du Département du Corse).

*Le Directoire du Département de Corse
à la Convention Nationale.*

Représentants,

Au moment où toutes les forces de la République se déploient pour combattre ses ennemis, au moment où le courage des vrais Français s'exalte en proportion des dangers qui menacent la liberté universelle, les Corses qui se glorifient d'associer leurs efforts à ceux de leurs frères du continent contre la ligue des despotes conjurés, ne s'attendaient pas à être représentés à la France et à l'Europe entière, comme une partie incommode à la grande association nationale, et étrangère aux sentiments que la liberté inspire à tous les vrais Français.

Le ministre Clavière a parlé des habitants de notre département, avec les expressions les plus injustes, comme les plus injurieuses; et c'est pour la première fois, que, dans une assemblée d'hommes libres [et par un homme qui est supposé avoir le mérite de l'être], les Corses ont été caractérisés comme n'ayant pour la liberté aucun sentiment réfléchi, et pour la Patrie, qu'un attachement fondé sur des intérêts particuliers.

Nous avions droit d'espérer qu'il se serait élevé quelque voix pour relever les préventions sinistres que Clavière cherchait à inspirer à la Convention nationale, avec le ton d'une fausse pitié, mais telle a été la force de la cabale, telle a été la facilité avec laquelle on a reçu ses impressions odieuses, que les hommes qui ont donné au monde l'exemple de la plus constante résistance à l'oppression, ceux qui, du sein de la Méditerranée, faisaient retentir leur rivage et leur montagnes des louanges de la Révolution, ces Corses enfin que tous les hommes libres s'empressaient de consoler des maux du despotisme, n'ont pas trouvé aujourd'hui un seul homme qui voulût, par son intervention, atténuer l'effet de la peinture infidèle que le ministre des contributions en a faite, dans son rapport du premier février.

Dans le moment d'une grande révolution et de la réorganisation totale du corps politique, nous avions assez d'expérience des hommes et des choses, pour juger avec un mépris tranquille de la maligne faiblesse de quelques intrigants connus, que le besoin de nuire portait à accumuler contre les Corses des imputations fausses, dans le midi de la France ; mais aujourd'hui, c'est dans le sein de la Convention nationale que nous sommes attaqués, ce sont même ces absurdités qui peuvent déterminer les grandes mesures de la surveillance nationale à notre égard, et nous devons à l'honneur de notre département calomnié et outragé, une réponse propre à dissiper tous les doutes, et à dévoiler l'imposture dans toute sa turpitude.

Les Corses ont de tout temps aimé la liberté, et ils ont combattu pour elle, lorsque même les plus puissantes nations croupissaient dans l'esclavage. La politique du despotisme continental a toujours terni l'éclat de leurs actions et de leur courage, la résistance qu'ils opposaient à la tyrannie, était caractérisée du titre odieux de rébellion ; on sait quelle influence avaient les rois et les despotes sur l'opinion de l'Europe, et elle s'était formée à notre égard selon leurs intérêts : les amis de la liberté appréciaient seuls nos efforts, et nous avons recueilli les louanges de plus d'un d'entr'eux.

Les rois Français ont de tous les temps soumis notre destinée à leur politique barbare ; à mesure que nous domptions la tyrannie Génoise, ils intervenaient pour arrêter nos progrès, et avec le poids de leur force et de leur injustice, ils nous prescrivaient d'entrer dans l'esclavage.

Il fut un temps où l'intérêt de la cour de France paraissait lui commander de nous laisser briser les chaînes odieuses qu'elle avait appesanties sur nous avec l'injustice la plus obstinée ; l'intervalle qu'elle laissa à notre courage, fut marqué par les succès les plus éclatants, et le monde impartial vit alors, si aux sentiments de l'indépendance naturelle, les Corses savaient réunir ceux de la liberté, compagne de la civilisation.

Ce fut l'homme que vous désignez avec le mot atroce de *perfide*, Ministre Clavière, qui secondé par ses concitoyens, fit dans ces tems de servitude presque universelle, le miracle d'une révolution complète, qui terrassa le monstre de la tyrannie, et lui fit succéder le gouvernement le plus démocratique, dont nous eûmes le bonheur de voir la marche et les succès.

Au milieu du tumulte des armes, on vit organiser une milice vraiment républicaine, et indiquer à chacun des soldats de la Patrie, le poste où il devoit la servir ; on vit établir l'instruction publique où le jeune homme venant de combattre les ennemis de son pays, apprenait la science du gouvernement et la doctrine de la liberté. Les Corses avaient fixé l'attention des hommes illustres de plusieurs parties de l'Europe ; tous applaudissaient à notre courage, et quelques-uns le ranimaient par leur présence : nous touchions déjà au terme d'un bonheur durable, lorsque le plus fourbe des ministres, et le plus lâche des rois conspirèrent notre perte.

L'Europe sçait quelle fut cette horrible entreprise précédée par le mensonge, la trahison et la violation des promesses solennelles d'un roi, exécutée par la barbarie et la fureur des soldats ; nous fûmes conquis, et c'est tout dire (1).

Aux ravages de la guerre nous vîmes succéder le Despotisme systématique ; le silence et l'abattement ne suffisaient pas pour nous garantir des persécutions ; toujours ombrageux, les satellites du Tyran arrachaient les pères infortunés du sein de leur famille, pour les entasser dans des prisons ; la tour de Toulon, plus terrible que l'échafaud, retentissait des lamentations des malheureux qui expiraient dans les angoisses d'une mort lente et barbare, pour avoir défendu leur pays.

La rapine des intendants vint ajouter à notre misère ; rien n'était sacré pour eux ; les propriétés communales, celles des particuliers, étaient envahies sous prétexte d'augmenter le domaine du Tyran.

Une foule de commis odieux était répandue sur tous les points de l'isle ; ils n'avaient d'autre émulation que celle de se distinguer par leur orgueil insensé, leur rapacité, et le mépris le plus insultant pour le pays qui était condamné à les supporter.

---

(1) Le ministre Choiseul avait donné la parole de son roi pour nous rassurer contre toute hostilité de sa part ; il introduisit les troupes dans les places, sous prétexte de médiation entre nous et les Génois avec lesquels il feignait une rupture ; il nous excita à envahir le territoire de la République, comme étant le seul moyen de finir la guerre ; il tira parti ensuite de nos succès, pour alarmer les Génois et les contraindre à lui faire la cession de la Corse, ce qui lui servit de prétexte pour justifier notre conquête ; nous n'entrerons pas dans les détails de cette trahison, elle paraîtra un jour dans son affreuse nudité, pour la honte éternelle de ceux qui l'ont ourdie.

Telle était la situation de la Corse en 1789, lorsque la liberté éclaira l'horizon de la France.

Nous rappellerons avec confiance à la Convention Nationale notre conduite à cette époque.

La force seule nous unissait à la France, la force et l'injustice avaient perdu tout empire sur nous ; ce fut dans la plénitude de notre indépendance et comme Peuple, que nous demandâmes alors à entrer dans la grande association Française, et que nous adressâmes les actes les plus solennels d'adhésion aux premiers travaux de l'Assemblée constituante.

Au nom de la Liberté, nous oubliâmes les maux et les torts passés ; les Français devenus libres étaient nos frères, et nous ne songeâmes qu'à combiner et à réunir nos efforts pour défendre la cause commune. Le Peuple en Corse passa de l'oppression à la liberté sans tumulte, sans crime et sans inconvénient grave, comme des hommes qui rentraient dans un état dû à leur courage, par la Providence et la justice universelle ; les Corses ne s'étonnèrent pas d'être libres, et ils virent avec une austère dignité se dissiper devant eux les efforts des suppôts de l'ancien Régime, et de quelques aristocrates que le despotisme avoit créés même parmi eux.

Aux portes de l'Italie, nous avons reçu tous les changements de la discipline ecclésiastique, et nous avons rendu impuissants les efforts du fanatisme.

La malignité de quelques ennemis de notre bonheur osa nous accuser d'inclination en faveur d'une puissance étrangère ; notre délicatesse excessive, plus que la nécessité de nous justifier, nous détermina à repousser cette absurde calomnie. Forts de notre loyauté et pénétrés du sentiment de notre dignité, nous disions aux représentants de la Nation, *où est donc cette puissance plus amie, plus généreuse, plus libre enfin, que celle que vous représentez, et lorsque tout le monde soupire après vos Lois, craindriez-vous d'être trahis par vos enfants* (1).

A ces mots, les calomniateurs qui siégeaient dans le côté droit de l'Assemblée constituante, succombèrent sous le poids de leur opprobre ; la France entière continua à rendre des témoignages éclatants de sa confiance dans nos promesses, et nous, à acquérir par notre conduite des titres toujours croissants à son estime.

Les trahisons d'une cour perfide et d'un Roi parjuré ont forcé le peuple à des mesures grandes et justes, qui ont assuré la liberté contre les conspirations de la tyrannie.

La Nation s'est constituée en République, nous avons juré de la maintenir et de la défendre, avec le propos délibéré d'hommes, dont les habitudes, les mœurs et les fortunes se concilient naturellement avec cette forme de gouvernement ; et s'il était destiné, pour le malheur du monde, que les Français ne pussent survivre aux changements politiques dont ils sont menacés par la ligue des Despotes, nous jurons à la nature entière que nous périrons plus tôt que d'y consentir.

Et c'est lorsque les Corses sont animés des pareils sentiments que le Ministre Clavière, qui n'a jamais été chez nous, qui n'a aucune connaissance de la situation morale ou physique de notre Département, ose non seulement les révoquer en doute, mais encore nous en supposer de contraires.

Il nous accuse d'avoir repoussé les assignats, protégé les prêtres fanatiques, empêché la vente des biens nationaux ; et il voit une manœuvre qu'il appelle évidente *pour faire de la Corse une association à charge à la France, et sans nul dédommagement pour elle.*

Il est étonnant que Clavière se soit laissé tromper par des

---

(1) Voyez le discours prononcé à la barre de l'Assemblée constituante à la séance du 6 novembre 1790, par les citoyens Gentili et Pozzodiborgo, députés extraordinaires de l'Assemblée Électorale du Département.

pièges si grossiers, lui, qui ne doit pas ignorer que toutes les dépenses qui doivent être payées en assignats, sont acquittées de même, sans la moindre difficulté : le crédit des assignats suit en Corse les variations de la place de Marseille, d'où nous est venue la désastreuse spéculation de la vente du numéraire ; il est vrai que les assignats occasionnent de grands embarras dans nos transactions familières, mais nous n'avons en cela qu'un mérite de plus, celui de souffrir sans tumulte et sans murmure.

Les Prêtres réfractaires sont bien loin d'être protégés : les anciens évêques ont disparu, celui nommé par le peuple est en pleine activité ; les Cures sont desservies par des prêtres assermentés, et les couvents sont tous supprimés. L'administration n'a négligé aucun moyen légal pour rendre inefficace la présence malfaisante de ceux qui n'avaient pas promis à la Nation la foi politique que tout bon citoyen lui doit, et pour les éloigner, lorsque les lois l'ont ordonné. Un grand nombre a quitté une terre où ils étaient indignes de vivre et se sont réfugiés en Italie.

La vente des biens nationaux, loin d'avoir été empêchée, a été encouragée, et s'est faite avec toute la rapidité qu'on pouvait espérer de la situation économique de notre Département : les plus importantes de ces propriétés, *les bois*, sont réservés à être exploités au compte de la Nation. Les Couvents situés dans les montagnes n'offrent pas aux acquéreurs une indemnité proportionnée à leur valeur intrinsèque dans des positions où le commerce est nul, et où tous les citoyens ont une habitation qui leur appartient : le reste est vendu en grande partie ; d'ailleurs dans un pays où il n'existait pas de charges à liquider, où le commerce n'attire et ne laisse pas circuler longtemps les signes de la valeur, il ne serait pas étonnant que la vente eût été moins rapide que dans d'autres parties de la République. La répartition des impôts devait souffrir en Corse des retards nécessaires ; la non-existence d'un cadastre, la complication des lois sur les contributions, la difficulté de les mettre à portée de toutes les municipalités, la négligence qu'on rencontre toujours dans quelques-uns des administrateurs, sont les motifs qui ont rendu cette opération moins rapide en Corse et dans quelques autres Départements du continent : voilà où Clavière pouvait puiser la source du retard dont il se plaint, et non pas la chercher dans des causes qui ne peuvent être enfantées que par une imagination ombrageuse et égarée, par une âme froide et insensible à tout sentiment d'honneur, et qui suppose dans un Peuple des vices dont il ne fut jamais infecté.

Il ne dépendait pas des Corses de présenter le spectacle de l'opulence et des richesses, après avoir vu, à tant de reprises, les satellites de la tyrannie ravager leurs campagnes, et incendier leurs habitations. Quand on a tant souffert des maux de la guerre et du despotisme, on sait bien où trouver les motifs d'une honorable pauvreté, d'une pauvreté préférée à l'esclavage et à la honteuse obéissance à la tyrannie. Sans doute les Corses, dans cette situation, sentent le besoin de voir les dépenses locales proportionnées à leurs forces contributives, mais ils savent aussi que la Convention Nationale seule doit juger sur cet intérêt majeur, non seulement comme objet de finance, mais encore par ses relations avec l'organisation administrative et judiciaire : la Constitution républicaine qui est l'objet des vœux de tous les Français, fixera le nombre des magistrats à tout ce qui est strictement nécessaire à l'ordre public, et avec l'économie politique, le peuple obtiendra aussi celle de ses deniers.

Le Ministre Clavière en excitant des craintes et semant des soupçons sur notre loyauté, prétend user de générosité et faire grâce *à la majorité des Corses en la regardant comme très attachée aux Français, et en supposant qu'on tenterait en vain de la séparer d'eux.*

Les Corses sont trop fiers de leur conduite publique, ils

ont une trop haute idée de la sagacité et de la justice nationale, pour croire qu'elle puisse avoir besoin des assurances de ce ministre, pour se reposer sur leur loyauté.

Notre attachement pour la France est fondé sur les liens que la liberté et le gouvernement populaire ont fixés entre nous ; c'est de ce principe que dérivent toutes les convenances, les réciprocités et les autres sentiments de fraternité, fondés sur l'estime, la gloire et l'intérêt communs : il ne doit, il ne peut en exister d'autres entre des hommes libres ; Clavière a bien mal apprécié et mal connu notre caractère et nos âmes républicaines, s'il a voulu chercher dans des motifs moins honorables ou moins grands, le fondement de notre union à la France ; la liberté est un droit et non pas une exception ; l'homme est libre par lui-même et non par la volonté d'autrui ; celui qui cesse de l'opprimer, cesse d'être injuste, et ne commence pas à être généreux.

Clavière propose *de ne point cesser de caresser notre attachement pour la France,* et il ajoute par là l'insulte à la calomnie : notre attachement pour la France, nous le répétons encore, est trop bien senti pour avoir besoin d'être fortifié par les caresses d'un ministre ; on outrage le peuple quand on prétend le caresser, et il serait esclave le jour où il souffrirait la flatterie ou la tutelle d'un homme ; cette expression ne devait jamais souiller la bouche d'un des premiers fonctionnaires de la République Française, dont la politique grande et juste lui prescrit des sentiments plus élevés sur la morale publique et plus respectueux envers le peuple qui ne souffrira pas, sans doute, qu'on exerce envers les Corses qui en sont une partie, des moyens dictés par l'intrigue ou la malignité.

Le ton énigmatique du discours du ministre dévoile bien l'esprit qui l'a dicté : il parle *d'un intermédiaire perfide qui depuis la révolution sacrifie, peut-être, par ses intrigues, soit pour son intérêt personnel, soit pour servir des intérêts oppo-*

sés à ceux de la République, les avantages que la France et la Corse retireront d'une administration vraiment civique.

Cette astucieuse délation n'a droit de nous étonner que par la malignité et la bassesse qui l'ont dictée, et parce que ce langage mystérieux ne convient ni à la franchise ni à l'austérité du ministre d'une grande république. Clavière dénonce les plus hauts attentats, et il n'ose pas en désigner l'auteur ! il excite la surveillance de la Convention nationale sur un objet si intéressant, et il n'a pas encore formé sa propre conviction ! il faut qu'ils soient bien légers les motifs qui l'ont déterminé, puisque il n'a obtenu de sa conscience qu'un *peut-être* ; expression qui décèle l'incertitude la plus marquée, même dans l'âme de ce ministre, qui, en dénonçant Paoli, n'a pas osé le nommer ; comme si le poids de ce nom fameux avait étouffé la malignité du dénonciateur.

Si la défense d'un citoyen n'intéressait que lui, si lui seul était attaqué comme individu, nous lui laisserions le soin de répondre, comme il l'a fait à toutes les imputations qu'on accumule sur sa tête avec tant d'immoralité et d'acharnement ; mais Clavière, en jetant des doutes sur sa conduite, suppose la patience ou l'intervention des Corses, et nous devons répéter à la Convention nationale, moins pour le besoin de le justifier, que pour détruire toute sorte de soupçon sur nos administrés, les vérités évidentes pour tous les hommes qui ont quelque respect pour la vertu et savent lui rendre hommage dans les personnes qui la professent.

Nous ne ferons pas ici l'histoire de la vie de Paoli avant la révolution ; il a mérité l'amour de ses concitoyens, l'approbation de tous les hommes impartiaux, et a forcé les ennemis de son pays, à lui payer un tribut d'estime qui est le triomphe le plus éclatant pour l'homme de mérite.

En 1789, et lorsqu'il était encore à Londres, le peuple, en invoquant la liberté, rappelait son nom avec les sentiments d'une confiance juste et honorable. Les aristocrates s'épouvantaient déjà : un décret l'invitait à rentrer dans sa patrie : pénétré de ses nouveaux devoirs, il commence sa carrière dans la France qui venait de l'adopter : il prête le serment civique entre les mains des représentants de la Nation, et lui promet la foi que des hommes libres ne violent jamais ; rentré en Corse après vingt ans d'exil, il accomplit sa promesse : il paraît : les ennemis de la liberté fuient de toute part, et le peuple délivré de toute entrave, nomme les autorités constituées, et organise le gouvernement populaire : depuis cette époque, il a toujours employé son crédit et son influence à répandre, à soutenir les principes de liberté, et à prévenir ou étouffer les projets des méchants ; il nous suffit de rappeler en général les principes et les résultats de sa conduite, pour éclairer les hommes qui ne désirent que la la vérité, et qui la saisissent de bonne foi avec la satisfaction secrète d'une conscience qui aime le bien ; quant aux méchants, nous les laissons gonflés de rage, dans le mépris de l'opinion publique, et avec l'inquiétude secrète du jugement terrible qui les attend.

Où est donc cette manœuvre de faire de la Corse une association à charge à la France, et que Clavière suppose ? ce projet nouveau dans l'art de la fourberie, de dégoûter les Français par la non-exécution des lois ? comment Clavière, sans nul fondement, a-t-il pu verser le poison de la calomnie sur un peuple qui mérite les consolations de tous les amis de la liberté ?

Voici ce que les députés de Corse à la Convention Nationale auraient pu observer avec vérité, en faveur des habitants de leur Département : ces députés, dont trois venaient de sortir de l'administration, et qui étaient par conséquent, personnellement intéressés dans la dénonciation du ministre.

Par quelle fatalité ont-ils gardé le silence ? la vérité, la justice, l'honneur et l'intérêt de leur pays, la mémoire de nos ancêtres, le sang répandu pour la liberté, leur propre dignité, la confiance enfin dont ils étaient revêtus, leur commandaient de ne point être insensibles à l'outrage que leurs concitoyens venaient de recevoir d'une manière si éclatante : s'il entrait dans les combinaisons de la surveillance Nationale de prendre des mesures pour mettre notre Département, dont l'importance est généralement sentie, à l'abri de toute invasion ennemie, avait-on besoin de nous noircir par la plus insigne calomnie, pour présenter ces mesures et les accréditer auprès la Convention? avait-on besoin de faire précéder dans les feuilles publiques, les absurdités les plus odieuses, pour pervertir l'opinion générale? de blesser tous les principes, en soumettant la nomination des officiers des quatre bataillons levés en vertu du décret du 3 février, à la volonté immédiate du Pouvoir exécutif? de mettre ces emplois à la discrétion des quelques particuliers qui en ont fait un objet de spéculation scandaleuse pour leurs parents et amis? de faire précéder la mission la plus auguste, par les traits les plus contraires à la morale et à l'esprit public? Le droit d'élire est une partie de la Liberté du peuple. Pourquoi donc les Corses, comme tous les autres citoyens Français, qui se voueront à la défense de leur Patrie, n'auront-ils pas la satisfaction de marcher sous des chefs qu'ils se seront choisis? Dans le nombre de ceux qui sont nommés, il en existe qui méritent la confiance dont ils ont été honorés, et qui ont les marques glorieuses de leur valeur dans la défense de la liberté, et certes ils sauront se reconnaître à cette désignation, mais combien d'autres auxquels la conscience reproche une conduite anticivique ou indifférente, ont-ils été étonnés de se voir élevés aux grades les plus éclatants? d'ailleurs toute forme arbitraire est moins odieuse parce qu'elle est mal appliquée, que parce qu'elle est arbitraire ; un Dieu seul, par sa seule volonté, pourrait bien gouverner les hommes, mais quel est le mortel qui lui ressemble? ce sont les Despotes qui ont toujours prêché contre les inconvénients des élections et des jugements du Peuple, parce qu'ils voulaient tenir entre leurs mains les peines et les récompenses, former des satellites et non pas des citoyens, parce qu'ils voulaient intéresser un parti en faveur de leur domination injuste. Cette odieuse doctrine serait-elle celle que l'intrigue cherche à faire valoir à notre égard ?

Représentants, nous savons comme vous êtes grands et justes, nous savons que vous êtes à la hauteur des destinées du Peuple français, notre confiance est toute en vous comme celle de tous les bons Français; mais repoussez la calomnie qui assiège nos concitoyens, entendez-nous ; et votre jugement alors est un triomphe assuré à votre justice et à notre conduite.

Nous savons combien d'intérêts particuliers nous blessons par la franchise de nos expressions, à combien de ressentiments nous sommes exposés : mais qu'est-ce que le danger pour des hommes qui ont juré d'accomplir leur devoir ou de mourir à leur poste, pour des hommes qui sentent le besoin de vous éclairer, de déconcerter les intrigants et de vous dire enfin, que le moyen le plus grand et le plus sûr de préserver ce Département de tous les inconvénients qui le menacent, est de mettre dans le brave peuple qui l'habite, la confiance qui est due à sa vertu, à sa loyauté. Cette conduite fut toujours inséparable du caractère des représentants et des magistrats d'un peuple libre, et ne les trompa jamais ; si la calomnie et la facilité avec laquelle on l'a accueillie nous ont réduits à la nécessité de nous justifier, que la honte en retombe sur les imposteurs et les hommes faibles ou injustes qui ne l'ont pas repoussée avec vigueur !

Représentants, nous vous avons montré la vérité dans toute sa nudité, puisse-t-elle accabler les calomniateurs, et étouffer à jamais leurs clameurs malfaisantes, puissent les traîtres qui sacrifient leur pays à une ambition déplacée et mal soutenue, rentrer dans leur néant et être réduits à l'impuissance de faire le mal.

Clavière nous a calomniés en présence de la Convention, de la France, et de l'Europe entière. Le poids de cette imputation s'est fait d'autant plus sentir, qu'elle a eu le caractère de la légalité, et la publicité d'un acte du gouvernement ; nous avons dû répondre avec la force de la vérité, et les sentiments qui nous sont inspirés par l'amour de la Patrie, l'estime et l'intérêt que nous avons voués à nos concitoyens, qui sont bien loin de mériter toutes les injurieuses imputations dont Clavière s'est plu à les accabler.

Quant à nous, appelés à l'administration depuis trois mois, nous défions jusqu'à la censure et à la malignité de Clavière, de pouvoir nous reprocher un seul acte ou une négligence volontaire contraire à l'austérité de nos devoirs : nous vous promettons la soumission la plus entière et l'activité la plus assidue à vous informer de nos opérations et de l'état de notre département, sûrs que nos pétitions seront bien accueillies, car qui sert bien sa patrie a droit d'en être écouté.

A Corte, le 28 mars 1793, second de la République.

Les administrateurs du directoire du département de Corse,
    Signés : Pozzodiborgo, procureur-général-syndic ;
        Murati ; Ordioni ; Giacomoni ; Panattieri ;
        Filippi ; Ferrandi, vice-président ; Muselli,
        secrétaire-général.

Extrait du procès-verbal des Séances du Conseil général du département de Corse (1).

Article de la Séance du 17 mars 1793, l'an deuxième de la République.

Un membre ayant fait lecture du rapport du Ministre Clavière, du 1er février dernier, a observé que ce ministre a

---

(1) Cet extrait est joint dans l'imprimé à la pièce précédente.

calomnié avec la plus insigne mauvaise foi le peuple de ce département, ainsi que le général Paoli, en lui prêtant des intentions sinistres et lui supposant des vues et des projets contraires à l'intérêt général de la République et à la loyauté de son serment et de ses promesses : qu'il est de toute nécessité pour l'honneur des Corses, de démentir les assertions calomnieuses de ce Ministre, et de dévoiler la cabale qui cherche à exciter la méfiance de la Convention nationale et des Français, sur la loyauté des sentiments de nos administrés, comme aussi de faire des observations à la Convention nationale, sur les mesures qui pourraient avoir été surprises à sa justice et à sa sagesse, d'après les insinuations qui lui ont été faites par des hommes intéressés à tromper sa bonne foi.

Sur quoi, le Conseil, ouï le procureur-général-syndic, plein de confiance dans la justice de la Convention nationale, fier de la conduite républicaine de ses administrés, jaloux de conserver à ses concitoyens la réputation qui leur est acquise, et qu'ils ont méritée tous les jours, depuis la révolution, par leur loyauté et leur constance dans la défense de la liberté et de l'égalité :

Considérant qu'il est de son devoir de détruire les erreurs et d'arrêter les effets de l'imposture, ne pouvant pas d'ailleurs prolonger pour plus longtemps sa séance, et ayant dans son Directoire et Procureur-général-Syndic la pleine et entière confiance qu'ils ont méritée de tous leurs Administrés :

Arrête qu'il sera fait mémoire, en forme d'adresse à la Convention Nationale, pour servir de réponse au Ministre Clavière. Charge son Directoire de le rédiger avec l'énergie que la vérité, la dignité du Peuple, et ses sentiments républicains doivent lui inspirer.

Pour expédition conforme à l'original,
FERRANDI, vice-président.
MUSELLI, secrétaire-général.

AI CORSI LIBERI E FRANCESI

Il Cittadino Pasquale Paoli, Tenente generale comandante in capite nella vigesima terza divisione militare della Repubblica.

Carissimi Compatriotti,

Io non dovea aspettarmi, dopo una travagliosa carriera costantemente consacrata alla difesa della Patria e della Libertà, senza la quale Patria non vi è, dopo tutti i passi fatti da tre anni a questa parte in corrispondenza del vostro desiderio e dei vostri replicati inviti che mi richiamavano tra voi per concorrere coi vostri sforzi ad assicurare al nostro paese i vantaggi della rivendicata libertà, e dopo tutti i pegni i più solenni de' miei sentimenti, da me dati in pubblica ed in privata forma ai rappresentanti della gran Nazione, di cui facciamo parte dalla rivoluzione in poi, io non dovea, dissi, aspettarmi, che verrebbe un giorno in cui la calunnia con moltiplicate macchinazioni e con pratiche di ogni più odioso genere, si adoprerebbe a sparger sospetti sulla lealtà delle mie intenzioni, e sulla sincerità del mio attaccamento per la Repubblica. Finchè tali pratiche sono state condotte nella oscurità di cui ha per costume farsi manto il livore e la viltà, sicuro della mia coscienza, e, se mal non mi lusingo, della vostra testimonianza e confidenza, io le ho trattate con quel disprezzo, con cui spero che saranno state trattate da tutti i buoni; ma allorchè, superato ogni ritegno, la calunnia le riproduce, con audacia uguale alla malignità, nel seno della Convenzione Nazionale istessa; allorchè un membro del Consiglio esecutivo nazionale, uno de' ministri della Repubblica, in un rapporto sulle funzioni del suo ministero, diretto ai Rappresentanti della Nazione, osa appoggiare colle sue imputazioni e sospetti, tutto quello che la più sfrenata detrazione avea finora avventurato soltanto per la via dei fogli pubblici, e di vaghe anonime denunzie, devo alla mia riputazione ed onore così impudentemente attaccati, devo alla confidenza di cui mi onora il Governo Nazionale, di cui mi avete voi sempre onorato, e che è mio costante proposito di non mai demeritare, di respingere gli ingiuriosi tratti lanciati contro il mio patriottismo ed onore, con pubblicità proporzionata all'importanza delle imputazioni, di confondere l'autorevole impostura, d'illuminare il pubblico imparziale sulla mia condotta e determinazioni nelle attuali circostanze.

Il cittadino Clavière, Ministro delle Contribuzioni pubbliche, rendendo conto alla Convenzione Nazionale, in un rapporto stampato sino dai 7 dello scorso febbraio, delle operazioni del suo ministero; e trovando che la Corsica è sventuratamente fin' ora tra i dipartimenti, che meno hanno versato nel tesoro pubblico della massa a cui sono stati tassati, senza prendere in considerazione, come sarebbe stato ovvio e naturale ad un ministro senza prevenzione, per spiegare un tal fatto, la modicità delle naturali risorse del nostro paese, il disastroso stato in cui è ridotto da lunghe guerre intestine ed esterne, sostenute per rivendicare la propria libertà, le conseguenze desolanti di un dispotico regime introdottovi dalla conquista, e prolungato per venti anni di oppressione, e le difficoltà in fine di sistemare così prontamente con successo le operazioni complicate della nuova Amministrazione contributiva, trova più comodo di rifonderne la cagione nel poco zelo dalla parte del nostro popolo a contribuire a' pesi nazionali; e quantunque egli affetti di credere che la maggior parte de' Corsi sia naturalmente attaccata alla Repubblica, e che un tale attaccamento non abbia potuto che fortificarsi nell'animo loro dopo che essi sono a parte della libertà rivendicata per mezzo della rivoluzione della Francia, non dissimula un momento appresso, che alle pratiche solamente di qualche *perfido intermediario, che abusa del suo credito ed ascendente sopra di loro per proprio interesse, o per favorirne altri opposti a quelli della Repubblica,* si deve che i Corsi contribuiscono così poco ai bisogni dello Stato, e corrono rischio di lasciarsi strascinare a delle connessioni e trame contrarie al bene della Nazione.

Così questo Ministro, oltraggiando ugualmente la lealtà del nostro popolo e la mia, vorrebbe farmi credere venduto agl'interessi ed alle vedute dell'Inghilterra, e voi come gente che sia alla libertà ed alla Repubblica attaccata soltanto per divozione alla pretesa versatile influenza di un cittadino senza carattere e senza principi.

Quando si rispetta così poco la morale delle nazioni e degli individui che in esse si distinguono; quando si azzardano senza prove superiori ad ogni eccezione, imputazioni così atroci, non si dimostra troppo di aver titolo alla pubblica confidenza, nè di esser fatto per aver parte alla direzione del governo di una Nazione grande e sensibile, della quale, quanto deve provocarsi il sospetto e il risentimento sulla slealtà e il tradimento, che troppo spesso dopo tanti secoli di corruzione e di schiavitù si scuoprono sotto la maschera del falso zelo e dell'affettato patriottismo, altrettanto converrebbe coltivare le abituali generose disposizioni verso ogni genere di pubblica virtù. E quali argomenti hanno potuto indurre nell'animo di questo Ministro una persuasione così ingiuriosa ad un intiero popolo ugualmente che ad un individuo, il quale ha finora goduto di qualche favore nella opinione pubblica de' suoi contemporanei? Un popolo che è stato il primo in questa età a sollevarsi contro l'oppressione, a reclamare la libertà, ingenito retaggio delle Nazioni, a sostenerla col proprio sangue, principalmente nella penuria di ogni mezzo, che potesse presentare ragionevol prospetto di successo, per quaranta e più anni, contro gli sforzi de' suoi originari tiranni, secondati a diverse riprese dalle mercenarie falangi della Corte di Vienna e del dispotico Gabinetto di Versailles; un popolo che ha visto l'eccidio di una parte della presente sua generazione nella ineguale lotta, e di cui un'altra parte potè rinunziare alla Patria istessa, dopo che la conquista vi portò la servitù, è egli fatto per tener sì poco conto della libertà, quando la sua unione colla Repubblica Francese glie l'assicura così efficacemente? dovrà egli essere creduto sì stupido, così indifferente ai vantaggi ed al godimento di una libertà sì caramente acquistata, da sacrificarla così prontamente ai pretesi interessi di una straniera Nazione, o alla perfida ambizione di un solo uomo? E un'uomo che non è amato da voi, carissimi Compatriotti, che non è conosciuto dai suoi contemporanei che per essere stato a parte dei vostri travagli e dei vostri pericoli nella carriera della libertà; che a questo solo deve la favorevole riputazione con cui è stato finora accolto il suo nome dai Patriotti di tutte le Nazioni; che non ha sopravvissuto alla perdita della Libertà da lui difesa alla vostra testa che in aspettativa di miglior destino, è egli fatto per sacrificarla così lievemente al proprio interesse, o all'interesse di una straniera Nazione? Quale interesse in un'anima non vile può venire a confronto dell'amor della Patria, della pubblica stima e della gloria? Qual Nazione, in cui non sia intieramente abolito il senso della propria dignità dell'uomo, potrebbe con altro che colla pubblica esecrazione e disprezzo, ricevere e risguardare un traditore? Mostra ben di mal conoscere quella istessa straniera Nazione a cui allude nel suo discorso il calunnioso Ministro, e nella quale sono sì frequenti gli esempi di ogni genere di magnanimità, se s'immagina che slealtà e tradimenti possono esser titoli alla di lei considerazione e stima; come mostra di avere attinto forse dalla vile perversità del proprio cuore l'idea che egli mi presta di ritornare, accompagnato dalla infamia e dal disonore, a riscuotere il prezzo del tradimento in un paese, ove la benevolenza e il compatimento di tutti i buoni mi ha apprestato per venti e più anni il più caro e lusinghiero conforto nel volontario allontanamento dalla serva mia Patria! E non mi era forse più breve e piano cammino, se io mi fossi proposto di servire ai pretesi interessi dell'Inghilterra a danno della mia patria, colla mia permanenza in quel paese, e (volendo anche ritornare tra voi) coll'evitare la strada di Parigi e gli impegni ivi da me accettati in faccia ai rappresentanti della Nazione Francese di consolidare, quanto per me si potrebbe, l'unione della Corsica alla Francia libera, non mi era, dissi, più naturale breve cammino d'intavolare, senza la taccia d'un tradimento, le pratiche di cui cerca ora di rendermi sospetto il diffidente Ministro? E non mi era egli permesso, se io avessi potuto allora concepire un tal disegno, di sperarne più sicuro e plausibile successo, in un tempo in cui la sublimità de' principi, ai quali era rimontata l'Assemblea Costituente, più non gli lasciava la Libertà di non riconoscere nella Corsica l'ingenita indipendenza delle Nazioni, come la di lei giustizia non gli avea permesso di esitare un momento a dichiararne nulla ed infame la conquista; in un tempo in cui la riconoscenza Nazionale non potea ancora avere fissate sì salde radici nel nostro paese, ove era ancora troppo recente la memoria ed il senso della passata oppressione; in un tempo in cui non si erano ancora accumulati sul nostro popolo i giornalieri benefizi, coi quali, dalla rivoluzione in poi, i rappresentanti della Francia hanno cercato di espiare la prepotente occupazione dei suoi tiranni, e di giustificare il voto dei Corsi di seguitare a far parte della stessa Nazione, di preferire alla loro originaria indipendenza la riunione alla Francia libera? Allorchè si ha un nome e un carattere, ed un'anima fatta per sentirne il valore, allorchè si è appresa la virtù alla scuola dell'avversità, allorchè si è invecchiati nella carriera dell' onore e nella resistenza alle seduzioni ugualmente che alle minaccie dei despoti, si può incontrare con aperta fronte la calunnia, ed è permesso di dargli solennemente la mentita.

Voi che conoscete i miei abituali sentimenti, amatissimi Compatriotti, che potete giudicarne, e da quelli che vi ho recentemente manifestati nella mia lettera circolare dello scorso mese, che mi giova qui richiamare alla vostra memoria, e dal tenore della mia vita intiera, compatirete, spero, l'onesta indignazione con cui sono forzato a rispingere imputazioni così ingiuriose alla vostra e mia lealtà ; nè attribuirete a troppo vana compiacenza il fiero linguaggio con cui, in opposizione alla maligna impostura, ho dovuto rammentare quel che finora mi ha dato qualche dritto al vostro sovrabbondante affetto. E tanto più devo lusingarmi del vostro compatimento, quanto che potrete rilevare dalle qui annesse lettere segnate N° 1 e N° 2, che formano parte della mia corrispondenza con diversi membri del Consiglio Esecutivo, e delle quali non potea non aver conoscenza il Ministro delle contribuzioni, che in diversi tempi, anteriormente al conto reso dal Ministro medesimo, io avea presa replicatamente occasione di rinnovare al Consiglio Esecutivo Nazionale l'espressione dei miei sentimenti verso la Repubblica, e di metterlo in guardia contro le suggestioni della calunnia e del livore che avea luogo di scorgere in particolar maniera animati contro di me da qualche tempo.

La generosità dei sentimenti della Nazione Francese non mi permette di temere che essa sia per accogliere altrimenti che con disprezzo imputazioni così assurde ed immorali, nè che abbia si leggermente a pensare che io possa si mal corrispondere all'entusiastico favore con cui mi ricevè nel suo seno, alle testimonianze che mi prodigò della sua stima ed interesse : testimonianze che formeranno sempre uno dei più permanenti conforti per il resto de' miei giorni, come formarono allora uno dei più lusinghieri e luminosi punti della mia vita.

Del resto per quanto profondo sarebbe il dolore da cui sarei penetrato se un tal cambiamento sul mio particolare potesse mai aver luogo nella opinione della gran Nazione di cui formiamo parte, per quanto io sarei vivamente mortificato di scorgere che la malignità e la calunnia avessero lasciate delle impressioni durevoli nella Convenzione Nazionale medesima, io troverò sempre nella testimonianza della coscienza e nelle giornaliere riprove della vostra confidenza ed affezione, amatissimi Compatriotti, una inesausta risorsa di consolazione e coraggio. Ben sapeva che per servire la causa pubblica non vi ha pericoli, persecuzioni e disgusti che il buon patriotto non debba incontrare; nè pericoli, persecuzioni e disgusti saranno bastanti a raffreddare il mio attaccamento per la Patria e per la Libertà sino a che io potrò lusingarmi di servirle con qualche successo. Pure se gli incessanti attacchi della calunnia mi forzassero a rinunziare alle funzioni affidatemi dal Governo Nazionale, se la diffidenza mi mettesse nella necessità di deporre un incarico da me accettato soltanto per corrispondere alla voce della Patria, in pericolo ed al bisogno del momento, io rientrerò senza rammarico e senza rimorsi nel rango di semplice Cittadino, e sotto la protezione delle leggi e del vostro affetto, nulla più mi resterà a desiderare che l'occasione di consumare con quello della vita i pochi sacrifizi, che ho potuto offrire alla Patria ed alla Libertà, e che, per quanto valutati dalla abituale generosità dei vostri sentimenti verso di me, saranno sempre inadeguati nell'animo mio al senso delle mie obligazioni verso di voi ed alla illimitata mia riconoscenza.

Copia N° 1.
Al Ministro della Guerra.

Corte, 28 gennaio 1793, l'anno 2 della Repubblica Francese.

Cittadino Ministro,

Sono informato che degli ambiziosi senza freno si sforzano, da qualche tempo, sia per la via dei fogli pubblici, sia per quella di oscure insinuazioni, di spargere dei sospetti sulla sincerità del mio attaccamento alla Repubblica, e del mio zelo per tutto ciò che può contribuire alla di lei gloria e prosperità.

Forte della mia coscienza e della purità de' miei sentimenti, sarei stato indifferente a così bassi maneggi, se non avessi luogo di credere che hanno principalmente per autori dei cittadini onorati della confidenza pubblica, nei quali il sentimento di ambizione fa tacere quello della giustizia, e rende forse odioso quello della riconoscenza.

Qualunque siano pertanto i motivi, cittadino Ministro, che si cerca di far valere per dar credito a sì vili ed ingiusti sospetti, mi giova sperare che essi non saranno mai accolti da quelli che hanno elevazione di animo bastante per credere alla virtù, e presso dei quali i momentanei latrati dell'invidia non potrebbero facilmente prevalere al sacrifizio reale di una vita intiera costantemente consacrata alla libertà ed al bene del popolo. Io spero che non si sarà sì leggermente dimenticata la lealtà della mia condotta, nè i pegni solenni che io diedi de' miei sentimenti alla Nazione, allorchè i miei compatriotti ricevuti nel suo seno divennero liberi e Francesi. Io spero finalmente che si sarà ben convinti, che accettando il comando militare di questa divisione, io non ho fatto che corrispondere alla voce ed al momentaneo bisogno della Patria in pericolo ; che apprezzare, come dovevo, la luminosa testimonianza di confidenza che mi dava la prima Amministrazione Nazionale ed i mezzi che mi offriva di mettere al coperto da ogni rischio la libertà e l'uguaglianza in questa parte della Repubblica.

Queste assicurazioni, di cui la sodezza non è sottoposta nè alla influenza delle circostanze, nè a quella di passaggeri effimeri avvenimenti, e che vi prego di voler rinnuovare al Consiglio Esecutivo Nazionale da parte mia, debbono chiudere la bocca non che all'oscura delazione, ma alla maldicenza la più sfrontata. Ciò non pertanto, se esse riuscissero insufficienti, cittadino Ministro, a garantire gli ultimi giorni della mia carriera dal veleno del livore e della calunnia, io mi troverei forzato ad abbandonare delle funzioni rese inutili dalla diffidenza, e riprenderei senza rammarico, come senza rimorsi, la qualità di semplice cittadino, alla quale, per mia consolazione, la benevolenza de' miei compatriotti è abituata ad attaccare qualche pregio.

Il Tenente generale Comandante in capite
della vigesima terza divisione militare,
PASQUALE PAOLI.

Copia N° 2.
Al Ministro dell' Interiore.

Corte, 31 gennaio 1793, l'anno 2. della Repubblica Francese.

Cittadino Ministro,

Ho ricevuta la lettera di cui mi avete onorato, de' 4 di questo mese, unitamente agli stampati che vi erano annessi.

La Corsica, è ben vero, come voi giustamente osservate, è naturalmente fatta per esser libera, e la libertà è stata in passato per i di lei abitanti l'oggetto costante de' loro sforzi, come è oggi giorno la sorgente della loro felicità. Io ben devo loro questa testimonianza; i Corsi in quei tempi infelici che il nome istesso di libertà era ancora ignoto a tutti i loro vicini, liberatisi con lunghe e sanguinose guerre, dall'odioso giogo che gli opprimeva, e resi alla loro naturale indipendenza, sentirono il bisogno di non goderne che per mezzo di convenzioni sociali, di collegarsi coi vincoli del comune interesse, di sottomettere in una parola i loro voleri all'impero dell'ordine e della giustizia. Con questi sentimenti essi si occuparono delle loro civili istituzioni; e così ebbero delle leggi che la volontà di tutti avea dettate, e dei magistrati che la più intiera libertà avea scelti nelle loro assemblee. Essi aveano già cominciato a gustare i dolci frutti della libertà e dell'uguaglianza, che non ne fu mai separata fra noi; già erano sparite le traccie dell'anarchia, ed una perfetta pace sembrava vicina a coronare l'opera delle loro virtù e coraggio, allorchè furono nuovamente ridotti in servitù dal penultimo despota della Francia, che dovè temere che la vicinanza e l'esempio di un popolo libero non fossero propri ad aumentare nell'animo de' Francesi la vergogna e l'indignazione della loro schiavitù sotto il più spregievole dei Re. Dopo venti anni di oppressione, questi inestimabili vantaggi sono offerti ai Corsi da una Nazione generosa e sensibile, la quale, gelosa di espiare l'ingiustizia de' suoi passati tiranni, vuole associarli alla sua grandezza, alle sue forze ed ai suoi mezzi. Quella libertà che era stata loro rapita, e che appena osavano più sperare, i Corsi la ricuperano ora, stabilita sopra ben più solide basi, e sostenuta dalle più vaste risorse: perfino il nome dei Re sparisce loro dagli occhi e si trovano ad un tratto sollevati al titolo di Repubblicani Francesi. L'elevazione di un tal destino è troppo ben sentita dai Corsi, cittadino Ministro, perchè veruna idea d'isolamento o affezione di località possa mai bilanciarne il pregio nell'animo loro: il loro attaccamento alla Repubblica è garantito dagl'interessi i più cari agli uomini, e la loro condotta egualmente che il loro linguaggio, proveranno sempre quanto essi si tengono onorati dell'attuale loro sorte.

Tali sono, Cittadino Ministro, i sentimenti de' miei compatriotti ed i miei. Io gli ho professati per tutta la mia vita, e veruna considerazione non potrà mai cambiarli; nè sarà mai tentato di alterarli in questo paese, se non qualche sfrenato detrattore, la di cui condotta, equivoca agli occhi della imparzialità e del desinteresse, vorrebbe evitarne la giusta censura. Per prevenire l'effetto di simili calunnie, io avea ultimamente rinnovato al Consiglio Esecutivo per il canale del Ministro della guerra le assicurazioni del mio zelo, colla lettera di cui troverete qui annessa la copia.

Gradite frattanto, Cittadino Ministro, i miei sinceri ringraziamenti per la confidenza che voi dimostrate nella mia buona volontà per il mantenimento del buon ordine e per i progressi dello spirito pubblico in questo Dipartimento. Gli scritti che vi siete compiaciuto di mandarmi sono adattati a contribuirvi essenzialmente, ed io non trascurerò alcun mezzo per spargerli con successo. Ho consacrati i miei giorni alla felicità de' miei concittadini, e se qualche cosa mi attacca ancora alla vita, non è che la lusinga di poter esser loro ancora di qualche utilità.

Il Tenente generale Comandante in capite della vigesima terza divisione militare,
PASQUALE PAOLI.

Sessione pubblica del Direttorio del Dipartimento di Corsica, degli 8 aprile 1793, 2° della Repubblica.

Il Direttorio del Dipartimento di Corsica, composto de' cittadini Panattieri, Ferrandi, Ordioni, Ciavaldini e Filippi. Vice Presidente, essendosi trasferiti nella sala consueta delle loro sessioni, assistiti dal Segretario generale, ed in presenza del Procurator generale sindaco, e dopo la lettura del processo verbale della sessione di ieri, una Deputazione degli Amici incorruttibili del Popolo, della Legge, della Libertà e dell'Eguaglianza della Città di Ajaccio è stata introdotta nella sala.

Il Cittadino Lorenzo Cervotti, uno di questi, portando la parola ha detto :

« Cittadini Amministratori,

» Deputati della Società degli amici incorruttibili della Libertà e dell'Eguaglianza nella città d'Ajaccio, noi riguardiamo come un momento il più fortunato, quello in cui possiamo esprimere ai magistrati di un Popolo libero il rispetto e la riconoscenza, che i nostri confratelli e noi, professiamo all'Amministrazione del Dipartimento.

» Nella circostanza in cui i perfidi nemici della Patria cospirano contro la Libertà, la Società degli amici del Popolo non dovea aspettarsi di dovere riconoscere nei suoi propri Cittadini, mostri che partecipano dei disegni de' nostri nemici. Voi sarete già informati, come noi lo siamo, Cittadini Amministratori, che allorquando il Popolo di Corsica nutre i sentimenti di Patriottismo il più puro, il più Repubblicano, il più Francese, alcuni perfidi nemici del suo onore e della sua gloria, l'hanno denunziato alla Francia ed all'Europa intiera come disleale nelle sue promesse e poco affezionato alla causa, che ha tante volte sostenuto con coraggio e con energia; hanno aggiunto, gl'impostori, che noi avevamo alberato lo stendardo della rivolta ; che il Cittadino Generale Paoli, abbandonando il sentiero della gloria da lui calcato con costanza e con virtù energica, avea ingannata la pubblica confidenza ; e sono pervenuti a pervertire l'opinione de' nostri fratelli Francesi troppo facili a cedere alle sedizioni de' malevoli, ed a giudicare i Corsi con leggerezza.

» Noi abbiamo avuto il dolore di vedere, che alcuni di questi esecrandi calunniatori sono quelli stessi de' quali la Corsica si è purgata per non sopportarne l'infezione, e la stessa nostra Città d'Ajaccio. A nome dunque di questa Città fiera e gloriosa della sua Patriottica condotta nel decorso della Rivoluzione, ed in tempi anche più critici e più pericolosi; a nome della Società degli Amici incorruttibili della Libertà e dell'Eguaglianza, noi, mandatari di settecento Cittadini che la compongono, veniamo con confidenza nanti l'Amministrazione superiore, per smentire altamente le nere calunnie che sono state vomitate contro del Popolo Corso, dell'Amministrazione che ha meritamente scelto, e del Cittadino Generale Paoli, che carco d'anni e di merito dovea soffocare l'audacia degl'impostori e trovare tanti difensori, quanti vi sono amici della Libertà e della virtù. La Città d'Ajaccio e la Società degli amici del Popolo abbandonano alla pubblica esecrazione quei traviati o perfidi, che hanno machinato contro la Corsica il più nero progetto; scaccia dal suo seno i figli indegni che sono stati sempre una malattia distruttrice per essa nel tempo del Dispotismo ed in quello della Libertà, che avidi del sangue e dei denari del Popolo hanno sempre cercato di procurarselo col prezzo del delitto e del disonore.

» La Città di Ajaccio e la Società degli Amici incorruttibili del Popolo, dichiarano all'Amministrazione, alla Corsica ed alla Francia intiera, che essi non cesseranno di dare l'esempio della fermezza e del coraggio nella carriera del Patriottismo;

» Che hanno veduto con la più alta soddisfazione la condotta energica che avete tenuto, Cittadini Amministratori, nelle circostanze difficili, nelle quali la calunnia ed il tradimento hanno gettato il popolo Corso: Voi avete intieramente interpretato i suoi sentimenti in tutte le vostre risposte, petizioni e dimostranze fatte alla Convenzione Nazionale ed alle altre autorità costituite; ricevetene la riconoscenza degna di uomini liberi, gli applausi e la soddisfazione del popolo. »

Sottos. Fran. CARBONE, Pietro CARBONE, CERVOTTI.

Il Vice Presidente ha risposto a nome del Direttorio, a' detti Deputati, testimoniando loro la soddisfazione dell'Amministrazione generale su' sentimenti patriottici e repubblicani, espressi nel loro discorso ; che essa era di già persuasa che la Società nuovamente stabilita in Ajaccio, avrebbe influito non poco a schiarire il popolo su' suoi veri principi che sono quelli della perfetta esecuzione della legge, e di vivere e morire Francesi liberi e repubblicani. Ha invitato codesti deputati di assicurare gli Amici incorruttibili del Popolo, della Libertà e dell'Eguaglianza, dell'amore e della fraternità dell'Amministrazione generale.

Un membro ha proposto l'impressione del discorso pronunziato dalla Deputazione, e che questa sia ammessa alla sessione. Il Direttorio, dopo di avere inteso il Procurator generale sindaco, ha ammesso la Deputazione alla sessione, ed ordinato l'impressione del detto discorso, e della risposta del Vice Presidente.

Sottoscritti : PANATTIERI, FERRANDI, ORDIONI, CIAVALDINI, FILIPPI, vice-presidente ; POZZODIBORGO, pr. gener. sind. ; MUSELLI, segretario gen.

LIBERTÉ, ÉGALITÉ.

*Le Directoire du Département de Corse
a ses administrés.*

Les despotes ont conjuré contre nous pour étouffer dans le germe la République naissante, et avec elle la liberté du monde : tous les hommes libres se sont levés pour la défendre, et la Convention nationale a pris de grandes mesures pour diriger et mettre en mouvement les ressources immenses que lui offre le premier peuple de l'univers.

Pour exciter le courage qui triomphe de tous les dangers, elle a envoyé dans les départements des commissaires choisis dans son sein, et la Corse a déjà le bonheur de les posséder.

Ces commissaires viennent de vous témoigner par leur proclamation la confiance honorable qui est due à votre loyauté et à votre attachement à la République ; ils vous invitent à courir aux armes pour défendre la liberté et l'égalité ; ils s'occupent à accélérer votre bonheur et à le rendre durable.

Citoyens, soyez donc les instruments de votre propre prospérité et de votre gloire, et rendez-vous dignes de l'estime de vos contemporains et de la reconnaissance de la postérité ; rangez-vous sous les drapeaux tricolores, marchez à la victoire, que votre main s'appesantisse, qu'elle écrase la tête des despotes, et que les noms des Corses Français et libres soient gravés dans les annales de la République triomphante.

Les ennemis de la Patrie, les uns avec le masque hypocrite du patriotisme, les autres avec l'exagération de l'esprit de parti, ont osé supposer à cette mission auguste un caractère de violence qu'elle ne peut pas avoir. Les perfides, ils espéraient d'exciter des divisions pour assouvir la soif de leurs vengeances, dans le sang des citoyens.

Les intrigants sont confondus, leurs manœuvres sont détruites ; nous n'avons tous que les mêmes sentiments, le même amour pour le bien général, et le même courage pour défendre la liberté commune, l'unité et l'indivisibilité de la République.

Citoyens, repoussez loin de vous toute suggestion contraire, que le feu de la liberté vous enflamme, et qu'il dévore toutes les passions viles et intéressées. La Patrie est menacée, et il y aurait un seul de ses enfants qui refuserait de se sacrifier pour elle ? La Patrie qui nous donne l'existence, qui excite le courage, qui distribue les honneurs, qui assure le bonheur, et dont le plus simple regard favorable procure à l'homme qui l'a mérité, l'estime et la vénération de tous ses concitoyens.

Que la multiplicité de nos ennemis ne vous étonne pas. Contemplez le nombre immense de nos frères qui s'opposent aux usurpations des tyrans ; toute la France est un champ de bataille et un abîme profond pour les despotes ou les esclaves qui oseraient la profaner.

La valeur Française, la justice de la cause sacrée que vous êtes appelés à défendre, et l'accord de tous ceux que vous avez investis de votre confiance, vous promettent une victoire certaine : elle seule peut vous amener la paix et la liberté, et ces jours heureux dans lesquels, en rappelant les dangers passés et les ennemis vaincus, vous jouirez des fruits de vos travaux, au milieu d'une famille contente, et de la Patrie heureuse.

Fait à Corte, le 15 avril 1793, 2e de la République.

Les administrateurs composant le Directoire du département de Corse,

Signés : Pozzodiborgo, procureur-général-syndic ; Morati, Panattieri, Ciavaldini, Ordioni, Filippi, Giacomoni, Balestrino, Ferrandi, Galeazzi, président ; Muselli, secrétaire général.

(*A Corte, de l'imprimerie d'Etienne Batini, imprimeur du département de Corse*).

LIBERTA', UGUAGLIANZA.

Sessione pubblica del Direttorio del dipartimento di Corsica, de' 18 Aprile 1793, secondo della Repubblica.

Il Direttorio del Dipartimento riunito nel luogo ordinario delle sue sessioni, una deputazione della municipalità di

Cervione è stata introdotta nella sala, il cittadino Brandi, prefetto, portando la parola, ha pronunziato il discorso seguente:

« Cittadini Amministratori,

» Le notizie esagerate, che continuamente si spargono dai nemici della pubblica tranquillità e della Repubblica; le calunnie le più indegne, colle quali gli ambiziosi e i mal affetti alla Patria cercano di offuscare il patriottismo e l'onore de' Corsi; le virtù repubblicane del General Paoli e dell'amministrazione del dipartimento presso i nostri confratelli del continente, hanno indotto il Consiglio generale del comune di Cervione ad inviarci deputati a voi, cittadini Amministratori, per dichiararvi che il popolo di Cervione non paventa gli sforzi de' primi, e che ha sentito con orrore e colla maggior indignazione le imposture de' secondi.

» La vostra condotta è al coperto di ogni rimprovero, e il consiglio generale del comune di Cervione applaudisce alle vostre operazioni ed alla maniera franca e repubblicana, colla quale voi, cittadini Amministratori, e il General Paoli, avete confutato gl'impostori. Questa è degna di un' amministrazione d'un popolo libero, che ha meritato la sua confidenza, e di un vecchio difensore della libertà, il quale è da noi giustamente venerato.

» A nome de' nostri concittadini, veniamo a protestarvi obbedienza e sommissione alle leggi, delle quali voi siete fedeli esecutori, e vi dichiariamo che vogliamo costantemente *viver liberi o morire*: perciò mai soffriremo alcun atto arbitrario, nè riconosceremo alcun potere superiore alla legge.

» Con nostra soddisfazione e gloria vi ricordiamo, cittadini Amministratori, che il popolo di Cervione fu dei primi, al momento della riacquistata libertà, ad armarsi, a organizzare la sua milizia civica, e ad opporsi con intrepido coraggio agli sforzi dei fratelli del dispotismo che allora ci opprimeva:

di poi egli ha dato prove non equivoche del suo attaccamento alla libertà, alla Patria ed alla pubblica quiete. Da tali sentimenti è stato sempre animato, li ha manifestati nelle circostanze, e oggi abbiamo l'onore di confermarli solennemente nanti di voi, giurando di *viver liberi o morire*. »

Sottoscritti: OLIVI, municipale.

BRANDI, maire della comunità di Cervione.

Il Presidente ha risposto alla deputazione :

« Cittadini,

» L'espressione de'vostri sentimenti richiama alla memoria dell'amministrazione la dolce rimembranza della città di Cervione, la quale si è sempre distinta tanto per mezzo del di lei patrimonio, che del di lei coraggio e fermezza.

» A nome di tutti i vostri Concittadini siete qui venuti a denunciarci i perfidi maneggi di pochi scellerati, che fanno ogni sforzo per distruggere nel nostro Dipartimento ogni sistema di libertà e di uguaglianza, calunniando gli Amministratori e il generale Paoli.

» L'Amministrazione, dando meritati applausi al vostro civismo ed al vostro zelo, vi prega di far conoscere a tutti gli abitanti della vostra comunità il suo zelo ed i suoi continui sforzi per mantenere e conservare a' di lei amministrati la libertà di cui son degni. Ella vorrebbe però essere assistita ed accompagnata da tutti i veri amici della libertà, dell'uguaglianza e della Repubblica.

» L'Amministrazione si farà il più preciso dovere di trascrivere nel suo processo verbale le espressioni de' vostri patriottici sentimenti, ed intanto v'invita ad assistere alla presente sua Sessione. »

Sopra la mozione di un membro, che ha proposta l'impressione del loro discorso egualmente che della risposta del Presidente :

Il Direttorio, udito il Procurator generale sindaco, ha ordinata l'impressione dei due discorsi.

Gli Amministratori componenti il Direttorio del Dipartimento di Corsica,

Sottoscritti : Panattieri ; Balestrino ; Giacomoni; Ferrandi ; Ordioni ; Morati ; Filippi, vice-presidente ; Galeazzi, presidente ; Pozzodiborgo, procurator generale sindaco ; Muselli, segretario generale.

Séance publique du Directoire du département de Corse, du 20 avril 1793, l'an second de la République.

Le Directoire du département de Corse, composé des citoyens Balestrino, Ferrandi, Giacomoni, Ordioni, Filippi, vice-président, et Galeazzi, président, s'étant rendu dans le lieu ordinaire de ses séances, assisté du Secrétaire général, le citoyen Balestrino, faisant pour le Procureur-général-syndic, une députation des amis de la liberté et de l'égalité de Bastia a été introduite dans la salle.

Le citoyen Marsilj l'un d'eux a prononcé le discours suivant :

« Citoyens Administrateurs,

» Ce sont des paroles de justice, d'union et de paix publique que nous venons vous porter de la part de nos frères les amis de la liberté et de l'égalité de Bastia.

» Les preuves non équivoques que vous avez toujours données de patriotisme le plus pur; la franchise avec laquelle vous avez combattu les perturbateurs du repos public, nous assurent d'avance que vous y serez sensibles.

» Comme vous, citoyens administrateurs, nous avons regardé avec mépris les impostures injurieuses qu'on a osé vomir contre les administrateurs du département de la Corse et leur général.

» Nous avons méprisé, dis-je, ces hommes d'un jour qui, pour acquérir une sorte d'existence et pour usurper une célébrité scandaleuse propre à favoriser leurs intrigues, ont eu la bassesse de nous décrier dans l'esprit de nos frères du continent.

» Mais que la calomnie ait pu surprendre un seul instant la religion de nos représentants, voilà ce qui a déchiré nos cœurs, et y a jeté la douleur la plus profonde.

» Telle est la faiblesse de l'homme, que ceux même que nous croyons les ministres les plus incorruptibles sont exposés à être trompés.

» Oui, citoyens, on a pu prêter des vices à la vertu, on a pu faire sortir des crimes des plus pures intentions, on a pu dénaturer la vérité ; mais c'est en vain qu'ils ont cherché à l'anéantir. Tôt ou tard sa lumière paraîtra, et le mensonge sera confondu.

» Quoique pénétrés de la droiture de vos sentiments et de l'innocence de votre cause, vous ne devez pas différer un instant de faire parvenir vos justes représentations à la Convention nationale ; c'est pour que les impostures qu'on vous a si injustement imputées, et qui ont frappé particulièrement sur votre Procureur-général-syndic soient dévoilées dans toute leur noirceur ; c'est pour prendre les moyens les plus efficaces pour rétablir le calme dans ce département, que nous venons ici de la part de nos frères, les amis de la liberté et de l'égalité de Bastia, vous prier de vous unir aux commissaires représentants qui nous témoignent le plus vif désir de faire régner la justice et la tranquillité publique.

» Un autre objet aussi intéressant doit vous occuper encore. Notre père commun à tous, celui qui a tout exposé, tout sacrifié pour nous rendre heureux, celui enfin qui a si bien mérité de la patrie, vient d'être décrété d'arrestation.

Nous ne voulons pas le défendre s'il est coupable ; mais ne voyant en lui d'autre crime que celui d'avoir confondu les intrigues, d'avoir démasqué l'hypocrisie par une conduite irréprochable, celui d'avoir voulu l'exécution de la loi, nous vous supplions de ne pas permettre que la vertu la plus intègre soit flétrie, et d'exposer avec nous aux yeux de l'auguste Convention nationale la vie publique du Général. Elle connaîtra la vérité, et Paoli nous sera conservé.

» Tels sont les vœux que nous venons vous exposer de la part des amis de la liberté et de l'égalité de Bastia.

» Voilà ce que nous vous prions d'agréer.

» *Les Citoyens Commissaires de la Société des Amis de la liberté et de l'égalité de Bastia,*
» MARSILJ, ZERBI. »

Réponse du Président.

» Citoyens,

» Le peuple en nous appellant aux fonctions d'administrateurs du département, nous a imposé des devoirs que nous avons toujours tâché de remplir : nous sommes entrés à l'administration soutenus par notre zèle et la confiance publique ; nous avons apporté dans nos fonctions la popularité et la justice, et tout notre temps a été consacré à l'accomplissement de nos devoirs. Dans le court intervalle de notre gestion une conspiration profonde a médité la ruine de notre département. Dans le midi de la France, dans plusieurs parties de la République, nos concitoyens ont été calomniés de la manière la plus atroce ; dans le sein de la Convention même, ils ont été représentés comme n'ayant pour la liberté aucun sentiment réfléchi, et pour la patrie qu'un attachement fondé sur des intérêts particuliers et passagers. Nous avons répondu avec énergie et vérité aux calomnies lancées par la malveillance contre le patriotisme de nos concitoyens ; nous n'avons rien négligé pour éclairer nos frères du continent, et nous invoquons la justice du public, celle du peuple de Bastia et la vôtre sur cette partie intéressante de notre conduite.

» Nous avons trouvé les fonds publics absorbés par la gestion de nos prédécesseurs ; nous avons examiné leurs comptes pour le temps que la loi nous en autorisait ; citoyens, jugez de notre attention dans cette opération importante par le procès-verbal de nos séances que le peuple va connaître par la voie de l'impression : qu'ils paraissent les calomniateurs de notre conduite, qu'ils articulent un seul fait contre l'austérité de nos devoirs ; nous qui n'avons des ennemis que dans les personnes qui voulaient perpétuer en Corse les abus de l'autorité, et couvrir d'un voile profond le maniement des deniers publics, et la confusion désastreuse dans laquelle ils sont parvenus à jeter toutes les parties de l'administration.

» Citoyens, vous nous invitez à nous concerter avec les commissaires de la Convention nationale pour coopérer au bien de notre département. Eh ! quel serait, nous ne dirons pas l'homme public, mais le citoyen privé qui se refuserait à un devoir si sacré. Nos sentiments sont déjà publics par la proclamation adressée au peuple ; nous déposons entre vos mains la copie de notre correspondance ; nous aurions désiré que les commissaires eussent bien voulu avoir la complaisance de nous répondre ; leur silence cependant n'attiédira pas notre zèle, et nous promettons à tous nos concitoyens, au peuple patriote et respectable de Bastia, à vous qui en êtes les organes, que nous répondrons aux invitations civiques que vous nous faites.

» Citoyens, l'intérêt que vos commettants et vous prenez à l'existence du Général Paoli, l'horreur que vous a inspirée un acte injuste arraché contre lui et le procureur-général-syndic à la religion de la Convention nationale est commun à tous les bons citoyens de la Corse : c'est l'expression unanime des sentiments de tous nos concitoyens, c'est l'imitation de la conduite du peuple de Bastia qui peut éclairer les représentants des Français sur la véritable situation des choses, et consoler ce département par la révocation d'une loi que nous devons respecter comme un acte de la souveraineté, mais contre laquelle il nous est permis de réclamer auprès de ces mêmes représentants.

» Citoyens, nous sommes récompensés de toutes les amertumes que la malveillance peut nous faire éprouver, par les témoignages favorables de nos concitoyens ; ces témoignages qui sont la plus flatteuse récompense à notre bonne volonté et qui nous encouragent à sacrifier notre repos et notre existence pour défendre avec eux nos droits communs.

» Citoyens, retournez à Bastia et présentez au peuple qui vous envoie, l'émotion que vous voyez dans nos cœurs, que nous sentons beaucoup plus que nous ne pouvons exprimer, et assurez nos concitoyens que notre reconnaissance sera éternelle. »

Les députés des amis de la liberté et de l'égalité de Bastia ont été admis à la séance.

Leur discours ainsi que celui du Président ayant produit la plus grande sensation sur le nombreux auditoire qui s'était empressé de suivre la députation :

Un membre a proposé qu'il pourrait être utile pour mieux faire connaître l'esprit public tant des administrateurs que des administrés du département, que les deux discours ci-dessus rapportés fussent imprimés tant en Français qu'en Italien.

Le directoire, ouï le citoyen Balestrino pour le Procureur-général-syndic, en a arrêté l'impression.

Signés : BALESTRINO, FERRANDI, GIACOMONI, ORDIONI, FILIPPI, vice-président ; GALEAZZI, président ; MUSELLI, secrétaire général.

La Société des Amis de la Liberté et de l'Égalité de la ville de Bastia, à la Convention Nationale de la République Française.

Délibération du samedi 20 avril 1793; l'an 2ᵉ de la République.

Citoyens Représentants,

Nous apprenons avec la plus profonde consternation que vous avez frappé d'un Décret d'arrestation le citoyen Général Paoli, et nous frémissons des désastres qui peuvent succéder à ces jours de paix et de tranquillité que sa réputation, son caractère et sa présence avaient su imprimer sur toutes les sections de ce Département.

Quels sont les puissants motifs de cet acte foudroyant contre un homme qui jusques-là avait joui sans interruption de l'estime de sa Patrie et de celle de l'Europe entière? Citoyens Législateurs, nous l'ignorons entièrement, et voilà l'objet de notre profonde affliction.

Que l'intrigue, aussi fatale à la liberté qu'au bien général des humains réunis en société, ait terni de son souffle impur les intentions de cet homme célèbre, nous n'en sommes point étonnés : la licence rivalise avec la liberté. Mais il appartient à de sages Législateurs de réprimer l'insolence de la première, pour assurer le règne équitable de la Protectrice des droits de l'homme.

Pendant un grand nombre d'années, celui que vous frappez, honoré de la confiance du Peuple Corse, a résisté, à la face de l'Europe, aux tyrans conjurés contre sa Patrie. Vainqueur de l'astuce et de la faible Puissance Génoise, il voit cette même patrie écrasée tout à la fois sous la perfidie de l'infâme cour de Versailles : la scélératesse ministérielle ose encore lui offrir des distinctions, mais son âme élevée les dédaigne, et méprisant la fortune et les honneurs de l'esclavage, il fuit dans la seule terre où la liberté avait de nombreux partisans.

N'en doutez pas, Citoyens Législateurs, on a osé vous dire qu'au mépris de ses serments, les inclinations de cette victime du despotisme se portaient secrètement vers la Nation généreuse qui lui avait ouvert les bras : c'était au moins faire l'éloge de sa reconnaissance ; mais aussi, soyez bien assurés que, passionné alors pour la seule ombre de liberté qui existât en Europe, il n'est pas assez insensé ni assez aveugle, pour méconnaître aujourd'hui la véritable image que nos sages Législateurs en présentent à toutes les Nations de l'univers.

Exilé loin de ses Dieux Pénates, dans les angoisses du désespoir de voir sa patrie à la merci d'un despote, à peine l'aurore de la liberté paraît sur l'horizon de la France, que ce zélé citoyen vole au milieu de ses compatriotes. Il a juré de les maintenir fidèles, il y déjoue toutes les factions. Par ce respect personnel dû à son grand caractère, il y maintient l'ordre et la paix. Cependant la calomnie le poursuit avec une telle adresse, qu'elle parvient à le faire frapper d'un jugement avant qu'il ait pu faire entendre ses défenses, qu'il était naturel de lui laisser déposer entre les mains des sages Commissaires que vous avez envoyés dans ce Département, envoyés sans doute, pour écouter les accusés avant de les priver de leur liberté.

Nous savons qu'il a été inculpé dans les sociétés populaires du midi de la République ; mais nous savons aussi, citoyens Représentants, qu'interrogés par ces mêmes Sociétés, nous nous sommes élevés contre toute imputation vague : Nous avons demandé l'articulation des faits dénoncés, on ne nous a plus répondu. Et à la crédulité, a sans doute succédé le silence de la surprise.

Citoyens Législateurs, un Peuple calomnié bien injustement, vous demande avec l'effusion du sentiment le plus pur, de ne pas remplir d'amertume les derniers jours d'un homme si cher à sa patrie : ses compatriotes ne vous demandent que la sage condescendance d'avoir égard à l'état de maladie où il se trouve en cet instant, celle de vouloir bien suspendre en conséquence l'exécution du Décret, et de remettre à vos dignes Commissaires l'examen plus approfondi de l'intrigue qui a tenté d'humilier le plus célèbre de nos concitoyens, pour qu'ils puissent vous en faire immédiatement un rapport, qui devra fixer les mesures ultérieures que vous croirez devoir prendre dans votre sagesse.

Pour les Membres composant la Société des Amis de la Liberté et de l'Egalité de la Ville de Bastia:
Signés : Semidei, *Président ;* Serval ; Benedetti ; la Bouillerie, *Secrétaires.*

LIBERTA', UGUAGLIANZA.

Il Generale Paoli ai suoi Concittadini.

Avril 1793.

Cittadini amatissimi,

Dopo avere combattuto con voi per la difesa della libertà, dopo avere trionfato della tirannia, sotto di cui gemevano i nostri antenati, noi stabilimmo finalmente il governo libero e nazionale.

Quei giorni di pace e di gloria furono ben tosto adombrati dalle violenze del Re di Francia, che meditò ed eseguì la distruzione della nostra libertà. Pugnammo con valore contro i numerosi battaglioni nemici, ma vinti dalle forze immense di quel monarca potente, preferii un' onorevole esilio alla schiavitù non solo, ma anche alle carezze del dispotismo.

In tutto il tempo, in cui la violenza mi aveva strappato

dal seno della mia Patria, e che io ne viveva lontano, la sorte dei miei concittadini mi fu sempre presente ; io gemeva in secreto dei disastri che desolavano la Corsica, sospirava il momento di ritoglierla dallo stato di oppressione in cui languiva, e non trascurava alcuna occasione per sostenere l'onore del mio paese, e mitigare colla mia influenza il furore della politica distruttrice dei nostri conquistatori.

Appena potei sperare di ricuperare la perduta libertà, il mio spirito non sentì il peso degli anni onde era aggravato, e dalla lontana Inghilterra cominciai a spargere fra di voi i semi di quell'antico ardore, che il governo arbitrario non avea affatto spento ne' vostri cuori : voi accoglieste con entusiasmo le mie proposizioni, manifestaste con abbondante cordialità l'affetto che mi professavate ancora, e m'invitaste a venire fra voi.

Alla voce della mia Patria rinunziai ai comodi della mia personale situazione, ed abbandonai quel paese che aveva prestato asilo a me non solo ma anche a quei che s'involsero con me nelle disgrazie del nostro paese ; conobbi che aveva bisogno di dileguare i sospetti eccitati dalla malignità, ed accolti dalla debolezza, e quindi passai in Francia per assicurare solennemente quella nazione che io veneravo la mano che offeriva la libertà a voi, amatissimi concittadini, e che l'avrei sostenuta con tutte le forze che la vostra benevolenza mi somministra.

Io rammento con tenerezza e con riconoscenza il fortunato momento in cui, dopo venti anni d'esilio, rividdi la mia Patria ed i miei confratelli ; le espressioni della vostra gioia e del vostro amore mi accompagnarono per ogni dove ; vi trovai agitati da qualche particolare dissensione, ma il sentimento del patriottismo, e le continuate mie parole di pace e di unione vi fecero deporre i personali risentimenti ; si convocarono le assemblee primarie, e fu organizzato il governo popolare : mi nominaste presidente del vostro dipartimento, accettai l'incarico perchè proveniva dalla vostra affezione, ma geloso di vivere fra di voi come semplice cittadino, lasciai ad altri l'esercizio dell'autorità: la mia voce non s'impiegò che ad esortare coloro, che avevate onorato della vostra confidenza ad agire con giustizia ed imparzialità; m'interessai sovente per la vedova e per l'orfano, ed esposi la preferenza che il merito, nel servizio della Patria, dovea ottenere sopra le considerazioni private.

In questo frattempo si aumentarono i pericoli della Repubblica: il consiglio esecutivo nazionale mi offerì il comando militare di quest'isola; nè la mia età, nè il mio genio, nè la mia personale inclinazione mi stimolavano ad accettare questo impiego; l'assemblea elettorale del dipartimento, in nome di voi tutti, mi pregò di sacrificare alla vostra sicurezza il mio personale riposo: accettai, per questi motivi, l'impiego conferitomi, per la sola cagione, che esso mi offeriva una nuova occasione di servire la Patria.

Aspettavo con sollecitudine che la vittoria dissipasse i pericoli della Repubblica, per ritornare alla vita privata, e speravo, nei giorni di vita che mi restano, godere dello spettacolo consolante della mia Patria libera e sicura, quando la più atroce ed infame calunnia cominciò a lacerarmi nelle diverse parti della Francia.

Nel seno della Convenzione nazionale medesima un ministro non arrossì di designarmi con vile astuzia e malignità: io non trascurai di dileguare i sospetti con un solenne manifesto.

Il pubblico imparziale, o non mi fece mai il torto di sospettare de' miei sentimenti, o era rimasto disingannato: quando i miei calunniatori, i nemici implacabili del mio paese, hanno estorto dalla Convenzione nazionale un decreto che ordina l'arrestazione mia e quella del Procurator generale sindaco Pozzodiborgo, e la traslazione di ambedue alla barra.

Voi avete inteso con orrore e con aborrimento questo atto di profonda ingiustizia sorpreso alla buona fede della Convenzione. Da ogni parte della Corsica la voce del popolo si è fatta sentire contro l'opera della calunnia e dell'intrigo; l'ardore che avea dimostrato per sostenere la causa dell'innocenza contro il livore e la persecuzione, è la prova la più luminosa del patriottismo dei servizi prestati alla Patria.

Affidato alla mia coscienza, mi sarei volentieri presentato alla Convenzione nazionale, sicuro che in mia presenza alcuno non avrebbe ardito di sostenere i calunniatori, che avrei ricoperto di obbrobrio e di vergogna siccome avrebbe fatto il cittadino Pozzodiborgo; ma a voi, amatissimi concittadini, sono note le infermità, dalle quali è aggravata la mia cadente età, non potendo io sperare di superare gl'incomodi e i disagi di un sì lungo viaggio; la circostanza istessa de' tempi moltiplica i miei pericoli, giacchè la malignità dei calunniatori potrebbe facilmente farmi cadere in istrada, vittima delle insidie che ognun sa essermi tese da molto tempo per privarmi di vita, e togliermi alla mia Patria.

Aggiungo a questi un'altro potente riflesso, quello di non lasciarvi in preda alle cabale ed agl'intrighi che con tanta sfrontatezza, e con tanto successo si tramano per soggiogare quel carattere intollerante che vi distinse, e che fece sempre impallidire i vostri oppressori; per dividervi colle lusinghe, colle minacce o colla corruzione, per lacerare il seno dell'infelice Corsica cogli orrori dell'anarchia, affine di tirarne poi quei vantaggi che la sfrenata passione di mal concepita vendetta, d'insaziabile cupidità, o di altro interesse personale, loro suggeriranno.

Per oppormi a disegno così reo, tanto pernicioso alla vostra quiete ed alla vostra libertà, amatissimi concittadini, ho creduto utile non assentarmi da voi e dagli occhi del pubblico in questo momento, aspettando che la Convenzione nazionale meglio informata rivenga dall'errore involontario, in cui essa è stata indotta; la sua giustizia gli prescrive di adottare il più pronto riparo alla sorpresa, con la quale i maligni detrattori le hanno carpito un decreto contro un uomo, che per rendersi utile alla libertà del proprio paese non solo, ma anche alla rivoluzione Francese in generale, ha fatto sacrifizi tali, che pochi possono vantarne de' simili.

Io vi esorto frattanto a non far passo alcuno, a cui i maligni possano attribuire il carattere d'insurrezione, e vi domando l'unione e la moderazione come una nuova prova di quell'amicizia ed attaccamento che mi avete sempre dimostrato. In mezzo a voi sono sicuro dalle violenze, e i nemici della mia patria assetati del mio sangue troveranno in ciascuno de'miei concittadini un ostacolo ai perfidi loro disegni.

Vegliate alla vostra libertà, che vi dichiaro altamente minacciata da una delle più odiose congiure, che siano mai state tramate contro la Corsica; se i nostri nemici però vili ed imprudenti vi conoscessero appieno, se conoscessero la giustizia del Popolo Francese, tremerebbero prevedendo il giorno, in cui la pubblica indignazione li condannerà al disprezzo ed alla vergogna; quando sarete uniti, quando conserverete la costanza, il coraggio e la lealtà, la Convenzione nazionale ci renderà quella giustizia, che si meritano le vostre virtù, e che nè la cabala de'cospiratori, nè gli errori dei governanti sedotti vi possono togliere.

PASQUALE DE PAOLI.

(A Corte. Nella Stamperia Batini, stampatore del Dipartimento di Corsica.

TABLE

1793.

22 février. Lettre du Conseil général de la Corse aux sociétés des Bouches-du-Rhône et du Var (Réimpression) . . . . Pag. 398
6 mars. Lettre de Philippe Masseria au ministre Clavière (id.). . 402
20 mars. Le Directoire du département de Corse aux commissaires de la Convention (id.) 407
28 mars. Le Directoire du département de Corse à la Convention nationale; adresse suivie d'un extrait du procès-verbal de la séance du 17 mars (id.). 411
Avril (?) Circulaire de Paoli aux Corses libres et français, accompagnée de deux lettres au ministre de la guerre et au ministre de l'intérieur du 28 et du 31 janvier (id.). 426
8 avril. Séance du Directoire du département de Corse (id.) . . 436
15 avril. Le Directoire du département de Corse à ses administrés (id.) 439
18 avril. Séance du Directoire du département de Corse (id.) . . 441
20 avril. Séance du Directoire du département de Corse (id.) . . 444
20 avril. La Société des amis de la liberté et de l'égalité de la ville de Bastia, à la Convention nationale (id.) 449
Avril. Le général Paoli à ses concitoyens (id.) 451
3 juin. Lettre de Lachese, consul à Gênes (A. M. G. cart. Corse, corr. 1792-1797) 1
4 juin. Les commissaires au président de la Convention (id.) . . 2
6 juin. Les commissaires au ministre de la guerre (id.) . . . 4
8 juin. Le général S. Martin au ministre de la guerre (id.) . . 6
14 juin. Le comité des amis de la liberté et de l'égalité de Bastia à la Convention etc. (A. N. — D. § 1, 16) 7

15 juin. Le général S. Martin au ministre de la guerre (A. M. G. cart. Corse, corr. 1792-1797) . . . . Pag. 13
18 juin. Le ministre de la guerre à Lacombe S. Michel (id.) . . 14
19 juin. Le général S. Martin au ministre de la guerre (id.). . . 15
22 juin. Lacombe S. Michel au Président de la Convention (id.) . 16
26 juin. Le général S. Martin au ministre de la guerre (id.) . . 17
26 juin. Les administrateurs provisoires du département de Corse au ministre de la guerre (id.) 19
Juin (?) Aurèle Varese au Comité du salut public (A. N. — D. § 1, 16). 20
Juin (?) Les commissaires au peuple corse (id.) 26
Du 20 juin et suiv. Mission du commissaire observateur Buonarotti (id.) 29
1 juillet. Décret de la Convention (A. M. G. cart. Corse, corr. 1792-1797) 43
2 juillet. Le général S. Martin au ministre de la guerre (id.) . . 45
23 juillet. L'adjoint de la 5ᵉ division du département de la guerre au général S. Martin (id.) 46
23 juillet. Le général S. Martin au ministre de la guerre (id.) . . 47
24 juillet. Arrêté des commissaires (id.) 49
26 juillet. L'adjoint de la 5ᵉ division du département de la guerre au général Brunet (id.) 50
26 juillet. Le ministre de la guerre à Saliceti (id.) 51
30 juillet. Lacombe S. Michel au ministre de la guerre (id.) . . 52
1er août. Le même au même (id.) 53
8 août. Le payeur général à Saliceti (id.) 55
10 août. Lacombe S. Michel au ministre de la guerre (id.) . . . 55
13 août. Le ministre de la guerre au comité du salut public (id.) . 57
14 août. Le général S. Martin au ministre de la guerre (id.) . . 57
Août. Le ministre de la guerre au comité du salut public (id.) . . 60
Commencement de septembre. Saliceti au comité du salut public (id.) 61
10 septembre. Lacombe S. Michel au ministre de la guerre (id.) . 61
15 septembre. Extrait du procès-verbal des séances de l'administration provisoire du département de Corse (id.) 63
16 septembre. S. Martin au ministre de la guerre (id.) 69
17 septembre. Lacombe S. Michel au comité de salut public (id.) . 70
21 septembre. S. Martin au ministre de la guerre (id.) 70
22 septembre. Pièce non signée (id.) 71
24 septembre. S. Martin à Dumerbion (id.) 72
26 septembre. Saliceti au comité du salut public (id.) 76
26 septembre. Saliceti et de Gasparin au comité de salut public (id.) 77
Septembre. Récit de ce qui s'est passé à Calvi entre le représentant

du peuple et le parlementaire anglais. (Extrait du Moniteur). Pag. 79
1er octobre. Lacombe S. Michel au président de la Convention
(A. M. G. cart. Corse, corr. 1792-1797) 81
1er octobre. Lacombe S. Michel à Saliceti (id.) 82
2 octobre. S. Martin au ministre de la guerre (id.) 84
3 octobre. Lacombe S. Michel au comité de salut public (id.) . . 86
9 octobre. Lacombe S. Michel au président de la Convention (id.) 89
27 octobre. Lacombe S. Michel au ministre de la guerre (id.) . . 90
29 octobre. Le colonel d'artillerie commandant etc., au ministre de la guerre (id.) 93
30 octobre. Le même au même (id.) 94
15 novembre. Le ministre de la guerre à Lacombe S. Michel (id.) . 95
16 novembre. Lacombe S. Michel au président de la Convention (id.) 96
20 novembre. Lacombe S. Michel au comité de salut public (id.) . 100
22 novembre. Lacombe S. Michel au ministre de la guerre (id.) . 104

1794.

4 janvier. Le ministre de la guerre au général en chef de l'armée d'Italie (id.) 107
17 janvier. Lacombe S. Michel au comité de salut public (id.) . 107
21 janvier. Le même au président de la Convention (id.) . . . 112
23 janvier. Le même au même (id.) 113
23 janvier. Abbatucci et Coti à Lacombe S. Michel (id.) . . . 116
29 janvier. Lacombe S. Michel au comité de salut public (id.) . 117
1er février. Le même au président de la Convention (id.) . . . 119
5 février. Les commissaires nationaux au conseil de la marine du port de Toulon (id.) 121
8 février. Lettre de Lacombe S. Michel (*Moniteur*). 121
14 février. Lacombe S. Michel à Saliceti (A. N. — D. § 1, 16) . 124
15 février. Le général Gentili au général Casabianca (A. M. G. cart. Corse, corr. 1792-1797) 125
18 février. Casabianca et Arena à Saliceti (id.) 127
19 février. Lacombe S. Michel à Saliceti (A. N. — D. § 1, 16) . 129
19 février. Le même au même (id.) 129
23 février. Lacombe S. Michel au comité du salut public (id.) . . 131
23 février. Saliceti au comité du salut public (A. M. G. cart. Corse, corr. 1792-1797) 135

27 février. Le général Mouret au Comité de salut public (id.). Pag. 137
28 février. Lacombe S. Michel à Saliceti (A. N. — D. § 1, 16). . 138
Février. Arrivée des Anglais en Corse (Extrait des Mémoires de Buttafoco. — (Bibliothèque de Bastia, Man. P.) 336
3 mars. Le comité du salut public à Saliceti (A. M. G. cart. Corse, corr. 1792-1797) 139
Journal de l'attaque des Anglais en Corse du 5 février au 5 mars (id.) 140
5 mars. Lacombe S. Michel à Saliceti (A. N. — D. § 1, 16) . . 158
6 mars. Le même au même (id.) 160
13 mars. Lacombe S. Michel à Ricord et Robespierre (id.) . . . 161
14 mars. Lacombe S. Michel à Saliceti (id.) 164
14 mars. Lacombe S. Michel au comité de salut public (id.). . . 165
4 avril. Analyse de lettres de Bastia (A. M. G. cart. Corse, corr. 1792-1797). 168
12 avril. Lacombe S. Michel au président de la Convention (id.). . 168
13 avril. Lacombe S. Michel au comité de salut public (id.) . . . 171
20 avril. Le même au même (id.) 176
23 avril. Le même au même (id.) 178
27 avril. Lacombe S. Michel aux représentants du peuple à l'armée d'Italie (id.) 179
28 avril. Le général Gentili à Lacombe S. Michel (id.) 181
30 avril. Saliceti au comité de salut public (id.) 182
1er mai. Saliceti et Moltedo au ministre de la guerre (id.) . . . 184
2 mai. Lacombe S. Michel au comité de salut public (id.) . . . 186
2 mai. Saliceti et Moltedo au comité de salut public (id.) . . . 187
3 mai. Lacombe S Michel au citoyen Lacombe (id.) 188
4 mai Saliceti et Moltedo au comité de salut public (id.) . . . 190
5 mai. Saliceti à Robespierre jeune et Ricord (id.) 191
8 mai. Le comité du salut public à Lacombe S. Michel (id.). . . 193
Procès-verbaux des séances du comité militaire de la garnison de Bastia (id.) 194
Procès-verbaux des séances du conseil de guerre de la garnison de Bastia (id.) 201
21 mai. Articles de la capitulation de la garnison de Bastia (id.) . 212
22 mai. Lettre de l'amiral Hood à Dundas (id.) 219
27 mai Le citoyen Britche au citoyen Haller (id.) 223
29 mai. Les représentants du peuple au Port de la Montagne au comité de salut public (id.) 223
29 mai. Lacombe S. Michel au comité de salut public (id.) . . . 224
29 mai. Saliceti au comité du salut public (id.) 225

1er juin. Le même au même (id.) . . . . Pag. 226
2 juin. Le général Gentili au comité de salut public (id.) . . . 227
Journal du siège de Bastia du 19 février au 8 juin (id.) 229
10 juin. Manifeste de Paoli (id.) 238
10 juin. Rapport sur la Corse au comité de salut public par Lacombe
    S. Michel (id.) 241
12 juin. Etat des bouches à feu de la place de Bastia dressé par le
    général Gentili (id.) 266
14 juin. Procès-verbal de l'Assemblée générale de Corse tenue à
    Corte (Réimpression) 349
15 juin. Procès-verbal etc. (id.) 354
18 juin. Procès-verbal etc. (id.) 361
19 juin. Procès-verbal etc. (id.) 36
20 juin. Procès-verbal etc. (id.) 391
21 juin. Procès-verbal etc. (id.) 393
1er août. Procès-verbal de la séance du conseil tenu par les officiers
    militaires et civils à Calvi (A. M. G. cart. Corse, corr. 1792-1797) 268
Articles de la capitulation de la garnison de Calvi (id.) 271
5 août. Gay, commandant de la rade, à Lacombe S. Michel (id.) . 276
11 août. Jean Bon Saint André au comité de salut public (id.) . . 279
11 août. Le général Casabianca aux représentants du peuple près
    l'armée d'Italie (id.) 280
30 août. Saliceti au comité de salut public (id.) 283
Note relative au siège de Calvi par le général Casabianca (id.) . . 285
Journal du siège de Calvi par Barthélemy Arena (id.) 308
4 septembre. Lacombe S. Michel à Carnot (id.) 323
14 septembre. Saliceti et Albitte au comité de salut public (id.) . . 325
14 septembre. Arrêté de Saliceti et d'Albitte (id.) 327
14 septembre.   id.   (id.) 328
13 novembre. Le comité de salut public aux représentants du peuple
    près l'armée d'Italie (id.) 328
27 novembre. Saliceti au comité de salut public (id.) 329
3 décembre. Saliceti à Carnot (id.) 330
5 décembre. Ritter, Turreau et Saliceti au comité de salut public (id.) 331
13 décembre. Saliceti à Carnot (id.) 332
24 décembre. Saliceti au comité de salut public (id.) 333
29 décembre. Résumé d'une lettre du général Mouret au comité de
    salut public (id.) 335

Publications de la Société :

Bulletin de la Société des Sciences Historiques et Naturelles de la Corse, années 1881-1882, 1883-1884, 1885-1886 et 1887-1890, 4 vol., 724, 663, 596 et 606 pages.

Lettres de Pascal Paoli, publiées par M. le docteur Perelli, deux vol., 600 et 752 pages.

Mémoires de Rostini, texte italien avec traduction française, par M. l'abbé Letteron, deux vol., 482 et 588 pages.

Memorie del Padre Bonfiglio Guelfucci, dal 1729 al 1764, 1 vol., 236 pages.

Dialogo nominato Corsica del Rmo Monsignor Agostino Justiniano, vescovo di Nebbio, texte revu par M. de Caraffa, conseiller à la cour d'appel, 1 vol., 120 pages.

Voyage géologique et minéralogique en Corse, par M. Emile Gueymard, ingénieur des mines, (1820-1821), publié par M. J.-M. Bonavita, 1 vol., 160 pages.

Pietro Cirneo, texte latin, traduction de M. l'abbé Letteron, 1 vol., 414 pages.

Histoire des Corses, par Gregorovius, traduction de M. Pierre Lucciana, 1 vol., 168 pages.

Corsica, par Gregorovius, traduction de M. P. Lucciana, deux vol., 262 et 360 pages.

(Ces trois derniers volumes font partie du même ouvrage).

Pratica delli Capi Ribelli Corsi giustiziati nel Palazzo Criminale (7 Maggio 1746). Documents extraits des archives de Gênes. Texte revu et annoté par M. de Caraffa, conseiller, et MM. Lucciana frères, professeurs, 1 vol. 420 pages.

Pratica Manuale del dottor Pietro Morati di Muro. Texte revu par M. de Caraffa, deux vol., 354 et 516 pages.

La Corse, Cosme Ier de Médicis et Philippe II, par M. A. de Morati, ancien conseiller, 1 vol., 160 pages.

La Guerre de Corse, texte latin d'Antonio Roccatagliata, revu et annoté par M. de Castelli, traduit en français par M. l'abbé Letteron, 1 vol., 250 pages.

Annales de Banchero, ancien Podestat de Bastia, manuscrit inédit, texte italien publié par M. l'abbé Letteron, 1 vol., 220 pages.

Histoire de la Corse (dite de Filippini), traduction de M. l'abbé Letteron, 1er vol., XLVII-504 pp. — 2e vol., XVI-332 pp. — 3e vol., XX-412 pp.

Deux Documents inédits sur l'Affaire des Corses à Rome, publiés par MM. L. et P. Lucciana, 1 vol., 442 pages.

Deux visites pastorales, publiées par MM. Philippe et Vincent de Caraffa, Conseiller, 1 vol., 240 pp.

Pièces et documents divers pour servir à l'Histoire de la Corse pendant la Révolution Française, recueillis et publiés par M. l'Abbé Letteron, vol. I, pp. VIII-428.

BULLETIN

DE LA

SOCIÉTÉ DES SCIENCES HISTORIQUES ET NATURELLES DE LA CORSE

PRIX DU BULLETIN :

Pour les membres de la Société, un an . . . **10 fr.**

ABONNEMENTS :

Pour la Corse et la France, un an . . . . . **12 fr.**
Pour les pays étrangers compris dans l'union postale, un an. . . . . **13 fr.**
Pour les pays étrangers non compris dans l'union postale, un an . . . . **15 fr.**

NOTA. — Tout abonnement est payable d'avance, et se prend à l'année, du mois de janvier au mois de décembre.

S'adresser pour les abonnements à M. CAMPOCASSO, Trésorier de la Société, ou à la librairie OLLAGNIER, à Bastia.

Prix du fascicule : **3 francs**